Burgen · Schlösser · Herrensitze

Christian Ottersbach und Holger Starzmann

Stuttgart und der Mittlere Neckarraum

MICHAEL IMHOF VERLAG

Burgen – Schlösser – Herrensitze, Band 5

herausgegeben vom
Marburger Arbeitskreis für europäische Burgenforschung e. V.
www.burgen-forschung.de

Bitte bedenken Sie beim Besuch der Burgen, Schlösser und Herrenhäuser, dass viele Objekte in Privatbesitz sind. Sie sind Gast. Von Ihrem Verhalten hängt es ab, ob das Objekt auch weiterhin besichtigt werden kann. Sollte Ihnen der Zutritt verwehrt werden, respektieren Sie bitte die Privatsphäre der Besitzer.

Die im Buch enthaltenen Angaben wurden von den Autoren nach bestem Wissen erstellt und mit größtmöglicher Sorgfalt geprüft. Gleichwohl sind inhaltliche Fehler nicht vollständig auszuschließen. Die Angaben erfolgen daher ohne jegliche Verpflichtung oder Garantie des Verlages oder der Autoren. Beide übernehmen keinerlei Verantwortung und Haftung für etwaige inhaltliche Unstimmigkeiten. Wir bitten dafür um Verständnis und werden Korrekturhinweise gerne aufgreifen.

🍴 Gastronomie vorhanden

© 2013 Michael Imhof Verlag GmbH & Co. KG, Stettiner Straße 25, D-36100 Petersberg
Tel. 0661/2919 1660; Fax 0661/2919 1669; www.imhof-verlag.com; E-Mail info@imhof-verlag.de

Gestaltung und Reproduktion: Margarita Licht (Michael Imhof Verlag)
Druck: Meiling Druck, Haldensleben
Printed in EU

ISBN 978-3-86568-638-1

VORWORT

Der Marburger Arbeitskreis für europäische Burgenforschung e. V. (MAB) freut sich, Ihnen mit diesem Buch zu den Burgen und Schlössern im Mittleren Neckarraum den fünften Band aus seiner Reihe Burgen – Schlösser – Herrensitze präsentieren zu können, die es sich zur Aufgabe gemacht hat, die Burgen- und Schlösserlandschaft Mitteleuropas vorzustellen.

Der MAB hat sich in seiner Satzung verpflichtet, nicht nur die Erforschung historischer Wehr- und Wohnbauten und ihres kulturgeschichtlichen und historischen Kontextes voranzutreiben und zu fördern, sondern auch für die Verbreitung der Forschungsergebnisse zu sorgen. Für den Wissenschaftler gibt er daher ein Jahrbuch, die „Burgenforschung", heraus und publiziert auch die Ergebnisse seiner Fachtagungen. Damit die Erkenntnisse nicht im Elfenbeinturm der Wissenschaft verbleiben, wendet sich der Verein mit einer Reihe von Führern an den interessierten Laien. Mit dem vorliegenden Band wird nun eine Region im Südwesten des Alten Reiches vorgestellt. Der Mittlere Neckarraum bildet dabei weitgehend das alte Kernland der Grafschaft und des Herzogtums Württemberg ab, dessen Burgen und Schlösser daher auch im Mittelpunkt dieses Buches stehen. Nicht zuletzt ist diese Region eng mit dem Haus Hohenstaufen und seiner Geschichte verknüpft.

Entsprechend der Grundidee der Reihe Burgen – Schlösser – Herrensitze werden diese nicht getrennt vorgestellt. Sie gehören eng zusammen und sind oft gar nicht zu unterscheiden. Zu den Bauten treten Festungen. Sie stehen mit Burgen und Schlössern in engem Zusammenhang und sind von Burgen durch den Laien oft ebenso schwer zu unterscheiden wie Schlösser von Herrensitzen. Zudem waren manche Schlösser noch in der Frühen Neuzeit immer auch Festungen, wie die Beispiele Kirchheim, Schorndorf und Tübingen in diesem Buch zeigen.

Burgenforschung ist im Gegensatz zur Erforschung von Schlössern, die klar als Bestandteil der Architektur- und Kunstgeschichte akzeptiert ist, im Grenzbereich von Kunstgeschichte, Geschichte, Bauforschung und Mittelalterarchäologie angesiedelt und bildet ein wichtiges Gebiet der Erforschung von Hof- und Adelskultur in Mittelalter und Früher Neuzeit. Interdisziplinarität ist hier unabdingbar.

Die Gemeinsamkeiten zwischen Burg und Festung, Herrensitz und Schloss aufzuzeigen und zugleich auch ihre Besonderheiten herauszustellen, ist aber nur ein Anliegen der vorliegenden Reihe. Vor allem soll Ihr Interesse an den historischen Bauten geweckt und ein Verständnis für deren Besonderheiten vermittelt werden. Wir wünschen Ihnen zahlreiche Anregungen und viel Freude beim Besuch heimischer Burgen, Schlösser, Herrenhäuser und Festungen. Und wenn Ihnen die Anlagen gefallen, engagieren Sie sich für ihren Erhalt. Noch heute verschwinden in Mitteleuropa täglich zahlreiche Denkmäler, denn der Denkmalschutz ist im Angesicht oft rein marktwirtschaftlicher Denkweisen steten Angriffen von Einzelinteressen ausgesetzt. Doch für unsere Zukunft ist die Erhaltung der historischen Bauten wichtig, denn aus der Geschichte erwächst ein Gutteil unserer Identität und Verwurzelung.

Der Vorstand

EINLEITUNG

Liebe Leserin, lieber Leser,

der Mittlere Neckarraum bildet das historische Kerngebiet der Grafschaft und des Herzogtums Württemberg. Den Grafen von Württemberg gelang im Spätmittelalter der Aufbau eines weitgehend geschlossenen Territoriums, wobei sie vom Untergang der Hohenstaufen wie auch einiger anderer führender hochmittelalterlicher Adelsgeschlechter, die bisher die Region politisch bestimmt hatten, profitierten. Und so finden sich im Mittleren Neckarraum neben den stauferzeitlichen Burgen vor allem zahlreiche Bauten des Hauses Württemberg, die einen umfassenden Überblick über das Bauschaffen der Dynastie und deren Selbstdarstellung bis zum Ende der Monarchie 1918 geben. Mit dem vorliegenden Buch wollen wir Ihnen eine Auswahl der geschichtlich und bauhistorisch interessantesten Burgen, Schlösser und Festungen der Region vorstellen und Sie zu eigenen Erkundungstouren animieren. Wir haben dabei nicht nur die großen und bedeutenden Anlagen in den Blick genommen, sondern gerade auch einen Teil der fast unübersehbaren Zahl von reichsritterlichen Adelssitzen. Neben den eindrucksvollen stauferzeitlichen Burgen der Göppinger und Kirchheimer Alb mit ihren mächtigen Buckelquadermauern und den gewaltigen Landesfestungen der Herzöge von Württemberg finden sich in der Region überdies Spitzenwerke der Renaissancearchitektur wie das Alte Schloss in Stuttgart und des europäischen Barock, allen voran das Ludwigsburger Residenzschloss, gefolgt von dem nicht minder bedeutenden, wenn auch im Krieg schwer zerstörten Stuttgarter Neuen Schloss.

Zwangsläufig musste eine Auswahl getroffen werden. Sie spannt den Bogen vom Mittelalter bis zum Historismus, von der Dynastenburg bis zum niederadeligen Rittersitz. Als vor- und frühgeschichtliche Ausnahme wurde der Runde Berg bei Urach aufgenommen, der als alemannische Höhenburg die Ausbildung des Adelssitzes an der Wende von der Spätantike zum Frühmittelalter darstellt und seine Kontinuität auf dem nahegelegenen Hohenurach als Grafenburg fand.

Wenn Sie dennoch die eine oder andere Anlage vermissen, so liegt das u. a. daran, dass wir für den Besucher völlig unzugängliche Bauwerke ausgespart haben. Wer möchte schon gern vor verschlossenen Toren stehen und nicht wenigstens den beschriebenen Bau von außen umrunden und betrachten können.

Wir haben den Führer, wie leicht ersichtlich ist, nach Regionen untergliedert und dabei versucht, besonders bei den ehemaligen Residenzstädten Stuttgart und Ludwigsburg auch historisch gewachsene Zusammenhänge zu berücksichtigen. Kaum einem ist heute noch bewusst, dass das Zentrum des historischen Herzogtums durch von Alleen gesäumte Chausseen untergliedert wurde, die alle wichtigen Orte und landesherrlichen Schlösser miteinander verbanden. Die alten Schneisen für die Jagd prägen die Wälder oft noch bis heute, und so lassen sich diese Residenzensembles, die mit Achsen und Gartenanlagen weit ins Umland ausgriffen, teilweise noch gut ablesen.

Selbstredend wäre dieses Buch nicht ohne die Hilfe einiger Freunde und Kollegen zustande gekommen. Besonders ist hier Mario Augustin, Dr. Heiko Laß, Michael Osdoba, Hilde und Wendelin Ottersbach, Johann Ottmar, Stefan Uhl, Katharina Weißenstein und Jörg Wöllper zu danken. Nicht zuletzt gilt unser Dank Dr. Michael Imhof und den fleißigen Mitarbeiterinnen seines Verlages.

Nun bleibt nichts weiter übrig, als Ihnen erlebnisreiche und spannende Entdeckungstouren durch die Burgen- und Schlösserwelt im Großraum Stuttgart zu wünschen.

Christian Ottersbach, Esslingen
Holger Starzmann, Tübingen

INHALT

HERRSCHAFTSBILDUNG AM MITTLEREN NECKAR UND AM WESTLICHEN ALBRAND   9

**BURGEN UND SCHLÖSSER IM MITTLEREN NECKARRAUM –
HISTORISCHER ÜBERBLICK**   15

I. STUTTGART
Die Residenz- und Hauptstadt   26

1. Stuttgart, Altes Schloss   29
2. Stuttgart, Neues Schloss   32
3. Stuttgart, Wilhelmspalais   36
4. Stuttgart-Berg, Villa Berg   37
5. Stuttgart-Bad Cannstatt, Schloss Rosenstein   40
6. Stuttgart-Bad Cannstatt, Lustschloss La Wilhelma   42
7. Stuttgart-Rotenberg, Stammburg Wirtemberg   44
8. Stuttgart-Hofen, Burgruine   45
9. Stuttgart-Mühlhausen, Engelburg, Heidenburg und Palmsches Schloss   46
10. Stuttgart-Weilimdorf, Alte Burg und Burg Dischingen   47
11. Stuttgart-Feuerbach, Burg Frauenberg   48
12. Stuttgart-Rohr, Burg   49
13. Stuttgart-Botnang, Schloss Solitude   50
14. Stuttgart-Hohenheim, Schloss Hohenheim   52
15. Stuttgart-Stammheim, Schloss   54

II. LUDWIGSBURG
Die barocke Residenzstadt   55

16. Ludwigsburg, Residenzschloss   57
17. Ludwigsburg, Lustschloss Favorite   61
18. Ludwigsburg, Villa Marienwahl   63
19. Ludwigsburg-Eglosheim, Schloss Monrepos (Seehaus)   64
20. Ludwigsburg-Hoheneck, Burg Hoheneck   66
21. Ludwigsburg-Oßweil, Schloss und Holderburg   67

III. RUND UM LUDWIGSBURG UND STUTTGART
Württembergische Amtssitze, Landesfestungen und reichsritterliche Schlösser   68

22. Remseck-Hochberg, Schloss   69
23. Remseck-Hochdorf, Schloss   70
24. Freiberg-Beihingen, Altes und Neues Schloss   71
25. Freiberg-Geisingen, Oberes und Unteres Schloss   72
26. Freiberg-Heutingsheim, Schloss   74
27. Marbach, Stadtburg   75
28. Steinheim-Höpfigheim, Schloss   77

29. Steinheim-Kleinbottwar, Burg Schaubeck	78
30. Beilstein, Burg Hohenbeilstein	79
31. Oberstenfeld, Burg Lichtenberg	81
32. Besigheim, Stadtburgen	83
33. Bietigheim-Bissingen, Bietigheim, Burg und Stadtschloss	85
34. Bietigheim-Bissingen, Untermberg, Burgruine Alt-Sachsenheim (Äußere Burg)	87
35. Sachsenheim-Großsachsenheim, Schloss	88
36. Vaihingen, Schloss Kaltenstein	90
37. Asperg, Landesfestung Hohenasperg	92
38. Schwieberdingen, Nippenburg	95
39. Hemmingen, Schloss	97
40. Ditzingen-Schöckingen, Schloss	99
41. Korntal-Münchingen, Schloss	100
42. Leonberg, Schloss und Pomeranzengarten	101

IV. AN REMS UND MURR
Burgen und Schlösser zwischen Rebhängen — 103

43. Kernen-Stetten, Yburg	104
44. Kernen-Stetten, Schloss Stetten	105
45. Weinstadt-Beutelsbach, Burg Kapellenberg	107
46. Weinstadt-Schnait, Altes und Neues Schloss	108
47. Winnenden, Schloss Winnental	109
48. Winnenden-Bürg, Burg Altwinnenden	111
49. Schorndorf, Schloss und Landesfestung	112
50. Backnang, Schloss	114

V. IM LANDKREIS ESSLINGEN
Burgen und Schlösser im Albvorland — 116

51. Esslingen, Sog. „Burg"	117
52. Esslingen, Salemer Pfleghof	119
53. Esslingen, Gelbes Haus	120
54. Esslingen, Reichsstädtisches Rathaus	121
55. Esslingen, Palais der Familie von Palm	122
56. Esslingen-Weil, Königlicher Pavillon	123
57. Deizisau, Körschburg	124
58. Neuhausen, Schlösser	125
59. Filderstadt-Bonlanden, Burgstall	127
60. Ostfildern-Scharnhausen, Lustschloss Karlsruhe	128
61. Köngen, Schloss	129
62. Wernau, Schlösser Pfauhausen und Steinbach	130
63. Neckartenzlingen, Neckarburg	131

VI. TÜBINGEN UND DER SCHÖNBUCH
Im Jagdrevier der Württemberger — 132

64. Tübingen, Schloss Hohentübingen	133
65. Tübingen-Bebenhausen, Jagdschloss Bebenhausen	135
66. Tübingen-Kilchberg, Schloss	137

67. Tübingen-Unterjesingen, Schloss Roseck	139
68. Kirchentellinsfurt, Jagdschloss Einsiedel	140
69. Ammerbuch-Entringen, Schloss Hohenentringen	142
70. Ammerbuch-Poltringen, Schloss	143
71. Waldenbuch, Jagdschloss	145
72. Herrenberg, Schloss	147

VII. ENTLANG DER SCHWÄBISCHEN ALB
Burgen und Schlösser zwischen Reutlingen und Schwäbisch Gmünd — **148**

73. Gomaringen, Schloss	150
74. Reutlingen, Achalm	152
75. Pfullingen, Württembergisches Landschloss und Schlössle	154
76. Lichtenstein, Schloss Lichtenstein	155
77. Bad Urach, Runder Berg	160
78. Bad Urach, Landesfestung Hohenurach	162
79. Bad Urach, Schloss	165
80. Neuffen, Landesfestung Hohenneuffen	167
81. Neuffen, Adelssitze	169
82. Bissingen, Burg Teck	170
83. Lenningen-Unterlenningen, Sulzburg	172
84. Lenningen-Oberlenningen, Schlössle	173
85. Lenningen-Oberlenningen, Wielandsteine	174
86. Lenningen, Diepoldsburg und Rauber (Untere Diepoldsburg)	176
87. Kirchheim, Schloss	178
88. Kirchheim, Freihof	180
89. Weilheim, Limburg und Stadtschloss (Schlossscheuer)	181
90. Neidlingen, Reußenstein	183
91. Uhingen, Schloss Filseck	185
92. Göppingen, Jagd- und Lustschloss	187
93. Göppingen, Storchen	189
94. Göppingen-Hohenstaufen, Burg Hohenstaufen	190
95. Schwäbisch Gmünd, Rechberg, Burg Hohenrechberg	192
96. Wäschenbeuren, Wäscherburg	194
97. Salach, Burg Staufeneck	196

REGIERUNGSZEITEN DER GRAFEN, HERZÖGE UND KÖNIGE VON WÜRTTEMBERG — **197**

GLOSSAR — **198**

LITERATURAUSWAHL — **200**

ORTS- UND OBJEKTREGISTER — **208**

Stuttgart, Neues Schloss, Personifikationen Württembergs (Wirtembergia) und des Neckars

HERRSCHAFTSBILDUNG AM MITTLEREN NECKAR UND AM WESTLICHEN ALBRAND

Der Mittlere Neckarraum und das Albvorland wurden seit dem Hochmittelalter politisch vor allem durch das Haus Württemberg geprägt. Seit dem 11. Jh. stiegen die Grafen von Württemberg dank zäher Konsequenz und Rücksichtslosigkeit von Remstalherren bis zum 16. Jh. zur weitaus größten Territorialmacht in der Region auf. Sie behaupteten sich dabei nicht nur gegen Könige und Kaiser, sondern marginalisierten auch ihre gräflichen Standesgenossen in der Region. Nur die Reichsstädte Reutlingen, Esslingen, Schwäbisch Gmünd und Weil der Stadt, wenige reichsritterschaftliche Gebiete und kleine Enklaven der Ritterorden vermochten sich der bemerkenswert energischen Herrschaftsbildung des Hauses Württemberg zu entziehen. Sie fand ihren vorläufigen Abschluss in der Erhebung Württembergs zum Herzogtum im Jahre 1495 und schließlich in der Königswürde 1805. Das Haus Württemberg hat dabei das Land auch baulich in entscheidendem Maße geprägt: Groß ist die Anzahl württembergischer Burgen und Schlösser.

Die Staufer und die innerschwäbische Grafenopposition

Als am 5. August 1246 Graf Ulrich I. von Württemberg mit seinem Vetter Hartmann von Grüningen mit 2000 Bewaffneten vor Frankfurt die staufischen Schlachtreihen verließ und zu den Gegnern überlief, markierte dies eine Zäsur für die weitere territoriale Entwicklung seiner Grafschaft. Der staufische König Konrad IV. (Kg. 1237–54) musste nach dem Überlaufen Ulrichs seinen Versuch, den Hoftag des Gegenkönigs Heinrich Raspe IV. (Kg. 1246–47) zu vereiteln, aufgeben und sich zurückziehen. Der Verrat des Württembergers am deutschen König, der zugleich schwäbischer Herzog war, hatte sich freilich schon länger abgezeichnet – und die staufische Politik im schwäbischen Raum war nicht schuldlos daran.

Friedrich II. (Ks. 1220–50) hatte seit seiner Wahl zum König 1212 konsequent in Erbgänge des Adels in Schwaben und des angrenzenden Alpenraums eingegriffen. Auch die Württemberger und ihre nächsten Verwandten aus den Familien der Herren von Ulten und von Grüningen waren davon betroffen: 1243 zwang Friedrich die Ultener zum Verkauf ihres Eigenbesitzes im Ötz- sowie Inntal und erwarb zugleich auch Eglofs mit der Grafschaft im Alpgau von Graf Hartmann von Grüningen. Auch dieser Kauf kam sicher nur unter Druck zustande und zerstörte die mühselig aufgebaute Besitzachse des Familienverbands Württemberg-Grüningen, die von der Donau in das Voralpenland reichte. Auch nördlich der Alb nahm Friedrich kaum Rücksicht auf die Württemberger und den weiteren gräflichen Adel des Herzogtums: Nach dem Einzug der Achalm ordnete er den staufischen Besitz im Vorfeld der Alb in der neuen Achalmvogtei. Dieser konzentrierte Ausbau staufischer Positionen konnte nur auf Kosten der gräflichen Familien dieses Raums und ihrer Ambitionen geschehen. Dass Friedrich zudem für Verwaltungsaufgaben auf Ministeriale zurückgriff, verletzte die altadeligen Familien enorm, sahen sie sich doch um ihre tradierte Führungsrolle gebracht. So fand der Kaisersohn Heinrich (VII.) (Kg. 1220–35) bei seinem Aufstand gegen seinen Vater gerade im höheren Adel des Herzogtums Unterstützung. Auch nach Niederlage und Unterwerfung Heinrichs 1235 blieb die Lage in Schwaben instabil. Den unmündigen Kaisersohn Konrad IV. und seine Vormünder konnte die Situation nicht beruhigen. Die päpstliche Kurie witterte in dieser Situation die faszinierende Chance, gegen ihren Hauptfeind Friedrich in seinem Stammland eine weitere Front aufzubauen. Vor allem Graf Ulrich von Württemberg fand die besondere Aufmerksamkeit der päpstlichen Diplomatie, die an Versprechungen und Bestechungsgeldern nicht sparte; der riskante Verrat von Frankfurt wurde Ulrich und seinem Vetter mit je 7000 Mark Silber und der Aussicht auf je die Hälfte des Herzogtums schmackhaft gemacht. So bildete sich um Ulrich als zentraler Figur in Schwaben ein antistaufischer, gräflicher Block.

Auch in der weiteren Entwicklung nach 1246 blieb Ulrich die treibende Kraft: Nach der Schwächung König Konrads übernahm eine Gruppe schwäbischer Grafen und Edelfreier unter seiner Führung faktisch die Amtsgewalt im Herzogtum. Auf die Nachricht vom Tod Friedrichs II. reiste Ulrich 1250 umgehend an den päpstlichen Hof nach Lyon und ließ sich von der Kurie versichern, dass sie es niemals zulassen werde, dass ein Sohn Friedrichs die Kaiser-, Königs- oder Herzogswürde erlange. Ulrich war in der Folge Parteigänger Wilhelms von Holland (Kg. 1248–56) und Richards

1 Die Burg Wirtemberg auf dem Rotenberg war vom 11. bis 14. Jh. Hauptsitz der Grafen von Württemberg. Ansicht vor dem Abbruch 1819 von Seyffer

von Cornwall (Kg. 1256–72), als Nachfolger Heinrich Raspes Gegenkönige der antistaufischen Partei. Da sie Konrad IV. alle Besitzungen nördlich der Alpen absprachen, bot sich Ulrich die Option, auf staufische Positionen zuzugreifen: Neben der Übertragung von Reichslehen (Achalm und Reutlingen) und Klostervogteien (Lorch, Denkendorf) zog er auch staufisches Hausgut an sich.

Vom primus inter pares zum Konkurrenten

Innerhalb der innerschwäbischen Grafengruppe hatte Ulrich schon früh eine herausragende Rolle eingenommen, die ihn als Vermittler im komplizierten Streit um die Besitzrechte der Grafen von Urach machte. Von den dabei getroffenen Festlegungen profitierte letztlich Ulrich, denn als sich die Erben der Grafen von Urach-Achalm wenig später endgültig auf ihre Besitzungen im Schwarzwald, Breisgau und Baar konzentrierten, besaß einzig Ulrich die finanziellen und politischen Mittel, um diesen Besitz zu übernehmen. Spätestens mit diesem Erwerb hatten sich die Württemberger freilich von einem primus inter pares zu direkten Konkurrenten ihrer gräflichen Standesgenossen in Schwaben entwickelt. Der zukünftige Ausbau ihres Besitzes erfolgte in wachsendem Maße aus Gütern der umliegenden Adelsfamilien. Etwa zeitgleich brachte die Heirat mit Mechthild, Tochter des badischen Markgrafen, als Mitgift bis dahin badischen Besitz am Mittleren Neckar – darunter Stuttgart – in Ulrichs Hand. Die nominelle Anerkennung Konradins als Herzog von Schwaben, die dessen Vormünder ausgehandelt hatten, gefährdete Ulrichs neue Position faktisch nicht: Als er 1265 starb, hatte er nicht nur die bedrohliche staufische Umklammerung aufgesprengt, sondern die machtpolitische Basis für die weitere württembergische Territorialbildung an Mittlerem Neckar und Alb gelegt.

Die Vernichtung vor Augen: Eberhard I. und die Reichskriege

Im Interregnum konnten die minderjährigen Söhne Ulrichs dank der grüningischen Unterstützung das vom Vater Errungene erhalten. Nach dem frühen Tod des älteren Halbbruders wurde Eberhard I. alleiniger Erbe. Seine ganze Regierungszeit prägte jener langjährige Konflikt, in dem sich entscheiden sollte, ob das von seinem Vater begonnene Herrschaftsprojekt fortgeführt werden oder zerbrechen würde.
Mit der Wahl Rudolfs von Habsburg zum König 1273 änderten sich die Machtverhältnisse: Zum ersten Mal existierte nach Jahrzehnten das Königtum nicht nur dem Namen nach, und Rudolf war fest entschlossen, die verlorenen Positionen zurückzugewinnen. Ihm gelang es in Verbindung mit seiner Wahl, Friedrich II. zum letzten rechtmäßigen Vorgänger erklären zu lassen, womit alle Herrschaftsakte Heinrich Raspes und seiner Nachfolger ihre Gültigkeit verloren – und damit auch die jüngeren württembergischen Positionen ihre Legitimation. Rudolf machte sich umgehend an die Rückführung der verlorenen Königsgüter.

In Schwaben betraute er seinen Schwager Albrecht von Hohenberg als Vogt der Reichsvogtei in Niederschwaben mit dieser Aufgabe.

Für Eberhard kam eine Anerkennung von Rudolfs Forderungen nicht in Frage – sie hätte das Ende aller württembergischen Perspektiven bedeutet. 1286 und 1287 kam es daher zum Reichskrieg. Rudolf vermochte, gestützt auf das königstreue Esslingen, zahlreiche Burgen Eberhards rund um Stuttgart zu zerstören, eine völlige Niederwerfung erreichte er freilich nicht. Der Tod Rudolfs 1291 rettete Eberhard, der sich umgehend gegen Albrecht von Hohenberg wandte und dessen herausgehobene Stellung als Landvogt zerstörte. Die Regentschaft Adolfs von Nassau (Kg. 1292–98), der in Schwaben keine Eigeninteressen verfolgte, bedeutete für Eberhard eine weitere Atempause. Als die Wahl des Habsburgers Albrecht (Kg. 1298–1308) gegen den glücklosen Adolf absehbar war, bot Eberhard ihm frühzeitig seine Unterstützung an. Im Gegenzug ernannte der nun Eberhard zum Landvogt in Niederschwaben. Damit, man kann es nicht anders sagen, hatte Albrecht den Bock zum Gärtner gemacht; er erkannte freilich rasch, dass eine Stärkung der habsburgischen Position in Schwaben sehr schwierig war, solange Eberhard dieses Amt innehatte. Da er auf die militärische Hilfe Eberhards angewiesen war, blieb die Konkurrenz der beiden Dynasten zunächst auf ihre Erwerbspolitik im Neckarraum beschränkt: Die Pfalzgrafen von Tübingen, vom Schwarzwaldrand (als Erben der Grafen von Calw) über den Schönbuch bis hinab an die Donau reich begütert, aber durch Erbteilungen und Misswirtschaft geschwächt, ihre Seitenlinie, die Grafen von Asperg, und die Herzöge von Teck standen im Zentrum der wechselseitigen Bemühungen. Die Mittel für seine Erwerbungen gewann Eberhard pikanterweise nicht zuletzt durch seine Beteiligung an Feldzügen in Böhmen auf Seiten der habsburgischen Gegner. Doch erst 1305 fand Albrecht die Möglichkeit, erste rechtliche Schritte gegen Eberhard einzuleiten, zwei Jahre später entzog er ihm endgültig die Landvogtei. Doch die Ermordung Albrechts durch seinen Neffen verhinderte ein weiteres Vorgehen.

Schon kurz nach der Wahl des Luxemburgers Heinrich VII. (Kg. 1308–13) wurde die konfrontative Haltung Eberhards dem neuen König gegenüber offenbar. Zwar erschien er auf dessen Hoftag in Speyer, doch erkannte er weder das Königtum Heinrichs noch dessen Ansprüche auf ehemaliges Reichsgut in württembergischem Besitz an. Heinrich betrieb konsequent die Isolation Eberhards innerhalb der Adelswelt Süddeutschlands, die ihm umso leichter fiel, da die benachbarten Adeligen Württembergs Territorialhunger inzwischen mehr fürchteten als ein Wiedererstarken des Königtums in Schwaben. 1310 begann mit der Erklärung der Reichsacht ein Reichskrieg, der Eberhard an den Rand der Niederlage brachte: Konrad von Weinsberg hatte, in enger Zusammenarbeit vor allem mit der Reichsstadt Esslingen, Eberhards Grafschaft mit Stuttgart, Leonberg, Schorndorf, Markgröningen, Waiblingen, Backnang und Asperg erobert, teils dem Reich bzw. Esslingen übergeben oder aber selbst an sich gezogen. Eberhards letzte Zuflucht war bei seinem badischen Vetter in Besigheim. Die völlige Aufteilung seiner Grafschaft vor Augen, rettete ihn zum dritten – und entscheidenden – Male der Tod eines Königs! Heinrichs VII. starb in Italien am Fieber, die antiwürttembergische Allianz zerbrach.

Die Doppelwahl Ludwigs von Bayern und des Habsburgers Friedrich von Österreich 1314 verschaffte einem beweglichen Machtpolitiker wie Eberhard jenen Spielraum, in dem er bis 1317 alles Verlorene zurückgewann. Als Eberhard 1325 starb, hatte er nicht nur die fast schon vollzogene Auslöschung Württembergs abgewendet, sondern vielmehr neben der jahrzehntelangen zähen Abwehr aller königlichen Ansprüche auf Kosten seiner Standesgenossen die Grafschaft deutlich vergrößert. Die Verlegung der Residenz von der Stammburg auf dem Württemberg nach Stuttgart war sichtbarer Ausdruck der erfolgreichen Behauptung.

Von Rems und Neckar zu Alb und Schwarzwald

Ulrich III., Sohn Eberhards I., setzte die erfolgreiche Schaukelpolitik zwischen König Ludwig und den Habsburgern fort. Er vergrößerte die Grafschaft erheblich: So kamen 1325 Winnenden aus weinsbergischem Besitz und 1339 mit Vaihingen/Enz der Stammsitz der gleichnamigen Grafen hinzu, deren letzter Vertreter ihm 1356 den Restbesitz seines Hauses übertrug.

Die Folgen für diese Adelsfamilien waren oftmals fatal: 1334 erwarb Ulrich den Besitz der Grafen von Aichelberg (u. a. Weilheim). Die Familie erholte sich von diesen Verkäufen nicht und sank in der Folge in die Bedeutungslosigkeit ab. Gleichermaßen erging es neben den Herzögen von Teck, deren Besitz im Albvorland Graf Eberhard II. bis 1386 erwarb, insbesondere den Pfalzgrafen von Tübingen: Deren stattlicher Besitz ging in einem langen Prozess fast vollständig an Württemberg, darunter Tübingen (1342) und Herrenberg (endgültig 1382).

Letzte große Bewährung: die Konflikte mit den Städten

Gegen den Machtzuwachs der Württemberger versuchte schon 1331 Kaiser Ludwig mit der Vermittlung eines Bundes der angrenzenden Reichsstädte ein Gegengewicht zu schaffen. Ihnen oblag die Hauptlast, im letzten Versuch des Königtums in Innerschwaben als Macht- und Ordnungsfaktor aktiv zu werden. Kaiser Karl IV. (1346–78) schenkte 1360 den Klagen der Städte gegen Württemberg Gehör. Das fiel ihm umso leichter, da sich Eberhard auf die habsburgische Seite gestellt hatte. Der Reichskrieg, den Karl IV. noch im selben Jahr begann, geriet jedoch militärisch zur Farce: Schon nach drei Tagen schloss er vor Schorndorf Frieden mit Eberhard, der sein Bündnis mit Habsburg annullierte und Zugeständnisse im Hinblick auf das Reichsgut machte – zugleich hatten damit Karl und Eberhard II. die Rechtsstellung dieses wichtigen Gebiets im Verhältnis zum Königtum geklärt. 1361 wurde daher folgerichtig erstmalig der über vier Generationen aus einer Vielzahl von Herrschaften geformte Territorialkomplex in seiner Gesamtheit als Grafschaft Württemberg bezeichnet.

Die lange Zeit der königlichen Doppelherrschaft sowie Karls IV. Zugeständnisse beim Bemühen, die direkte Nachfolge seines Sohnes zu sichern, brachten der geschickten württembergischen Politik 1324/25, 1330–60 und nochmals 1371–78 die niederschwäbische Landvogtei ein.

Von der Position der Landvögte aus versuchten Ulrich III. und Eberhard II. sich dauerhaft die Reichsstädte zu sichern, die sich freilich als zähe Gegner erwiesen. 1372, 1377 und nochmals 1388 bei Döffingen trafen Graf und Städte im Kampf aufeinander. Seinen Sieg bei Döffingen, der ihn den Sohn kostete, vermochte Eberhard II. jedoch nicht umzusetzen: Die Reichsstädte blieben bis zum Ende des Alten Reiches selbständig.

Konsolidierung und Ausbau – Württemberg im 15. Jh.

Eberhard III. konsolidierte die Grafschaft nach innen wie außen: Im Inneren schuf er die Voraussetzungen für den Aufbau einer leistungsfähigen Verwaltung, zugleich beteiligte er sich engagiert an Münzreformen der Zeit; nach außen gelang ihm mit den Erwerbungen der letzten Teile der Pfalzgrafschaft Tübingen und mit dem Kauf von Balingen, Mössingen und einer Reihe dazu benachbarter Orte aus zollerischem Besitz (1403 bzw. 1415) eine Arrondierung entlang des Albtraufs. Vor allem aber suchte er das Verhältnis zu den Reichsstädten und benachbarten Adeligen vertraglich zu regeln.

Eine Sonderentwicklung zeigte das Verhältnis Württembergs zum niederen Adel: Er hatte sich ganz überwiegend von Württemberg abgewandt und der Reichsritterschaft angeschlossen. Neben dem Sonderfall der Herren von Rechberg im Filstal und den wechselnden Herren von Neuhausen auf den Fildern lag ein Schwerpunkt im Murr- und Bottwartal, sowie in den nordwestlich von Ludwigsburg liegenden Gäuregionen. Wenn auch Württemberg in einigen reichsritterschaftlichen Dörfern Rechte reklamierte und sich Reichsritter in den württembergischen Hofdienst begaben, so verfügte doch die Grafschaft selbst über so gut wie keinen landsässigen Adel.

Unter Eberhard IV., seinen Söhnen Ludwig und Ulrich V., unter denen die Grafschaft für einige Jahrzehnte bis 1482 geteilt war, und insbesondere unter Eberhard V. im Bart schritt der innere Ausbau des Landes fort. Den Endpunkt dieser Entwicklung stellte die Erhebung Württembergs zum Herzogtum dar, die auf dem Wormser Reichstag 1495 durch Kaiser Maximilian erfolgte.

Fluch und Segen – Württemberg unter den Herzögen Ulrich und Christoph

Die problematische Persönlichkeit Herzog Ulrichs brachte das Errungene nochmals in Gefahr. Schon mit der Ermordung seines Stallmeisters Hans von Hutten sorgte er in den Adelskreisen Süddeutschlands für Empörung und isolierte sich. Der Überfall auf die Reichsstadt Reutlingen brachte 1519 das Fass zum Überlaufen: Als Störer des kaiserlichen Landfriedens wurde Ulrich vom Schwäbischen Bund aus Württemberg vertrieben. Das Herzogtum wurde an Habsburg übergeben, das damit näher denn je dem mittelalterlichen Ziel einer Wiederherstellung des Herzogtums Schwaben in habsburgischer Hand gekommen war! Ulrich freilich bewies die Entschlossenheit, das politische Geschick und den Machtinstinkt seiner Vorfahren. In Landgraf Philipp von Hessen, einem der Protagonisten der protestantischen Fürstenopposition gegen Kaiser Karl V., fand er den Verbündeten, der die Rückeroberung Württembergs 1534 militärisch und politisch absicherte. Die Renaissanceschlösser in Stuttgart und Tübingen, dazu die Landesfestungen Hohenurach, Hohenasperg, Hohenneuffen, Kirchheim und Schorndorf, die Ulrich beginnen bzw. fortsetzen ließ, wurden baulicher Beleg der wiedergewonnenen Herrschaft, die gegen die katholi-

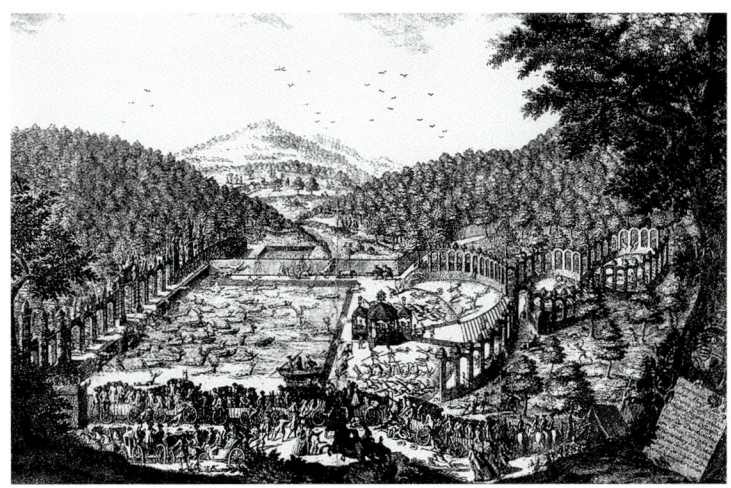

2 Aufwändige Jagdveranstaltungen, die sog. Festinjagden, waren ein wichtiger Bestandteil der Repräsentation am württembergischen Hof, besonders unter Herzog Carl Eugen und König Friedrich.

schen Mächte Habsburg und Bayern gesichert werden musste.

Unter seinem ungleich ausgeglicheneren Sohn Christoph, der die Reformation, Bildungsreform und Neuordnung der Verwaltung, die sein Vater begonnen hatte, abschloss, gewann die intensive Bautätigkeit (mit den Schlössern in Leonberg, Pfullingen, Göppingen, Waldenbuch, Vaihingen) zeichenhafte Bedeutung: Württemberg war als Herzogtum nach einem langen Prozess, in dem mehrfach der Bestand des Landes extrem bedroht war, als frühneuzeitlicher Staat im Kreis der respektierten und respektablen Fürstentümer des Alten Reiches angekommen.

Bis zum Dreißigjährigen Krieg erlebte Württemberg eine künstlerische und wirtschaftliche Blüte, die Herzöge entfalteten in Stuttgart eine der prachtvollsten Hofhaltungen Süddeutschlands, die in Konkurrenz zum Nachbarn Bayern trat. 1634 erlebte Württemberg allerdings nach der katastrophalen Niederlage der protestantischen Partei bei Nördlingen die ganzen Schrecken des Krieges. Den Herzögen gelang jedoch der Bestand des Landes.

Vom Herzogtum zum Königreich

Nachdem das welfische Herzogtum Calenberg 1692 in den exklusiven Kreis der Kaiserwähler aufgestiegen war, strebten auch andere Reichsfürsten nach der Erhebung zum Kurfürsten. Herzog Eberhard Ludwig rechnete sich hier Chancen aus, hatte er sich doch als Feldherr um Kaiser und Reich in der Verteidigung gegen die französische Expansionspolitik verdient gemacht. Äußerer Ausdruck dieses Wunsches nach einer Rangerhöhung war eine entsprechend prachtvolle Hofhaltung.

Besonders Herzog Carl Eugen propagierte mit Bauten und einer enorm aufwändigen Festkultur seine politischen Ansprüche. Seine hochfliegenden Ambitionen hatten jedoch in den württembergischen Landständen, den Vertretern der städtischen Eliten, eine massive Opposition. Sie mussten Steuerbewilligungen zustimmen und kämpften daher gegen die ruinösen Ausgaben einer überzogenen landesherrlichen Repräsentation. Carl Eugens Versuch, Württemberg über die Landstände hinweg absolutistisch zu regieren, scheiterte an deren zähem Widerstand, mit dem sie ihre verbrieften Rechte verteidigten. Erst Friedrich II. gelang wie einigen anderen Reichsfürsten im Rahmen der letzten Neuordnung des Reiches 1803 die Rangerhöhung zum Kurfürsten. Verbunden damit war ein erster großer Gebietszuwachs durch die Einverleibung verschiedener Reichsstädte, darunter der alten Gegnerin Esslingen, und mit der Säkularisation weniger Klosterterritorien.

Kurz darauf trat Friedrich als Verbündeter Napoleons dessen Rheinbund bei. Die neue Allianz brachte ihm 1805 die Königskrone und erheblichen Landgewinn in Oberschwaben und Württembergisch-Franken ein: Das Königreich reichte nun von der Tauber bis an den Bodensee. Das Alte Reich zerbrach 1806 unter dieser Neuordnung Deutschlands, Kaiser Franz II. legte die Reichskrone nieder. König Friedrich, der versuchte, eine spätabsolutistische Herrschaft aufzubauen, inszenierte den neuen Rang in einer aufwändigen Hofkultur. Auf dem Wiener Kongress sicherte sich 1815 Württemberg auch über das Ende des Napoleonischen Reiches hinweg das Errungene.

Friedrichs Sohn Wilhelm I., der ab 1816 regierte, öffnete Württemberg den politischen und ökonomisch-sozialen Entwicklungen des 19. Jh.: Schon

1819 gab er Württemberg eine neue Verfassung, die der Bevölkerung parlamentarische Mitbestimmung gewährte. Mit einer Vielzahl von Maßnahmen leitete er den Wandel des armen Agrarlandes Württemberg in einen industrialisierten Staat ein. In die Regierungszeit seines Sohnes Karl fiel die Reichsgründung: Noch 1866 begleitete Württemberg Österreich im Krieg gegen Preußen in die Niederlage, doch 1870/71 wurde es Teil des neuen bismarckschen Kaiserreiches. Die offensichtliche Unfähigkeit der alten Eliten, den verlorenen Krieg auch wirklich zu beenden, führte 1918 auch in Württemberg zur Revolution und zum Ende der Monarchie. Wilhelm II., obwohl persönlich im Volk sehr beliebt, musste 1918 abdanken. Er starb 1921 in seinem Jagdschloss Bebenhausen. H. S.

3 Herzog Carl Eugen von Württemberg, Kupferstich des 18. Jh.

4 Herzogtum Württemberg um 1790 mit dem alten Stammland (dunkel) und den späteren Erwerbungen

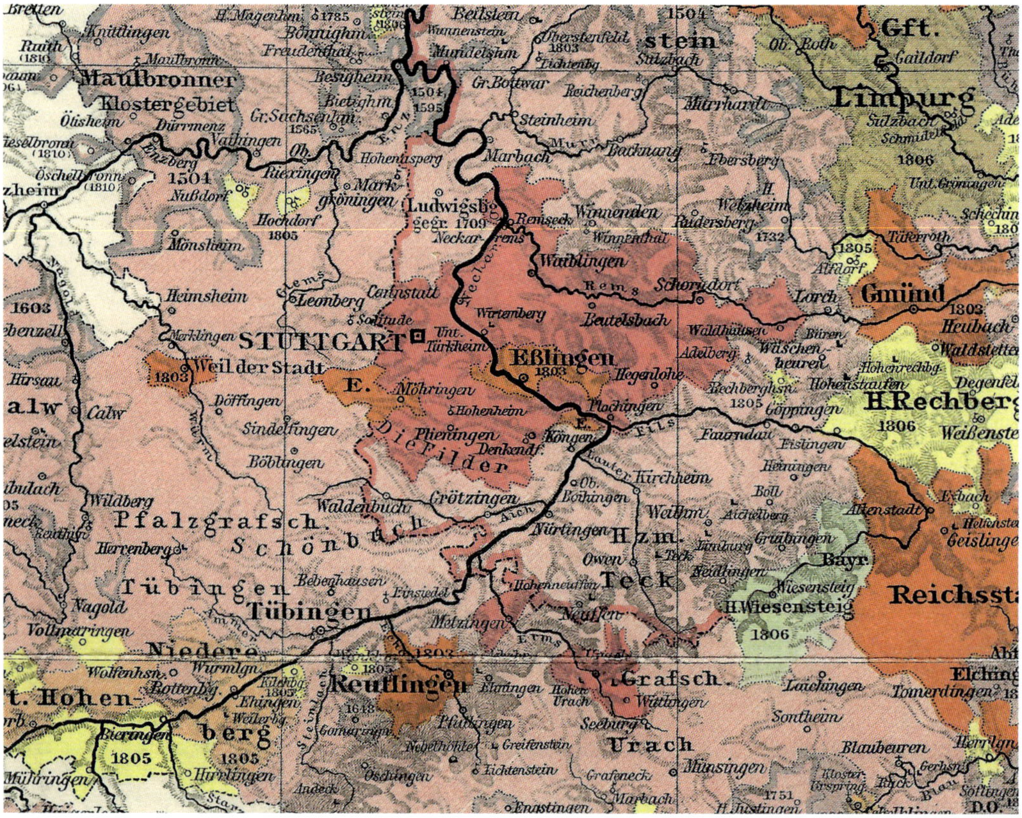

BURGEN UND SCHLÖSSER IM MITTLEREN NECKARRAUM – HISTORISCHER ÜBERBLICK

Burg und Schloss

Burg ist nicht gleich Burg, denn zum einen waren Baugestalt und Lebensverhältnisse auf einer Burg des 11. Jh. teilweise ganz andere als im frühen 16. Jh., zum anderen hatten Burgen recht unterschiedliche Funktionen. Es lässt sich daher nur schwer von *der* Burg des Mittelalters sprechen.

Burgen waren in erster Linie die wehrhaften Wohnsitze von Adeligen, das konnten der König, ein Graf, ein Ministerialer, oder aber auch ein hoher geistlicher Würdenträger sein. Darüber hinaus erfüllten Burgen sehr vielfältige Funktionen. Sie dienten zwar auch der Sicherung und Verteidigung von Besitz und Territorium, aber sie waren vor allem Verwaltungsmittelpunkte von Grundherrschaften. Mit einer Burg untrennbar verbunden waren immer bestimmte Herrschaftsrechte über Land und Leute. Die Adelsburg des Mittelalters steht dabei in enger Beziehung zum Lehnswesen und zur Entstehung des Adels aus dem Ritterstand, dem adeligen Reiterkrieger. Die Burg war das Symbol dieser Elite. Auf Burgen wurde überdies Recht gesprochen, wurden Rechtsakte durchgeführt, z. B. Besitz- und Lehnsurkunden ausgestellt, hier wurden Abgaben eingesammelt und gelagert. Im Spätmittelalter, als sich feste Residenzen herauszubilden begannen, erfüllten viele landesherrliche Burgen nur noch die Funktion eines Amts- und Gerichtssitzes, vor allem dann, wenn sie abseits größerer Siedlungen lagen. Nur ab und an kam der Landesherr zum Aufenthalt, ansonsten bewohnten sie sie – oft adelige – Amtmänner und der Burgvogt, dem das militärische Oberkommando oblag.

Die Burg war also ein Multifunktionsbau, der eine wichtige Rolle beim Ausbau der sich im Laufe des Mittelalters allmählich entwickelnden Landesherrschaften spielte. Nicht zuletzt war sie – als Zentrum einer adeligen Grundherrschaft – immer auch ein Wirtschaftshof, ein landwirtschaftlicher Großbetrieb. Und mitunter waren auf Burgen sogar, zumindest im Früh- und Hochmittelalter, Handwerksbetriebe angesiedelt.

In ebenso engem Zusammenhang mit Burgen stehen Stadtgründungen, denn in der Regel errichtete ein Stadtherr auch – meist in einer Ecke der Befestigung – seine Stadtburg (z. B. Kirchheim, Stuttgart, Weilheim).

Die Burgen des Hochadels wurden in der Regel mit adeligen Burgmannen besetzt, die sich aus

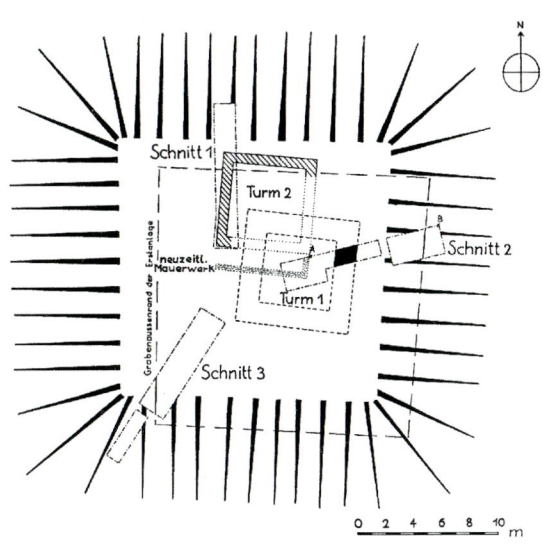

5 Der Burren bei Wäschenbeuren ist ein typisches Beispiel für eine Turmhügelburg. Grundriss der Anlage nach Zürn

Ministerialität und Niederadel rekrutierten. Sie waren mit der Bewachung und Verteidigung betraut und besaßen auf der Burg Wohnungen. So dienten z. B. die Herren von Rechberg als Burgmannen auf dem Hohenstaufen, bauten aber in unmittelbarer Nähe einen eigenen Wohnsitz. Hingegen gab es auf den meisten Burgen keine große Besatzung. Erst im Kriegsfall, wenn das Lehnsaufgebot aus Rittern einberufen und Söldner angeworben wurden, erhielten Burgen eine Garnison. In Friedenszeiten gab es selbst auf den großen württembergischen Landesburgen gerade mal einige Wächter, auf kleinen Anlagen oft nur einen Pförtner und einen Türmer. Erst in der frühen Neuzeit wurden einzelne Burgen als Landesfestungen dauerhaft mit größeren Garnisonen belegt, und noch 1545 bestand die Besatzung des Kirchheimer Schlosses aus gerade einmal sechs Landsknechten.

Wir unterscheiden heute gern zwischen der angeblich unwohnlichen Burg des Mittelalters, mehr Wehr- als Wohnbau, und dem prachtvollen und unbefestigten, wohnlicheren Schloss der Neuzeit. Doch diese Unterscheidung ist eine recht junge und stimmt so nicht. Die Übergänge zwischen dem, was gemeinhin als Burg oder Schloss bezeichnet wird, sind fließend. Schlösser sind ursprünglich dasselbe wie Burgen: befestigte Wohnsitze. Das feste Schloss blieb bis um die Mitte des 17. Jh. die übliche Bauform des Adelssitzes, erst nach dem Dreißigjährigen Krieg gab man allmählich Gräben und Mauern auf oder errichtete, wenn es zu Neubauten kam, weitgehend unbefestigte Paläste. Das zeigen auch die Beispiele im Mittleren Neckarraum, am deutlichsten vielleicht, weil direkt benachbart, das Alte und das Neue Schloss in Stuttgart (⇨1, 2).

Das frühneuzeitliche Schloss übernahm zahlreiche traditionelle Funktionen der Burg. Es blieb Herrschaftssitz und Verwaltungsmittelpunkt. Allerdings entwickelte sich seit dem 16. Jh. eine zunehmende Differenzierung in das eigentliche Residenzschloss und die zugehörigen Jagd- und Lustschlösser, die dem landesherrlichen Zeitvertreib und der Erholung dienten. Einzelne Funktionen wurden aus Platzgründen aus dem Residenzschloss ausgelagert, so oft als erstes die Kanzlei, die wie in Stuttgart ein eigenes Gebäude in unmittelbarer Nähe zum Schloss erhielt.

Anfänge der Adelsburg

Die Anfänge dessen, was wir gemeinhin als Adelsburg bezeichnen, liegen nach neueren Erkenntnissen bereits in der späten Karolingerzeit, wie das sehr frühe, archäologisch gesicherte Beispiel der Diepoldsburg (⇨86) zeigt, die schon im 9. Jh. gegründet wurde, oder die frühe Hochadelsburg auf dem Runden Berg mit ihrer für damalige Verhältnisse luxuriösen Ausstattung(⇨77). Vor allem im 10./11. Jh. verlegte der Adel allmählich seine Wohnsitze aus den Dörfern auf die Höhen. Berge und Hänge boten sich für den Burgenbau an, denn sie gewährten nicht nur eine gewisse Sicherheit, sondern vor allem eine gute Sichtbarkeit des Herrschaftszentrums. Der Adel grenzte sich so mit seinen Wohnungen deutlich vom Rest der Bevölkerung ab. Die Burg wurde in der Folge zu *dem* Symbol des Adels und blieb dies bis weit in die Neuzeit hinein.

Dem Zug auf die Berge entsprechen auch die frühen Hochadelsburgen des 11. Jh. im Mittleren Neckarraum, so Wirtemberg (⇨7), Hohentübingen (⇨64), Limburg (⇨89) oder Hohenstaufen (⇨94), die damals alle erstmals in den Quellen erscheinen. Diese sind allerdings insgesamt bisher wenig oder nur ansatzweise erforscht, zumal die württembergische Stammburg heute völlig verschwunden ist. Typisch für den salierzeitlichen Burgenbau war der Wohnturm, der in der Ebene oft auf einem künstlich angeschütteten Hügel, der Motte, entstand. Diese Bauform lässt sich auch für Südwestdeutschland seit dem 11. Jh. belegen. Ein gut erhaltenes Beispiel einer Motte bietet der Burren bei Wäschenbeuren (⇨96), wohl die Vorgängeranlage für die später errichtete Ministerialenburg des 13. Jh. (Abb. 5). Fest steht, dass Hohenstaufen und Limburg schon über mehrere Türme und eigenständige Wohnbauten verfügten.

Ursprünglich durfte nur der König Burgen bauen, ohne seine Genehmigung war die Anlage einer Befestigung nicht erlaubt. Allerdings begann dieses Recht seit Mitte des 11. Jh. mehr und mehr aufzuweichen. Mit der wachsenden Schwäche des Königtums, mit der Vergabe von Herrschaftsrechten an Hochadelige wie Herzöge und Grafen, kam es dazu, dass diese ebenfalls Burgen errichteten. In dieser Zeit bildeten sich die großen, für die Regionalgeschichte bedeutenden Hochadelsgeschlechter heraus, die sich nach ihren neuen Burgen nannten. Schließlich bauten alle Adeligen Burgen, denn die Burg war zu einem Machtsymbol und Ausweis ihres Status' geworden, und sie war in einer Zeit, da die Zentralgewalt immer weiter zurückgedrängt wurde und es zu vermehrten Auseinandersetzungen adeliger Herrschaftsträger um Macht und Land untereinander kam, der sicherste Wohnort für die gesellschaftliche Elite.

Burgen der Stauferzeit

In der Stauferzeit übernahmen auch die Burgen des Niederadels die im 11. Jh. vom Hochadel etablierten Formen. Seit dem 12. Jh., vor allem aber im 13. Jh. ist eine Welle von Neu- und Ausbauten zu beobachten. Am Albtrauf entstanden zahllose Adelssitze in oft schwindelerregender Lage auf hohen Kalksteinfelsen wie der bis heute berühmte Lichtenstein (⇨76) oder die Wielandsteine bei Oberlenningen (⇨85). Viele von ihnen waren im Umfang recht bescheiden, nicht mehr als ein festes Haus mit Fachwerkoberbau und einem kleinen Hofraum.

Die ideale Burg der Stauferzeit umfasste mehrere Gebäude. An der besonders gefährdeten Seite wurde der Bergfried errichtet, mitunter auch eine besonders hohe und starke Schild- oder Mantelmauer. Manche der Türme wiesen zwar Wohneinrichtungen mit Kaminen und Aborterkern auf, so in Besigheim (⇨32), doch hauptsächlich dienten sie multifunktional als weithin sichtbare steinerne Zeichen der Macht, zur Verteidigung, als Wachtposten und mitunter sogar als Gefängnis.

An die Ringmauer schmiegten sich Bauten unterschiedlicher Funktion. Es entstanden der Saalbau und beheizbare Wohngebäude (Kemenaten), in den meisten Anlagen eine Kombination aus beidem, die als Palas bezeichnet wird und das herrschaftliche Zentrum der Burg bildete. Im Palas verbanden sich Wohn- und Repräsentationsfunktion. Neben diesen meist steinernen Häusern vervollständigten aus Fachwerk aufgeführte Wirtschaftsbauten die Anlage. Fachwerk prägte auch die Wohngebäude, denn in der Regel erhoben sich auf den steinernen Unterbauten der hiesigen Burgen ein bis zwei Stockwerke in Holz. Sie beherbergten die mit Kachelöfen beheizbaren Bohlenstuben und die unbeheizten Schlafkammern. In Südwestdeutschland gab es spätestens seit der 2. Hälfte des 13. Jh. einen hochentwickelten Fachwerkbau, der heute überwiegend nur noch in städtischen Wohnbauten (z. B. Esslingen) überliefert ist. Mit dem Gomaringer Schloss (⇨73) existiert allerdings noch ein im Bestand gut erhaltenes Gerüst des frühen 14. Jh. mit der Bohlenstube als Hauptwohnraum in typischer Ecklage. Diese blieb bis ins 16. Jh. verbreitet, wobei seit dem 15. Jh. an Stelle kleiner Fensteröffnungen lange Fensterbänder traten, welche die Stube von zwei Seiten optimal erhellten. Hervorragend erhaltene Beispiele aus dem Spätmittelalter finden sich in Neckartenzlingen (⇨63), Weilheim (⇨89) und allen voran mit dem neuen Palas Graf Eberhards in Urach (⇨79). Noch die Kirchheimer Stadtburg Herzog Ulrichs besteht in ihren Obergeschossen aus Fachwerk (⇨87).

Die Baugestalt der Burgen wurde in der Stauferzeit durch die Verwendung der für die Epoche so typischen Buckelquader weitaus monumentaler. Herausragende Beispiele in der Region stellen der Ministerialensitz Wäschenbeuren, der Herrensitz Hohenrechberg, die Burgen Beilstein und Lichtenberg oder die Türme von Besigheim und Bürg dar, alles Bauten der 1. Hälfte des 13. Jh. Mitunter wurden nur die Ecken einer Ringmauer oder eines Gebäudes durch Buckelquader gefasst, ein Phänomen, das vor allem seit der Mitte des 13. Jh. auftrat und teilweise bis ins 15. Jh. praktiziert wurde (Abb. 6).

Das präzise gesetzte Mauerwerk dieser Anlagen zeugt ebenso wie die Detailformen an Fenstern und Portalen vom hohen Niveau der Steinmetze im 12. und 13. Jh. Der Buckelquader hatte keine praktische Bedeutung. Er ist vor allem ästhetischer Ausdruck und fungierte offenbar als ein Zeichen von Stärke, welche die Bauten auszeichnen sollte. Folgten die Mauern bisher oft noch in einem gerundeten Verlauf der Hangkante, so sind nun Tendenzen zu beobachten, polygonale Umrisse zu schaffen, welche die monumentale, geschlossene und hoch aufragende Wirkung der Burgen, die auf von Bewuchs weitgehend frei gehaltenen Höhen zu denken sind, erheblich steigerten. Einige wenige Anlagen entstanden gar über einem regelmäßig

6 Typisch für den stauferzeitlichen Burgenbau sind die mächtigen Mauern aus Buckelquadern wie hier auf dem Hohenrechberg.

achteckigen Grundriss, so z. B. Kilchberg (⇨66). Eine Neuerung der Stauferzeit sind runde Türme, die im Mittleren Neckarraum erstmals in der 1. Hälfte des 13. Jh. auftreten. Die eindrucksvollsten Bauten errichteten Markgraf Hermann V. von Baden in Besigheim (⇨32) und Gottfried von Neuffen auf der Bürg bei Winnenden (⇨47). Ein im Durchmesser bescheideneres, aber in der Qualität des Mauerwerks vergleichbares Beispiel bietet Staufeneck (⇨97).

Auffällig ist, dass in der Region eine ganze Reihe von Burgen offenbar ohne Bergfried auskam. So verfügten der Ministerialensitz Wäschenbeuren und auch der Hohenrechberg über keinen Turm, vielleicht in bewusster Unterordnung zum unmittelbar benachbarten Dynastensitz Hohenstaufen.

Viele der heute völlig verschwundenen Sitze des Niederadels und auch so manches Ministerialen auf dem Lande dürften sich auch weiterhin recht einfach ausgenommen haben. Nicht selten bestanden ihre Burgen immer noch aus nicht mehr als einer Motte, die den Mittelpunkt eines Herrenhofes bildete, wie Beispiele in Filderstadt-Bonlanden (⇨59), Filderstadt-Plattenhardt und in Stuttgart-Rohr (⇨12) zeigen. Ihre Wohntürme bestanden mitunter nur aus Holz, wie Grabungen

7 Einen Eindruck davon, wie ein Niederadelssitz um 1300 ausgesehen haben könnte, vermittelt die Rekonstruktion einer solchen Anlage mit Wohnturm und Wirtschaftshof im oberschwäbischen Kanzach.

an der Turmhügelburg in Grötzingen 1994 ergeben haben. Eine solche Anlage hat man jüngst im oberschwäbischen Kanzach für die Zeit um 1300 zu rekonstruieren versucht (Abb. 7).

Der verteidigungstechnische Wert war wohl gering, aber als Statussymbol war der Turm offenbar so wichtig, dass seine Bauform auch in die stauferzeitlichen Städte übertragen wurde. Dort errichteten die oft aus der Ministerialität und dem niederen Adel hervorgegangenen, vom Lande zugezogenen Geschlechter, die für den Stadtherrn Verwaltungsaufgaben erfüllten, steinerne Turmhäuser und Ansitze. In Esslingen blieben Reste mehrerer solcher Türme erhalten, am vollständigsten präsentiert sich bis heute das frühgotische Gelbe Haus von 1269 (⇨53). Ein etwas späteres Beispiel stellt das Große Haus in Neuffen (⇨81) dar, ein Steinhaus mit Fachwerkaufbau an der Stadtmauer.

Das Spätmittelalter

Die stauferzeitliche Burg war wehrtechnisch gesehen ein recht einfacher Bau, der in der Regel nur aus der Ringmauer bestand, die auf der Hauptangriffsseite als besonders starke und hohe Schildmauer ausgeprägt sein konnte. Dieser Grundtypus blieb bis ins 14. Jh. vorherrschend. Doch zeigen sich im späten 13. Jh. immer wieder Tendenzen zu regelmäßig rechtwinklig angelegten Komplexen. So finden sich im Kreis Ludwigsburg mehrere rechteckige Anlagen, die wohl in die 2. Hälfte des 13. Jh. gehören (Hochberg, Beihingen, Alt-Sachsenheim) und auch das im 14. Jh. neu erbaute Schloss Köngen (⇨61) passt in dieses Bild.

Diese Burgen gehörten dem Ortsadel. Ihre Lage prägt bis heute das Bild vieler Dörfer im Mittleren Neckarraum. Oft erhebt sich der Herrschaftssitz in unmittelbarer Nähe zur Pfarrkirche, über die der Burgherr das Patronat ausübte und die als Familiengrablege diente. Diese enge Kombination findet sich u. a. exemplarisch in Hemmingen, Hochberg und Hochdorf. Aber auch die Stadtburgen von Urach und Stuttgart entstanden in unmittelbarer Nähe zu Kirchenbauten, in denen die Herrschaft mit Grablegen oder zumindest einem Herrschaftsstand in Erscheinung trat.

Das eindrückliche Bild der vieltürmigen Burg mit zahlreichen Zwingern und Toren prägte sich in Württemberg erst im 15. Jh. aus (Abb. 8). Ausschlaggebend hierfür war das Aufkommen der Feuerwaffen seit der Zeit um 1300. Die erste Reaktion hierauf war die Anlage von weitläufigen Zwingern. Es entstanden Flankierungstürme zur Bestreichung der einzelnen Mauerabschnitte. Auf Hohenrechberg (⇨95) und dem württembergischen Kaltenstein (⇨36) sind solch frühe Zwingeranlagen dendrochronologisch für die 1420er und 1430er Jahre greifbar. Ihre halbrunden und eckigen Schalentürme verfügen über Schlüssel- und Schaufelscharten zur Verteidigung mit Hakenbüchsen. Auf Kaltenstein erscheinen sogar schon vereinzelt um 1427/29 die für die zweite Jahrhunderthälfte so typischen flachrechteckigen Maulscharten. Die Grafen von Württemberg ließen gleich mehrere Burgen mit Halbrundtürmen und Zwingern verstärken, so die Teck (⇨82). Man hat diese Anlagen als

Frühfestungen bezeichnet, als Vorläufer für jene späteren Landesfestungen, die ganz für den Artilleriekampf eingerichtet waren.

Im Übrigen änderte sich an der Baugestalt der Burgen wenig. Die Wohngebäude bestanden aus massiven Unterbauten, über denen sich Fachwerkstöcke erhoben, wie das Beispiel Urach zeigt. Im Gegensatz zum landläufigen Burgenbild muss man sich die Bauten und ihre einzelnen Teile in der Regel verputzt und mitunter bemalt vorstellen. Das Fachwerk wurde im 15. Jh. oft in Rot, im 16. Jh. in Ockergelb gefasst.

Im EG der landesherrlichen Burgen lag in der Regel die Hofstube, hierzulande als Dürnitz bezeichnet (Urach, Stuttgart), darüber ein Saal und in den Fachwerkgeschossen die Wohngemächer. Hier nun erfolgte seit dem 15. Jh. eine zunehmende Ausdifferenzierung zu einzelnen Stubenappartements/Gemächern, die aus einer beheizbaren Stube und einer in Verbindung damit stehenden Schlafkammer mit Abort bestanden. Es hatte schon spätestens seit der 2. Hälfte des 13. Jh. Stuben und Kammern im oberdeutschen Fachwerkbau gegeben, aber nicht als geschlossene Raumgruppen.

Die Stuben wurden seit dem Mittelalter rauchfrei mittels Kachelöfen beheizt, die sich im südwestdeutschen Raum tatsächlich schon für das 9./10. Jh. auf dem Runden Berg (⇨77) nachweisen lassen. Im Hoch- und Spätmittelalter gehörten sie zum Ausstattungsstandard und widerlegen das vielfach gehegte Bild vom kalten und zugigen Wohnort Burg.

Das Spätmittelalter ist aber auch eine Zeit, in der vor allem kleinere Burgen auf entlegenen Höhen aufgegeben wurden. Viele Felsennester am Albtrauf begannen seit dem 15./16. Jh. zu zerfallen, während die Adelssitze auf den Dörfern und erst recht die Stadtburgen weiter ausgebaut wurden. Andere Anlagen auf dem Lande wurden zum Opfer der Auseinandersetzungen zwischen den Grafen von Württemberg und den Reichsstädten. So ging eine ganze Reihe von Adelssitzen auf den Fildern im Städtekrieg 1449 unter.

Einrichtung von Landesfestungen

Die Einführung der Feuerwaffen bedeutete nicht, wie immer wieder zu lesen, das Ende der Burg, hatte aber doch einschneidende Folgen. Die rasche Entwicklung der Artillerie übte bald einen nachhaltigen Einfluss auf den Wehrbau aus. Landesherrliche Burgen und Adelssitze mussten verstärkt werden, sollten sie der immer effektiveren Belagerungsartillerie Stand halten. Ein hervorragendes Beispiel hierfür bildet Kilchberg (⇨66),

8 Zwinger und flankierende Türme kamen in der Region erst im Spätmittelalter auf. Kaltenstein in Vaihingen bietet ein hervorragendes Beispiel einer solchen Befestigung in der 1. Hälfte des 15. Jh.

dessen Befestigung im späten 15. Jh. mit Schlüssel- und Maulscharten ausgestattet und einem teilweise kasemattierten Wall um die Kernburg verstärkt wurde.

Neu waren Geschütztürme, die in Württemberg seit der 2. Hälfte des 15. Jh. auftreten, anfänglich noch von recht bescheidenem Umfang und nur zum Einsatz von Haken- und Wallbüchsen geeignet, so auf Hohenasperg und Hohenurach. Erst Herzog Ulrich ließ zu Beginn des 16. Jh. einige wichtige Landesburgen mit mächtigen Geschütztürmen nachrüsten. So wurde 1507 mit dem Ausbau Hohentübingens (⇨64) begonnen und auch auf dem Hohenasperg gebaut. Durch große Scharten konnte man mit schwerem Geschütz schießen, auf den Türmen befanden sich Plattformen zur Aufstellung von Artillerie. Trotzdem konnten diese ausgebauten Burgen 1519 den Truppen des Schwäbischen Bundes nicht standhalten (Abb. 9). Nach seiner Rückkehr aus dem Exil 1534 nahm Ulrich ein umfassendes Bauprogramm in Angriff. Fünf württembergische Höhenburgen (Hohentwiel, Hohenneuffen, Hohenurach, Hohentübingen, Hohenasperg) und zwei Städte (Schorndorf, Kirchheim) wurden vom Herzog als Landesfestungen ausgewählt. Auf sie konzentrierte sich die

Bautätigkeit. Die übrigen landesherrlichen Burgen wurden zwar weiter instand gehalten, dienten sie doch als Amtssitze und Jagdschlösser, auch wurden sie bewaffnet, aber das Hauptaugenmerk für die Landesverteidigung beschränkte sich nun auf die genannten sieben strategisch wichtigen Punkte, die das Zentrum des Herzogtums mit der Residenzstadt Stuttgart gegen Angriffe der katholischen Mächte Österreich und Bayern sichern sollten. Ulrich ließ sich bei seinem Unterfangen von seinem Verbündeten, Landgraf Philipp von Hessen, beraten, besonders im Bezug auf die Wallanlagen Schorndorfs (⇨49), wo hochmoderne rondellierte Erdwerke entstanden. Auf den Höhenburgen wurden gemauerte Rondelle und Geschütztürme von beträchtlichem Umfang gebaut. Am eindrucksvollsten präsentiert sich in dieser Hinsicht der Hohenneuffen auf seinem weithin sichtbaren Felsklotz (⇨80).

Ulrichs Sohn Christoph hat diese Bautätigkeit fortgesetzt. Sie verschlang Unsummen. Für einen reichsfreien Ritter waren solche Bauten nicht mehr finanzierbar, er musste sich mit Schartenmauern und kleinen Türmen begnügen, welche Angriffen mit schwerer Artillerie zwar nicht mehr gewachsen waren, wohl aber gegen plötzliche Überfälle auch weiterhin ausreichend Schutz boten. Die Reichsstadt Esslingen hat in dieser Zeit letztmalig ihre Befestigungen durch ein ausgedehntes Vorwerk mit Geschütztürmen auf der Hauptangriffsseite, die sog. „Burg", verstärkt (⇨51), die zu den modernsten Einrichtungen ihrer Zeit gehörte.

Die Landesfestungen wurden einem Burgvogt unterstellt, der die Oberaufsicht über die Garnison führte und in Abwesenheit des Herzogs die Schlüsselgewalt ausübte. In den Festungen wurden dauerhaft kleine Landsknechtskontingente stationiert. Hier lagerten Geschütze, Munition und Vorräte für monatelange Belagerungen. Tatsächlich spielten zumindest die Höhenfestungen noch im Dreißigjährigen Krieg eine wichtige Rolle und hielten lange den Angriffen durch kaiserliche Truppen stand, wenn sie auch die Besetzung und Ausplünderung des Landes durch feindliche Armeen letztlich nicht verhindern konnten.

Nur langsam kam es zur Einführung des neuen, in Italien entwickelten Bastionärsystems mit spitzwinkligen Bastionen als Artillerieplattformen. Erste Ansätze hierzu zeigt die Stadtfestung Kirchheim, die Herzog Christoph durch zwei frühe Bastionsbauten verstärken ließ (⇨87). Erst in den 1660er und 1670er Jahren wurden Hohentübingen und vor allem der Hohenasperg durch moderne Bastionen ergänzt.

Schlösser der Renaissance

Herzog Ulrich konzentrierte sich vor allem aufgrund seiner politisch unsicheren Position auf die Landesverteidigung. Als repräsentativer landesherrlicher Burgbau erfuhr nur Hohentübingen einen spektakulären Ausbau zum frühesten württembergischen Renaissanceschloss. Neu war die Vierflügelanlage mit axialem Zugang und Treppentürmen in den Hofecken. Die Stilformen dieses ausgedehnten Komplexes sind, wie die Vorhangbogenfenster am Saalbau zeigen, u. a. von der sächsischen Renaissance beeinflusst, womit sich Ulrich deutlich als Anhänger der Reformation und ihrer Protagonisten positionierte. Der Standerker am Saal erinnert wiederum an einen der herausragendsten mittelalterlichen Saalbauten der hessischen Landgrafen: das Marburger Schloss, das Ulrich aus eigener Anschauung während seines Exils kannte (Abb. 10).

Ulrichs Sohn Christoph setzte den Festungsbau fort, trat aber vor allem durch den Ausbau des Stuttgarter Residenzschlosses zum repräsentativen Sitz eines Renaissancefürsten mit seinem elegan-

9 Charakteristisch für die Festungsbauten Herzog Ulrichs sind die mächtigen Geschütztürme wie hier der Haspelturm auf Hohentübingen.

ten Arkadenhof und den Aus- und Neubau einer Vielzahl von Landschlössern hervor, so Göppingen, Pfullingen, Waldenbuch und Leonberg. Mit ihnen suchte der Herzog nach der krisenhaften Regierung des Vaters und gegenüber Österreich offenbar steinerne Zeichen der landesherrlichen Macht im ganzen Territorium zu setzen und so Präsenz auch jenseits seiner verschiedenen Aufenthalte in den Städten des Landes zu zeigen. Das umfassende Bauprogramm Christophs, das mehrere Jagdschlösser beinhaltete, ist dabei vermutlich auch in Bezug auf das Reichserzjägermeisteramt zu sehen, eines Titels, den die Herzöge zu ihrem Prestige innerhalb der fürstlichen Rangordnung des Reiches zeitweilig beanspruchten.

Es entstanden eindrucksvolle kubische Vierflügelanlagen mit den so typischen Eckaufbauten mit Pyramidendächern, die an Türme gemahnen. Die Landschlösser waren zwar zu ihrem Schutz von Gräben umgeben und besaßen Zugbrücken, dienten aber nicht als Festungen. Vielmehr handelte es sich um Lust-, Jagd- und Amtsschlösser gleichermaßen, deren größtes und aufwändigstes Göppingen darstellt. Äußerlich zeichnen sich

11 Das Neue Lusthaus in Stuttgart war einer der herausragenden Profanbauten der Deutschen Renaissance. Rekonstruktion eines der beiden Treppenaufgänge nach Beisbarth

10 Schloss Hohentübingen war der erste moderne Schlossbau der Renaissance in Württemberg. Den talseitigen Erker des Saalbaus schmücken Vorhangbogenfenster.

diese Bauten durch die monumentale Wirkung der schmucklosen, nur durch die Fenster gegliederten Fassaden und die Dachaufbauten aus, womit die württembergische Renaissance eine ganz eigene Prägung erfuhr. Die Höfe von Stuttgart und von Göppingen (⇨92) weisen Laubengänge auf (Abb. 12). Die Erschließung der Obergeschosse erfolgte über Treppentürme, die im Innern teilweise kunstvoll ausgestaltet waren. Wenig ist von den Originalausstattungen der Räume erhalten. Die in Fachwerk errichteten Innenwände waren farbig gefasst, Türen und Fenster mitunter architektonisch durch Malerei gerahmt, in Göppingen gibt es vereinzelte Spuren figürlicher Malereien.

Seit dem letzten Drittel des 16. Jh. entfalteten die württembergischen Herzöge ein aufwändiges, ihrem Stand angemessenes Hofleben. Die Bühne für ihre prachtvollen Festinszenierungen wurde der seinerzeit berühmte Stuttgarter Lustgarten, wo sich das Lusthaus Georg Beers erhob, eine der reizvollsten Schöpfungen der deutschen Renaissance (Abb. 11). Heute zeugen nur noch einige traurige Ruinen von diesem einst gepriesenen Wunderwerk der Baukunst. Einen Eindruck vom Inneren des Gebäudes vermittelt die von Heinrich Schickhardt später in Anlehnung an das Lusthaus geschaffene Stuckhalle im Alten Rathaus zu Esslingen. Mit den württembergischen Schlossbauten dieser Zeit sind große Baumeisternamen verbunden, so

12 Das Alte Schloss in Stuttgart war als Hauptsitz Herzog Christophs dessen anspruchsvollster und aufwändigster Schlossbau.

Aberlin Tretsch, Blasius und Martin Berwart, Georg Beer und vor allem Heinrich Schickhardt. Eines seiner Hauptwerke, der Neue Bau, der sich direkt neben dem Alten Schloss erhob und die berühmte Kunst- und Wunderkammer beherbergte, brannte im 18. Jh. aus und wurde danach abgetragen.

Die Schlösser des reichsfreien Landadels standen seit der 2. Hälfte des 16. Jh. deutlich unter dem Einfluss der württembergischen Architektur und Hofkunst, zumal viele Adelige am württembergischen Hof und in der Verwaltung des Herzogtums dienten. Poltringen (⇨70) zeigt das mit seinen Eckaufbauten sehr deutlich. So ist es kein Zufall, dass einige von ihnen auch auf den württembergischen Hofbaumeister Heinrich Schickhardt zurückgriffen und sich von ihm ihre Burgen modernisieren ließen (Hochdorf, Hochberg, Stammheim). Auch auf dem Land entstanden nun Vierflügelanlagen, so auf Filseck oder in Wernau, oftmals durch Umbau älterer Burgen zu geschlossenen Hofgevierten. Filseck (⇨91) setzt sich dabei mit seinen übereck gestellten Türmen deutlich von den württembergischen Schlössern ab. Daneben begegnen groß dimensionierte Einflügelbauten unter mächtigen Satteldächern als Herrenhäuser, so in Beihingen (⇨24). Immer noch waren viele dieser Schlösser wehrhafte Bauten. Poltringen ist von einem Graben umgeben, das Schloss in Tübingen-Bühl hat Zwingermauern und Türme mit Maul- und Schlüsselscharten.

Kennzeichnend für die adeligen Anlagen sind die großen Wirtschaftsbauten wie Scheunen, Keltern und Stallungen, die das Schloss weiterhin zum Mittelpunkt einer Grundherrschaft machten und der Verarbeitung und Lagerung der Abgaben dienten.

Paläste und Lustschlösser des Barock

Der Dreißigjährige Krieg unterbrach diese reiche Epoche des Kunstschaffens. Lange Zeit danach war an große Bauprojekte von Seiten des Hofes nicht zu denken. Neubauten entstanden noch bis in die 1680er Jahre weitgehend in den tradierten Formen der Renaissance (Stetten ⇨44, Winnenden ⇨47), geprägt von Schickhardts Nachfolger Matthias Weiß. Erst unter Herzog Eberhard Ludwig hielt mit einem Paukenschlag die Architektur des Hochbarock in Württemberg Einzug. In dieser Zeit kommt es auch zu einer endgültigen Trennung von Wehr- und Wohnbau in militärische Festungen und allein Wohn- und Repräsentationszwecken dienende Paläste.

Eberhard Ludwig, kaiserlicher Feldherr in den Kriegen gegen Frankreich, hegte große Ambitionen. Nachdem Hannover 1692 die Kurwürde erlangt hatte, bemühten sich auch andere deutsche Landesherren um die Rangerhöhung zum Kurfürsten, waren diese doch berechtigt, den römisch-deutschen Kaiser zu wählen. Somit zählten sie zu den vornehmsten und wichtigsten Reichsfürsten. Ihren Anspruch hierauf suchten die württembergischen Herzöge baulich zu untermauern und nahmen somit die angestrebte Würde gleichsam vorweg.

Die Prachtbaukunst der Barockzeit hatte nichts mit der Verschwendungssucht von Duodezfürsten zu tun, die angeblich alle Ludwig XIV. und Versailles nachahmten, sondern mit der Konkurrenz untereinander und der Zurschaustellung von Rang und wirtschaftlich-politischer Potenz innerhalb des Reichsgefüges. Bauen war Mittel zum Zweck, Teil der Staatsrepräsentation gegenüber dem Kaiser und den Standesgenossen, zuletzt auch gegenüber den Untertanen, und es war Teil der wirtschaftlichen Kunstpatronage, dabei auch Arbeitsbeschaffungsmaßnahme. Eberhard Ludwig suchte dies in Ludwigsburg (⇨16) umzusetzen, wo ein prachtvoller Neubau entstand, der im Verlauf von über zwei Jahrzehnten zu einer der größten und glanzvollsten Palastanlagen Europas heranwuchs. Ihre Architektur orientiert sich sichtlich an den am Wiener Hof gepflegten Formen des Barock, was die enge politische Anlehnung des Herzogs an den Kaiser bezeugt (Abb. 13).

Streitigkeiten mit den Landständen veranlassten Eberhard Ludwig zur Residenzverlegung von Stuttgart nach Ludwigsburg. Hier war ausreichend Platz, fürstliche Selbstdarstellung zu inszenieren, gegenüber der das Alte Schloss in Stuttgart zwar bei aller Altehrwürdigkeit doch auch altväterisch anmutete. Es konnte den Bedürfnissen Eberhard Ludwigs und den gestiegenen Anforderungen des höfischen Zeremoniells, das nach festgelegten Raumfolgen gemäß dem jeweiligen Rang eines Landesherrn verlangte, in keiner Weise mehr genügen. Das wesentliche Mittel der sog. Prachtbaukunst war die Verwendung von Säulen, die seit der Antike einem bestimmten Kanon unterworfen und in Rängen klassifiziert waren. Je nach Funktion eines Gebäudes wurde es mit einer entsprechenden Säulenordnung verziert. Somit wurden einzelne Baukörper einer Anlage architektonisch ausdifferenziert und in Entsprechung zur Gesellschaftsordnung deutlich in ihrer Wertigkeit gegeneinander abgegrenzt. Die Raumfolgen wurden in Enfilade angelegt, d. h. alle Türen lagen in einer Achse. Es war genau geregelt, wer welche Räume betreten und so in die innersten Gemächer vordringen durfte. Das fürstliche Appartement setzte sich nun aus ein oder zwei Vorzimmern, einem Audienzzimmer, einem Paradeschlafzimmer und einem Kabinett als intimstem Raum zusammen. Eine wichtige Stellung kam den Treppenhäusern als Auftakt zu den Festsälen und Appartements zu.

In der barocken Residenzstadt und dem Palast des Herrschers spiegelte sich das Selbstverständnis der von Gottes Gnaden regierenden Herzöge wieder. Alleengesäumte Chausseen verbanden die Residenz Ludwigsburg mit der Landeshauptstadt und den im Umfeld entstehenden Satellitenschlössern. Sie legten sich wie ein Netz über das Territorium und dienten u. a. der Parforcejagd. Mit der Jagd als Hoheitsrecht demonstrierte der Herzog deutlich seine Stellung als Landesherr und seine Macht über das Land. Das war in Württemberg von besonderer Bedeutung, denn die Herzöge lagen immer wieder im Streit mit ihren Ständen, die eine kräftige Opposition gegen die absolutistischen Bestrebungen des Landesherrn bildeten. Sie wehrten sich auch gegen die Bemühungen Herzog Carl Alexanders, dem Land ein stehendes Heer zu geben, um es besser gegen Invasionen aus Frankreich verteidigen zu können, denn sie fürchteten dessen Einsatz zur Durchsetzung herzoglicher Machtinteressen im Innern. Wie Ulrich versuchte sich auch Carl Alexander an einem umfassenden Festungsbauprogramm, wobei er bezeichnenderweise schon lange ruinöse Bauten wie den Hohenstaufen und die Teck als Festungen wiederaufbauen ließ. Das ist offenbar als symbolischer Akt zu werten, um diese für Württembergs Geschichte so bedeutsamen Plätze baulich zu markieren und gegenüber den Landständen die Militärhoheit des Landesherrn zu demonstrieren. Weitreichende Ausbauten erfolgten auf dem Hohenneuffen, auf Kaltenstein und Hohenasperg (⇨37). Es entstanden hochmoderne kasemattierte Werke, auf dem Hohenneuffen (⇨80) mit Kaponnieren in den Gräben. Der frühe Tod Carl Alexanders verhinderte aber den Weiterbau.

Der Nachfolger Carl Eugen verfolgte erneut das Projekt einer Kurwürde für Württemberg. In diesem Zusammenhang entfaltete er eine der pracht-

13 Neue Maßstäbe setzte das Residenzschloss in Ludwigsburg, mit dem Herzog Eberhard Ludwig seine Position gegenüber den Landständen und im Reich verdeutlichen wollte.

vollsten Hofhaltungen in ganz Europa. Festkultur, Ballett, Oper und Theater erlebten am württembergischen Hof eine Blüte sondergleichen. Carl Eugen ließ eine ganze Reihe von Jagd- und Lustschlössern errichten, so Monrepos und Solitude oder das abgegangene Einsiedel (⇨68). Den Ständen rang er den Neubau des Stuttgarter Residenzschlosses (⇨2) gegen das Versprechen ab, die Residenz in die Hauptstadt zurückzuverlegen. Dieser Palast zeigt eine andere Stilsprache als Ludwigsburg. Seine durch Pilaster gegliederten, fein instrumentierten Fassaden stehen ganz im Zeichen des französischen Barockklassizismus. Doch Zerwürfnisse mit den Landständen führten zum erneuten Rückzug aus Stuttgart nach Ludwigsburg und auf die neu entstandene Solitude (⇨13). Sie entwickelte sich von einem Lustschloss zu einer gigantischen Anlage mit zahlreichen Nebengebäuden und ausgedehnten Gärten. Immer neue Bauprojekte ließ der Herzog beginnen, doch schon nach kurzer Zeit verlor er dann wieder das Interesse daran. Carl Eugens letzter großer Palast ist Hohenheim (⇨14), quasi ein überdimensioniertes Landhaus, wo er schließlich ein Leben als Landedelmann führte und so sein gewandeltes Selbstverständnis zum patriarchalischen, fürsorglichen Landesvater zum Ausdruck brachte. Der äußerlich architektonisch schlichte, aber wieder ausgesprochen weitläufige Komplex erhielt eine erlesene Ausstattung in den Formen des frühen, von England beeinflussten Klassizismus. Nahebei entstand das heute fast gänzlich verschwundene, einst berühmte Englische Dörfle, ein sentimentaler Landschaftsgarten mit zahlreichen Staffagebauten.
Weitaus bescheidener nahmen sich hiergegen die Häuser des reichsfreien Adels aus. Oft musste man sich mit einer Modernisierung des Innern begnügen. Neubauten blieben die Ausnahme. Die aus dem Bürgertum aufgestiegene Familie der Reichsfreiherren von Palm hingegen inszenierte ihre Rangerhöhung selbstbewusst in zwei Esslinger Palaisbauten (⇨55), um sich unter der alteingesessenen Reichsritterschaft zu positionieren.

Klassizismus, Historismus und ein Hauch von Orient

Napoleon brachte dem Haus Württemberg kurz nach endlicher Erlangung der Kurwürde die Königskrone. Der neue Status manifestierte sich allerdings in keinem Neubau, denn mit dem immer noch unfertigen Neuen Schloss in Stuttgart stand ein hochmoderner Palast zur Verfügung, der allen Ansprüchen an eine königliche Hofhaltung genügte. Wohl aber wurde das Schloss nun im Inneren ausgebaut, und auch das zur Sommerresidenz avancierte Ludwigsburg erhielt in den wichtigsten Appartements und Sälen eine moderne Empireausstattung. Wie Carl Eugen entfaltete König Friedrich eine äußerst aufwändige und prachtvolle Hofhaltung mit festlich inszenierten Jagden, für die ihm eine ganze Reihe von Schlössern zur Verfügung standen, so Bebenhausen (⇨65) oder die Obervogtei in Schorndorf (⇨49), aber auch Neubauten wie das Schlössle bei Hohengehren, das später als Rathaus nach Altbach transloziert wurde.
Friedrichs Sohn Wilhelm I. gab sich als Herrscher eines konstitutionellen Staates dann zurückhaltender, zumal nach den Napoleonischen Kriegen gespart werden musste. Doch auch er legte Wert auf monarchische Repräsentation. Dazu wurde Stuttgart durch Neubauten des Hofes aufgewertet und zum politischen Zentrum ausgebaut. Beson-

deres Augenmerk schenkte der König der Ausgestaltung des Nesenbach- und des Neckartals zwischen Bad Cannstatt und Esslingen. Die von den Zeitgenossen der Romantik als mediterran charakterisierte liebliche Landschaft erfuhr durch diverse königliche Schöpfungen eine Aufwertung zum Neckararkadien. Teilweise in Sichtbeziehung zueinander entstanden nach Entwürfen des Hofbaumeisters Giovanni Salucci der königliche Pavillon in Weil (⇨56), die Grabkapelle auf dem Rotenberg (⇨7) und Schloss Rosenstein (⇨5). Mit dem Lustschloss La Wilhelma (⇨6) erwuchs um die Jahrhundertmitte für Wilhelm I. die bedeutendste Schloss- und Gartenanlage des Orientalismus auf dem Kontinent. Auch hier wurde der Mittelmeerraum im Neckartal inszeniert, und ebenso in der kronprinzlichen Villa Berg (⇨4), die als eine Mischung aus spätklassizistischen Formen und Renaissancebezügen mit ihren Terrassengärten in Anlehnung an italienische Villen entstand. Mit der damals aufkommenden Mittelalterbegeisterung konnte der König allerdings nichts anfangen. Die alte Stammburg Wirtemberg ließ Wilhelm I. zum Bau eines klassizistischen Mausoleums für seine jung verstorbene Gemahlin abbrechen. Sein Vetter Graf Wilhelm von Württemberg hingegen begeisterte sich wie viele andere Adelige und Bürger der Zeit an mittelalterlichen Bauten. Dieses allgemein wachsende, patriotisch inspirierte Interesse am Mittelalter ging einher mit der Entdeckung der Schwäbischen Alb als historischer Landschaft, in der genügend Ruinen in reizvoller, pittoresker Lage zur Erkundung einluden. Es entstanden erste Wanderführer, so Gustav Schwabs *Neckarseite der Schwäbischen Alb*. Und die Dichter der schwäbischen Romantik wie Schwab, Uhland oder Mörike verherrlichten in ihrer Poesie nicht nur die Landschaft, sondern auch die mittelalterliche Geschichte des Landes und seines Herrscherhauses. Eine der Albburgen nebst einem Stück württembergischer Landeshistorie verklärte Wilhelm Hauff 1826 in einer Novelle: Lichtenstein (⇨76). Graf Wilhelm erwarb diese Burg und schuf daraus eine der herausragenden Schöpfungen der Burgenromantik des 19. Jh. Er machte aus dem Lichtenstein ein patriotisches Denkmal für das Haus Württemberg und seine Geschichte. Als Idealbild einer Ritterburg fand es Verbreitung in zahlreichen gedruckten und gemalten Ansichten und war so das Vorbild für mehrere spätere Schloss- und Villenbauten in Deutschland.

Allerdings war der Lichtenstein nicht der erste auf die Historie des Hauses Württemberg verweisende Burgneubau. Schon unter Friedrich I. war im Park von Ludwigsburg die nach einem mythischen Vorfahren der Württemberger benannte Emichsburg als künstliche Ruine mit Felsengang und schauerlichen Grottenverliesen entstanden, ein Ort, an dem mit wohligem Schaudern das gotische Mittelalter als heldenhafte Zeit heraufbeschworen wurde. Das Königshaus hat sich der Burgenromantik aber ansonsten nie angeschlossen. Dafür haben einige württembergische Adelige im Lauf des 19. Jh. ihre Schlösser teilweise neugotisch umbauen lassen, so z. B. die von Varnbülers Hemmingen (⇨39), um so auf ihre Ancienität zu verweisen.

Die Burg als wehrhafter und zugleich pittoreskmalerischer Bau stand dann auch bald Pate für private Villenbauten des späten Historismus und nicht zuletzt für einige Verbindungshäuser in Tübingen, die mit Türmen, Erkern und steilen Giebeln in architektonische Konkurrenz zum Schloss traten, so das Igel- und das Alamannenhaus. Hier ging es um die Inszenierung altdeutscher Tugenden, die man in den Formen der Gotik und Renaissance auszudrücken versuchte. Gerade die deutsche Renaissance und das Reformationszeitalter galten als vorbildhaft für das aufstrebende protestantische Großbürgertum der Gründerzeit. Das schlug sich auch in den Ausstattungen nieder, nicht zuletzt beim König. Die im Stil der Neorenaissance ausgestatteten Räume des Jagdschlosses Bebenhausen (⇨65), das König Karl gerne aufsuchte und ausbauen ließ, entsprechen ganz diesem am 16. Jh. orientierten Geschmack.

Insgesamt erlahmte aber die höfische Repräsentation in Württemberg infolge des Souveränitätsverlustes durch die Reichsgründung 1871. Weder König Karl noch der sich sehr bürgerlich gebende Wilhelm II. errichteten neue Schlösser. Wilhelm II. residierte im Wilhelmspalais, das Neue Schloss diente nur noch Repräsentationszwecken. Wenig später fegte die Revolution von 1918 die Monarchie hinweg, ihre Schlösser gingen überwiegend in Staatsbesitz über und wurden Museen. Schwere Schäden verursachte in Stuttgart der Zweite Weltkrieg, und anschließend wurde mit manchen Objekten im Rahmen von Totalsanierungen wie in Urach nicht immer behutsam umgegangen. Heute werden die herzoglichen und königlichen Schlösser weitgehend von den Staatlichen Schlössern und Gärten verwaltet, welche die Anlagen aufwändig pflegen und umfassende Angebote zum Erleben dieser historischen Orte machen. Andere Anlagen sind in Kommunalbesitz, wieder andere immer noch privat. Ihre dauernde Erhaltung als wichtige Zeugen der Landes- und Kunstgeschichte für zukünftige Generationen ist kostspielig und eine nicht immer dankbare, aber wichtige Aufgabe.

C.O.

I. STUTTGART
Die Residenz- und Hauptstadt

Im Gebiet der heutigen Großstadt Stuttgart gab es einst um die vierzig Burgen. Nur von wenigen zeugen noch Ruinen oder wenigstens Gräben (⇨8, 9, 10, 11, 14). Auf einige weisen gerade noch Flurnamen hin. Die Mehrzahl dieser Bauten ging schon im Mittelalter unter. So ließ König Rudolf I. in seinen Auseinandersetzungen mit Graf Eberhard I. von Württemberg 1287 allein sieben Burgen im Umfeld der Stadt schleifen, andere wurden im Reichskrieg Heinrichs VII. 1311/12 durch die Reichsstadt Esslingen zerstört. Und auch die Stammburg Wirtemberg (⇨7) wurde bis 1519 mehrfach von den Esslingern erobert, geschleift und von Württemberg wieder aufgebaut bis sie 1819 abgebrochen wurde.

Stuttgart selbst entstand vermutlich um eine frühe Burg, die wohl die Aufgabe hatte, ein Gestüt im Talkessel des Nesenbaches, den Stutengarten, zu sichern, das in der 1. Hälfte des 10. Jh. durch Herzog Hermann I. von Schwaben gegründet worden war. Von dieser frühen Burg ist allerdings bisher nichts gefunden worden, gleichwohl wird sie an Stelle des **Alten Schlosses** (⇨1) lokalisiert. Dass Stuttgart schon im Frühmittelalter kein ganz unbedeutender Ort war, belegen die jüngsten Ausgrabungen unter der Stiftskirche und dem Alten Schloss, die u. a. eine steinerne Dorfkirche des 10./11. Jh. zu Tage förderten. Später war Stuttgart Teil der zähringischen Besitzungen am Mittleren Neckar, und so erfolgte zwischen 1218 und 1245 die Erhebung der späteren württembergischen Residenz zur Stadt durch Markgraf Hermann V. von Baden. Als Mitgift gelangte Stuttgart kurz darauf an die aufstrebenden Württemberger. Eberhard I. hat die Stadt seit dem späten 13. Jh. nach und nach zum Zentrum seiner Herrschaft ausgebaut, denn die dortige Burg bildete einen seiner bevorzugten Sitze. Der Wirtemberg verlor ihr gegenüber im 14. Jh. zunehmend an Bedeutung, und 1321 wurde das Beutelsbacher Chorherrenstift mit der gräflichen Grablege nach Stuttgart verlegt.

Der Stellung Stuttgarts als Verwaltungszentrum und häufigem Aufenthaltsort der Grafen entsprach der weitere Ausbau der Stadt. Dem hochmittelalterlichen Kern wurde Ende des 14. Jh. unter Eberhard III. eine planmäßig angelegte Vorstadt mit einem lang gestreckten Hauptplatz und der Leonhardskirche in dessen Zentrum angeschlossen. Die Esslinger Vorstadt erhielt ab 1455 im Westen ein Gegenstück in der Reichen Vorstadt, deren Bebauung streng rasterförmig angelegt wurde, eine für diese Zeit nördlich der Alpen recht einmalige Anlage. Ihr Vorbild ist wohl in Turin zu suchen, war doch Graf Ulrich V. mit Margarethe von Savoyen vermählt.

Europäische Berühmtheit erlangte die herzogliche Residenz der Renaissancezeit. Unter Herzog Friedrich I. wurde der heutige **Schillerplatz** vor dem

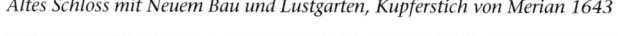

Altes Schloss mit Neuem Bau und Lustgarten, Kupferstich von Merian 1643

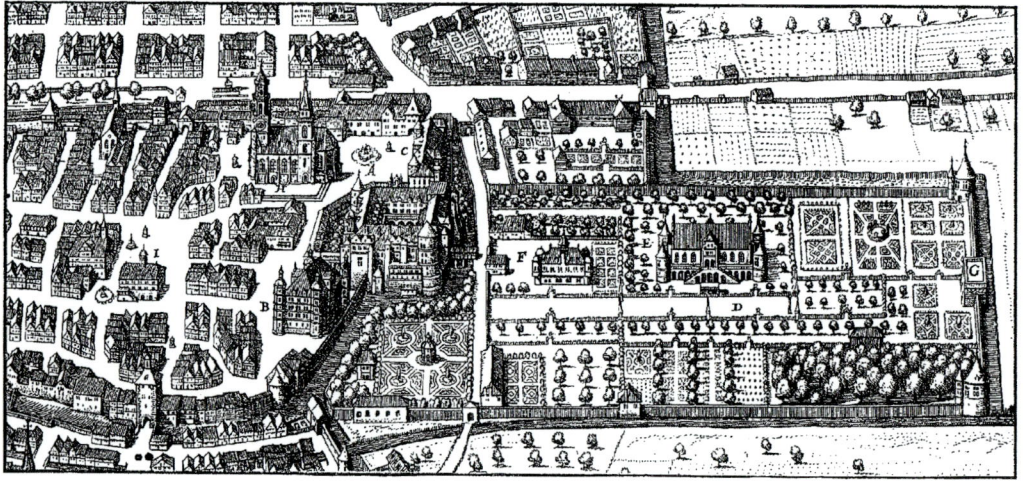

Alten Schloss als eine Art Vorhof architektonisch ausgestaltet. Die prachtvollen Gärten und Bauten des herzoglichen Hofes bildeten unter seiner Regierung die Folie für grandiose Feste und wurden von vielen Reisenden aufgesucht. Heute zeugen hiervon außer dem Alten Schloss und dem Ensemble am Schillerplatz nur noch spärliche Reste. Durch die Kriege des 17. Jh. und besonders die zeitweisen Residenzverlegungen nach Ludwigsburg stagnierte die Entwicklung Stuttgarts. Das **Neue Schloss** (⇨2), begonnen unter Carl Eugen, blieb über Jahrzehnte eine Baustelle. Erst um 1775–78 kam es wieder zu größeren Aktivitäten. So erfolgte die Anlage der **Planie** als Boulevard und des Karlsplatzes an Stelle des alten Gartens der Herzogin. Dadurch wurde das Neue Schloss an die Altstadt angebunden.

Um die Stadt entstanden im 18. Jh. mehrere **Lustschlösser**, so die Solitude (⇨13), Hohenheim (⇨14) und das Bärenschlössle als Jagdpavillon. An die höfische Prägung der Umgebung erinnern noch Namen wie der Fasanenhof.

Einen erheblichen Aufschwung erfuhr Stuttgart, nachdem Württemberg 1806 Königreich geworden war. Der neue Rang erforderte eine würdige Hauptstadt. Das Umfeld des Neuen Schlosses erhielt damals seine Ausgestaltung. Mit Anlage der **Königstraß**e 1805 entstand eine Prachtstraße, die den Auftakt zur Residenz bildete. Sie wurde 1810–1922 durch das Königstor abgeschlossen. Ihre Ostseite nahm der Marstallkomplex ein, der von der Solitude hierher versetzt wurde. Daneben entstand 1807–11, ebenfalls von der Solitude transloziert, der kath. Eberhardsdom.

Mit dem **Schlossplatz** entstand eines der schönsten Platzbilder Alteuropas, das trotz Kriegszerstörungen immer noch in Teilen seine einstige Wirkung entfaltet. Es erhielt seine prägende Gestalt 1861–63 unter Wilhelm I. durch die Grünanlagen mit den beiden Schalenbrunnen, welche die **Jubiläumssäule** einfassen. Diese wurde schon 1846 anlässlich des 25-jährigen Regierungsjubiläums Wilhelms errichtet. An der Südwestecke des Platzes entstand 1846–54 nach Entwurf von Hofbaumeister Ludwig Friedrich Gaab das **Kronprinzenpalais**, das nach Kriegszerstörung einer Straße und mehreren Betonbauten weichen musste. Erhalten hat sich hingegen als Platzabschluss nach Westen und Gegenstück zum Neuen Schloss die klassizistische Kolonnadenfront des **Königsbaus**. Schon 1818 war sein Bau als Kaufhaus vom König vorgesehen, aber er wurde erst ab 1855 nach einem Entwurf Gaabs verwirklicht.

Als Teil des Residenzensembles ist auch die palastartige **Alte Staatsgalerie** zu sehen, die 1838–43 von Gottlob Georg Barth in unmittelbarer Nähe des Schlossgartens errichtet wurde und der Aufnahme der königlichen Sammlungen diente.

Neues Schloss mit Schlossplatz

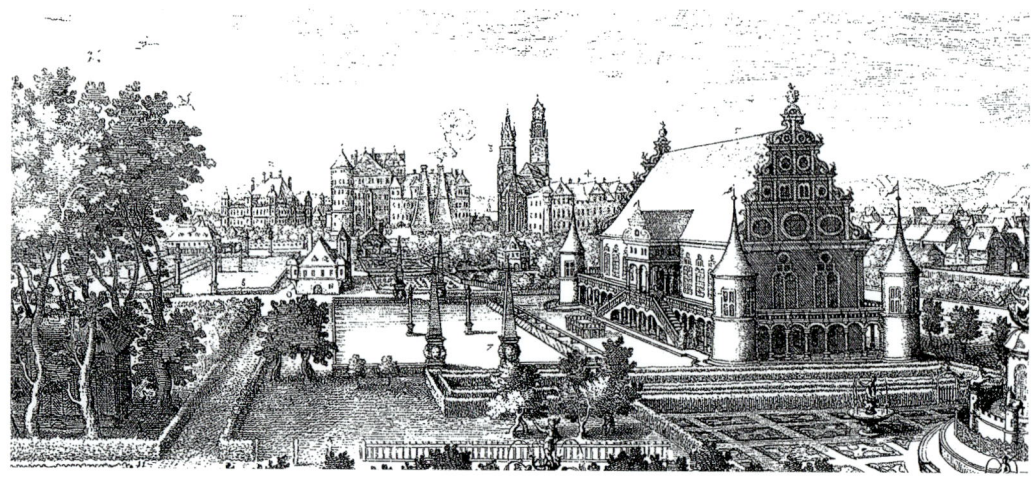

Fürstlicher Lustgarten zu Stuttgart, Kupferstich von Merian 1606

Das weitere Umfeld der Stadt wurde parkartig ausgestaltet, insbesondere das Nesenbachtal zwischen Innenstadt und Neckar. Mit den **Lustschlössern** Rosenstein (⇨5) und La Wilhelma (⇨6) griff die Residenzlandschaft nun unmittelbar in das Neckartal aus. An den Hängen entstanden seit der 2. Hälfte des 19. Jh. prachtvolle Villen des Adels und des Großbürgertums, die sich in ihrer Gestaltung im Gefolge der kronprinzlichen **Villa Berg** (⇨4) an italienischen Renaissancebauten orientierten. Anfang des 20. Jh. wurden dann für die herrschaftlichen Häuser die Lustschlösser Carl Eugens, Monrepos und Solitude, vorbildhaft, wie die Beispiele der **Villa Reitzenstein** und der **Villa Gemmingen** zeigen. Der Zweite Weltkrieg hat viele Bauten zerstört, vor allem aber hat die Nachkriegszeit im Wahn, eine autogerechte, moderne Stadt zu schaffen, zu enormen Substanzverlusten auch wiederaufbaufähiger Ruinen geführt. Selbst die berühmte **Karlsakademie** hinter dem Neuen Schloss entging dieser rücksichtslosen Abbruchpolitik nicht, unter der das Stuttgarter Stadtbild bis heute empfindlich leidet. Das gigantomanische Projekt S 21 zieht überdies Teile des ohnehin schon schwer beeinträchtigten Schlossgartens in Mitleidenschaft und wird das alte Bild weiter verunklären.

Altes Schloss, Ansicht vom Schillerplatz

1. STUTTGART
Altes Schloss

Das Alte Schloss gehört zu den attraktivsten Gebäuden der Stuttgarter Innenstadt. Am Übergang vom Schillerplatz zum Schlossplatz bildet es das Scharnier zwischen den ältesten Teilen der Innenstadt und den Erweiterungen des 18. und 19. Jh. Es war vom 14.–17. Jh. das Residenzschloss der Grafen und Herzöge von Württemberg. Als Vorgänger wird für das 10. Jh. eine Burg der Herzöge von Schwaben zum Schutz des herzoglichen Gestüts angenommen; Reste hiervon wurden bislang aber nicht gefunden. Archäologische Untersuchungen 1998/99 unter dem Dürnitzbau brachten neben frühmittelalterlichen Siedlungsbefunden vor allem die Grundmauern einer repräsentativen Wasserburg des späten 13. Jh. in Form eines leicht verzogenen Achtecks ans Licht. Als Bauherr kommt Graf Eberhard I. von Württemberg in Betracht, und der Bau der Burg wird wohl im Zusammenhang mit der Erhebung Stuttgarts zum Hauptsitz des Grafen zu sehen sein. Erst im Lauf des 14. Jh. wurde dann der große **Dürnitzbau** mit einer großen Erdgeschosshalle als Festsaal in den Mauerring eingefügt, wie neuere Untersuchungen zeigten.

Die gelungene Konsolidation des Landes unter der Regierung Herzog Christophs ab 1550 nach der unruhigen Herrschaft seines Vaters Ulrich fand im Ausbau des Residenzschlosses ihren demonstrativen baulichen Ausdruck. Aberlin Tretsch und Blasius Berwart wurden als Baumeister berufen, Christoph selbst nahm an den Planungen regen Anteil. 1553–65 wurden die Dürnitz umgebaut und über der niedergelegten Ringmauer drei weitere Flügel errichtet, so dass eine geschlossene Hofanlage entstand. Von der Wasserburg Eberhards I. wurden die umlaufenden Gräben sowie die gotische Dürnitzhalle im EG übernommen. Darüber entstanden nun massive Geschosse, wobei sich im ersten der Festsaal und im zweiten der Wohnbereich der herzoglichen Familie befanden. Ein in den Hof vorspringender Baukörper nahm eine Reitertreppe auf, welche die OG erschließt. Auf der Ostseite der Dürnitz wurde ein zweigeschossiger Archivbau angefügt, dessen Gartenterrasse mit dem Garten der Herzogin im Areal des heutigen Karlsplatzes korrespondierte. In Richtung Schillerplatz mussten die Ringmauern und Bauten der mittelalterlichen Burg den neuen Flügeln weichen. Einbezogen und fertig gestellt wurde ein älterer Rundturm Herzog Ulrichs an der Ostecke. An ihn schließt der Küchenflügel an, dem das herzogliche Bad und bis ins 19. Jh. zwei riesige Kamine angefügt waren. Auf ihn folgt gegenüber der Dürnitz der 72 m lange Nordwestflügel, dessen zweites OG auf der Höhe des Portals durch eine Altane unterbrochen wird. Den Südwestflügel nimmt die 1562 geweihte **Schlosskirche** ein. Die Querorientierung, die hufeisenförmige Anordnung von Sitzbänken und Emporen um Altar und Kanzel macht sie zu einem frühen Beispiel einer protestantischen Predigtkirche. Ihre erst 1573 entstandene, hölzerne Netzrippendecke verweist mit ihren Wappen, die rund um das des Herzogs gruppiert sind, in einer Ahnenprobe auf die Verwandtschaft der Württemberger mit zahlreichen Hochadelsfamilien Europas. In der 1864/65 eingerichteten Gruft unter der Kirche fanden

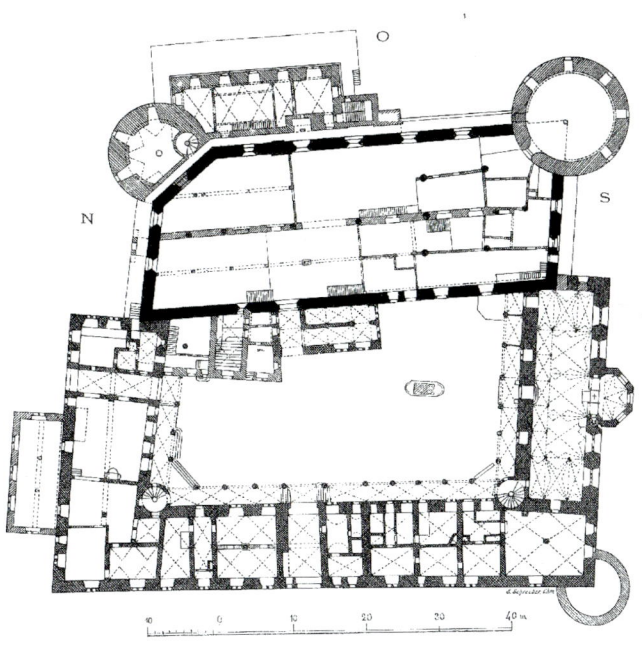

Grundriss des EG 1889

um 1292–1312 *Bau einer Wasserburg*
1553–65 *Umbau zur Vierflügelanlage*
1931 *Brand der Dürnitz*
1944 *erhebliche Kriegszerstörungen*
bis 1969 *Wiederaufbau*

Dürnitz

Arkadenhof

König Karl und seine Gemahlin Olga ihre letzte Ruhe.
Die beiden Rundtürme im Westen und Süden kamen später hinzu, der westliche 1572/73, der südliche sogar erst 1686.
Alle Flügel erhielten Walmdächer; Pavillons, Zwerchhäuser, Kleeblattgiebel und Dachgauben bildeten eine ursprünglich noch reichere Dachlandschaft. Die Außenfassaden blieben bis auf die Portale zum Schiller- und Schlossplatz und den Chor der Schlosskirche auffallend schmucklos. Den **Innenhof** hingegen ließ Herzog Christoph in Anlehnung an italienische Vorbilder auf drei Seiten und über drei Geschosse mit steinernen Arkadengängen versehen. Die kannelierten Säulen, die auf allen Geschossen in Kompositkapitelle mit Blattmasken übergehen, verbinden sich auf eigenwillige Weise mit den flachen Kreuzrippengewölben: Der Entwerfer und seine Steinmetze kannten zwar viele Einzelformen der Renaissancearchitektur, doch das Wissen um wesentliche Kompositionsregeln des neuen Stils, wie die richtige Anwendung der Säulenordnungen, fehlte.

Bis ins frühe 18. Jh. wurden die Innenräume immer wieder dem jeweiligen höfischen Zeitgeschmack angepasst. Mit dem Bau von Ludwigsburg verlor das Alte Schloss an Bedeutung, es entsprach nicht mehr den Anforderungen an eine moderne Barockresidenz. Unter Herzog Carl Eugen entstand das Neue Schloss (⇨2), das Alte Schloss sank zu einem Nebengebäude herab. Zu Ende des Jahrhunderts wurden die Gräben zugeschüttet. Die Vernachlässigung setzte sich im 19. Jh. fort, ab 1899 begann die museale Nutzung. Im Dezember 1931 brannten der Dürnitzbau und die angrenzenden Rundtürme vollständig aus. Ende Juli 1944 zerstörte ein Luftangriff weitere große Teile des Schlosses. Wie schon nach dem Brand wurde Paul Schmitthenner mit dem Wiederaufbau beauftragt. Seinen strengen Entwurf, der sich an den Bedürfnissen eines modernen Museums orientierte und daher Fas-

Kanzlei

saden und Fensterformen der Dürnitz vereinheitlichte und die Dachlandschaft purifizierte, kritisierten viele Stuttgarter als unhistorisch. Jedoch wurden die Arkadenflügel und ihre Dekors in enger Anlehnung an die historische Überlieferung rekonstruiert. So kündet der Gesamtkomplex wie die Arkaden des Hofes nach wie vor vom Repräsentationsbedürfnis des Renaissancefürsten Christoph.

Vor dem Alten Schloss erstreckt sich der Schillerplatz. Er bildet quasi den Vorburgbereich und wird von repräsentativen Bauten gerahmt. Seine Ostseite nimmt die **Kanzlei** ein, die 1542–44 unter Herzog Ulrich errichtet und 1566 nach Entwürfen Tretschs nach Norden erweitert und aufgestockt wurde. Sie dokumentiert den Aufbau einer frühmodernen Verwaltung, mit der in der Renaissance die Regenten Europas in einem bis dahin nie gekannten Maße das Leben ihrer Untertanen erfassten und normierten. Die schlichten Fassaden ziert ein aufwändiges Frührenaissanceportal von 1543. Ihre Südostecke besetzt die 1598/99 von Wendel Dietterlin entworfene Riesensäule, einst Druckbehälter für die Wasserspiele des Lustgartens. Herzog Friedrich I. gab Heinrich Schickhardt den Auftrag zur weiteren Entwicklung des Schlossumfelds. Dazu wurde eine Reihe Wohnhäuser erworben, die direkt vor dem Schloss im Bereich des heutigen Schillerdenkmals standen. Erst mit ihrem Abriss kurz vor 1600 gewann man die Freifläche vor dem Schloss. Nun war auch der direkte Bezug von Schloss und **Stiftskirche** als Grablege und wichtigem Memorialort der Dynastie hergestellt. Schickhardt erhöhte den angrenzenden **Stiftsfruchtkasten** und schloss ihn mit einem Renaissancegiebel ab. 1605 begann er auf der Nordwestseite mit dem **Prinzenbau**, der jedoch erst 1678 von Matthias Weiß fertig gestellt und 1682–85 mit der reichen, in Superposition gestellten Pilastergliederung verblendet wurde. Er ist eines der frühesten Zeugnisse des Barock in Württemberg. Das anschließende Tunzhofener Tor erfuhr 1711–13 durch Johann Friedrich Nette eine Umgestaltung. Der Palastbau diente als Wohnsitz des Erbprinzen und schuf den Anschluss an die Kanzlei. Als 1839 das Schillerdenkmal von Bertel Thorvaldsen in der Mitte des Platzes enthüllt wurde, fand die Platzgestaltung ihren Abschluss. Die Wiederherstellung nach der Kriegszerstörung hat die Einheit von Altem Schloss und Platz bewahrt und macht ihn zu einem der historisch interessantesten und zugleich schönsten Bereiche der Innenstadt.

Schillerplatz Landesmuseum Württemberg Di.–So. 10–17 Uhr, Hof u. EG der Dürnitz tagsüber frei zugänglich Tel. 0711/89535111 www.landesmuseum-stuttgart.de Alle S-Bahnen (Hauptbahnhof), U 5, 6, 7, 12, 15 (Schlossplatz)

2. STUTTGART
Neues Schloss

1746–51 Gartenflügel, Corps de Logis
1751–56 Stadtflügel
1762 Brand
1764–75 Bauunterbrechung
1775–91 Wiederaufbau
1805–07 Innenausbau
1807/08 Schlossgarten
1817/18 Untere Anlagen
1909–12 Großes Haus
1944 zerstört
1958–63 Wiederaufbau

Schlossplatz 4
Kultusministerium, Innenbesichtigung nur mit Sonderführungen
Tel. 07141/182004
www.neues-schloss-stuttgart.de
Alle S-Bahnen (Hauptbahnhof),
U 5, 6, 7, 12, 15 (Schlossplatz)

Das Neue Schloss zählt zu den bedeutendsten Palastbauten des Spätbarocks in Deutschland. Für die von den Landständen gewünschte Rückverlegung der Residenz von Ludwigsburg (⇨16) nach Stuttgart forderte der junge Carl Eugen den Neubau einer standesgemäßen Residenz. Das Alte Schloss (⇨1) war zwar ein traditionsreicher Bau, bot aber weder den Platz noch den geeigneten Rahmen für die glanzvolle Hofhaltung des Herzogs, der nach der Kurwürde strebte. 1744 begannen die Planungen durch Leopoldo Matteo Retti, der schon in seiner Jugend in Ludwigsburg tätig gewesen war. Lange wurde über den genauen Standort diskutiert, zumal der Bauplatz mit bestehenden Gebäuden, die in das Ensemble einbezogen werden sollten, durch den Herzog vorgegeben war. Retti fertigte eine Reihe von Entwürfen, von denen man schließlich die städtebaulich zukunftsträchtigste, bestehende Lösung wählte. Der neue Palast wurde nicht auf Altes Schloss und Stiftskirche orientiert, sondern mit seinem Ehrenhof nach Norden ausgerichtet. Er bezog sich mit seiner Rückseite auf einen 1740–45 errichteten Kasernenkomplex, der 1775 die Hohe Karlsschule aufnehmen sollte. Geplant war, die beiden Seitenflügel durch Galerien nach Norden zu verlängern und u. a. mit dem Neuen Lusthaus zu verbinden, das als Hoftheater diente. 1746 wurde der Grundstein gelegt, die Arbeiten schritten rasch voran. Unabhängig davon sandte Balthasar Neumann einen Entwurf zu einem weitaus größeren Projekt ein, der aber keine Berücksichtigung mehr fand.

Rettis Entwurf machte aus den Gegebenheiten das Beste. In sehr ungewöhnlicher Weise sollte der Garten am nördlichen Seitenflügel orientiert werden und dieser, ähnlich dem Neuen Corps de Logis in Ludwigsburg, die ebenerdig geplanten herzoglichen Appartements aufnehmen. Die Repräsentationsräume in der Beletage des Corps de Logis wurden zur Hofseite angelegt, denn an der Rückseite hätte sich von ihnen aus nur der Kasernenhof dargeboten. Stattdessen legte Retti hierhin das Treppenhaus, das rückwärtig vorspringt.

Zum Zeitpunkt des plötzlichen Todes von Retti 1751 standen der Gartenflügel und das Corps de Logis, der Stadtflügel war begonnen. Rettis Nachfolge als Oberbaudirektor übernahm der aus Paris stammende Philippe de La Guêpière. Unter seiner Leitung entstand der Stadtflügel, der Gartenflügel wurde ausgebaut, das Corps de Logis bis 1760 vollendet. 1762 kam es zu einem Brand im bereits ausgestatteten Gartenflügel und in Teilen des Corps de Logis. In der Folge verlor Carl Eugen das Interesse am Neuen Schloss. Er verlegte die Residenz ohnehin unter dem Eindruck seines Streits mit den Landständen 1764 nach Ludwigsburg zurück und wandte seine ganze Aufmerksamkeit dem neuen Projekt Solitude zu (⇨13). Als die Residenz 1775 wieder nach Stuttgart zurückkehrte, setzten unter Leitung Reinhard Ferdinand Heinrich Fischers erneut Arbeiten ein. Der angekündigte Besuch des russischen Zarewitsch Paul und seiner Gemahlin Maria Feodorowna, einer Nichte Carl Eugens, beschleunigten den Ausbau, so dass zum Staatsbesuch 1782 die wichtigsten Räume vollendet waren. 1791 war das Neue Schloss auch im Außenbau fertig gestellt, in der Kaserne befand sich nun die Hohe Karlsschule, Carl Eugens Lieblingsprojekt, dem berühmte württembergische Köpfe entsprossen, deren bekanntester Friedrich Schiller ist. Die geplante Verlängerung der Seitenflügel durch Galerien blieb unausgeführt, ebenso fehlten dem Schloss repräsentative Gartenanlagen.

Gartenfassade

Ehrenhof

Mit dem Neuen Schloss war eine großzügige, offene **Dreiflügelanlage** von zwei Geschossen mit Gliederung durch flache Doppelpilaster entstanden. Die Architektur Rettis ist sichtlich an den aktuellen französischen Strömungen orientiert. Die wenig bewegten Fassaden sind streng hierarchisch im Sinne der Superposition aufgebaut. Im EG sind sie durch dorische, in der Beletage durch ionische Pilaster gegliedert, während die Attikaaufbauten die korinthische Ordnung zeigen. Sie heben das **Corps de Logis** in seiner ganzen Länge von den Seitenflügeln ab und akzentuieren nur deren Mittelachsen und Kopfbauten. Ihre bekrönenden Skulpturen mit Göttern und Tugendpersonifikationen schuf 1748–52 Domenico Feretti.

Dezent sind die einzelnen Bauglieder und Fassaden hierarchisiert. So haben die Risalite große Rundbogenfenster, die Fenster der Flügel schließen mit Segmentbogen. Weit schlichter als die Hoffronten gibt sich die dem Alten Schloss zugewandte Fassade, die untergeordnet war. Das wird in der Rustizierung der Wandvorlagen, die zu den Putzflächen kontrastieren, und den geraden Fensterstürzen deutlich. Das eingeschobene Mezzanin am südlichen Kopfbau entstand erst nach dem Krieg. Ebenso schlicht ist die dem einstigen Kasernenhof zugewandte Rückfront, hinter der man den Garten erwarten würde. In Stuttgart ist aber der nördliche Seitenflügel als **Gartenfront** mit eigenem, polygonal vortretendem Mittelpavillon und Frontispiz ausgebildet. Er wird als zweite Schaufront durch kurze, pavillonartige Flügelbauten gerahmt.

König Friedrich I. ließ durch Nikolaus Friedrich von Thouret 1805–07 weitere Räume im Empirestil ausstatten, um die errungene Königswürde herauszustellen. Der Hauptkuppel wurde an Stelle des Herzogshutes zuerst 1803 ein Kurhut, dann 1807 eine Königskrone aufgesetzt. Weitere Innenausbauten erfolgten unter Wilhelm I. und Karl. Der letzte württembergische König Wilhelm II. nutzte das Schloss allerdings nur noch für Staatsakte, er wohnte seit 1891 im Wilhelmspalais (⇨3). Mit dem Ende der Monarchie wurde das Neue Schloss Mu-

Grundriss des EG 1889

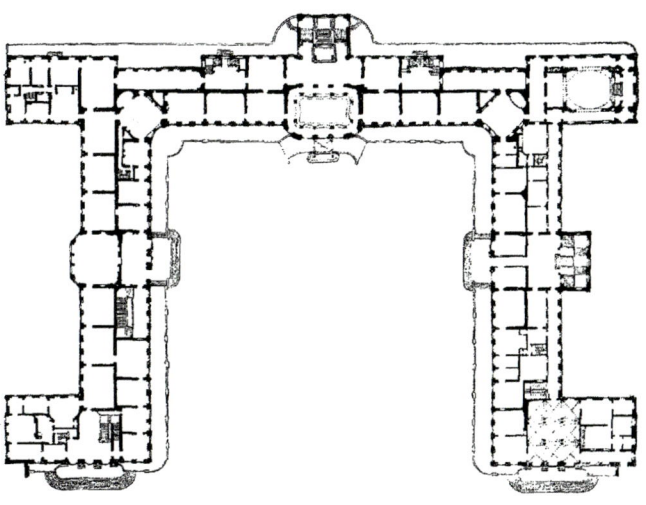

Mittelpavillon

Giebel des Mittelpavillons mit Fama und Herzogswappen

seum. Der im Zweiten Weltkrieg zerbombte und ausgebrannte Bau wurde ab 1958 für die Nutzung durch Ministerien wieder aufgebaut. Die Rückfront wurde dabei vereinfacht und leicht abgeändert, das Innere erfuhr eine Neuaufteilung. Rekonstruiert wurden nur einige Räume im **Corps de Logis**, so Treppenhaus, Marmorsaal und die berühmte, einst von Matthäus Günther ausgemalte Aeneasgalerie, außerdem der Weiße Saal. Unverzeihlich ist die Zerstörung der romantischen Fresken von Gegenbaur, die als Äquivalent zu den berühmten Nibelungenzimmern der Münchner Residenz einige Säle des EG zierten und den Krieg gut überstanden hatten. Die Nachkriegszeit hatte allerdings wenig Sinn für die Kunst des 19. Jh., ein Umstand, dem auch die qualitätsvolle Anlage des Schlossgartens zu Gunsten einer totalen Neugestaltung im Rahmen der Bundesgartenschau von 1961 geopfert wurde. Dem Abbruchwahn der Nachkriegszeit fielen leider auch die Nebengebäude wie die geschichtsträchtige Hohe Karlsschule und die Reithalle anheim, so dass wesentliche Teile des Residenzensembles heute fehlen. Von der Karlsschule zeugt am alten Standort noch der **Adlerbrunnen**, 1811 nach einem Entwurf von Thouret geschaffen. Nördlich des Schlosses erstreckt sich bis zum Rosenstein (⇨5) der **Schlossgarten**, der sich in die Oberen und Unteren Anlagen gliedert. Er bildet bis heute Stuttgarts größte Grünfläche. Schon im späten 14. Jh. war östlich des Alten Schlosses für Antonia Visconti, Gemahlin Eberhards III., ein Garten angelegt worden, der im Areal des Karlsplatzes

Fama von Domenico Ferretti

lag und bis ins 16. Jh. weiter ausgestaltet wurde. Herzog Christoph ließ mit dem Ausbau des Alten Schlosses nördlich davon einen neuen Lustgarten anlegen, den Herzog Ludwig auf eine Länge von 410 m und eine Breite von 240 m vergrößerte. Den Mittelpunkt dieses Gartens, der seinerzeit zu den berühmtesten und schönsten Europas zählte, bildete das **Neue Lusthaus**, das 1583–93 durch Georg Beer als Festsaal erbaut worden war und im 18. Jh. als Theater genutzt wurde. Ein kompletter Umbau 1844 führte zum Verlust des reichen plastischen Schmuckes, den Graf Wilhelm von Württemberg, ein Vetter des Königs, aufkaufte und auf seinem Schloss Lichtenstein (⇨76) anbringen ließ. Nachdem das Theater 1902 abgebrannt war und durch das Kunstgebäude ersetzt wurde, versetzte man die freigelegten Reste des Lusthauses in den Mittleren Schlossgarten. Dort zeugen noch Teile der umlaufenden Arkaden, eine der großen Freitreppen und eine Loggia des OG von der einstigen Pracht dieses hochbedeutenden Renaissancebaus, die nach langer Zeit der Verwahrlosung 2010 endlich gesichert wurden.
Der für seine Orangerie berühmte und bis ins frühe 17. Jh. durch weitere Anlagen und eine große Grotte bereicherte Renaissancegarten fiel schließlich dem Bau des Neuen Schlosses zum Opfer; zur Anlage der zugehörigen mehrfach projektierten barocken Gärten kam es nicht. Erst unter Friedrich I. wurde 1807/08 der Schlossgarten angelegt, eine geschickte Mischung aus formalen Elementen mit einem Wasserparterre und landschaftlichen Partien mit natürlichen Wasserläufen. Seine **Hauptallee** wurde 1810 durch das Nesenbachtal fast bis zum Neckar verlängert, an deren Endpunkt später Schloss Rosenstein (⇨5) entstand. Das Areal entlang der Allee wurde erst 1817/18 als die **Unteren Anlagen** ausgestaltet. Nach und nach wurde der Park mit Skulpturen ausgestattet, so den Rossebändigern oder den Venusstatuen am Kunstgebäude.
Obere und Untere Anlagen wurden durch Überformungen seit den 1960er Jahren und Beschneidung durch die Bahngleise gravierend verändert, doch ist die alte Gestaltung noch in Grundzügen erkennbar. Im heutigen Eckensee spiegelt sich das durch Max Littmann nach dem Brand des Hoftheaters 1909–12 in neoklassizistischen Formen für Opernaufführungen erbaute **Große Haus**, das den spätesten Bau des Stuttgarter Residenzensembles darstellt und noch über die alte Ausstattung verfügt. Das benachbarte Kleine Haus ging im Krieg unter und wurde durch einen Neubau ersetzt. Zwischen Großem Haus und Neuem Schloss liegt der dunkel verglaste Kubus des **Landtags**, errichtet 1958–61.

Lusthausruine

Ludwig Hofer, Kopie der „Venus Kallipygos", um 1850

3. STUTTGART
Wilhelmspalais

1834–40 erbaut
1891–1918 Wohnsitz König Wilhelms II.
1961–65 Wiederaufbau

Konrad-Adenauer-Straße 2
Umbau zum Stadtmuseum geplant, Eröffnung voraussichtlich 2016
www.stuttgart.de/stadtmuseum
Alle S-Bahnen (Hauptbahnhof)
U 1, 2, 4, 5, 6, 7, 11, 12, 15 (Charlottenplatz)

Grundriss vor der Zerstörung

Ansicht der Hauptfassade

Denkmal für König Wilhelm II. und seine Spitze Rubi und Ali

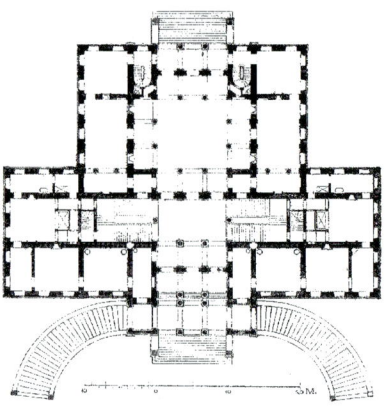

Mit dem Ausbau der Residenzstadt unter König Friedrich I. wurde die alte Cannstatter Straße als südöstliche Begrenzung mit großen öffentlichen Gebäuden konzipiert. Allerdings wurden diese Bauten erst unter seinem Nachfolger Wilhelm I. umgesetzt. So entstand u. a. die palastartige **Alte Staatsgalerie**. Das schon 1807–08 von Thouret erbaute Invalidenhaus beherbergte seit 1820 die Königliche Öffentliche Bibliothek, Vorläuferin der heutigen Landesbibliothek.

Der Krieg und der folgende autogerechte Ausbau der Neckarstraße vernichtete den alten Charakter des Prachtboulevards. Erhalten hat sich neben der Alten Staatsgalerie vom Altbestand nur das **Wilhelmspalais**, das für Marie Friederike Charlotte und Sophie Maria Mathilde, die Töchter Wilhelms I., entstand. Die Planungen zum „Wilhelms-Palast" setzten schon 1827 ein. Erst 1834 wurde mit dem Bau nach einem Entwurf Giovanni Saluccis begonnen. Wie bei Wilhelm I. üblich war bei der Ausführung auf Sparsamkeit zu achten, woraus sich mancher Konflikt zwischen Bauherrschaft und Architekt ergab. Immerhin konnte Salucci einen Hausteinsockel durchsetzen, den er für die Fassadenwirkung als wesentlich erachtete. Ausgerechnet dieses so schwer erkämpfte Element wurde beim Wiederaufbau nach dem Krieg nicht wieder hergestellt. Da Salucci Stuttgart 1839 verließ, führte Karl Ludwig von Zanth den Innenausbau bis 1840 zu Ende. Das Palais bildet als Point de vue den Abschluss der Planie, jenes Boulevards zwischen dem Alten und dem Neuen Schloss, der 1775–78 angelegt wurde. An dessen entgegengesetztem Ende stand das Kronprinzenpalais, das nach dem Krieg restlos beseitigt wurde. Heute erhebt sich dort der gläserne Würfel des neuen Kunstgebäudes. Das Wilhelmspalais präsentiert sich als klar gegliederter Kubus von horizontaler Wirkung mit strenger Fensterreihung. Vor den Mittelrisalit tritt eine breite Loggia als Kutschenvorfahrt. In klassischer Weise charakterisiert eine Superposition aus dorischen und ionischen Säulen die Fassade. Die Rückseite des Palais verrät Saluccis Schulung an seinem berühmten Landsmann Andrea Palladio, indem hier die Mitte der dreiteiligen Fassade durch zwei übereinander gesetzte Loggien hervorgehoben ist, ein Motiv, das Palladio nicht nur bei einigen seiner Stadtpaläste, sondern auch mehreren Villen verwendet hat. Das Zentrum des Palais nahm ursprünglich ein Saal ein, der in zwei Geschossen ähnlich einem Innenhof von Kolonnaden umschlossen und durch ein verglastes Oberlicht erhellt war. Von der ganzen Ausstattung ist durch die Kriegszerstörung nichts geblieben. Das Innere wurde beim Wiederaufbau durch Wilhelm Tiedje ab 1961 völlig umstrukturiert, vom Altbau blieb letztlich nur die Hülle.

4. STUTTGART-BERG
Villa Berg

1845–53 entstand nach Plänen von Christian Friedrich von Leins für das Kronprinzenpaar Karl und Olga die Villa Berg. Sie war das letzte große Bauprojekt der Regentenfamilie in Stuttgart und wurde ein bewundertes Vorbild für den Villenbau.

Erste Überlegungen zu einem neuen Sommersitz des Kronprinzen folgten auf die Eindrücke einer Italienreise 1844. In den Rebflächen oberhalb des Weilers Berg befand sich ein Platz, der mit Blick auf das Neckartal zu italienischen Reminiszenzen einlud. Die Arbeiten begannen 1845. Die absehbare Vermählung Karls mit der reichen russischen Zarentochter Olga 1846 führte zu einer Überarbeitung der Pläne, die nun deutlich größer und aufwändiger ausfielen. Parallel zum Bau begann der Hofgärtner Friedrich Neuner mit der Anlage eines weitläufigen Parks rund um die Villa. Als erster Teil war bereits 1846 die Orangerie fertig gestellt. Ihr Zentrum bildete ein rechteckiger, zweigeschossiger Steinbau. In seinem OG entstand eine Gärtnerwohnung, die das Kronprinzenpaar vom Herbst 1846 bis zur Fertigstellung der Villa bewohnte. An den Kernbau schlossen sich zu beiden Seiten halbrunde, gläserne Gewächshäuser an, die in den Zylindern zweier hoher, gläserner Rotunden endeten. Leins setzte hier die Erfahrungen um, die er durch seine Mitarbeit beim Bau der Wilhelma (⇨6) gewonnen hatte.

Für den umgebenden Park orientierte sich Neuner eng an den Vorstellungen des späten englischen Landschaftsgartens: Neben großen zentralisierenden Achsen, die sich auf die Villa bezogen,

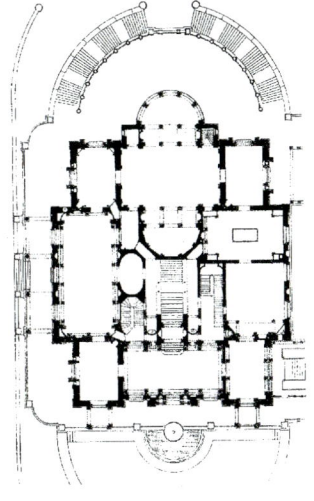
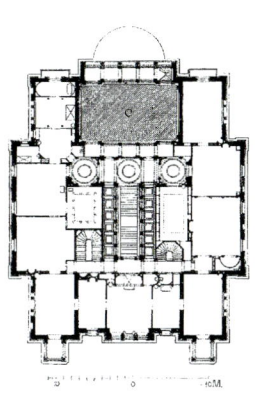

Grundrisse EG und OG vor der Zerstörung

1845–53 Bau der Villa und Anlage des Gartens
1880 Kleine Villa
1915 Verkauf an die Stadt Stuttgart
1944 Zerstörung
1951 Übergang an den SDR und Wiederherstellung

Außenanlagen und Park frei zugänglich
U 1, 2, 11, 14 (Mineralbäder)

Ansicht von Westen

Altan mit Schalenbrunnen

belebte eine Vielzahl von Einzelelementen den Park. Vor allem Blumenbeete, lange verpönt, wurden nun wieder gepflanzt. Ein Belvedere, ein Vogelhaus, ein Rehgehege, ein künstlicher Wasserfall, der Mondsee, dazu eine Vielzahl von Brunnen, Vasen und Statuen konnten über gerade und geschwungene Wege erreicht werden und boten Abwechslung.

Im Oktober 1853 wurde die Villa eingeweiht. Leins, der durch Studienaufenthalte die italienische Architektur kannte, hatte mit ihr den ersten Neorenaissancebau Stuttgarts geschaffen. Der zweigeschossige Bau besitzt einen leicht querrechteckigen Grundriss. Die Ecken werden durch aufgesetzte Attikageschosse turmartig akzentuiert. Ein umlaufendes, markantes Gesims trennt das EG vom OG; dieses wiederum endet auf allen Seiten in einem Gebälk mit Fries und einem von Konsolen gestützten Kranzgesims. Leins setzte den mächtigen Unterbau, den die Hanglage notwendig machte, ganz gezielt als Sockel und UG ein. Mit großen, roten Bossenquadern akzentuierte er die feinen und reich ornamentierten Sandsteinfassaden der Villa und zitierte zugleich die Architektur florentinischer Palazzi.

Der regelmäßige Entwurf, der sich an italienischen Vorbildern orientierte, wird auf allen Seiten im Detail stark variiert: An der Ostseite, die den Zugang bildete, springen die beiden Seitenteile mit den Attikaaufsätzen über die Mitte vor. Ihnen ist jeweils ein Portikus vorgestellt, auf dem in Höhe des OG ein **Altan** folgt. Der Mittelteil ist freilich nicht einheitlich zurückgenommen. Auf je eine Fensterachse folgt in seinem Zentrum wiederum ein Vorsprung, den vier gekuppelte Säulen tragen und auf dem im OG eine Loggia ruht. In der Mitte der relativ schmalen Terrasse steht ein hoher gusseiserner **Brunnen** aus drei übereinander gestellten Schalen, dem Nymphenfiguren den Namen gaben. Da er weit an die Kante vorgerückt ist, fällt das Wasser aus der untersten Schale über das Sockelgeschoss in ein Becken auf Gartenniveau. Hinter dem Wasserschleier öffnete sich ein halbkreisförmiges Fenster in die Baderäume im Sockelgeschoss.

Auf der Südseite führen eine Auffahrtsrampe und breite Freitreppen auf einen achteckigen Vorplatz. Hier nun ist der Mittelteil der Fassade mit drei breiten Fensterachsen weit über die beiden Seitenteile vorgezogen. Fast auf ganzer Länge ist ihm eine **Pergola** vorgesetzt. Flache Pilaster gliedern die Horizontale. An den beiden zurückgesetzten Seitenteilen tragen über kannelierten Säulen Karyatiden kleine Lauben, welche als Variation die Pergola des Mittelteils fortsetzen.

Wie an der Südseite ist auch im Westen wiederum die Mitte vorgezogen. Über dem weiten Halbrund des Sockelgeschosses schwingt die Terrasse in den Park vor; die Fassade vollzieht mit einem halbrunden Vorbau im EG diese Form nach. Das ganze OG besteht im Mittelteil aus einer Kolonnade aus korinthischen Säulen. Von der Terrasse führen Treppen in den Park.

Am einfachsten ist die Nordfassade der Villa ausgeführt, die Leins auf originelle Weise mit Wirtschaftsgebäuden und der Zufahrt verband: Er verlängerte den Sockelbau an der Ost- und Westseite jeweils über die Flucht der Nordseite hinaus und gewann damit Flügelbauten, auf die er eingeschossige Lauben aufsetzte. Diese beiden Flügel bildeten zusammen mit der Nordseite der Villa einen Innenhof, in den von Osten im Sockelgeschoss eine Durchfahrt führte. Um ihn lagen neben Stallungen und Küche weitere Wirtschaftsräume. Nach Verlassen der Kutsche erreichten Gäste über die breite, glasüberdachte untere Treppe den Eingang in der Ostfront.

Im **Inneren** setzte sich in der wandfesten Ausstattung wie auch in Möbeln und Dekorstücken der Neorenaissancestil fort. Die Böden und Treppen waren weitgehend aus Marmor, die Decken aus hölzernen Kassetten. Im EG lag auf der Südseite der Speisesaal, die Westseite nahm über beide Stockwerke hinweg der Fest- oder Ballsaal ein. Im Zentrum führte eine breite Treppe in die Beletage. Im OG lagen auch die Privatappartements. Ihre Ausstattung, die in detaillierten Aquarellen überliefert ist, zeigte neben neogotischen und exotischen Elementen vor allem eine vielfältige biedermeierliche Wohnkultur: Arrangements aus Sofas, Tischchen und Stühlen aus einheimischen Hölzern, die zu Wohngruppen im Raum zusammengefasst waren, dazu Etageren für Zimmerpflanzen und Familienporträts. Damit spiegelte sich in der Villa Berg die sich wandelnde Rolle und Lebenswelt des regierenden Adels im 19. Jh.: Die Größe und aufwändige Gestaltung des Baus sowie die luxuriöse Innenausstattung stehen für das nach wie vor enorme Selbstbewusstsein eines Kronprinzenpaares aus alter Dynastie. Doch schon mit der Entscheidung für eine Villa der Renaissance zitierten sie das Landleben der italienischen Adeligen des 15. und 16. Jh., das sich im Gegensatz zu dem in der Stadt betont unprätentiös und privat gab. In Verbindung mit Formen des Biedermeiers, mit dem zuerst das Bürgertum seine Wertschätzung für das häusliche Familienleben demonstrierte, zeigte damit auch der Adel eine neue Wohnkultur der Bequemlichkeit, in der Privatheit neben Repräsentation ein wesentliches Element wurde. Dass Karl und Olga mit der Villa Berg einen Stilwandel im gesamten europäischen Adel angemessen abbildeten, zeigt das hochrangige Zusammentreffen von Zar Alexander I. und Kaiser Napoleon III. 1857 in der Villa Berg.

1880 wurde nach den Plänen Josef von Egles neben der Orangerie für Herzogin Wera die **Kleine Villa** errichtet.

Nachdem Karl das Anwesen schon 1864 an Olga überschrieben hatte, fiel es nach ihrem Tod im Erbgang an die Adoptivtochter Vera. Ihre Töchter verkauften Villa und Park 1915 an die Stadt Stuttgart. Diese nahm erste Umbauten vor, der Park wurde purifiziert. Nach einem Bombenangriff brannte die Villa aus, der größte Teil der Innenausstattung ging verloren. Die Kleine Villa und der Park blieben jedoch weitgehend erhalten. 1951 trat die Stadt die Villa im Tausch gegen die Karlshöhe an den Süddeutschen Rundfunk ab. Der SDR ließ die Fassaden in vereinfachten Formen wieder herstellen, die historische Raumaufteilung wurde aber aufgegeben. In der Folge wurde der Park radikal ausgeräumt, die Kleine Villa abgerissen und neue Studios im Park erstellt.

Erst 2001/02 wurden erste Ansätze unternommen, den historischen Park wieder herzustellen. 2007 gab der SWR die Villa ab. Derzeit (2012) bemühen sich Stadt und ein Immobilieninvestor um eine neue Nutzung.

Detail eines Kandelabers

Ionisches Kapitell an der Süffassade

5. STUTTGART-BAD CANNSTATT
Schloss Rosenstein

1822–29 erbaut
1833 Meierei
1944 zerstört
1950–54 Wiederaufbau

Rosenstein 1
Staatliches Museum
für Naturkunde
Stuttgart
Di.–Fr. 9–17 Uhr,
Sa., So. u. Feiertage
10–18 Uhr
Tel. 0711/8936-0
www.naturkunde-
museum-bw.de
S 1, 2, 3 (Bhf. Bad
Cannstatt), U 13
(Rosensteinpark)

Erste Überlegungen, auf dem Kahlenstein bei Cannstatt ein Lustschloss zu errichten, gehen noch auf Friedrich I. zurück. Doch erst 1817 kam Königin Katharina, die als russische Prinzessin mit reichen Geldmitteln für eine standesgemäße Hofhaltung in Württemberg ausgestattet worden war, darauf zurück. Planender Architekt war Hofbaumeister Giovanni Salucci. Nach dem Tod Katharinas 1819 wurden auf Befehl Wilhelms I. neue Planungen zu dem als Sommersitz gedachten Schloss erarbeitet. Neben Salucci wurden nun auch auswärtige Architekten mit der Einreichung von Entwürfen beauftragt. Schließlich entschied sich Wilhelm doch für Saluccis Entwurf. 1822 begannen die Bauarbeiten mit aufwändigen Auffüll- und Planierarbeiten, 1826 war der Rohbau unter Dach. Die Ausstattung zog sich noch bis 1829 hin.

1839 wurde im Schloss der Hausschwamm entdeckt. Fehlende Unterkellerung und undichte Fenster hatten das Eindringen von Feuchtigkeit befördert. Zwei Jahre dauerten die Renovierungen. Der für die Mängel verantwortlich gemachte Salucci wurde entlassen und kehrte nach Florenz zurück.

Wilhelm hat das als Rosenstein bezeichnete Lustschloss nie mit seiner Familie als Sommersitz bewohnt. Dem stand die zunehmende Entfremdung von seiner zweiten Frau Pauline entgegen. Und so unterblieb auch der Bau weiterer geplanter Pavillons in dem umgebenden, ausgedehnten Park, von denen 1833 die **Meierei** nach Entwürfen Saluccis verwirklicht worden war. Auch das **Löwentor** im Norden des Parks geht auf seinen Entwurf zurück. Die beiden Wachthäuser wurden 1858 von Johann Michael Knapp durch den Torbogen mit Löwenaufsatz aus Zink verbunden.

Der König wandte sich bald dem neuen Projekt Wilhelma (⇨6) zu, deren Anlage aber in engem landschaftlichem Kontext mit dem Rosenstein entstand, was sich kaum mehr erschließt. Der Rosenstein wurde aber zu vielen Festen und Empfängen genutzt und diente der Aufnahme einer von Wilhelm zusammengetragenen Sammlung zeitgenössischer Gemälde und Skulpturen. Immer wieder hielt sich der König zu Genesungskuren auf dem Rosenstein auf, zuletzt 1864, als er auf dem nach der Lieblingsblume seiner ersten Gemahlin benannten Schloss verstarb.

Der Rosenstein ist Teil einer gestalterischen Aufwertung des Neckartales bei Stuttgart mittels Architektur. Er bildet den östlichen Endpunkt einer Allee, die schon seit 1810 vom Neuen Schloss bis zum Kahlenstein führte. Das Schloss wird umgeben von einem noch in Resten erhaltenen **Landschaftspark**, den Oberhofgärtner Johann Wilhelm Bosch unter Verwendung von Ideen des Engländers John B. Papworth anlegte und der auf die Architektur des Hauses bezogen ist. Beratend tätig war der schon zu Lebzeiten berühmte Landschaftsgärtner Humphrey Repton.

Das **Schloss** ist mit den Hauptschauseiten einerseits auf die Residenzstadt, andererseits auf den Rotenberg mit der Grabkapelle (⇨7) bezogen. Mit seinen Säulenportiken setzt es einen auffälligen Akzent im Neckartal. Sie lassen mit den abschließenden flachen Tempelgiebeln unwillkürlich an italienische Villen, insbesondere Palladios, denken und entsprachen dem Charakter als vornehmes Landhaus, zumal der König ein möglichst einfaches Gebäude gefordert hatte. Ganz im palladianischen Sinne zeigen die beiden Hauptrisalite eine ioni-

Grundriss vor der Zerstörung

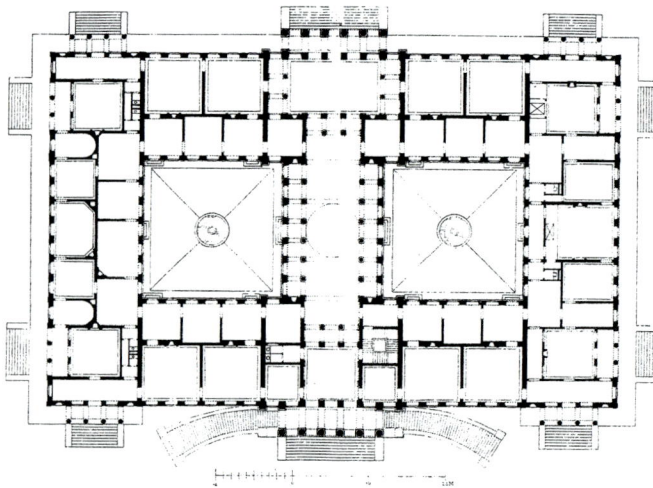

sche Ordnung, während die seitlichen Portiken der toskanischen, einer spezifisch ländlich charakterisierten Säulenordnung folgen. Der eingeschossige, rechteckige Komplex legt sich mit fünf Flügeln um zwei Innenhöfe. Den Mittelflügel bildet die bis heute erhaltene monumental wirkende **Große Galerie** mit Tonnengewölbe als dreischiffige, ionische Säulenhalle, letzter Rest der einst feinen klassizistischen Ausstattung. Sie umzieht ein Stuckfries von Conrad Weitbrecht mit der Darstellung der vier Jahreszeiten, eine idyllische Verklärung der württembergischen Landwirtschaft. Den reichen plastischen Schmuck am Außenbau schufen Friedrich Distelbarth, Ludwig Mack d. J. und Theodor Wagner. Das Programm entspricht der Ost-West-Ausrichtung des Baus: So thematisiert das westliche Giebelfeld mit der Mondgöttin Selene die Nacht, das östliche mit dem Sonnengott Helios den Morgen. Statuen der Musen in den Nischen zu Seiten der kleinen Portiken verweisen im römisch-antiken Sinne auf die Funktion des Rosensteins als Ort von *otium*, der erholsamen Bildung, während kleine Medaillons mit Knaben und Jagdutensilien die höfische Jagd thematisieren. An den Zugängen stehen seit 1852 Löwen und Kandelaber für eine Gasbeleuchtung von Albert Güldenstein.

König Karl ließ 1865 vor der Südseite mit Blick auf das Neckartal den formal gestalteten **Rosengarten** anlegen, den Kopien antiker Venusdarstellungen zieren. Seit 1877 standen das Schloss und seine Sammlungen der Öffentlichkeit zur Besichtigung offen. Nach 1918 wurde die reiche Einrichtung versteigert, und 1944 ging die prachtvolle wandfeste Ausstattung durch Brandbomben zugrunde. Der Rosenstein wurde 1950–54 als Naturkundemuseum wiederaufgebaut.

Der umgebende Park hat später durch die Anlage von Eisenbahngleisen wie auch die stete Ausdehnung des Zoos in der Nachkriegszeit erhebliche Einbußen erlitten. Er ist nur noch Torso. Vor der Westfassade des Schlosses wurde 1982 eine Kopie jener **Nymphengruppe** von Johann Heinrich Dannecker aufgestellt, deren Original ursprünglich vor der Gartenfassade des Neuen Schlosses (⇨2) stand und das sich heute in Tübingen befindet.

Westfassade

Schreitende Löwen am Mittelportikus

Löwentor

Fassade zum Rosengarten

6. STUTTGART-BAD CANNSTATT
Lustschloss La Wilhelma

1806–43 Lustschloss Bellevue
1839–40 Theaterbau
1842–44 Wohn- und Badhaus
1847–51 Festsaal
1853 Gewächshäuser des Äußeren Gartens
1863–65 Damaszenerhalle und Küchenbau
1944 Zerstörung
1949–62 Wiederaufbau, Abbruch Festsaal
1953 Zoologischer Garten

Wilhelma 13
Zoologisch-Botanischer Garten Stuttgart
Tägl. Einlass 8.15–18 Uhr (Nov.–Feb. bis 16 Uhr)
Tel. 0711/5402-0
www.wilhelma.de
S 1, 2, 3 (Bhf. Bad Cannstatt), U 14 (Wilhelma)

Seerosenteich mit Portikus des ehemaligen Festsaals

Eng verbunden mit dem Rosenstein (⇨5) ist das Lustschloss La Wilhelma. Noch bevor mit den Planungen begonnen wurde, entstand 1839–40 nach Entwurf Ludwig von Zanths ein **Theater** am Rand des Rosensteinparks, das zugleich Hof- wie auch Kurtheater für die aufstrebende Kurstadt Cannstatt sein sollte. Doch von 1847–64 wurde es nur noch durch den Hof genutzt. Der in der Nachkriegszeit vernachlässigte Bau wird seit der aufwändigen Sanierung 1985–87 wieder bespielt. Er zählt zu den bedeutendsten Denkmälern des späten Klassizismus in Württemberg und weist eine der letzten erhaltenen Raumdekorationen dieser Zeit in Stuttgart auf.

Die **Wilhelma** entstand ab 1842 als privates Refugium Wilhelms I. in maurisch-sizilianischem Stil. Entworfen hatte sie Zanth. An ihrer Stelle hatte sich die Bellevue, ein einfaches klassizistisches Lustschloss, befunden, zu dem das Königsbad und die Retraite gehörten. Es wurde 1843 abgebrochen.

Das Projekt Zanths sah zuerst nur den Bau eines maurischen Bad- und Wohnhauses und neuer Gewächshäuser vor, mit denen 1842 begonnen wurde, doch dann erwuchs bis 1853 eine ausgedehnte Palastanlage, die sich mit Gewächshäusern, Galerien, einem 1847–51 als Gegenstück zum Landhaus erbauten Festsaal und weiteren Bauten um einen großen, von Laubengängen gefassten Gartenhof legte. 1863–65 wurde das Ensemble noch durch Wilhelm Bäumer um Küchenbau und Damaszenerhalle erweitert, letztere als Blickpunkt am Ostende des Langen Sees.

La Wilhelma entstand in den Formen der islamischen Architektur Andalusiens, die im 19. Jh. von Literaten und Künstlern wiederentdeckt worden war. Die Kenntnisse über die maurischen Bauten in Granada, Sevilla und Cordoba entnahmen Architekt und König zeitgenössischen Publikationen.

Ursprünglich war die Wilhelma allein für Wilhelm I. und einen ausgewählten höfischen Personenkreis bestimmt. Sie bildete sowohl einen privaten Rückzugsort wie auch die Kulisse für glänzende Feste und Empfänge. Erst nach dem Tod Wilhelms war es einer breiteren Öffentlichkeit gestattet, die Gewächshäuser zu besuchen. Nach 1918 wandelte sich die Wilhelma in einen öffentlichen botanischen Garten. Mit dem Wiederaufbau der 1944 schwer zerstörten Gebäude kam es zur Umnutzung zu einem Stadtzoo, der seither mehr und mehr gewachsen ist. Die historischen Bauten, die bis 1962 wieder hergestellt wurden, hat man dabei geschickt in die Anlagen integriert, so dass bis heute der alte Charakter der Gärten weitgehend gewahrt blieb. Seit den 1980er Jahren erfolgten Restaurierungen und Ergänzungen seit dem Krieg zerfallener bzw. zerstörter historischer Pavillons, so der Damaszenerhalle.

La Wilhelma dürfte die größte und prachtvollste Palast- und Gartenanlage des Orientalismus gewesen sein. Was der Krieg und vor allem die Umgestaltungen in der Nachkriegszeit davon übrig ließen, gehört noch immer zu den bedeutendsten Schöpfungen dieser Art in Europa. In der Anlage verschmolzen Elemente der maurischen Architektur mit der klaren Gliederung italienischer Terrassengärten. Sie zeugt von den Träumen, Wünschen und Projektionen der Westeuropäer bezüglich des Orients, den man schlichtweg mit Sinnlichkeit, Luxus und schwüler Erotik gleichsetzte. Es ist kein Zufall, dass das Lustschloss mit zahlreichen Bildern von Nuditäten ausgeschmückt war und man so die erotische Exotik orientalischer Haremswelten heraufbeschwor.

Zum Neckar lässt die langgestreckte, mit Terrakottafliesen verkleidete Mauer, einst die Rückseite eines Wandelgangs, nichts von der verborgenen Pracht und Weitläufigkeit der Anlage erahnen. Ein zentraler achteckiger Pavillon, das **Bellevuetor**, ein filigraner Bau des Klassizismus aus dem damals neuen Material Gusseisen, bildet den Eingang. Hochmodern waren die ausgedehnten **Gewächshäuser** zur Aufnahme exotischer Pflanzen mit ihren Eisen-Glas-Konstruktionen, Zeugnisse der Frühindustrialisierung im Königreich, die sich entlang der Südseite des Äußeren Gartens erstrecken und so eine Verbindung zwischen dem Eingang und dem von Wandelgängen gefassten, versteckten **Inneren Garten** herstellen. Heute verschwunden ist der Festsaal, an dessen Stelle sich seit 1962 das Reptilienhaus erhebt. Von hier geht der Blick über den Garten mit seinen Bassins und Tierplastiken aus Carraramarmor von Albert Güldenstein über Terrassen hinauf zum **Maurischen Landhaus**, dem ehem. Wohn- und Badhaus, das einst von einer Kuppel bekrönt war. Der dreigliedrige Aufbau entspricht mehr einer italienischen Villa als einem maurischen Palast, wozu auch die Terrassengärten passen. Die Gestaltung der Mauerflächen durch den Streifenwechsel von hellem und rotem Sandstein assoziiert andalusische und syrische Bauten. 1843/44 errichtete Gewächshäuser flankieren den Bau und enden in überkuppelten Pavillons. Hinter dem Wohnhaus staffeln sich Gartenterrassen bis hinauf zum 1996 restaurierten **Belvedere**, einem Aussichtpavillon mit Blick auf das Neckartal bis zur Schwäbischen Alb. Deutlich werden die inszenierten Blickbeziehungen der Residenzlandschaft mit dem Rotenberg (⇨7) und der neugotischen Berger Kirche.

Wie prachtvoll einst die Räume ausgestattet waren, vermittelt heute nur noch die **Damaszenerhalle** im **Äußeren Garten**, die Kriegszerstörung und Abbruchwahn entgangen ist. Ihre reichen Dekorationen orientieren sich an andalusischen und syrischen Vorbildern. Sie zeugt von einem Monument, mit dem sich der württembergische König unter den Höfen Europas abhob, denn niemand auf dem Kontinent verfügte zu seiner Zeit über eine vergleichbare Anlage dieser Größenordnung in orientalischen Stilformen.

Springbrunnen im Inneren Garten, Damaszenerhalle und Innenansicht der Damaszenerhalle

Brunnenhof im Landhaus um 1850

Eingangspavillon (Bellevuetor)

7. STUTTGART-ROTENBERG
Stammburg Wirtemberg

Grabkapelle

1083 Weihe der Kapelle
1311 Zerstörung
1519 Erneute Zerstörung
1819 Abtragung
1820–24 Bau der Grabkapelle

Württembergstraße 340
Geöffnet 1. März–1. Nov. Di.–Sa. 10–17, So. u. Feiertage 10–18 Uhr (jew. 12–13 Uhr geschlossen)
Tel. 0711/337149
www.grabkapelle-rotenberg.de
Bus 61 (Rotenberg)

Herzogtum und Dynastie sind nach einer Höhenburg benannt, an deren Stelle seit 1824 die klassizistische Grabkapelle für Königin Katharina steht, eine weithin sichtbare Landmarke im Neckartal. Die Anlage der Burg erfolgte im 11. Jh. in direktem Zusammenhang mit dem Konflikt zwischen den frühen Württembergern und den Saliern.

Der erste gesicherte Vertreter des Hauses ist bis 1083 mehrfach in Urkunden mit der Bezeichnung Konrad von Beutelsbach genannt, danach nur noch als Konrad von Württemberg. Diese Belege ergänzt jener lateinische Weihestein, der die Weihe der Schlosskapelle am 7. Februar 1083 dokumentiert. Konrad hat sich also in den Jahren vor 1083 eine neue Burg auf einer Spornterrasse oberhalb des Neckars anlegen lassen. Da Konrad und seine Brüder im Investiturstreit auf die antikaiserliche Seite getreten waren, brachte die Verlegung Abstand zum salisch-kaiserlichen Machtzentrum, das direkt an den bisherigen Sitz in Beutelsbach (⇨45) grenzte.

Das Aussehen der Burg Wirtemberg ist durch Darstellungen und Beschreibungen des 16.–19. Jh. gut dokumentiert. Um einen relativ kleinen Innenhof lagen an der Ringmauer der steinerne Palas und die Kapelle. Im Reichskrieg zerstörten die Esslinger im Auftrag des Königs die Burg 1311. Unter den Grafen Eberhard I. und Ulrich III. kam es nach 1316 zum Wiederaufbau. Spätestens zu diesem Zeitpunkt erhielt die Burg zwei weitere Mauerringe. Als Wehr- und Wohnanlage verlor sie jedoch mit dem raschen Ausbau Stuttgarts als Herrschaftsmittelpunkt an Bedeutung. Ihr Symbolwert blieb freilich enorm. Daher wurde die Anlage bei der Vertreibung Herzog Ulrichs aus Württemberg 1519 demonstrativ in Brand gesetzt und ebenso demonstrativ von diesem nach seiner Rückkehr 1536 wieder hergestellt. Konkret genutzt wurde sie fortan als Gefängnis, Weinlager, Wohnung für Hofbedienstete und als Hochwacht zur Brandmeldung.

Nach dem überraschenden Tod der jungen Königin Katharina 1819 suchte Wilhelm I. für die Zarentochter einen herausragenden Begräbnisplatz. Seine Wahl fiel auf die Stammburg. Gegen erheblichen Protest ließ er bis 1820 die gesamte Burganlage abtragen. Er gab mehrere Entwürfe für das **Mausoleum** in Auftrag, u. a. in neugotischen Formen, welche sich auf die mittelalterliche Geschichte des Ortes bezogen hätten, aber der König entschied sich für eine klassizistische Rotunde mit vier Säulenportiken nach dem Entwurf von Hofbaumeister Giovanni Salucci. Der am römischen Pantheon orientierte Zentralbau wurde bis 1824 als Ausdruck einer großen Liebe und mehr noch des schlechten Gewissens des oftmals untreuen Königs fertig gestellt. Auch Wilhelm selbst fand 1864 in der Krypta unter dem Kirchenraum seine letzte Ruhe. Außerdem liegt hier seine Tochter Marie Friederike Charlotte.

Mit der Burg verschwand eines der wichtigsten Zeugnisse für den frühen Burgenbau im Neckarraum und für die Geschichte des Hauses Württemberg. Immerhin prägt die Grabkapelle das Landschaftsbild im selben Maße wie zuvor die Burg, von der als einziger Überrest der **Weihestein** in der Rotunde zeugt.

Grundriss der Burg 1807

Stammburg als Wiege des Hauses Württemberg 1626

8. STUTTGART-HOFEN
Burgruine

Hofen gehört zu den jüngeren Teilorten der Stadt Stuttgart, da es erst im Hochmittelalter von Cannstatt aus gegründet wurde. Von 1260 bis 1369 saßen als württembergische Minsterialenfamilie die Herren von Hofen im Ort. Obwohl er zum ältesten Besitz des Hauses Württemberg gehörte, gab ihn Graf Eberhard der Greiner nach dem Aussterben der Herren von Hofen 1369 in einem Tauschgeschäft an die Herren von Neuhausen als Lehen ab. Wie in ihrem übrigen ritterschaftlichen Besitz verhinderten sie auch hier die Reformation. Als Herzog Carl Eugen 1753 das Lehen zurückgewinnen konnte, blieb der Ort gemäß den Regelungen des Westfälischen Friedens, wie einige andere vergleichbare Erwerbungen (z. B. Justingen), bis 1803 einer der raren katholischen Orte unter württembergischer Herrschaft.

Die Burg Hofen entstand vielleicht schon im späten 12. Jh., aber wohl eher erst um 1250 als Sitz der Herren von Hofen und zur Sicherung einer Neckarfurt und einer 1350 erstmals erwähnten Fähre. Ihr Gegenüber fand sie in der Mühlhauser Engelburg. Für eine relativ späte Entstehung spricht die Tatsache, dass nur die Ecken mit Buckelquadern gefasst sind, sowie der mit 6,5 × 6,5 m relativ schmale Bergfried.

Auch diese Burg scheint 1311 ein Opfer des heftigen Konflikts zwischen Württemberg und dem Reich geworden zu sein, nach dessen Ende sie wieder aufgebaut wurde. Im Dreißigjährigen Krieg brannten die Schweden die Burg nieder, sie blieb Ruine. 1783 wurde Steinmaterial für den Neubau der katholischen Kirche St. Barbara verwendet.

Die Ruine stellt heute die besterhaltene mittelalterliche Burg auf Stuttgarter Stadtgebiet dar. Auf der Nordseite, zum Neckar hin, schützte der Steilhang die rechteckige Anlage. Die übrigen drei Seiten wurden durch einen breiten **Graben** gesichert, der sich trotz Verschüttungen noch markant abzeichnet. Eine in Teilen erhaltene Zwingermauer umlief die Burg auf allen Seiten. Die **Schildmauer** im Süden steht noch bis in eine Höhe von 20 m. Wie bei Schildmauerburgen üblich, lagen auch in Hofen in deren Schutz Wohn- und Wirtschaftsgebäude. Erhalten haben sich bis in 13 m Höhe der Stumpf des **Bergfriedes**, der in direkter Verbindung mit der Schildmauer steht, und vor allem im Osten Abschnitte der 2 m dicken Ringmauer. Auch Kellerreste der einstigen Wohnbauten sind noch vorhanden.

1999 hat die Stadt Stuttgart die Ruine aus Privatbesitz erworben, restauriert und 2000 der Öffentlichkeit zugänglich gemacht.

Grundriss

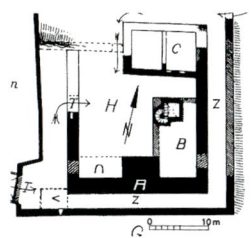

Mitte 13. Jh. Bau
1311 Zerstörung?
um 1634 Zerstörung
1999 Erwerb durch die Stadt Stuttgart

Ganzjährig frei zugänglich
U 14 (Hofen)

Gesamtansicht und Schildmauer

9. STUTTGART-MÜHLHAUSEN
Engelburg, Heidenburg und Palmsches Schloss

Anf. 13. Jh. Alte Burg
um 1260–82 Bau der Engelburg
1311 Zerstörung und wohl Wiederaufbau
Mitte 13. Jh. Heidenburg
1311/12 Zerstörung, vermutl. kein Wiederaufbau
Ende 15. Jh. Bau der Walpurgiskirche
1813 Bau des Palmschen Schlosses
1896 Umbau
1950 Wiederaufbau

Heidenburg und Engelburg frei zugänglich
Palmsches Schloss: Bezirksrathaus, Mo., Mi. u. Fr. 8.30–13 Uhr, Do. 14–18 Uhr
U 14 (Mühlhausen)

oben und Mitte: Palmsches Schloss und Detail eines Brunnens

unten: Engelburg

Schon im 8. Jh. wird als St. Gallener Besitz eine Burg erwähnt, die auf der Gemarkung von Mühlhausen vermutet wird. Der Ort selbst ist erstmals in Verbindung mit dem Ortsadel der Ritter von Mühlhausen 1257 genannt worden. Sie starben um 1300 in männlicher Linie aus, ihre Erben wurden die Herren von Blankenstein. Weitere Erbgänge, Teilungen und Verkäufe folgten, als deren Folge verschiedene Adelsfamilien Mühlhausen (oder Teile davon) oft nur für kürzere Zeit besaßen, ehe 1728 die Freiherren von Palm den ganzen Ort erwarben. Allerdings verfügte keine Familie je über die uneingeschränkte Ortsherrschaft, da Württemberg stets die Blutgerichtsbarkeit behielt.

Die älteste lokalisierbare Burg Mühlhausens, eine Motte, befand sich auf der Westseite des Feuerbachtals und wird als Alte Burg bezeichnet. Sie war im 13. Jh. Sitz der Ritter von Mühlhausen-Hofen. Mit Errichtung der Engelburg verlor sie wohl rasch an Bedeutung und verfiel. Nach 1735 beseitigte man die noch verbliebenen Reste zugunsten der Anlage des Palmschen Parks.

Direkt oberhalb dieser Alten Burg legten die Edelfreien von Blankenstein zwischen 1260 und 1282 in Spornlage über dem Neckar ihre Neue Burg bzw. **Engelburg** an, die gegenüber von Hofen eine Neckarfurt sicherte. 1311/12 im Krieg Württembergs mit dem Reich zerstört, wurde sie im 14. Jh. nochmals aufgebaut. Bis zum Ende des 18. Jh. waren alle oberirdischen Teile abgetragen. In den 1950er Jahren wurde der Burgplatz (heute Grünfläche) planiert und der ehemalige Halsgraben zugeschüttet. Archäologische Grabungen legten 1961/62 die Grundmauern frei, die wieder eine Ahnung von der Anlage geben: Ein innerer Mauerring sicherte einen kleinen Hof von 20 x 25 m und ein Wohngebäude. Stufen eines Kellerabgangs haben sich erhalten. Ein äußerer Mauerring diente als zusätzliche Bewehrung. Die Mauerstärke variiert zwischen einem Meter und 2,30 m.

Schließlich findet sich als dritte mittelalterliche Anlage auf der Ostseite des Feuerbachtals im Ortskern die **Heidenburg**. Welche der wechselnden Ortsherrschaften sie wann errichtete, lässt sich nicht sagen. Vermutlich wurde auch sie 1312 zerstört, wohl aber nicht wieder aufgebaut, da sie 1476 als Burgstall von Heinrich von Kaltental verkauft wurde. Kurz darauf, womöglich in Nachfolge einer Burgkapelle, entstand die Walpurgiskirche in den Ruinen. Große Teile dieser Burg haben sich erhalten. Über den starken Stützmauern zum Feuerbachtal erheben sich Abschnitte der 1,5 m dicken Ringmauer aus Bruchsteinmauerwerk. Sie wurden als Kirchhofbefestigung im 15. Jh. mit der Einfügung von Feuerwaffenscharten auf den damaligen Stand der Wehrtechnik gebracht. Da St. Walpurgis im Krieg zerstört wurde, bietet sich ein Blick in die ehemaligen Burgkeller unter der Kirche. Den unteren Teil des Kirchturms bildet der Bergfried, sein EG diente als Chor.

Als jüngsten Adelssitz in Mühlhausen gab 1813 Jonathan Freiherr von Palm auf der Westseite des Feuerbachtals ein einfaches klassizistisches **Schlösschen** in Auftrag. Es ersetzte vermutlich einen barocken Vorgängerbau, der zusammen mit dem Park im 18. Jh. im Bereich von Alter Burg und Engelburg angelegt wurde. Das Palmsche Schloss wurde 1896 aufgestockt und durch eine Reihe von historistischen Baudetails romantisierend umgedeutet. Beim Wiederaufbau nach Kriegszerstörung in den 1950er Jahren gingen leider einige wichtige architektonische Details wie Dachtürmchen, Staffelgiebel und Erker verloren.

10. STUTTGART-WEILIMDORF
Alte Burg und Burg Dischingen

Die beiden Dischinger Burgen stellen ein schönes Beispiel für eine Burgverlagerung dar. Am Westrand des Höhenrückens zwischen dem Feuerbach- und dem Lindental befindet sich inmitten des Waldes der Burgstall Alte Burg, von der heute nur noch Wälle und Gräben auf der Angriffsseite zeugen. Grabungen in der völlig in Vergessenheit geratenen Burg 1952/54 ergaben, dass diese vermutlich um 1100 gegründet wurde. Im 2. Drittel des 12. Jh. ging die Anlage in einer Brandkatastrophe unter. Das dürfte den Anlass dazu gegeben haben, die Burg um ca. 400 m zu verlegen. Nun entstand ein Steinbau, der 1949–52 archäologisch untersucht wurde.

Sowohl die Alte Burg wie auch der Neubau schützten einen unterhalb gelegenen, einst wichtigen Fernhandelsweg, der heute als Wanderweg dient. Als Bauherren käme eine Familie von Dischingen aus der Gegend von Tübingen in Frage. Die Burg wurde im Reichskrieg 1311/12 zerstört und ihre Reste wurden im Lauf des 14. und 15. Jh. abgetragen. Die Grabungen ergaben aber, dass die Anlage im 15. Jh. nochmals kurzfristig bewohnt war, vermutlich von Steinbrucharbeitern.

Die polygonale Burganlage, die durch zwei Halsgräben vom Berg getrennt wird, besaß einen quadratischen **Hauptturm** mit 2–3 m starken Mauern, der im Verbund mit einer über 2 m dicken Schildmauer stand, an die sich auch ein unterkellerter **Wohnbau** lehnte. Dieser war mit Kachelöfen ausgestattet und besaß verglaste Fenster.

Um 1100 Alte Burg
2. Hälfte 12. Jh. Zerstörung
Ende 12. Jh. Burg Dischingen
1311/12 Zerstörung
14./15. Jh. Abbruch
1949–1954 Ausgrabungen

Frei zugänglich

Bergfriedfundament und Grundmauern des Wohnbaus

Grundriss

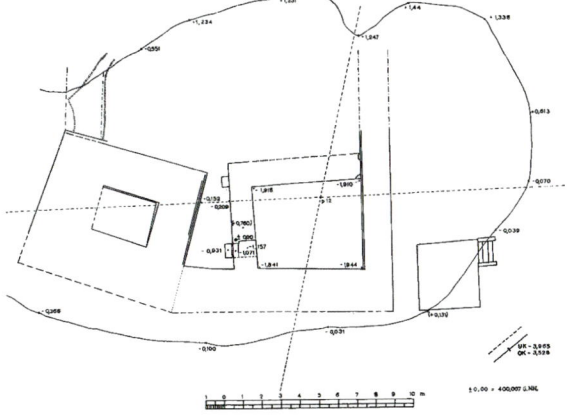

11. STUTTGART-FEUERBACH
Burg Frauenberg

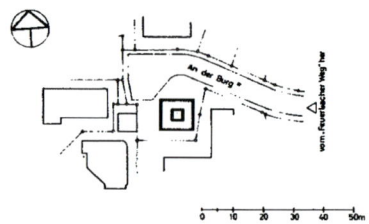

1. Hälfte 13. Jh. Bau der Burg
1251 Erwähnung Wolfram von Frauenberg
1410 Aus- und Umbau
Ab 1520 Abbruch

Frei zugänglich
S 4, 5, 6 (Feuerbach)

Grundriss

Turmfundament

Burg Frauenberg liegt im Südwesten des Killesberges inmitten eines modernen Wohngebiets und erhob sich einst in Spornlage auf einer gegen das Feuerbachtal vorspringenden Nase. Die spärlichen Reste wurden zu Beginn der 1970er Jahre beim Straßenbau entdeckt. Von den aufgefundenen Grundmauern eines Wohnbaus und des **Bergfrieds** wurden nur die des Turmes konserviert und sind frei zugänglich. Sie sind aus großen Sandsteinblöcken errichtet, wobei nur noch die unterste Lage der Außenschale einige originale Buckelquader länglichen Formats zeigt, darüber findet sich eine neue Aufmauerung. Gegründet wurde Frauenberg vermutlich in der 1. Hälfte des 13. Jh. Die Anlage dürfte einen älteren, 1281 erstmals erwähnten Herrenhof im Dorf Feuerbach ersetzt haben, wäre also ein typisches Beispiel für den Zug des Adels aus den Dörfern auf die exponierten Höhen. 1251 ist in einer Urkunde erstmals von einem Wolfram von Frauenberg die Rede, vielleicht der Erbauer der Burg, der sich dann in der damals üblichen Weise nach seinem neuen Wohnsitz genannt haben wird. Die Frauenberger sind auf der Burg bis in die 1. Hälfte des 15. Jh. belegt. Doch schon seit 1380 sind noch weitere Familien als Anteilseigner genannt. 1391 saßen u. a. zwei Ritter von Helmstatt auf Frauenberg, die sich als „Raubritter" betätigten und einen Kölner Kaufmannszug überfielen. Sie mussten die auf Frauenberg von ihnen inhaftierten Kaufleute und die Beute aber auf Druck Graf Eberhards III. freigeben. Später kaufte sich Württemberg in die Burg ein, das bis 1481 systematisch alle Anteile erwarb. Vermutlich ließ es Frauenberg daraufhin ebenso systematisch verfallen. 1520 und 1567 holte man jedenfalls Steine vom Turm der damals schon als abgegangen bezeichneten Burg zum Bau der Stuttgarter Stadtmauern. Dabei wurden wohl die Ruinen weitgehend abgetragen.

Später stellte man die Anlage nochmals als Schanze wieder her. Bei fürstlichen Feierlichkeiten und Einzügen wurde von hier aus mit Kanonen Salut geschossen. Noch 1609 hatte Heinrich Schickhardt daher den Auftrag erhalten, die Gräben der Burg zu vertiefen und die Brustwehren höher aufzuführen. Schickhardt erwarb schließlich die Schanze und legte innerhalb der Ummauerung einen Garten an.

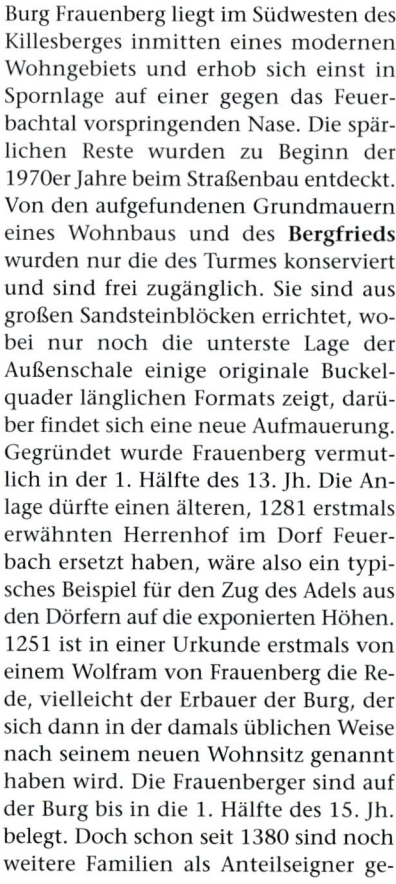

12. STUTTGART-ROHR
Burg

Mitte 13. Jh. *Gründung*
1312 *Zerstörung*
1952 *Ausgrabungen*

Frei zugänglich
S 1 (Rohr)

Oberhalb des Rohrer Feuersees befindet sich in einer öffentlichen Grünanlage ein von einem Graben umgebener Hügel von ca. 12 m Durchmesser. Er ist letzter Rest einer Turmhügelburg, die um die Mitte des 13. Jh. von den Herren von Rohr errichtet worden sein soll. Die Burg liegt bemerkenswerterweise in einer Niederung zwischen dem alten Ortskern und der Pfarrkirche St. Laurentius. Sie wurde wahrscheinlich schon im Reichskrieg 1312 durch die Esslinger zerstört und nicht wieder aufgebaut. 1348 ist nur noch von einem Burgstall die Rede. 1952 brachten Ausschlämmarbeiten im kreisrunden Graben, der an der Sohle 5 m misst, die Reste des Unterbaus einer Zugbrücke und die Wippbalken zum Aufziehen zum Vorschein, ein sehr früher Beleg für eine solche Konstruktion, ist doch mit Zugbrücken in Deutschland selten vor dem 14. Jh. zu rechnen. Die Bauart mit Überblattungen spricht jedenfalls für eine Entstehung der Brückenanlage im Mittelalter. Der Stumpf eines Balkens ist neben der Burg aufgestellt.

Eine weitere Burg könnte sich bei der Pfarrkirche befunden haben. Dort brachten Grabungen im 19. Jh. Hohlziegel, eiserne Schnallen, eine Pfeilspitze, eine Steinkugel sowie ein Marienbild und Reste von 1,20 bis 1,60 m dicken Mauern zu Tage. Brandspuren deuten auf eine Zerstörung durch Feuer. Die Kugel würde darauf hinweisen, dass dieser Bau, wenn es denn eine Burg war, vielleicht erst im Großen Städtekrieg 1449 untergegangen ist. Möglicherweise handelte es ich aber auch um Reste einer Kirchhofbefestigung.

unten: Ansicht mit St. Laurentius-Kirche im Hintergrund

13. STUTTGART-BOTNANG
Schloss Solitude

*1763–69 Bau
bis 1775 Park und
Nebengebäude*

Solitude 1
Führungen April–Okt.
Di.–So. 10–17 Uhr
(Di.–Sa. 12–13 Uhr
geschlossen),
Nov.–März 13.30–16
Uhr, So. u. Feiertage
10–16 Uhr
Tel. 0711/696699
www.schloss-solitude.de
Bus 92 (Solitude)

*Gesamtansicht
und Baluster der Freitreppe*

1763 wurde Herzog Carl Eugen bei einer Jagd auf die schöne Lage oberhalb des Glemstals mit Blick in das Unterland aufmerksam. Er beschloss den Bau eines Rückzugsortes, wo er im kleinen Kreis die ländliche Einsamkeit – *Solitude* – genießen wollte. Aus der Ruhe wurde freilich wenig; im anhaltenden Konflikt mit den Landständen um deren verbriefte Mitbestimmungsrechte an der Landesverwaltung mied Carl Eugen Stuttgart, wo die Landstände ihren Sitz hatten. Neben Ludwigsburg wurde daher die Solitude mit ihrem Bezug 1766 ein repräsentatives Zentrum des Hoflebens. Auch nach dem Ausgleich mit den Landständen, der im Erbvergleich 1770 seinen Abschluss fand, nutzte Carl Eugen die Solitude intensiv: Sie diente als Ausgangspunkt für Jagden in den landesherrlichen Revieren westlich von Stuttgart und als Sommersitz. 1770 gründete der Herzog hier seine Militärakademie, die berühmte Hohe Karlsschule; Friedrich Schiller zählte 1773–75 zu ihren Schülern. Die Verlegung der Karlsschule nach Stuttgart 1775 steht für das rasch erkaltende Interesse des Herzogs an der Solitude und ihren Anlagen. Carl Eugens Baufreude hatte sich anderen Objekten zugewendet.

Der Herzog selbst wirkte an den Plänen für die Anlage stark mit. Dabei orientierte er sich einerseits am Seeschloss Monrepos (⇨19), das Philipp de La Guêpière 1760 begonnen hatte. Zum anderen bediente sich der Herzog als dilettierender Architekt auch bei barocken Vorlagenwerken wie Fischer von Erlachs Historischer Architektur. Ein darin publizierter Lustschlossentwurf wurde für die Fassadengestaltung der Flügel direkt übernommen. Im kuppelbekrönten Mittelbau hingegen mögen auch Erinnerungen an Sanssouci eine Rolle gespielt haben, da Carl Eugen es aus seiner Jugend am Berliner Hof kannte. Die Entwürfe Carl Eugens wurden in den Dekors der Außenfassade und insbesondere bei der Gestaltung der Innenräume von Philippe de La Guêpière fachmännisch überarbeitet und ergänzt. Insgesamt entstand ein in seiner Aufsockelung altertümlich wirkender Spätbarockbau.

Das EG des zweigeschossigen Baus dient als Sockel für das eigentliche Repräsentationsgeschoss. Umlaufende Pfeilerarkaden lockern ihn auf. Auf Nord- und Südseite rahmen geschwungene Treppenpaare die Durchfahrt und führen auf eine breite Terrasse, die um die ganze Beletage läuft. Diese ist symmetrisch angelegt. Das Zentrum bildet ein ovaler Kuppelsaal, Seitenflügel führen zu den geschwungenen Kopfbauten.

Die **Interieurs** spiegeln den Stilwandel der Ausstattungszeit. Neben reich dekorierten Zimmern in der starken Farbigkeit des ausgehenden Rokokos traten Räume, die dem Goût grec verpflichtet waren. Vor allem der Kuppelsaal kündet mit seinen zurückhaltenden Weißtönungen und der Betonung antikisierender Zierelemente von der neuen Ausein-

andersetzung mit der klassischen Antike. Hofmaler Nicolas Guibal schuf das Deckengemälde in der Flachkuppel, das allegorisch das Blühen des Landes als Folge der fürstlichen Tugenden feiert. Die Stuckaturen stammen von Lodovico Bossi, Valentin Sonnenschein und deren Gehilfen. Die Räume im EG wurden mit illusionistischen Fresken, die Ausblicke in eine mediterran-arkadische Landschaft eröffnen, ausgemalt, eine Erinnerung an die Italienreisen des Herzogs.

Das Schloss erschließt sich aber erst vollständig, wenn es in die weiträumige Gesamtkonzeption aus weiteren Bauten und Gärten einbezogen wird. Der axiale Hauptbau wird auf der Südseite von geschwungenen **Zirkelbauten** eingefasst. Abgestimmt auf das Schloss erreichen nur die zweigeschossigen Kopfbauten dessen Höhe, im Zirkel schließen die Bauten auf Höhe des Erdgeschosses ab. Hier lagen die eigentlichen Wohnräume des Herzogs. In den Ausläufern der Kopfbauten befanden sich die kath. Hofkirche bzw. das 1768 eingebaute Theater. Johann Friedrich Weyhing und Guibal übernahmen in der Ausgestaltung der **Schlosskirche** die Stilformen des Kuppelsaals und schufen damit 1764–66 eines der frühesten Beispiele für einen frühklassizistischen Sakralraum im deutschen Südwesten. Nach Ost und West schließen sich in Verlängerung der Zirkelbauten die frei stehenden Kuben der **Kavaliershäuschen** an.

Hinter den Zirkelbauten entstand bis 1775 eine ungemein reiche Gartenlandschaft aus einer Vielzahl von Elementen der französisch-niederländischen Gartentradition: Intime Parterregärten innerhalb von Boskettts, ein Lorbeersaal, Spiel- und Ruheplätze, Orangerien und Bassins, ein Gartentheater und ein großer Obstgarten, in welche Marstall, Reithalle, eine separate Villa für des Herzogs Favoritin Franziska von Hohenheim und die Gebäude der Karlsschule eingefügt waren. Der Obstgarten wurde dank des Fleißes und Geschicks von Johann Caspar Schiller, Vater des Dichters, zu einer hochprofitablen Unternehmung, die wesentlich zum qualitätsvollen Obstbau des Herzogtums beitrug.

Wegeachsen führten über die Gärten weit hinein in den Glemswald, wo sie

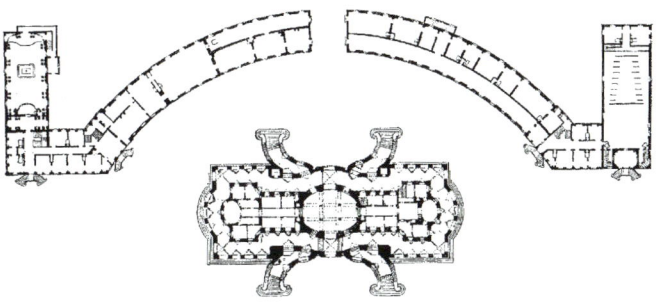

sich mit Jagdschneisen in Rot-, Dam- und Schwarzwildparks bis hin zum Bärensee fortsetzen; von der Nordseite des Schlosses reicht über 14 km eine gerade Allee von den Abhängen des Glemswaldes hinüber bis zur Residenz Ludwigsburg. Im Mittelpunkt all dessen und im Brennpunkt der Achsen steht das Schloss, das am höchsten Punkt liegt. Die politische Konzeption dahinter ist offensichtlich: Das Wollen und Wirken des Herzogs erfasst von seinem Schloss aus sein Land und seine Untertanen.

Ab 1775 konzentrierte Carl Eugen seine Energie auf Hohenheim (⇨14). Die Solitude teilte das Schicksal vieler Projekte des sprunghaften Herzogs, die Gärten verwilderten rasch. Nach seinem Tod wurden sie aufgegeben, die Bauten des Parks, oft in Fachwerk errichtet, abgebrochen oder unter König Friedrich I. nach Stuttgart versetzt, so die kath. Kirche und der Marstall. In den letzten Jahrzehnten verschwanden auch die Alleenachse und die Reize des Fernblicks unter der Verbauung des Großraums Stuttgart. Der absolutistische Herrschaftsanspruch, der in der Gesamtanlage Solitude einst baulich umgesetzt wurde, ist daher nur noch eingeschränkt nachvollziehbar.

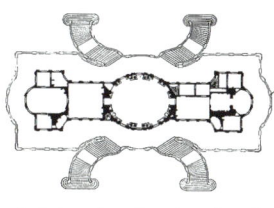

Grundrisse von EG und Beletage

oben: Corps de Logis

Kavalierhäuser

14. STUTTGART-HOHENHEIM
Schloss Hohenheim

12. Jh. Burggründung
1772–74 Kabinetts- und Kavalierbau
Ab 1776 Englisches Dörfle
1782 Reithaus und Orangerie
1784/85 Militärstraße
1785–93 Corps de Logis
1818 Lehranstalt für Land- und Forstwirtschaft
1954–80 Umbau und Instandsetzung

Außenbereich, Vestibül und Treppenhaus frei zugänglich. Das herzogl. Appartement (Bibliothek) tägl. zugänglich. Arbeitsbereich, bitte Ruhe und Rücksichtnahme!
www.uni-hohenheim.de
Bus 65, 70, 74, 76 (Universität Hohenheim)

oben: Treppenhaus
Ansicht vom Garten aus

Hohenheim ist Herzog Carl Eugens letzte große Schöpfung und bildete 1783–93 seinen dauerhaften Wohnsitz. Es ist neben Kassels Wilhelmshöhe und dem Passauer Freudenhain die letzte erhaltene Anlage einer Gruppe mehrerer großer Lustschlösser, die in den Jahrzehnten kurz vor und während der Französischen Revolution im Alten Reich entstanden. Hohenheim erhebt sich an einer Hangkante über dem Körschtal an Stelle einer Wasserburg, die vermutlich im 12. Jh. gegründet wurde und bis 1420 Sitz der Herren von Hohenheim war. Der niederadeligen Familie entstammte der berühmte Arzt und Philosoph Theophrast Bombast von Hohenheim (1494–1541), einer der Begründer der modernen Pharmazie. 1432 gelangte die Burg an das Esslinger Katharinenspital, das sie 1676 nach Zerstörung im Dreißigjährigen Krieg an Immanuel von Garb veräußerte. Er ließ über ihren Mauern ein Schloss errichten. 1768 zog Carl Eugen Schloss und Gut Hohenheim als erledigtes Lehen ein und übereignete es 1772 seiner Favoritin Franziska von Leutrum. Seiner Franziska, die Carl Eugen nach dem Tode seiner ersten Gemahlin sogar ehelichte, blieb der Herzog bis an sein Lebensende treu. Hohenheim kann als ihr gemeinsames Werk betrachtet werden.

Wie üblich bei Carl Eugen begann alles recht bescheiden, um im Laufe der Zeit gigantische Ausmaße anzunehmen. Zuerst ließ er 1772–74 dem bestehenden Bau im Norden einen Hof mit dem westlichen Kavalier- und dem östlichen Kabinettsbau vorlegen. Der Kavalierbau erhielt im EG Repräsentationsräume, in der Mansarde die fast bescheiden zu nennende Wohnung des Herzogs und Franziskas.

Seit 1776 diente Hohenheim als Sommerresidenz. Hinzu traten nun umfangreiche Stall- und Wirtschaftsbauten, eine Reithalle, ein Gewächshaus und eine Orangerie. Die eigentümlichste Schöpfung aber stellte das **Englische Dörfle** dar, ein Landschaftsgarten südwestlich des Schlosses, der 70 teilweise kostbar ausgestattete Parkbauten umfasste. Hier genossen Carl Eugen und Franziska das vermeintlich einfache Landleben, das sich in der Gartenanlage manifestierte. Sie stellte eine über den Resten römischer Ruinen erwachsene ländliche Siedlung dar. Im Rahmen von Festen wurden die Gebäude bespielt; Schäfer, Hirten und Landleute traten auf. Solche Anlagen erfreuten sich damals großer Beliebtheit und entsprachen einer idealisierten Sicht auf ein naturverbundenes Landleben jenseits höfischer Etikettezwänge.

Tatsächlich entwickelte Carl Eugen Hohenheim zum Mustergut. Das alles ist vor dem Hintergrund der gewandelten politischen Verhältnisse in Württemberg zu sehen. 1770 hatte der Herzog im Erbvergleich einen Prozess gegen die Landstände um die Verfassung vor dem Reichshofrat in Wien verloren. Zu seinem 50. Geburtstag gelobte er dann politische Besserung. Maßgeblichen Einfluss hatte hier wohl die pietistisch geprägte Franziska. Äußerer Ausdruck des Lebenswandels wurde Hohenheim.

1782 ließ Carl Eugen durch seinen unehelichen Sohn, den Baumeister Reinhard Ferdinand Heinrich Fischer, den Plan zu einem monumentalen Ausbau der Sommerresidenz anfertigen, die er augenblicklich umgesetzt zu sehen wünschte. Ausschlaggebend mag der Besuch des russischen Thronfolgers Paul und seiner württembergischen Gemahlin Maria Feodorowna gewesen sein. Vielleicht aber sollte hiermit auch der Anspruch auf die angestrebte Kurwürde für Württemberg unterstrichen werden.

Ab 1785 entstand das **Corps de Logis** mit seinen beiden um kleine Innenhöfe gruppierten Seitenbauten und der zentralen Kuppel. Fischer folgte dabei dem Schema barocker Paläste, übersetzte die Formensprache aber in das modische Louis-seize. Die insgesamt sehr schlichte Architektur ist dabei wohl weniger Ausdruck einer Hinwendung zum Frühklassizismus, als vielmehr des Bauens auf dem Lande. Hohenheim war nichts anderes als ein, wenn auch gigantisches, Landhaus, was schon in der Anwendung der niedrigsten aller Säulenordnungen, der toskanischen, am Mittelpavillon deutlich wird.

Als Carl Eugen 1793 starb, waren gerade die Räume seines Appartements im Ostflügel fertig, im Mittelbau nur die Gesellschaftszimmer. Ihre wandfesten Ausstattungen zählen allerdings zum Exquisitesten, was aus dieser Zeit in Württemberg erhalten geblieben ist und verraten in ihren feinen Stuckornamenten mit Grotesken den Einfluss des englischen, von den Brüdern Adams geprägten, frühklassizistischen Geschmacks.

Carl Eugens Bruder und Nachfolger Ludwig Eugen ließ die Arbeiten umgehend einstellen. 1795 stellte er das Schloss dem jüngsten Bruder Friedrich Eugen zur Verfügung, der noch im selben Jahr die Regierung antrat und Hohenheim in wesentlichen Teilen fertig stellen ließ. Das Englische Dörfle erlebte seine zweite große Blüte und wurde in ganz Europa berühmt. Nun wurde der Marmorsaal als zentraler Festsaal und das stark an Rastatt orientierte Treppenhaus, allerdings nur mit einseitiger Stiege, fertig gestellt. Fischer wurde durch den jüngeren

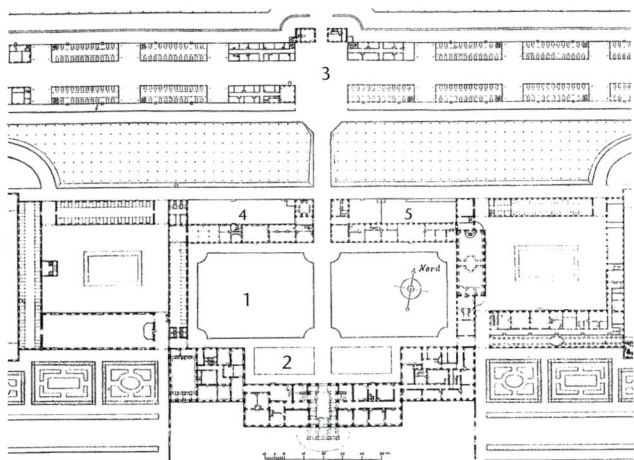

Friedrich von Thouret abgelöst, der Teile der Innenräume klassizistisch umdekorierte.

Mit Friedrich Eugens Tod endete 1799 diese letzte Blüte. Friedrich I. fand kaum Gefallen an Hohenheim, ließ letzte Arbeiten abschließen, aber das Englische Dörfle, das nicht sehr dauerhaft gebaut war, weitgehend abtragen. Teile wurden in den neuen Ludwigsburger Park (⇨16) und nach Monrepos (⇨19) verbracht, es blieben nur das Römerhaus und das Spielhaus sowie Reste der Säulen des Donnernden Jupiter. Das Inventar wurde 1805 ins Neue Schloss verbracht. Damit begann der Verfall der Anlage, die König Wilhelm I. beinahe hätte abreißen lassen. Doch mit der von seiner Gemahlin Katharina geförderten Gründung einer landwirtschaftlichen Hochschule wurde Hohenheim zu deren Sitz bestimmt. Heute ist sie Teil der Universität Stuttgart. In den Zimmern des Mittelbaus residiert der Universitätspräsident, aber das Treppenhaus mit Vestibül und Vorplatz und Carl Eugens und Franziskas Appartement im Ostflügel sind zu besichtigen, denn in letzterem befindet sich die Bibliothek.

Grundriss der Gesamtanlage um 1793

1 Ehrenhof
2 Corps de Logis
3 Militärstraße
4 Kavaliersbau
5 Kabinettsbau

Englisches Dörfle, Spielhaus

53

15. STUTTGART-STAMMHEIM
Schloss

1192 Ersterwähnung von Ort und Ortsadel
12. Jh. Wasserburg
1579–81 Bau des Schlosses
1737 Verkauf an Württemberg

Altenpflegeheim, nur Außenbereich zugänglich
U 15 (Stammheim)

Straßenfront

Spätestens für 1192 (eine Nennung von 1181 könnte sich auch auf die gleichnamige Siedlung bei Calw beziehen) ist Stammheim im Zusammenhang mit Ortsadel erstmals urkundlich belegt. Anders als viele Adelsfamilien, die im Lauf des Mittelalters ausstarben oder in (stadt-)bürgerliche Schichten absanken, hielten sich die Herren von Stammheim als Lehensleute im Adelsverband der Württemberger bis in die frühe Neuzeit. Sie errichteten wohl noch im 12. Jh. als ersten Sitz eine Wasserburg anstelle des heutigen Schlosses.

Die Heirat Hans Wolfs von Stammheim mit der reichen Tochter des Landsknechtsführers Sebastian Schertlein von Burtenbach brachte die Mittel für einen Neubau des Schlosses. Für den jungen Baumeister Heinrich Schickhardt wurde es einer der ersten eigenständigen Aufträge. Der Hof der 1579–81 erbauten Dreiflügelanlage öffnet sich nach Osten. Langrechteckige, zweigeschossige Steinbauten flankieren ihn an der Nord- und Südseite. Die ostseitigen, auf Schau gearbeiteten Giebel zeigen mit genasten Feuerböcken und einfachen Mannformen in symmetrischer Anordnung typi-

sche Elemente des Renaissancefachwerks. Ein einfacher, zweigeschossiger Querbau mit einer hölzernen **Galerie** verbindet sie. Der Nordflügel umschließt zwei Drittel eines **Treppenturms**, der bis auf Höhe der Dachgauben über den Trauf hinausgezogen ist und ihn als einstigen Hauptwohntrakt kennzeichnet. Von ihm aus erschlossen sich Saal und Wohnräume im OG. Die Jahreszahl 1581 über der profilierten Eingangstür zum Turm nennt das Jahr der Fertigstellung.

Tor, Zugbrücke und Mauern vor der offenen, östlichen Hofseite wurden zum Teil von der Vorgängerburg übernommen, und sicherten in Verbindung mit einem umlaufenden Graben das Schloss. Zugleich grenzten sie es von den anstoßenden Bauerngütern ab. Im 19. Jh. wurden diese Bauteile entfernt, im 20. Jh. schließlich der Graben verfüllt.

Lange konnten die Herren von Stammheim ihr neues Schloss nicht genießen, 1588 starb die Familie aus, die Schertlein von Burtenbach wurden ihre Erben. Misswirtschaft zwang diese 1737 zum Verkauf an Württemberg. Die weiteren Nutzungen des Schlosses als Verwaltersitz, Privathaus und seit 1896 als Ev. Altenheim haben dazu geführt, dass die historische Substanz im Inneren verloren ging.

Giebel der Seitenflügel

Hoffassade mit Treppenturm

II. LUDWIGSBURG
Die barocke Residenzstadt

Angefangen hat in Ludwigsburg alles mit dem Erlachhof, ein befestigter Hof des Klosters Bebenhausen, der seit der Reformation den württembergischen Herzögen als Jagdsitz diente. Nach der Zerstörung durch die Franzosen 1693 ließ Herzog Eberhard Ludwig durch Mathias Weiß 1699–1702 sukzessive einen Neubau unter Einbeziehung der alten Mauern errichten. Doch dann entschloss er sich, den alten Erlachhof abbrechen und an seiner Stelle durch Philipp Joseph Jenisch ab 1704 ein völlig neues Jagdschloss, die 1705 so benannte Ludwigsburg, errichten zu lassen. Dieses wurde zum Ausgangspunkt einer großartigen Palastanlage und einer auf Befehl des Herzogs 1709 neu gegründeten Stadt. Eberhard Ludwig erließ mehrere Aufrufe zur Ansiedlung und gewährte hierfür Vergünstigungen. 1718 wurde Ludwigsburg offiziell zur Stadt erhoben, im selben Jahr die Residenz von Stuttgart hierher verlegt. Die Einrichtung einer neuen herzoglichen Grablege unter der Schlosskirche unterstrich diesen Schritt.

1720 wurde Ludwigsburg den bisherigen Hauptstädten Stuttgart und Tübingen gleichgestellt, was auch Sitz und Stimme im engeren Ausschuss der württembergischen Landstände beinhaltete.

Für den steten Ausbau Ludwigsburgs wie auch die Verlegung der Residenz waren verschiedene Gründe ausschlaggebend. Zum einen ermöglichte das freie Feld die Anlage einer hochmodernen Palastanlage nebst einer über regelmäßig angelegtem Grundriss erstellten Stadt für die Versorgung des Hofes. Dies entsprach dem Repräsentationsbedürfnis und den architektonischen Idealvorstellungen damaligen Herrschertums. Das Alte Schloss in Stuttgart (⇨ 1) mochte ein traditionsreicher Bau sein, aber es bot nicht die Entfaltungsmöglichkeiten für einen zeremoniell geprägten Hof, der über entsprechende Raumprogramme und Außenflächen in Form weitläufiger Gärten verfügen musste. In Ludwigsburg aber gab es ausreichend Platz, so dass Eberhard Ludwig seine politischen Ambitionen auch baulich umsetzen und somit eindrucksvoll gegenüber dem Kaiser, seinen Standesgenossen, den württembergischen Landständen und seinen Untertanen demonstrieren konnte. Zum anderen war Ludwigsburg weit genug entfernt von der ungeliebten Gattin, die im Alten Schloss residierte, und den Landständen, welche die Liaison Eberhard Ludwigs mit seiner Mätresse Wilhelmine von Grävenitz kritisierten.

Der Entwurf für die Stadtanlage geht auf Johann Friedrich Nette zurück, die weitere Planung übernahm ab 1715/16 Donato Giuseppe Frisoni, der Musterhäuser entwarf. Der Plan sah eine Anlage zu beiden Seiten des Schlosses vor, so dass die Stadt das damals noch dreiflügelige Schloss mit seinem offenen Ehrenhof und dem Garten gerahmt hätte. Bebaut wurde aber nur der Westteil um den Markt mit seinen charakteristischen Arkaden. Hier ent-

Schloss, Ehrenhof mit Altem Corps de Logis

standen die **ev. Stadtpfarrkirche** und gegenüber die etwas bescheidenere **kath. Kirche**.

1732 befand sich ein Wall mit Bastionen im Bau, der zur Überraschung der Besucher beitrug, vor denen sich nach dem Passieren der Enceinte plötzlich die Stadt mit den Palast- und Gartenanlagen auftat. Der Wall allerdings wurde bald wieder aufgegeben, statt wehrhafter Festungswerke erhielt Ludwigsburg 1758 eine Zollmauer, die nicht nur den Rechtsbezirk Stadt zum Umland abgrenzte, sondern auch die Desertion der in Ludwigsburg stationierten Soldaten verhindern sollte. An ihren Durchlässen wurden **Wachthäuser** und Torpfeiler errichtet, die von kunstvollen Aufsätzen mit dem herzoglichen Wappen geziert waren.

Für den Hof entstanden noch unter Eberhard Ludwig diverse barocke Adelspalais, so das **Palais Grävenitz** (Marstallstraße 5), das 1728 von Donato Giuseppe Frisoni für die Mätresse Eberhard Ludwigs erbaut wurde. Das **Palais Sternenfels** (Mömpelgardstraße 24) wurde 1710–13 nach Entwurf von Johann Friedrich Nette erbaut und diente ab 1717 als Wohnsitz des Erbprinzen. Aufwändig ist das reich gegliederte Palais des Ministers von Grävenitz, der sog. **Grafenbau** (Schloßstraße 29).

Aus einer unebenen, rauen und sumpfigen Gegend, wie sie die Zeitgenossen charakterisierten, war eine barocke Idealschöpfung entstanden, deutliche Demonstration des absolutistisch geprägten Herrscherwillens, Land und Natur einer rationalen Ordnung zur nützlichen Verwendung zu unterwerfen.

Nach dem Tod Eberhard Ludwigs wurde es still in Ludwigsburg, denn Hof und Verwaltung zogen nach Stuttgart zurück. Erst unter Carl Eugen erblühte wieder höfisches Leben. Er nutzte Ludwigsburg intensiv für Festlichkeiten, und 1764–75 diente die Stadt nochmals als Residenz. Er ließ 1758–60 südlich die Carlsstadt anlegen, um Ludwigsburg zur Garnisonstadt auszubauen. Als landesherrliches Prestige- und Wirtschaftsprojekt gleichermaßen rundete 1758 die Gründung einer eigenen **Porzellanmanufaktur** das Bild der Residenz ab.

Schloss, Puttengruppe

Seit 1716 umgab ein weitläufiges System von Achsen und **Alleen** Ludwigsburg, das vor allem zur Parforcejagd diente. Das Wegesystem wurde um 1760 unter Carl Eugen mit Jagdrevieren und Schlössern im Umfeld, so Monrepos (⇨19) und der 14 km entfernten Solitude (⇨13), verbunden. Diese letzteren beiden Achsen sind bis heute erhalten und zeugen von der ordnenden Gliederung und Durchdringung des württembergischen Territoriums durch die Landesherrschaft.

Die erneute Rückverlegung der Residenz nach Stuttgart 1775 führte zu einer teilweisen Verödung der Stadt.

Unter König Friedrich I. erfuhr Ludwigsburg die Aufwertung zur Sommerresidenz und behielt seinen Stellenwert als Garnison. Von der militärischen Vergangenheit des „Schwäbischen Potsdam" zeugen neben diversen Kasernen und der neubarocken **Garnisonkirche** noch das ehem. **Generalmagazin** am Arsenalplatz, das 1761 von Johann Adam Groß erbaut wurde, und das **Zeughaus** (Mathildenstraße 18) von 1873–75 mit reichem Trophäenschmuck.

Der Zweite Weltkrieg hat Ludwigsburg verschont, aber in der 2. Hälfte des 20. Jh. hat man auch hier versucht, eine autogerechte und moderne Stadt zu schaffen. Die mehrspurig ausgebaute Schlossstraße, zugleich B 27, ursprünglich eine breite, baumbepflanzte Promenade, schneidet heute den Palast mit seinen Gärten von der zugehörigen historischen Planstadt ab. An optisch herausragenden Punkten wurden zielsicher brutalistische Hochhausbauten gesetzt, die das Gesamtensemble in empfindlicher Weise stören. Besonders hässlich geriet dabei das Marstallcenter, für das man den historischen **Marstall** opferte. Ein einzelnes Portal erinnert heute vor der Betonorgie in trauriger Weise an ein für die Infrastruktur der einstigen herzoglichen Residenz wichtiges Gebäude.

Grafenbau, erbaut 1724

16. LUDWIGSBURG
Residenzschloss

Die Ludwigsburg bildet eine der größten und weitläufigsten barocken Palastanlagen Europas, die sich in seltener Geschlossenheit samt der bis ins frühe 19. Jh. dem jeweiligen Zeitgeschmack angepassten Ausstattung erhalten hat. Sie entstand nicht als einheitlich geplante Anlage, sondern ist das Ergebnis einer sich über drei Jahrzehnte hinziehenden, sehr komplexen Baugeschichte. Ihr Bauherr Herzog Eberhard Ludwig, der es zum kaiserlichen Generalfeldmarschall brachte und sich um die Erlangung der Kurfürstenwürde bemühte, setzte mit diesem Bau ein deutliches Zeichen seiner Ansprüche auf eine Rangerhöhung für seine militärischen Verdienste um Kaiser und Reich im Kampf gegen die Franzosen.

Die Ludwigsburg wurde 1704 nach dem Entwurf Philipp Joseph Jenischs als Jagd- und Lustschloss begonnen. Sie sollte Sitz des Hubertus-Jagdordens werden, welchen der Herzog 1702 zu seinem Prestige gegründet hatte und für den im Schloss in den folgenden Jahren mehrfach zeremonielle Räumlichkeiten geschaffen wurden. Das sternförmige Ordenskreuz findet sich daher in diversen Räumen und auch am Außenbau, so in den Kapitellen an den Kolossalpilastern des Fürstenbaus, heute Altes Corps de Logis genannt. Mit diesem Flügel begann der Neubau.

Unzufrieden mit den Leistungen Jenischs stellte Eberhard Ludwig 1707 Johann Friedrich Nette als Bauleiter ein, der das Corps de Logis bis 1708 im Rohbau fertig stellte. Dessen reiche Bauplastik mit den Satyrköpfen an den Schlusssteinen der Fenster schuf Sebastian Zimmermann.

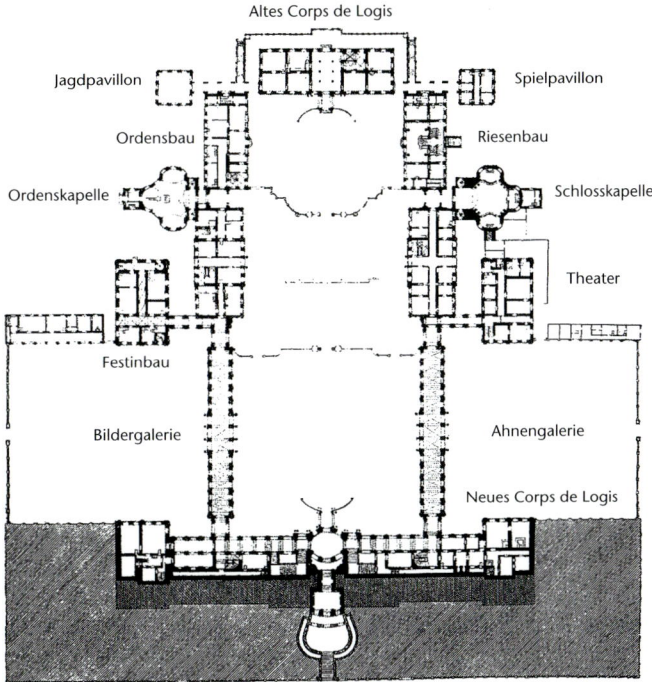

Grundriss Gesamtanlage

Gleichzeitig begannen die Arbeiten am Lustgarten. Durch die Errichtung von Ordensbau und Riesenbau entstand nun eine offene Dreiflügelanlage. Zugleich erbaute man die beiden Verbindungsgalerien mit **Spiel- und Jagdpavillon**, welche die Südfront des Komplexes zum Tal hin wirkungsvoll akzentuieren und kostbar ausgestattet sind.

Ansicht von Nordwesten

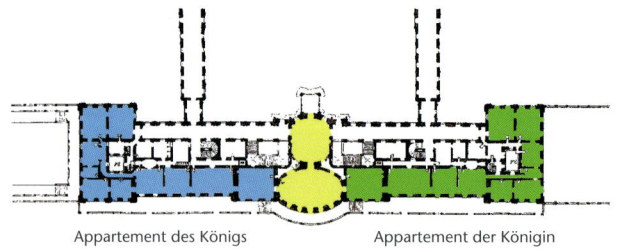

Appartement des Königs   Appartement der Königin

Neues Corps de Logis, Grundriss der Beletage mit Appartements um 1816

1704–08 *Altes Corps de Logis*
1709–11 *Ordensbau*
1712–13 *Riesenbau*
1713–19 *Galerien und Eckpavillons*
1715–23 *Schlosskapelle*
1715–24 *Ordenskapelle, Kavaliersbauten*
1724–33 *Neues Corps de Logis*
1725–28 *Theater und Festinbau*
1798 *Emichsburg im Park*
1800–26 *Umgestaltung des Inneren*
1984–2004 *Instandsetzung*

links: Kavalierbau
rechts: Altes Corps de Logis, Hofansicht

Nach Nettes Tod übernahm der Stuckator Donato Giuseppe Frisoni, ab 1717 Paolo Retti die Bauleitung und Planung. Inzwischen erlebte das Jagd- und Lustschloss einen Funktionswandel zum vollgültigen Residenzschloss, was bedeutete, dass entsprechende Räumlichkeiten für den Hof und die Landesverwaltung geschaffen werden mussten. Um das Alte Corps de Logis über die umliegenden Flügel hervorzuheben, erhielt es in der Mitte einen Aufsatz mit gebrochenem Pyramidendach und Tambour, die Mitte betonte eine Uhr. Es entstanden die beiden Kavalierbauten, die **Schlosskapelle** mit der herzoglichen Gruft und als Gegenstück der Ritterovalsaal, später die **Ordenskapelle** und der aus Gründen der Feuersicherheit westlich abseits liegende Küchenbau. 1725–28 folgten der Theater- und der **Festinbau**.

Da die Appartements im Alten Corps de Logis dem gewachsenen Repräsentationsanspruch nicht mehr genügten, plante man schon ab 1721 dessen durchgreifende Erweiterung, doch auf Empfehlung Frisonis kam es 1724–27 nach dessen Entwurf zum Bau des **Neuen Corps de Logis**, eines langgestreckten Baukörpers von 33 Achsen mit halbrund vorspringendem Mittelrisalit auf der Parkseite und zwei Kopfbauten, die in ihrer Position dem Festin- und Theaterbau gegenüber gestellt sind. An einer Hangkante gelegen, besitzt das Neue Corps des Logis hofseits drei, auf der Gartenseite lediglich zwei Geschosse. Dieser Neubau stellt fast ein eigenes Schloss für sich dar, und er bot die Möglichkeit, einen modernen Palast nach den neuesten, in Frankreich entwickelten Gesichtspunkten zu errichten, bei denen großer Wert auf die *commodité*, die Bequemlichkeit, gelegt wurde. Völlig einzigartig für ein Residenzschloss war die direkte Erschließung des Gartens über die Zimmer der Beletage, eher ein Kennzeichen französischer Landhäuser, was aber durch die Hanglage des Neuen Corps de Logis bedingt war. Direkten französischen Einfluss auf Frisonis Planung zeigt die Grundrissstruktur mit den zwischen den Appartements in der Gebäudemitte versteckten Versorgungsgängen, Kämmerchen und Hintertreppen für die Dienerschaft. Vor allem bot der Neubau Frisonis die Möglichkeit, ein differenziertes Raumprogramm entsprechend dem höfischen Zeremoniell mit verschieden großen Zimmern und Kabinetten einzurichten.

So wandelte sich die Ludwigsburg in eine geschlossene Vierflügelanlage. Bilder- und Ahnengalerie schlossen den Neubau harmonisch an den Bestand an. Seitlich des Schlosses entstanden zwei Vorhöfe, der westliche bildete den Haupteingang, der von einem Wachgebäude begleitet wird.

Die ursprüngliche Konzeption als offene Ehrenhofanlage verrät noch der 160 m lange Innenhof durch die leicht versetzt angeordneten einzelnen Bauten, die sich zum Alten Corps de Logis

hin wie bei einem Bühnenbild staffeln, so dass dieses mit seinem Aufbau weit stärker den Hofraum bestimmt als das schließlich wichtigere Neue Corps de Logis, das mit seiner langen Schaufront deutlich gegen den Garten gerichtet ist. Das Bild der Putzfassaden bestimmen vor allem die reichen Fensterdekorationen und die Portale.

Erst nach dem Tode Eberhard Ludwigs 1733 wurde das **Innere** des Neuen Corps de Logis vollendet. Es wurde überwiegend von italienischen Künstlern ausgestattet, die u. a. mit Frisoni verwandt und verschwägert waren. Riccardo Retti war für die Stuckaturen zuständig; Livio Retti, Luca Antonio Colomba, und Carlo Carlone schufen die Fresken, und einen Gutteil der Skulpturen fertigte Diego Carlone. Daneben waren noch weitere Italiener am Bau und seiner Ausstattung beteiligt.

Die Architektur des Ludwigsburger Schlosses ist deutlich vom italienisch beeinflussten böhmisch-österreichischen Barock geprägt, wohl eine bewusste Stilwahl des Bauherrn, der damit seine Nähe zum Kaiser demonstrierte.

Eberhard Ludwigs Nachfolger veränderten dann nur noch das Innere. Carl Eugen ließ ab 1744 die unfertigen Appartements im Neuen Corps de Logis ausbauen und sich 1757–59 nach Entwurf von Philippe de La Guêpière im Mezzanin des Westpavillons ein intimes Rokokoappartement für Gesellschaften einrichten. Unter Friedrich I. kam es zu

Neues Corps de Logis mit Gartenparterre und Neues Corps de Logis, Mittelpavillon

Karussell

*Schlossstraße 30
Tägl. 10–17 Uhr,
Inneres z. T. nur mit
Führungen zugänglich
Tel. 07141/182004
www.schloss-ludwigsburg.de
www.blueba.de
S 4, S 5 (Bhf. Ludwigsburg)*

einer weitgehenden Neuausstattung seines Appartements im Empire-Stil nach Entwurf Nikolaus Friedrich von Thourets, um die 1806 errungene neue Königswürde darzustellen. Erst ab 1817 wurden auch die Räume der Königin Mathilde im Empire-Stil ausgestattet, die Schloss Ludwigsburg bis zu ihrem Tod 1828 als Witwensitz bewohnte.

Zu den Höhepunkten des Ludwigsburger Schlosses zählt das **Theater**, das 1758/59 durch La Guêpière zum Rangtheater umgebaut wurde. Auf diese Zeit geht die Grundform des Zuschauerraums mit Logen zurück. Die heutige klassizistische Ausstattung erfolgte 1812 durch Thouret. Einmalig ist die in Teilen originale barocke Bühnenmaschinerie samt Vorhang mit Malerei von Innocente Colomba, die älteste erhaltene Bühnentechnik dieser Art in Europa. Dazu kommt ein sensationeller Fundus von rund 140 Bühnendekorationen des 18.–19. Jh. Das Theater wurde 1996–98 aufwändig restauriert und dabei die teilzerstörte Maschinerie wiederhergestellt und rekonstruiert.

Seit dem 19. Jh. beherbergten verschiedene Gebäude des Ludwigsburger Schlosses Behörden und das Staatsarchiv. Seit 1984 wurde der gesamte Komplex aufwändig instand gesetzt und in seiner Gesamtheit einer musealen Nutzung zugeführt. Neben den Prunkräumen in der Beletage finden sich im Ludwigsburger Schloss Zweigmuseen des Landesmuseums und der Staatsgalerie, so die Barockgalerie, das Modemuseum mit wertvollen Kleidungsstücken des 18. Jh. und das Keramikmuseum. Ein besonderes Erlebnis für junge Besucher bietet das Kinderreich, in dem sich Barock- und Empirezeit nachspielen lassen.

Über das Aussehen der **Gartenanlagen** in der 1. Hälfte des 18. Jh., die heute unter dem Titel „Blühendes Barock" firmieren, ist wenig bekannt. Zwar gibt es aufwändige Stichserien, welche die Ludwigsburg prachtvoll ins Bild setzten, um den Ruhm ihres Bauherrn und den Namen seiner Architekten zu verbreiten, aber diese stellen überwiegend Idealansichten von Projekten dar, die jeweils nur in Teilen verwirklicht wurden. Die bestehende Anlage im Süden geht auf Friedrich I. zurück bzw. auf Neuanlagen in barockem Sinne 1955 unter Verwendung der alten Terrassierungen. Östlich des Schlosses entstand 1797–1803 ein Landschaftsgarten, der mit diversen Staffagebauten ausgestattet wurde, darunter Bauten aus dem Englischen Dörfle in Hohenheim (⇨14), die kostengünstig hierher versetzt wurden. Dazu zählt auch der Spielplatz am See, dessen Karussell von Thouret entworfen wurde. Auf die sagenumwobene mittelalterliche Frühgeschichte des Hauses Württemberg verweist die **Emichsburg**, quasi eine fiktive Stammburg, eine für die Zeit typische romantische Burgarchitektur, mit der man den Geist des als heroisch und zugleich als barbarisch begriffenen Mittelalters heraufzubeschwören gedachte. Dazu gehören natürlich Grotten und ein unterirdischer Gang. Die Burg ist heute Teil des in den 1950er Jahren eingerichteten Märchengartens, in seinen älteren Ausstattungen seinerseits schon wieder ein Denkmal der Gartenkunstgeschichte und mit seinen Überraschungen durchaus eine im Sinne früher Landschaftsgärten passende Ergänzung. 1987–92 rekonstruiert wurden die **Privatgärten** des Königs und der Königin zu Seiten des Neuen Corps de Logis, intime Rückzugsorte mit kleinen Pavillons, Brunnen, Statuen und lauschigen Sitzgelegenheiten.

Emichsburg

17. LUDWIGSBURG
Lustschloss Favorite

Erste Pläne für ein Lusthaus als Mittelpunkt einer Fasanerie entwarf ab 1709 Johann Friedrich Nette. Der bestehende Bau entstand 1716–19 durch Paolo Retti nach einem Entwurf von Donato Giuseppe Frisoni, das Innere wurde 1723–31 fertig gestellt.

Das Gebäude erinnert mit seinen turmartigen Eckaufbauten, der in einer Serliana aufgelösten Front des OG und den elegant geschwungenen Außentreppen an italienische Villen, die hier wohl Pate standen, mehr noch aber diente Frisoni für den Grundriss das von seinem Zeitgenossen Fischer von Erlach entworfene Gartenpalais Schick-Eckardt in Wien als Vorbild, das er aus eigener Anschauung kannte. Die Gesamtanlage, ursprünglich inmitten eines Heckenrondells gelegen, dürfte wiederum u. a. durch das kurbayerische Schlösschen Lustheim im Park von Schleißheim angeregt worden sein, das dem Bauherrn bekannt war. Der Name hingegen verweist auf ein Lustschloss in Wien, denn Eberhard Ludwig war als Militär ein treuer Gefolgsmann des Kaisers. Auch andere kaisertreue Reichsfürsten be-

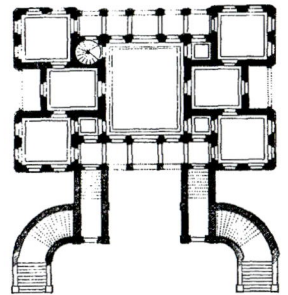

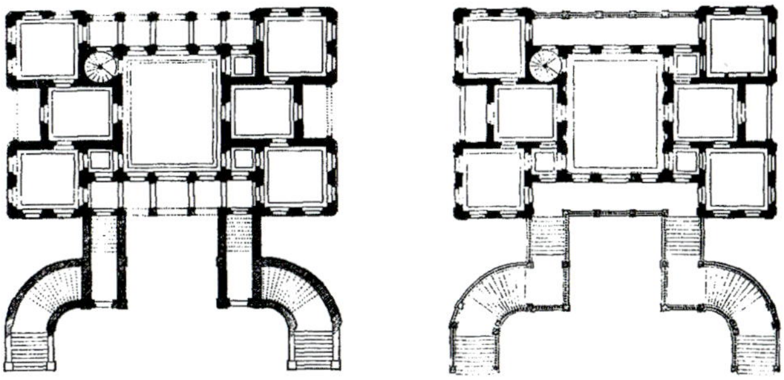

Grundrisse von EG und OG

1716–19 *erbaut*
1723–31 *Innendekoration*
1799–1806 *Umgestaltung*
1973–81 *Instandsetzung*

Ansicht von Süden

*Favoritepark 1
Mitte März–1. Nov.
tägl. 10–12, 13.30–
17 Uhr, 2. Nov.–
Mitte März Di.–So.
10–12, 13.30–16 Uhr
Tel. 07141/182004
www.schloss-lud-
wigsburg.de
S 4 (Favoritepark)*

nannten ihre Lustschlösser nach der Wiener Favorita.

Die vielgliedrige, bewegte Gestaltung charakterisiert den Bau als Lusthaus. Die zweiläufige, weit ausladende Freitreppe führt zu einem Altan und vermittelt so zwischen Garten und Beletage. Die tragenden Hermen von Carlo Feretti personifizieren die vier Elemente. Dezent verrät die Fassade die Hierarchie der einzelnen Geschosse. So ist das EG durch eine Bänderrustika als tragender Baukörper gekennzeichnet, über dem sich die reicher gestaltete Beletage mit ihren großen Fenstertüren als Festgeschoss erhebt.

Die Favorite lag als Jagdpavillon ursprünglich in einem kreisförmig angelegten Boskett als Zentrum eines Jagdsterns. Dem entspricht seine Ikonographie, die ganz auf die Jagdgöttin Diana abgestimmt ist. In der Blickachse der Ludwigsburg gelegen, diente die Favorite auch als Point de vue, wie umgekehrt sich von hier ein herrlicher Blick auf das Alte Corps de Logis ergibt. Nicht umsonst erhielt der Bau eine Aussichtsplattform, von der sich nicht nur der Ausblick auf die Umgebung genießen, sondern auch der ein oder andere Fasan erlegen ließ.

Schon 1750 ließ Carl Eugen die Fasanerie ins Osterholz verlegen und stattdessen im Park weiße Hirsche halten. Im Schloss wurde eine Küche eingerichtet, denn die Favorite stand nun vermehrt im Zentrum höfischer Festlichkeiten. Das **Innere** der Favorite wurde 1799–1806 durch Nikolaus Friedrich Thouret für Friedrich I. klassizistisch verändert, nur noch die westlichen Räume zeigen barocke Deckenbilder von Luca Andrea Colomba mit antiken Jäger- und Liebespaaren und im Südwestzimmer den duftig über die Wände ausgebreiteten Bandlwerkstuck von Riccardo Retti. Die umgestalteten Kabinette erhielten Papiertapeten mit damals beliebten pompejanischen Motiven und teilweise neue Stuckdecken.

Durch den 1798 landschaftlich gestalteten Tiergarten erreicht man über eine Allee das Lustschloss Monrepos (⇨19).

Treppenlauf

Portalgebälk mit Greifen

18. LUDWIGSBURG
Villa Marienwahl

Das zweigeschossige Landhaus wurde 1820 durch Ludwig G. Abel für den württembergischen General von Varnbüler in den einfachen Formen des schwäbischen Spätklassizismus errichtet. Abel wählte eine attraktive, leichte Hanglage inmitten eines Parks. Die Vorderseite des Hauptbaus zur Heilbronner Straße ist fünfachsig, die mittlere Achse im EG mit einem zweiflügeligen Portal in grauer Sandsteinleibung betont. Darüber sitzt als rotes Relief ein Greifenpaar, das den einzigen Fassadenschmuck des Putzbaus bildet. EG und OG sind durch ein umlaufendes Gesims getrennt. Die beiden Längsseiten sind etwas kürzer, die Symmetrie der Fenster und Öffnungen zwischen EG und OG ist hier aufgegeben. Das flache Walmdach mit den frontseitigen Gauben verleiht dem Haus eine südländisch-heitere Anmutung. Ein gefliester Vorplatz auf ganzer Länge der Front und eine Steinbalustrade, die von Postamenten mit Vasenaufsätzen, sog. Krateren, unterbrochen wird und die das Haus von einem kleinen Brunnenparterre abtrennt, unterstreichen den mediterranen Eindruck.

1877 erwarb Kronprinz Wilhelm von Württemberg das Schlösschen für sich und seine erste Frau Marie von Waldeck-Pyrmont. Sein bürgerlich-bescheidenes Auftreten, das Wilhelm rasch populär machte, fand in dem gediegenen Wohnsitz seine kongeniale Entsprechung. Das Kronprinzenpaar, das noch im selben Jahr eine Tochter bekam, führte hier ein dezidiert bürgerliches, auf Privatheit gestimmtes Leben. Einige Adelige bei Hofe kritisierten freilich die Verhältnisse als unangemessen für den zukünftigen König von Württemberg.

Das Schlösschen erhielt den Namen der Kronprinzessin, die 1882 jung verstarb. Das Haus wurde 1882–92 durch Hugo Assenheimer ausgebaut, der im Zuge dessen die beiden bisher eingeschossigen Diener- und Kavalierhäuser links und rechts der Einfahrt aufstockte. Wilhelm II. vermachte die Villa seiner Tochter Pauline, die mit dem Fürsten von Wied verheiratet war. Sie züchtete im weitläufigen Park erfolgreich Pferde. Auf ihren Wunsch hin wurde sie 1965 auf der Pferdekoppel hinter Marienwahl bestattet, der einfache Grabstein ist noch vorhanden.
Die Villa gehört bis heute der Familie zu Wied, die 2002 große Teile des Parks an die Stadt Ludwigsburg verkaufte.

1820 Erbauung
1877 Kauf durch Kronprinz Wilhelm

*Privatbesitz, nur Außenbesichtigung, Park tagsüber frei zugänglich
S 4, S 5 (Bhf. Ludwigsburg)*

Ansicht und Hauptbau

19. LUDWIGSBURG-EGLOSHEIM
Schloss Monrepos (Seehaus)

16. Jh. Anlage des Sees
1760–65 erbaut
1801–04 Ausbau
1818 Abbruch Festinbau und Theater

Privatbesitz, Besichtigung nach Vereinbarung, Park frei zugänglich
Tel. 0711/71952-503
www.hofkammer.de
S 4 (Favoritepark)
🍽

Eine typische Schöpfung ihrer Zeit ist Monrepos, die 1760–65 nach Entwurf Philippe de La Guêpières für Herzog Carl Eugen als Jagdschloss erbaut wurde und ursprünglich Seehaus hieß. Erst unter Friedrich I. erhielt das Schlösschen den Namen Monrepos.

Das Seehaus wurde an einem Teich errichtet, der im 18. Jh. vom Hof für Lustfahrten und zur Vogeljagd genutzt wurde. 1755 ließ ihn Carl Eugen in eine regelmäßige Rechteckform bringen und durch Alleen in die landschaftliche Gestaltung des Residenzumfeldes einbinden. Auf diesen See als Wasserparterre bezieht sich die Anlage des Schlosses mit dem zentralen, gegen das Ufer vortretenden, kuppelbekrönten Pavillon.

Der Werksteinbau ist ein typisches Beispiel für eine fürstliche Retraite. Die kleinteilige Raumanordnung folgte den Prinzipien der *commodité*, der Bequemlichkeit, auf deren Einhaltung beim Bau von Landschlössern großer Wert gelegt wurde. Die ganze Anlage und der Grundriss verraten die Anlehnung an französische Lustschlösser, wie sie in den Architekturtraktaten Jean François Blondels publiziert wurden und mit denen Guêpière durch seine Ausbildung in Paris vertraut war. In der Gesamthaltung ein spätbarocker Bau, zeigt sich in den Einzelformen der *goût grec*, der damals in Paris Furore machte und das überbordende Rokoko durch eine zurückhaltendere, strengere Ornamentik ablöste.

Vom einst reichen **Skulpturenschmuck** blieben die Najaden an der Seetreppe von Domenico Feretti, die Putten auf der Terrassenbrüstung und die Vier Jahreszeiten von François Lejeune. Die beiden Löwen an der landseitigen Treppe stammen von Antonio Isopi (1803/04). Friedrich II. ließ Carl Eugens Lustschloss 1801–04 durch Thouret umbauen und um Nebengebäude erweitern. Thouret senkte den See ab und verwandelte die bisher große Wasserfläche in einen landschaftlich gestalteten **Seegarten** mit künstlichen Inseln. Da wegen Feuchteschäden der Unterbau des Schlosses erneuert werden musste, legte er das Kellergeschoss frei und sockelte den Bau durch Arkaden auf. Das so kaschierte Souterrain barg Wirtschaftsräume. Das Innere wurde im Stil des Klassizismus neu ausgestattet. Aus der älteren Phase blieben das Vestibül mit seinen ionischen Doppelsäulen und der überkuppelte, längsovale Speisesaal bestehen.

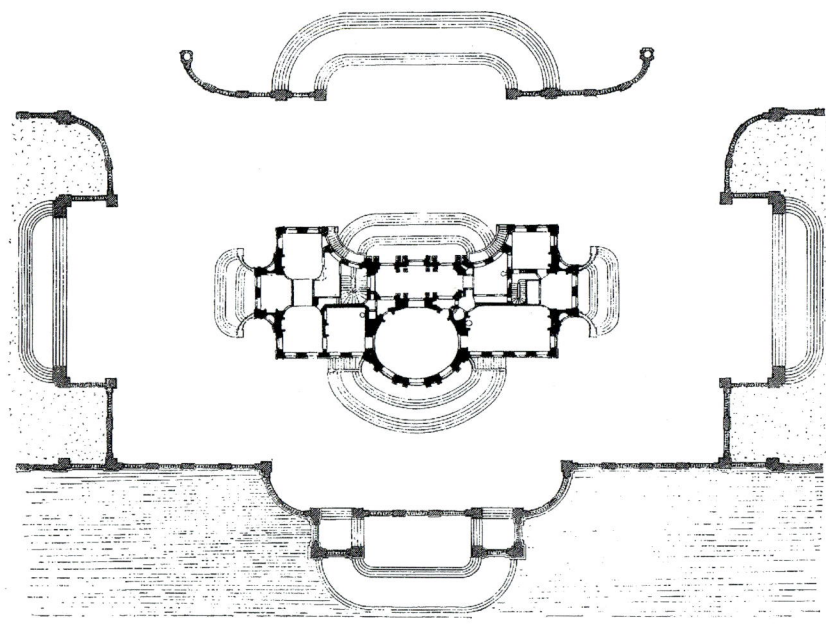

Grundriss des Schlosses im Zustand des 18. Jh.

Zu Seiten des Schlosses entstanden die beiden **Offiziantenhäuser**. Auf den Inseln im See wurden Staffagebauten erstellt, die man aus Hohenheim hierher versetzt hat, so 1803 die von Fischer entworfene **Kirche** mit darunter liegender Grotte, die seit 1945 Ruine ist. Carl Eugens Schloss auf dem Einsiedel (⇨68) wurde ebenfalls nach Monrepos transloziert, um einen Festinbau zu erhalten, dem bis 1809 noch das Grafenecker Komödienhaus als Theaterbau hinzugefügt wurde. Damit gewann man Raum für große Festlichkeiten. Zugleich diente das Schloss aber auch als intimer Rückzugsort des Monarchen.

Nordwestlich entstand ein großer **Jagdpark** mit Lusthäusern (Boudoir und Dianenhaus), die 1831 bzw. 1838 aber abgebrochen wurden. Festinbau und Theater waren schon 1818 wieder niedergelegt worden. Die westlich gelegene **Meierei** wurde 1801–04 nach Entwurf Thourets durch Johann Jakob Atzel erbaut. Eindrucksvoll ist die Zufahrt mit den beiden monumentalen dorischen Säulen im Mittelrisalit.

Ansicht Seefront

Puttengruppe

20. LUDWIGSBURG-HOHENECK
Burg Hoheneck

um 1200 Erbauung
2. Viertel 14. Jh. Einbindung in die Stadtbefestigung
1360 Verkauf an Württemberg
16. Jh. Zerfall

Schlossberg Außenseite von den Weinbergwegen aus zu besichtigen, Hof privat
www.ludwigsburg.de

Die Burg Hoheneck war keine eigenständige Anlage, sondern mit dem direkt unterhalb von ihr liegenden, gleichnamigen Ort zu einer fortifikatorischen Einheit verbunden.

Wohl um 1200 erbauten die Markgrafen von Baden, die sich zu diesem Zeitpunkt noch am Mittleren Neckar um ein Herrschaftszentrum bemühten, die Burg; wenig später begann der planmäßige Ausbau der Siedlung. Als Ministeriale der Markgrafen amtierten seit der Mitte des 13. Jh. die Hack (von Hoheneck) auf der Burg. Mit der Konzentration auf ihre Besitzungen im Schwarzwald und am Rhein gaben die Markgrafen Stadt und Burg an die Herren von Rechberg ab. Diese forcierten nochmals den Ausbau und umgaben das Städtchen im 2. Viertel des 14. Jh. mit einer Mauer. Zwei **Schenkelmauern**, beginnend an der Heimengasse 26 bzw. an der Oberen Gasse, verbanden Stadt und Burg wehrtechnisch und erhöhten die Verteidigungskraft der Siedlung erheblich. Angesichts der Umklammerung durch Württemberg sahen die Rechberger jedoch keine Perspektive und verkauften 1360 Burg und Stadt an diese. Württemberg, das im näheren und weiteren Umfeld genug Orte mit städtischen Funktionen wie Marbach, Waiblingen etc. besaß, war an einer Fortentwicklung von Hoheneck nicht interessiert. Die Stadt stagnierte auf dem Niveau eines Marktortes, die Burg blieb fortan unbewohnt.

Zeitgenössische Quellen liefern keine Informationen zur Gestalt der Burg. Im 16. Jh. werden Kornkasten, Keller und eine Küferei genannt. Doch schon 1604 wird die Burg als Burgstall bezeichnet, sie war also weitgehend zerfallen.

Die Ruine liegt auf einem südöstlichen Sporn, der zur gefährdeten Feldseite durch einen künstlichen Graben gesichert wurde. Trotz Veränderungen ist er noch deutlich sichtbar. Von den mittelalterlichen Bauten sind lediglich die Umfassungsmauern aus Bruchstein, die ursprünglich verputzt waren, und Buckelquadern in einer Höhe von bis zu 4 m erhalten. Über die Innenbebauung liegen keine Befunde vor. Der quadratische **Turm** an der Nordwestecke der Umfassungsmauer, der oftmals als Bergfried bezeichnet wird, ist eine romantisierende Hinzufügung der Freiherren von Röder, die im 19. Jh. Eigentümer der Ruine waren.

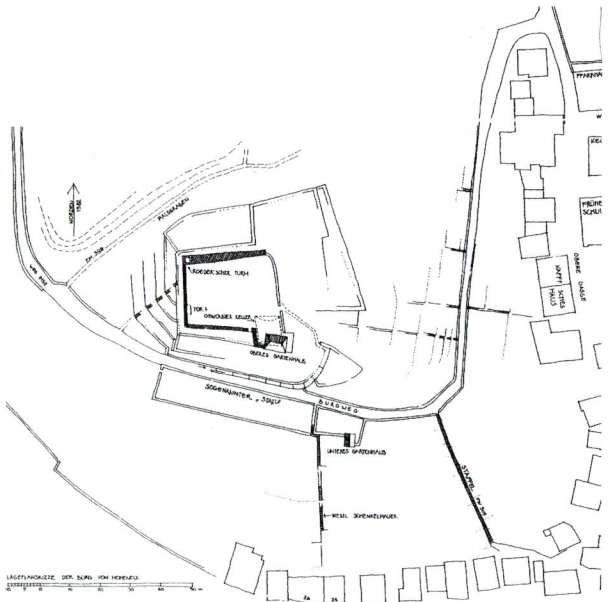

Grundriss
Gesamtansicht mit Ringmauer und Turm

21. LUDWIGSBURG-OSSWEIL
Schloss und Holderburg

Das Oßweiler **Schloss** wurde vermutlich in der 1. Hälfte des 13. Jh. als Ortsadelssitz gegründet und war als Niederungsburg auf allen Seiten von einem Wassergraben umgeben. Im 16. Jh. befand es sich als württembergisches Lehen im Besitz der Herren von Kaltental, welche die Burg 1566 umbauen ließen. 1621 gelangte es an die Nothaft von Hochberg und wurde im Dreißigjährigen Krieg 1634 zerstört. 1785 verkauften die reichsfreien Herren Stettner von Grabenhof das Schloss aus ihrem Besitz an Bürgerliche. Nach dem Erwerb durch die Gemeinde wurde das Schloss 1870 zum Rathaus eingerichtet, der Südflügel 1883 als Schulhaus umgebaut. Es ist bis heute im Besitz der Stadt Ludwigsburg.

Das Schloss war ursprünglich von einem weiten Wirtschaftshof mit Gärten umgeben, von dessen älteren Gebäuden die große Scheuer im Nordwesten erhalten geblieben ist. Ein 1595 errichtetes Rundbogentor mit Fußgängerpforte lässt in den Hofraum ein.

Das Schloss bildet eine polygonale Anlage, deren Südwestecke ein viergeschossiger **Wohnturm** über annähernd quadratischem Grundriss von ca. 11 × 10,5 m besetzt. Er wurde im 16. Jh. in allen Geschossen ausgebaut. Das Mansardwalmdach mit Dachreiter stammt aus dem 18. Jh. Auf der Südseite gegenüber erhebt sich ein großer Wohnbau mit steilem Fachwerkgiebel, der wohl unter Verwendung spätmittelalterlicher Substanz um 1566 durch Kaspar von Kaltental errichtet und über einen Zwischenflügel mit Treppenturm mit dem Wohnturm verbunden wurde.

Die **Holderburg** bildete den zweiten Ortsadelssitz in Oßweil. Sie wurde vermutlich im 12. oder 13. Jh. von einem Zweig der Familie von Harteneck errichtet. Urkundlich erwähnt wird die Burg allerdings erst 1461. Um 1600 gelangte die damals verfallene Anlage in den Besitz eines wohlhabenden Bauern, der den alten Wohnbau wieder herstellte. Aus dieser Zeit stammt der auf dem Mauerwerk aufsitzende Fachwerkstock. Im ersten OG des Wohnbaus ist noch eine Rundbogenpforte als Zugang zum einstigen Wehrgang auf der Ringmauer erkennbar. Im zweiten OG sitzt ein Fenstererker, hinter dem sich in oberdeutscher Tradition die Stube mit Bohlen-Balkendecke befindet.

Der Burggraben wurde erst im 19. Jh. zugeschüttet.

Schloss, Wohnturm

unten: Holderburg

Schloss
13. Jh. Gründung
1566 Umbau
1870 Rathaus

Holderburg
1461 Ersterwähnung
1600 Erneuerung

Schloss
Flurstraße 3–5
Nur Außenbesichtigung
Holderburg
Holderstraße 114
Privatbesitz, nur Außenbesichtigung
Tel. 07141/9102252
www.ludwigsburg.de

III. RUND UM LUDWIGSBURG UND STUTTGART
Württembergische Amtssitze, Landesfestungen und reichsritterliche Schlösser

Das Gebiet nördlich und westlich Stuttgarts ist dicht bestückt mit Burgen und Schlössern. Fast in jedem Dorf der fruchtbaren, einst durch Weinbau reichen Gegend, findet sich ein Landadelssitz.
Im 11. und frühen 12. Jh. gaben die Grafen von Calw in der Region den Ton an, später die Tübinger Pfalzgrafen, von denen eine Seitenlinie den Hohenasperg bezog und sich seit 1228 Grafen von Asperg nannte. Sie versahen u. a. das pfalzgräfliche Hauskloster Bebenhausen (⇨65) mit Schenkungen, so den Erlachhof als Ursprung des späteren Ludwigsburger Schlosses (⇨16). Ende des 13. Jh. gerieten die Grafen von Asperg zunehmend in wirtschaftliche Schwierigkeiten. Sie waren gezwungen, ihre Besitzungen zu verkaufen. 1308 musste Graf Ulrich II. nicht nur Burg und Stadt Asperg, sondern auch den Glemsgau mit allem Zubehör an Leuten und Gütern an Graf Eberhard I. von Württemberg veräußern. Aus dem Hohenasperg wurde einer der wichtigsten strategischen Punkte Württembergs. Er sicherte die Hauptstadt Stuttgart gegen Norden und wurde unter Herzog Ulrich zur Landesfestung ausgebaut. Von allen württembergischen Festungen war der Hohenasperg auch am längsten militärisch genutzt. Noch 1813 hat man seine Befestigungen im Zeichen der Befreiungskriege instand gesetzt.

Auch die Herzöge von Teck und Markgrafen von Baden besaßen in der Region Stützpunkte. So gehörte den Teckern Marbach (⇨27). Das badische Herrschaftszentrum bildete Besigheim, das unter Markgraf Hermann V. im 13. Jh. aufwändig ausgebaut wurde (⇨32). In seiner Umgebung gab es eine Reihe von Ministerialensitzen, so Höpfigheim (⇨28) oder Schaubeck (⇨29).
Nach und nach haben die Grafen und Herzöge von Württemberg durch Kauf die badischen Besitzungen an sich gebracht, so schon Anfang des 14. Jh. Marbach. 1357 fielen ihnen Burg und Herrschaft Lichtenberg (⇨31) mit der Stadt Großbottwar zu, und 1595 erwarben sie Besigheim.
Württemberg herrschte zwar über ein großes, geschlossenes Territorium, darin lagen aber zahlreiche kleine reichsritterliche Herrschaften, die erst 1806 in das junge Königreich Württemberg eingegliedert wurden. Die Reichsritter waren aus dem Niederadel und der Ministerialität hervorgegangen, denen es nach dem Zusammenbruch der Stauferherrschaft zunehmend gelungen war, sich von den großen Herren zu emanzipieren und eigene kleine Herrschaften aufzubauen. In nahezu allen Ortschaften der Region waren seit dem Hochmittelalter befestigte Ortsadelssitze entstanden. Aber nur einem Teil des Adels gelang es, sich dem Druck der übermächtigen Württemberger dauerhaft zu entziehen. Trotzdem blieben oft genug lehensrechtliche Bindungen bestehen, was die Lage der Reichsritter nicht vereinfachte. Immer wieder kam es zu Konflikten. Um sich rechtlich gegen die großen Herren abzusichern und eine gemeinsame politische Vertretung zu finden, schlossen sich die Ritter in Genossenschaften wie der Schwäbischen Reichsritterschaft zusammen, die sich in einzelne Verwaltungsbezirke unterteilten, die sog. Kantone. Sitz des regionalen Reichsritterkantons Kocher war Esslingen, wo die Reichsritterschaft im 18. Jh. einen repräsentativen Verwaltungspalast errichtete.
Reichsritterliche Schlösser finden sich u. a. in Hochberg (⇨22), Hochdorf (⇨23), Beihingen (⇨24), Geisingen (⇨25), Heutingsheim (⇨26), Kleinbottwar (⇨29) und Hemmingen (⇨39). Sie geben einen guten Eindruck von den Wohnsitzen des Landadels bis ins 19. Jh.

Altes Schloss in Freiberg-Beihingen

22. REMSECK-HOCHBERG
Schloss

Schloss Hochberg liegt auf einer Anhöhe über dem Neckar. Seine Ursprünge reichen ins 13. Jh. zurück. Es war im Besitz der Herren von Hohenberg und ihrer späteren Nachfahren, der Nothaft von Hochberg. Die Nothaft erscheinen erstmals um 1300 und waren Dienstmannen der Grafen von Löwenstein. Sie versahen verschiedene Ämter am württembergischen Hof. Einer von ihnen, Hans, begleitete 1468 Graf Eberhard im Bart auf seine Pilgerreise ins Heilige Land. 1561 bestätigte Kaiser Ferdinand I. die Nothaft als Reichsritter. Der Stammsitz erfuhr unter Wolf Jacob, der dem württembergischen Hof nahestand und dort seit 1586 das Amt des Truchsess bekleidete, um 1593 durch Heinrich Schickhardt einen Aus- und Umbau. Zur Vergrößerung des Hauptbaus wurde ein Zwinger überbaut und das Torhaus unter Einbeziehung spätmittelalterlicher Substanz neu aufgeführt. Als die Nothaft 1687 im Mannesstamm ausstarben, erbten die Reichsfreiherren von Gemmingen die Herrschaft Hochberg, welche das Schloss um 1700 modernisieren ließen. 1779 erfolgte der Verkauf an Württemberg. König Friedrich nutzte es zeitweise als Jagdsitz. 1841 erwarb der württembergische Außenminister Carl Eugen von Hügel das inzwischen heruntergekommene Schloss. Heute sind hier Wohnungen untergebracht.

Das Schloss besteht aus einem später teilweise mit Gebäuden überbauten Zwinger und der nahezu rechteckigen **Kernburg** um einen kleinen Innenhof, die noch in das 13. Jh. zurückreichen dürfte. Ein Graben, der einst noch tiefer war, trennt das Schloss vom Vorhof. Auf der gegen Osten gelegenen Angriffsseite lässt ein turmartiger Torbau mit Schießkammern sowie Maul- und Schlüsselscharten des 15./16. Jh. ein. Die Steinangeln des Zugbrückenlagers sind noch erkennbar. Der im Kern spätgotische Bau wurde durch Schickhardt umgestaltet. Aus dieser Zeit stammt das Fachwerkgeschoss, das ehemals verputzt und farbig gefasst war. Auf der Hofseite steht ein hoher, schlanker Treppenturm. Der äußere Hof (Zwinger) legt sich auf der Nordseite um die Kernburg, der durch Schickhardt gegen Süden ein Flügel vorgebaut wurde. An den Ecken der über die Ringmauern vorstoßenden Fachwerkgeschosse saßen ursprünglich kleine Türmchen, welche den Bau akzentuierten und zugleich wehrhafter erscheinen ließen.

Vor dem Schloss stehen die **Kelter** von 1752 und das 1778 als Verwaltungssitz der Herrschaft durch die Herren von Gemmingen erbaute **Stabsamtsgebäude**.

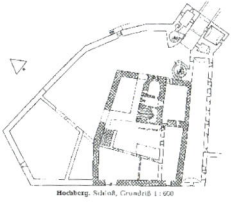

Grundriss

13. Jh. *Gründung*
1593 *Umbau*
1699/1700 *Modernisierung*
1752 *Kelter*
1778 *Stabsamtsgebäude*

*Am Schloss
Privat, äußerer Hof frei zugänglich
www.stadt-remseck.de*

Torbau und Blick in den äußeren Hof

23. REMSECK-HOCHDORF
Schloss

2. Hälfte 13. Jh. Gründung
1345 Verkauf an die Nothaft von Hochberg
1440 Abbruch
1515 Neubau
1612/13 Umbau
1988/89 Renovierung

Schlossstraße 2
Gemeindeverwaltung und Bücherei,
Hof frei zugänglich
www.stadt-remseck.de

Die Hochdorfer Burg wurde wohl in der 2. Hälfte des 13. Jh. durch die Herren von Hochdorf, einer Linie der Herren von Owen, gegründet. Sie wurde 1345 durch Werner II. Nothaft von Hochberg erworben. In der Folge kam es zum Verfall der Anlage und schließlich 1440 zum Abbruch durch Hans von Nothaft. Die 1275 erwähnte Kirche mit ihrem eigenartig übereck gestellten schlanken Chorturm oberhalb des Schlosses war wohl Teil des Verteidigungssystems an der Hauptangriffsseite, was die gedrehte Position des Turms erklären würde, der vielleicht als Bergfried diente.

1513 wurde der Burgstall durch Georg I. Nothaft an seinen Schwiegersohn Jakob von Bernhausen verkauft. Er ließ zwei Jahre später an Stelle der alten Burg einen Neubau errichten, wohl unter Verwendung älterer Mauern. Eine erste Modernisierung erfolgte um 1565. 1609 kam es zum Rückerwerb durch Wolf Jacob Nothaft, der 1612/13 das Schloss durch Heinrich Schickhardt weitgehend neu bauen ließ, welcher für ihn auch am Stammschloss in Hochberg (⇨22) tätig war. Dendrochronologische Untersuchungen lassen vermuten, dass diese Arbeiten schon 1607 begannen, also noch vor dem Rückerwerb durch die Nothaft, es sei denn, man habe, was für die damalige Zeit ungewöhnlich wäre, schon länger zuvor geschlagenes Bauholz verwendet. Das Schloss liegt auf einem Sporn hoch über dem Zipfelbach und dem Strombach und bildet eine unregelmäßige Anlage, deren polygonal geführte Außenmauern wohl dem Verlauf der älteren **Ringmauer** folgen bzw. Teile dieser einbeziehen. Der leicht geknickte Wohnbau mit breitem Giebel auf der Nordseite zeigt zur Hoffront im OG eine Fachwerkfassade, die auf Renaissancekonsolen ruht. Sie verweisen stilistisch auf den durch Schickhardt vorgenommenen Umbau. Die Ecken des schlichten Gebäudes sind durch eine aufgemalte Diamantquaderung hervorgehoben. Vor der Ostfassade muss man sich wohl einen Graben, zumindest aber das Gelände tiefer denken, davor verläuft eine ehemalige Einfassungsmauer. Unterhalb des Schlosses liegt der zugehörige **Wirtschaftshof** mit Scheunen und Ställen des 16.–18. Jh., die teilweise in Fachwerk errichtet wurden.

Hauptbau, Konsole

Hauptbau, Hoffassade und Wirtschaftshof

24. FREIBERG-BEIHINGEN
Altes und Neues Schloss

In Beihingen hat sich in seltener Geschlossenheit ein Ensemble aus Herrschafts- und Wirtschaftsbauten erhalten, das die Kultur des ritterschaftlichen Adels besonders schön widerspiegelt. Das Alte Schloss entstand vermutlich im 13. Jh. aus einem adeligen Herrenhof und war im Besitz der Herren von Beihingen, Lehnsleute der Grafen von Löwenstein. 1344 waren die Nothaft von Hochberg mit der Burg belehnt. 1534 verkauften sie das Schloss und die zugehörige Herrschaft an Ludwig von Freyberg. Nach seinem Tod erbten es seine drei Töchter. Radigunde und ihr Mann Friedrich von Breitenbach, württembergischer Obervogt von Urach, ließen sich ihr Erbteil auszahlen und finanzierten damit 1573 den Bau des gegenüber liegenden Neuen Schlosses innerhalb des Schlossgartens.

Das **Alte Schloss** bildet eine rechteckige Anlage mit zwei Häusern unter Krüppelwalmdächern um einen schmalen Innenhof und bietet das hervorragend erhaltene Bild einer kleinen, spätmittelalterlichen Niederadelsburg, die einst von einem Wassergraben umgeben war. Die rechteckige Ringmaueranlage mit dem in der Nordwestecke erhaltenen Wohnturm dürfte wohl in das Ende des 13. Jh. gehören und wurde in der Folge mehrfach um- und ausgebaut, so im 15. Jh., in das ein runder Wehrturm an der dem Hang zugewandten Südseite und das runde Ecktürmchen an der Südostecke des Wehrgangs datieren. Der Wohnturm wurde später nach Osten erweitert. Der Wohnbau auf der Südseite wurde um 1480 an Stelle älterer Gebäude errichtet, ein Fachwerkhaus auf steinernem Unterbau, das um 1565 unter den Herren von Freyberg sein heutiges Aussehen erhielt. Ihr Wappen ziert den Schlussstein des gotischen Burgtores, über dem sich eine Schaufelscharte und ein Wappenhalter befinden.

Das Alte Schloss wurde 1965 von der Gemeinde erworben und bis 1969 renoviert. Der Wirtschaftshof wurde allerdings zur Erweiterung der Ortsdurchfahrt abgebrochen. Von ihm blieben die Kelter, ein stattlicher Bau mit Eckquaderung, Fachwerkgiebel und Queranbau von 1730/31 jenseits der Straße, und das Meiereigebäude von 1715 übrig. Direkt neben dem Schloss, im Areal des Wirt-

Grundriss

Altes Schloss unten: Neues Schloss

schaftshofs, erhebt sich das 1473 erstmals erwähnte **Württemberger Haus**. Das verblattete Fachwerk, stockwerksweise abgezimmert, datiert den Bau ins 15. Jh. Er besitzt noch eine alte Bohlenstube.

Das **Neue Schloss** ist ein mächtiger, von einer Mauer eingefriedeter Rechteckbau mit gekehlten Fensterstöcken unter hohem Giebeldach. Das kunstvolle Allianzwappen Breitenbach und Freyberg ziert das Eingangsportal. Über der westlichen Altane erhob sich ursprünglich ein mächtiger, sehr hoher Küchenkamin, der Ende des 19. Jh. abgetragen wurde. Die Wirtschaftsbauten, Reiterscheuer und Zehntscheuer mit farbig gefasstem Fachwerk, entstanden 1597 und 1599 und wurden 1979 renoviert. Sie stehen etwas abseits des Hauptgebäudes. Die Anlage gibt das typische Bild eines niederadeligen Herrensitzes der Renaissancezeit wieder.

Altes Schloss:
13. Jh. Gründung
1480 Südflügel
1565 Umbau
1965 Abbruch Wirtschaftshof
Neues Schloss:
1573 erbaut
1597/99 Wirtschaftsbauten
1973 Renovierung

Ludwigsburger Straße 10, 11
Altes Schloss: Wohnungen, Hof zugänglich
Neues Schloss: Privatbesitz
www.freiberg-an.de

25. FREIBERG-GEISINGEN
Oberes und Unteres Schloss

1361 Erwerb durch die Herren von Stammheim
14. Jh. Adelssitz im Bereich des Oberen Schlosses
1486 Unteres Schloss
1671 „Schlössle"
1723 neues Oberes Schloss
1856 Unteres Schloss abgebrannt

In der reichen Adelslandschaft um Ludwigsburg fällt Freiberg mit einer besonderen Dichte von Adelssitzen auf. Auch im Stadtteil Geisingen finden sich gleich zwei Schlösser.

Etwas irreführend ist dabei die zuweilen verwendete Bezeichnung Neues Schloss für die Anlage des **Oberen Schlosses** neben der Nikolauskirche: Der heutige Bau ist zwar der jüngste des Ortes, jedoch bestand an dieser Stelle der erste Adelssitz. 1361 kaufte Contz von Stammheim das württembergische Lehen dem bisherigen Inhaber Ritter Friedrich Sturmfeder ab. Direkt im Anschluss an die Kirche lag der Meierhof. Die heutigen Gebäude des Oberen Schlosses folgen den Grundlinien der mittelalterlichen Bebauung, sind aber jüngeren Datums. Ende des 15. Jh. ließ Hans von Stammheim die Nikolauskapelle zur spätgotischen Kirche und Grablege seiner Familie umbauen.

Die weitere herrschaftliche Baugeschichte spielte sich zunächst am nordöstlichen Ortsrand ab. 1486 bezog Hans von Stammheim ein neues Wasserschloss, das **Untere Schloss**, in den Neckarauen am Dorfrand. Ummauerung und ein Graben boten Schutz und schufen zu den dörflichen Untertanen jene Distinktion, auf die auch der Niederadel Wert legte. Nach dem Aussterben der Herren von Stammheim erbten die Schertlin von Burtenbach 1588 den Ort. 1592 gestand Herzog Friedrich der Familie die Hochgerichtsbarkeit für Geisingen zu. 1782 erwarb Carl Eugen den Geisinger Besitz von den Schertlin. Das Untere Schloss wurde verkleinert, ehe 1856 ein Brand den Hauptbau völlig zerstörte. An seiner Stelle entstand das Gebäude **Unterer Schlosshof 7**. Hervorragend ist dafür das zweigeschossige sog. „**Schlössle**" erhalten, das 1671 parallel zum Hauptbau errichtet wurde. Es steht auf einem auffallend hohen Sockel, da in der feuchten Niederung das

Unteres Schloss

Oberes Schloss, Hauptbau und Innenhof

Unteres Schloss, Maulscharte am Torbau

EG zugleich als Kellergeschoss diente. Das schmale EG ist in der hinteren Hälfte zum Neckar hin deutlich verbreitert. Zum Wohnbereich im Fachwerkobergeschoss führt eine steile Außentreppe. Das Fachwerk von OG und den Giebelseiten des Satteldachs ist in einfachen Formen ausgeführt. Das Schlössle war mit dem älteren Hauptbau über den erhaltenen Torbau des 15. Jh. verbunden. Seine Schießscharten zeigen, dass die spätmittelalterliche Niederungsburg auf eine Verteidigung mit Feuerwaffen ausgerichtet war.

Davor lagen die Wirtschaftsgebäude der Vorburg, die durch Graben und Mauer geschützt war. Nach dem Verkauf an Württemberg wurden die Güter aufgeteilt und an Privatleute veräußert. Die Gräben wurden verfüllt. 1837 erwarb die Gemeinde die **Kelter**, die rechts an der Einfahrt steht. Nach der Aufstockung zog die Gemeindeverwaltung ein. Das **Back- und Brennhaus** gegenüber wurde Ölmühle. Auch das Schlössle ging durch wechselnde Hände, vom Brand blieb es glücklicherweise verschont. 1978 erwarb die Stadt Freiberg das heruntergekommene Gebäude; nach der Sanierung zog das Stadtmuseum ein.

Das **Obere Schloss** kaufte 1720 Friedrich Ludwig von Kniestedt den Schertlins ab. Er erneuerte die Wirtschaftsgebäude und ließ 1723 den Wohnbau entlang der Hangkante neu errichten. Wohn- und Wirtschaftsgebäude bilden einen zweigeschossigen Winkelbau, das OG ist aus Sichtfachwerk. Die Talseite ist die eigentliche Schauseite, da das hier freistehende Kellergeschoss dem Schloss als eindrucksvoller Sockel dient. Es zeigt ein Wappenrelief mit Rocailleverzierung. Alle Eckgefache haben hier ein hübsches Rautenmuster.

Friedrich Ludwig von Kniestedt hat sein neues Schloss nie bewohnt. 1788 ging es ebenfalls an Württemberg. Die Güter und Gebäude wurden aufgeteilt. Der Schlossbau wie auch das Meiergebäude am Eingang zum Oberen Schlosshof haben sich erhalten und wurden Ende der 1980er-Jahre von der Stadt saniert.

Oberer Schlosshof, Unterer Schlosshof 3, 7
Äußeres frei zugänglich; Museum im Schlössle (Heimatmuseum) So. 14–17 Uhr
Tel. 07141/72617
www.freiberg-an.de

26. FREIBERG-HEUTINGSHEIM
Schloss

14. Jh. Burg Kasteneck
1696 Bau des Schlosses
1700 Kelter
1711 Heuscheuer

Schlossstraße 12
Privatbesitz, nur von der Straße aus zu besichtigen
www.freiberg-an.de

Wirtschaftsgebäude, Fachwerkgiebel

Ansicht von außerhalb der Mauer und Hof mit Hauptbau

Das Schloss in Heutingsheim ist von allen Anlagen Freibergs die baulich modernste.

Im 13. Jh. ist Ortsadel erwähnt, dessen Sitz unter der späteren Bezeichnung **Kasteneck** deutlich abgesetzt östlich des Ortes lag. Lehensherr war zu einem unbekannten Zeitpunkt Württemberg geworden. Im 14. Jh. erwarben die Herren von Stammheim, die schon in Geisingen (⇨25) begütert waren, Güter in Heutingsheim, 1362 schließlich auch die Lehnsrechte von den bisherigen Inhabern, den Herren von Urbach. Die Burg Kasteneck wurde spätestens Anfang des 15. Jh. endgültig aufgegeben; Herrschaftssitz war inzwischen der **Blauhof**, der an der anderen Seite des Ortes oberhalb des Gründelbachtals lag. 1588 starb die Familie von Stammheim in männlicher Linie aus, auch in Heutingsheim erbten die Schertlin von Burtenbach. Der völlig überschuldete Philipp Conrad Schertlin von Burtenbach kam 1695 nicht um einen Verkauf herum; der württembergische Oberstallmeister Levin von Kniestedt erwarb seinen gesamten Besitz nebst Lehensrechten.

Umgehend machte er sich an eine völlige Neugestaltung des gesamten Anwesens: Hinter der hohen Schlossmauer liegt, abgesetzt und im rechten Winkel zur Schlossstraße, das breite langrechteckige neue **Herrenhaus** unter hohem Walmdach. Der zweigeschossige Bau, errichtet 1696, ist verputzt. Im EG folgt auf eine halbrunde Treppe ein Rundbogenportal. Im Nordteil des EG liegt das große Tor einer Remise. Das OG hat eine regelmäßige, durchgehende Befensterung, bei der die gekehlten Fensterstöcke einen hübschen Akzent setzen. Im Inneren haben sich Stuckdecken und Vertäfelungen aus der Entstehungszeit erhalten. Deutlich setzte sich der neue Besitzer mit diesem frühen Beispiel eines barocken Landschlosses von den behäbigen und altmodischen Schlössern seiner benachbarten Standesgenossen ab.

In einigem Abstand zum Hauptbau liegen um den Hof Stallgebäude, Scheunen und Remisen. Sie alle sind nur eingeschossig und haben Satteldächer. Der auf der Mauer aufsitzende Giebel ihres Ostflügels besitzt ein schönes Zierfachwerk mit zeittypischen Formen des 17. Jh. Wohl in Entsprechung dazu wurde 1760 auf Höhe des Schlosses der Mauer ein kleiner **Fachwerkpavillon** aufgesetzt, der mit der Beletage verbunden wurde. Entlang der Schlossstraße und der Mauer folgen weitere Wirtschaftsgebäude, die Freiherr Levin von Kniestedt bzw. seine Nachfolger im 18. Jh. neu erbauen ließen: Eine eingeschossige **Kelter** mit hohem Walmdach (über dem Portal LVK 1700), weiter die zweigeschossige ehem. **Heuscheuer** von 1711 und schließlich kleinere Gebäude und ein verwilderter Park. Das gegenüber gelegene ehemalige **Rentamt** wurde 1712–14 errichtet.

1835 erbte die Familie von Bruselle den Besitz, seit 1914 gehört er den Grafen Adelmann von Adelmannsfelden. 1999 wurde die gelungene Restaurierung vom Schwäbischen Heimatbund mit der Verleihung des Denkmalschutzpreises Baden-Württemberg gewürdigt. Die Landwirtschaft wird heute als Pferdehof betrieben, im Herrenhaus befinden sich Büroräume.

27. MARBACH
Stadtburg

Manche Stadtburgen wurden schon im ausgehenden Mittelalter oder in der beginnenden Neuzeit aufgegeben bzw. von jüngeren Neubauten verdrängt; auch Marbach war hierbei keine Ausnahme. Dank glücklicher Umstände konnten hier aber Reste der Burg freigelegt und in einem kleinen archäologischen Park zugänglich gemacht werden. Hinter dem Oberen Tor öffnet sich nach Süden eine leicht trapezförmige Fläche von 30 x 30 m, die direkt hinter der Südostecke der Stadtmauer liegt. Die Ausgrabung, die Ende der 1970er Jahre begann, zeigte rasch, dass die Archäologen hier den Bereich der mittelalterlichen Stadtburg aufgedeckt hatten. Kern der Anlage war ein quadratischer **Turm** mit einer Seitenlänge von 8 m und einem Schalenmauerwerk von 3 m Dicke. Er stand nur 3 m hinter dem Knick der Stadtmauer und erreichte einst eine Höhe von 25 bis 30 m. Der Turm diente eindeutig der Verteidigung, es muss also noch einen eigenen Wohnbau gegeben haben. Die Aufdeckung von Fundamenten eines runden Treppenturms zwischen Wehrturm und dem heutigen Amtsgericht, das sich an die Westseite der Stadtmauer anlehnt, wiesen den Weg: Bauforschungen am Gericht ergaben, dass in seinem Ostteil ein mittelalterlicher **Wohnbau** steckt, zu dem als Außentreppe der oben erwähnte Treppenturm gehörte. Die ganze Anlage war auch zur Stadt hin durch Mauern und Graben geschützt. Über den ergrabenen Fundamenten gibt heute eine Stahlkonstruktion einen Eindruck von der einstigen Wuchtigkeit. An der Innenseite der stadtseitigen Mauer sind die Fundamente zweier anderer Gebäude sowie ein Keller sichtbar.

Durch ihre Lage in der gleichen Bauschicht müssen Hauptwohnbau, Wehrturm und Stadtmauer gleichzeitig entstanden sein; bautechnische Merkmale

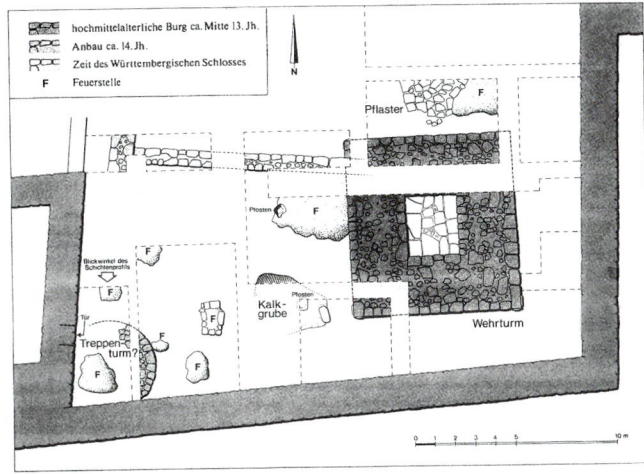

Grabungsplan mit Fundament des Bergfrieds

Ansicht des Schlosses nach Merian 1643

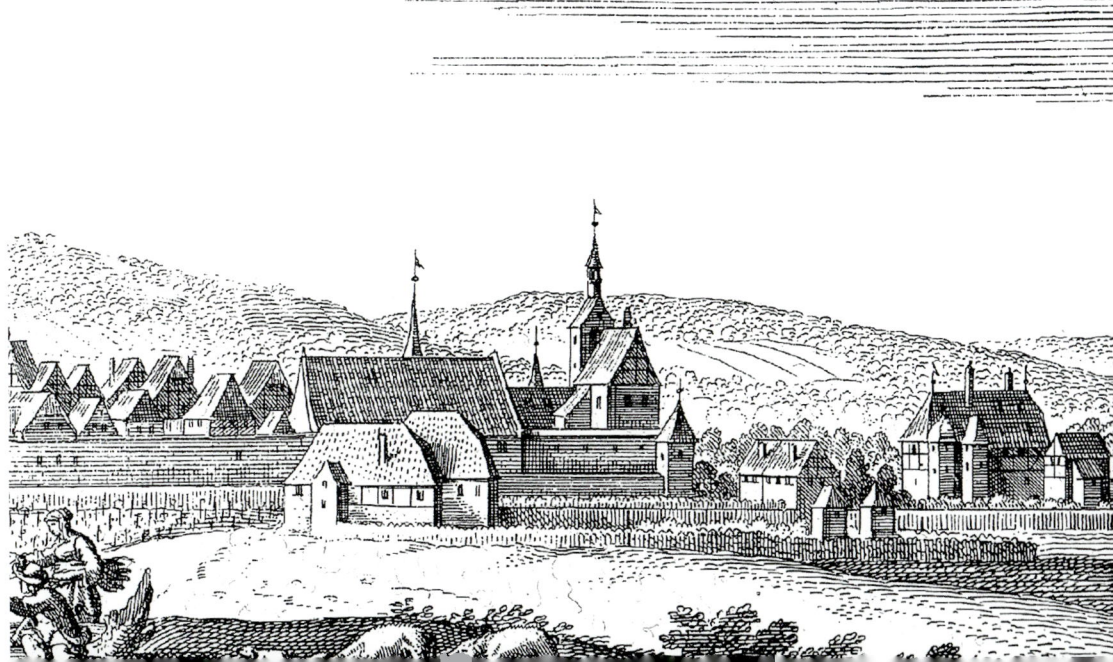

1250 Bau durch die Herzöge von Teck
1302 Übergang an Württemberg
nach 1311 Ausbau
Anfang 15. Jh. Abbruch, Bau des Stadtschlosses
1693 Zerstörung des Schlosses

Burgplatz
Areal frei zugänglich
Tel. 07144/1020
www.schillerstadt-marbach.de
S 4 (Marbach)

rechts: Ringmauer mit Mauerturm

an Turm und Mauer ermöglichen eine Datierung in die Mitte des 13. Jh.
Die archäologischen Ergebnisse fügen sich gut zu den historischen Fakten: Marbach war vom 10. bis zum Ende des 11. Jh. Besitz des Bistums Speyer, kam jedoch dann durch Kaiser Heinrich IV. an den Zähringer Hermann II. von Lintburg, der damit zugleich auf seine Seite wechselte. Hermann wurde zum Begründer der Markgrafschaft Baden, die an Murr und Mittlerem Neckar eines ihrer frühen Herrschaftszentren hatte. Doch der Druck territorialer Konkurrenten war groß, die Markgrafen konzentrierten ihre Kräfte auf die Besitzungen im Schwarzwald und am Rhein. Marbach traten sie daher kurz nach 1253 an die verwandten Herzöge von Teck ab. Diese sicherten mit der Anlage von neuer Stadtmauer und Burg, die an der besonders gefährdeten Feldseite lag, ihre Neuerwerbung gegen den aggressiven württembergischen Nachbarn. Genutzt hat es freilich wenig, 1302 verkauften die Herzöge von Teck Marbach an Württemberg. Im Reichskrieg gegen Eberhard I. wurde die Stadt erobert und zerstört. Nach ihrer Rückgabe wurde die Stadtburg nochmals verstärkt, die stadtseitigen Flanken erhielten einen weiteren, äußeren Mauerring. Anfang des 15. Jh. hatte die Burg ihren einstigen fortifikatorischen Wert verloren. Ulrich V. ließ den Turm abtragen, sein Steinmaterial wurde für den Bau eines erweiterten Wohnschlosses verwendet. Das Hauptgebäude stieß nun bis zur Marktstraße vor, lag also in unmittelbarer Nachbarschaft zum Oberen Tor. Dieser spätmittelalterliche Bau fiel dem katastrophalen Stadtbrand von 1693 zum Opfer. Seine Ruine wurde abgetragen und der Schlossplatz kleinteilig überbaut. Die Stadt konnte nach den Grabungen das Burgareal 1989 in einen gelungenen archäologischen Park umwandeln.

Hof mit Fundamentresten eines Hauses

28. STEINHEIM-HÖPFIGHEIM
Schloss

Am Südrand des Straßendorfes Höpfigheim liegt die ehemalige Wasserburg, welche einst von einem See umgeben war. Die wohlerhaltene Anlage vermittelt bis heute das Bild eines typischen niederadeligen Landsitzes.

Vermutlich wurde die Burg als badischer Ministerialensitz in der 2. Hälfte des 13. Jh. gegründet. Auf diese Zeit weist die regelmäßige Grundrissform hin, wie sie auch in Beihingen zu finden ist. Vermutlich ging sie wenig später schon in württembergischen Besitz über. 1339 wird die Burg erstmals erwähnt, 1344 vergibt sie Graf Eberhard II. von Württemberg als Lehen an Walter von Ebersberg. 1440–1521 war die Burg als württembergisches Lehen im Besitz der Herren von Urbach, dann von Bernhausen und schließlich von Speth. Innerhalb dieser Zeit wurde die Burg offenbar massiv umgebaut. Der **Torturm** mit seinem Fachwerkaufsatz, die Scharten für Feuerwaffen mit Prellhölzern zum Auflegen der Hakenbüchsen und das Fachwerkgeschoss des **Hauptbaus** auf der Westseite dürften auf die 2. Hälfte des 15. Jh. zurückgehen. Die Fachwerkkonstruktion zeigt jedenfalls noch typisch mittelalterliche Blattungen und datiert sicher nicht erst in die 2. Hälfte des 16. Jh., wie bisher angegeben.

1587 erwarb Herzog Ludwig Schloss und Herrschaft und vergab sie an seinen Geheimen Rat und Günstling Melchior Jäger von Gärtringen, der auch in Neuffen (⇨81) Besitz hatte. Jäger ließ das Schloss 1588 durch den Hofbaumeister Georg Beer modernisieren, ursprünglich zierte die Hoffront des Wohnbaus eine offene Loggia in Form der Hofarkaden des Alten Schlosses in Stuttgart. Über der gotischen Durchfahrt kündet ein Renaissancewappen vom neuen Besitzer. Ihm ist das lateinische Motto „Neque nihil neque nimis" – Weder nichts noch zuviel – beigefügt. Vom Selbstbewusstsein des wichtigsten Staatsmannes am württembergischen Herzogshof zeugt auch das Epitaph mit seinen kunstvollen Alabasterfiguren und Reliefs in der nahen **Pfarrkirche**, das übrigens eine Ansicht des Ortes mit dem Schloss im 16. Jh. zeigt.

Unter Melchior Jäger wurde die geräumige Vorburg ausgebaut und stark befestigt. Ein 1593 errichteter Torturm mit Ecktürmchen lässt in den ehemaligen **Wirtschaftshof** ein, von der Befestigung blieb in der Nordostecke ein Rundturm mit Schlüssel-, Schaufel- und eigentümlichen Senkscharten im OG erhalten.

1708 schenkte Herzog Eberhard Ludwig das Schloss seinem Sohn, Erbprinz Friedrich Ludwig, der es gerne und häufig aufsuchte. Für den Prinzen dürfte der Bau in der 1. Hälfte des 18. Jh. auch umgebaut worden sein. Aus dieser Zeit datiert das Fachwerk mit den großen Rechteckfenstern zwischen den spätmittelalterlichen Ständern mit den Blattungsresten. Nach dem Tod des Erbprinzen 1731 wurde Höpfigheim von herzoglichen Beamten, den sog. Stabsamtmännern, verwaltet, welche bis 1807 im Schloss ihren Sitz hatten. Die Zugbrücke wurde 1754 durch eine steinerne Brücke ersetzt, die Gräben später zugeschüttet. Im 19. Jh. beherbergte der Bau dann die Schule und bis zur Eingemeindung Höpfigheims nach Steinheim 1973 das Rathaus.

2. Hälfte 13. Jh. Gründung?
15. Jh. Umbau
1588–93 Ausbau
nach 1708 Barockisierung
1981 u. 2005/06 Instandsetzung

Schlosshof 1
Sparkasse, Wohnungen
Hof während der Öffnungszeiten der Sparkasse frei zugänglich
Tel. 07144/263-0
www.stadt-steinheim.de

Senkscharte am Eckturm der Vorburg

Torturm der Vorburg
Ansicht der Kernburg

29. STEINHEIM-KLEINBOTTWAR
Burg Schaubeck

2. Hälfte 13. Jh.
Gründung?
16. Jh. Verlängerung
Nordflügel
1620/21 Südflügel
1961 Restaurierung

Schloss Schaubeck 1
Privat, Weingut
Hof frei zugänglich,
Öffnungszeiten des
Weingutes Mo.–Fr.
9–12 u. 14–18 Uhr,
Sa. 9–13 Uhr
Tel. 07148/92122-0
www.graf-adelmann.com

oben: Lautenspielerin, Gefachausmalung des 16./17. Jh.

oben rechts: Fachwerkfassaden im Innenhof

unten: Gesamtansicht der Hauptburg

Wie Höpfigheim (⇨28) und andere Burgen der Umgebung dürfte auch **Burg Schaubeck** als Ministerialensitz zum Schutze der badischen Besitzungen im mittleren Neckarraum entstanden sein. Der regelmäßige Grundriss und der turmartige Wohnbau in Ecklage, aus dem die heutige Anlage hervorging, ähneln den Burgen in Hochberg (⇨22) und Beihingen (⇨24) und legen eine Entstehung in der 2. Hälfte des 13. Jh. nahe. Die auf einem Sporn über dem Bottwartal gelegene, ursprünglich an drei Seiten von Gräben umgebene Burg war Sitz der seit 1231 bezeugten Familie Schubel, die sich seit 1295 von Schaubeck nannte und die Burg von den Markgrafen zu Baden zu Lehen hatte. Es ist zu vermuten, dass die Burg also kurz zuvor entstanden ist. 1365 kam die Lehnsherrschaft über Kleinbottwar und Schaubeck an Württemberg, die Burg selbst wurde 1392 an Hans von Urbach veräußert und wechselte in der Folge rasch die Besitzer, bis 1480 Dietrich von Plieningen in den Besitz von Schaubeck gelangte.

Der Turmbau wurde im 16. Jh. verlängert, 1620/21 die ganze Anlage unter Werner Dietrich von Plieningen stark umgebaut. Es entstanden der Treppenturm und zwei weitere Flügel. Entsprechend beengt wirkt der schmale, von Fachwerkfassaden umgebene **Innenhof**. Pittoresk ragen Erker und Geschossvorsprünge der gegen die hohen Umfassungsmauern gestellten Fachwerkbauten in den Hofraum hinein. Die Gefache des ockerfarben gefassten Fachwerks waren offenbar mit figürlichen Malereien verziert, wie ein Rest mit der Darstellung einer Lautenspielerin zeigt. Auch außen war die Burg farbig gefasst. So erhielten die Kanten eine aufgemalte Diamantquaderung, die Fenster der Nordseite zeigen Roll- und Beschlagwerkrahmungen. So bietet Schaubeck bis heute weitgehend das Bild eines renaissancezeitlichen Rittersitzes.

1641 gelang es Eitelhans von Plieningen, den Verzicht Württembergs auf seine Lehnsrechte zu erreichen, Schaubeck wurde freies Eigentum der Familie. Nach seinem Tode 1645 gelang es den Herren von Gaisberg, Schloss und Herrschaft nach und nach an sich zu bringen. 1765–67 gelangte das Schloss in den Besitz der Herren von Kniestedt, die damals auch in Geisingen (⇨25) und Heutingsheim (⇨26) Schlossherren waren. 1835 erbte die Familie von Bruselle den Besitz, die sich um den schon seit dem Mittelalter betriebenen Weinbau auf Schaubeck verdient machte und den Ruhm des Weinguts begründete. Bis heute tragen die Schaubecker Weine den Namen „Brüssele". Seit 1914 gehört das Schloss und Weingut den Grafen Adelmann von Adelmannsfelden. In Kleinbottwar selbst gibt es zwei weitere Schlösser, welche die Herren von Plieningen errichten ließen. 1541–43 entstand das sog. **Mittlere Schloss**, das nach Schäden im Dreißigjährigen Krieg 1663 wieder hergestellt und 1749 verändert wurde. Das **Untere Schloss** entstand nach 1639, ist aber schon 1693 durch die Franzosen zerstört worden. Es wurde im 18. Jh. in teilen als Amtshaus wiederaufgebaut.

30. BEILSTEIN
Burg Hohenbeilstein

Am Rande der Löwensteiner Berge erhebt sich auf einer Kuppe in Spornlage Burg Hohenbeilstein mit ihrem markanten Bergfried. Die Burg wurde wohl um 1100 durch die Grafen von Calw gegründet, 1150 tritt erstmals ein Dietrich von Beilstein in Erscheinung, wohl einer ihrer Dienstmannen. Die Kernburg geht in ihrem Bestand aber erst auf das 13. Jh. zurück. Grabungen 1898 und 1911 brachten auf der Westseite allerdings Reste einer kleineren Vorgängerburg zum Vorschein, die von der späteren Ringmauer geschnitten wird. Diese ältere Burg dürfte um 1200/20 durch den Grafen Berthold von Beilstein aus einer Seitenlinie der Grafen von Calw einen Neubau erfahren haben. Es entstand ein weiter, polygonaler, bis zu 9 m hoher **Bering** aus sauber versetzten Buckelquadern, der im Norden, an der Hauptangriffsseite, 2,5 m dick ist und im übrigen Verlauf immer noch 1,5 m misst. Das romanische Burgtor, dessen sauber gemauerter Bogen auf zwei Kämpferplatten ruht, liegt unmittelbar im Schutz des fünfeckigen, 23 m hohen **Bergfrieds** im Nordosten, der mit seiner ausgemauerten Spitze gegen die Angriffsseite weist – eine trutzig inszenierte Gebärde der Wehrhaftigkeit. Die Räume im Inneren sind quadratisch, so dass die Mauerstärke auf der Angriffsseite bis zu 5 m anwächst, während sie auf den übrigen Seiten um die 2,5 m beträgt. Der ursprüngliche Zugang liegt in 7 m Höhe und war nur über eine hölzerne Außentreppe erreichbar.

Am Bergfried, aber auch im Verlauf der Ringmauer finden sich mehrere Aborterker, die auf eine dichte Randhausbebauung verweisen. In der Ostmauer sitzt ein romanisches **Biforium**.

Schon 1285 fand sich Beilstein im Besitz Markgraf Hermanns VI. von Baden. Dieser erhob wahrscheinlich auch die zugehörige Siedlung zur Stadt. Im Lauf des 14. Jh. wurde diese befestigt und durch Schenkelmauern mit der Burg verbunden. Der eckige Turm als Endpunkt der

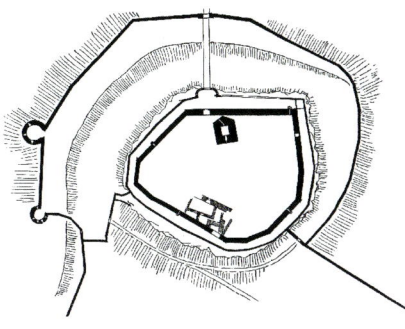

um 1100 Gründung
um 1200–20 Neubau
nach 1474 Zwinger
nach 1525 Verfall
1908–1911 Restaurierung

Burg nur im Zusammenhang mit der Falknerei zu besichtigen, Ende März–Anfang Nov. Di.–So. 9–17 Uhr
Tel. 07062/5212
www.burgfalknerei-hohenbeilstein.de
www.schloss-beilstein.de

Grundriss vor dem Ausbau nach Bodo Ebhardt 1939

Blick auf Burgmauer und Bergfried

Amtshof

östlichen Mauer entstand allerdings erst 1911.

1304 gelangte Beilstein an die Grafen von Württemberg, 1308 an die Grafen von Asperg und 1348 erneut an Württemberg. In der Folge wurden Burg und Stadt mehrfach verpfändet, der Pfandbesitz 1474 durch Eberhard im Bart endlich zurückgelöst. Er ließ die Burg durch eine innere und eine äußere **Zwingermauer** mit zwei Rundtürmen jenseits des halbkreisförmigen Grabens verstärken. Das Tor zur Kernburg wurde durch ein halbrundes Vorwerk gesichert.

Schon seit Anlage einer Landwehr zwischen Beilstein und Lauffen in den 1440er Jahren, dem württembergischen Landgraben, war die Burg in die Landesverteidigung einbezogen. Aber bereits im 16. Jh. verlor sie, da sie durch das benachbarte Gelände stark überhöht wird, an militärischem Wert, und 1569 galt der Wohnbau als baufällig. Es setzte der Verfall ein. 1898 erwarb der Stuttgarter Fabrikant Robert Vollmöller die Ruine und ließ sie ab 1908 durch den Esslinger Architekten Albert Benz restaurieren. Ein neu erbautes Kastellansgebäude auf der Nordseite brannte noch im selben Jahr nieder und wurde erst 1966/67 als Burggaststätte wieder aufgebaut. Damit wurde die Ruine als Ausflugsziel hergerichtet. Die Ringmauer erhielt wieder ihren durch historische Ansichten verbürgten Zinnenkranz. Einen solchen besaß auch der Bergfried, sein Zeltdach stammt erst aus dem 20. Jh.

Der stattliche Bau in den Weinbergen unterhalb der Burg war Vollmüllers Villa und Weingut. Sie erhebt sich an Stelle des 1572 neu erbauten württembergischen **Amtshauses** und entstand 1907 nach Entwurf von Benz als malerischer Komplex in Anlehnung an spätgotische Fachwerkbauten. An das Amtshaus erinnert noch eine renaissancezeitliche Wappentafel über dem Tor.

Bergfried

31. OBERSTENFELD
Burg Lichtenberg

Burg Lichtenberg kann als Paradebeispiel einer hochmittelalterlichen Burganlage gelten, da sie nie zerstört wurde. Sie thront auf einem vorgeschobenen Bergrücken der Löwensteiner Berge dominierend über dem Bottwartal. Lichtenberg wurde wohl im späten 12. Jh. gegründet und ist damit eine der ältesten bis heute erhaltenen Burgen im Südwesten. Die Ringmauerburg bildet in etwa ein Oval, dessen Spitzen an der Nord- bzw. Südseite liegen. Von der östlichen Hangseite her führt eine Bogenbrücke über den hier stark ausgebauten Halsgraben zum Eingang im Süden. Direkt neben der Brücke sichert der **Bergfried** den Grabenübergang. Bergfried und polygonale Ringmauer sind aus gut gearbeiteten Buckelquadern errichtet und entstammen sicherlich noch der 2. Hälfte des 12. Jh. Die Dimensionen des rechteckigen Bergfrieds beeindrucken: Der Grundriss misst 9,50 × 10,30 m, die Mauern sind knapp über 3 m dick und der Turm ist 30 m hoch. Sein Eingang befindet sich im zweiten OG. Die darunter liegenden Räume sind nicht benutzbar und auch die oberen Räume haben nur wenige Lichtschlitze. Damit war eine Verteidigung nur von der Plattform herab möglich. Das heutige oberste Geschoss und das Zeltdach sind eine Ergänzung von 1908 zum Schutz der Besucher.

Die **Ringmauer** ist an der Feldseite mit einer Dicke von wenig unter 3 m als Schildmauer ausgeprägt und trug einst einen Wehrgang. Als zusätzlicher Schutz der gefährdeten Ostseite wurde im Nordosten ein weiterer rechteckiger **Turm** in den Maßen des Bergfrieds, aber etwas niedriger, angefügt. Er ragt außerhalb der Mauerflucht in den Graben vor und dürfte daher etwas jünger als die Mauer sein, oder geht doch zumindest auf eine Planergänzung während des Baus zurück. Auch ihm fehlen Schießscharten, die Verteidiger waren daher auch hier allein auf die Plattform angewiesen. Anders als der Bergfried enthält er jedoch im EG und OG zwei tonnengewölbte Räume. An der Talseite ist die Mauer deutlich dünner. Sicherlich bald nach 1200 wurde auf der Südseite die Toranlage angefügt. Das eigentliche Tor steht in der Flucht der Ringmauer und wird durch einen quadratischen Bau zum Tal hin verstärkt.

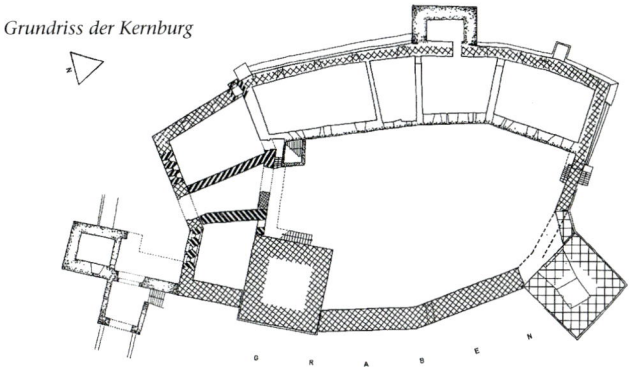

Grundriss der Kernburg

Wie die übrige Bebauung der ersten Phase aussah, ist nicht überliefert. Die heutigen Bauten innerhalb des Mauerrings entstammen größtenteils der zweiten Bauphase, die 1250 abgeschlossen war. Ihr verdankt sich der schöne Palas an der Südseite. Durch ihn führt ein Durchgang in den Burghof. Links davon liegt

um 1190 Gründung
Anfang 13. Jh. Palas und Ausmalung der Kapelle
Anfang 15. Jh. Anfügung der Vorwerke

Gesamtansicht

*Äußeres frei zugänglich; Hof und Inneres April–Okt.
So. 10–18 Uhr
Tel. 07062/4017
www.burg-lichtenberg.de*

im EG die Dürnitz. Rechts davon schließt die **St. Laurentius-Kapelle** an, die von außen schon durch die spätromanische Dreifenstergruppe auffällt. Eine Sensation stellte 1960 die Entdeckung eines Malereizyklus dar, dessen älteste Bilder Anfang des 13. Jh. geschaffen wurden. Sie zeigen in zwei Registern das Leben Christi, die Stiftergruppe unterhalb wurde 1449 hinzugefügt. Die Obergeschosse des **Palas** sind durch hölzerne Außentreppen erreichbar. Im Bereich über Dürnitz und Durchfahrt lag einst ein Saal, der später in kleinere Räume unterteilt wurde. Anstelle des Wohnerkers ragte hier, wie an der darunter liegenden Dürnitz, ein Aborterker in den Graben. Im zweiten OG lagen die eigentlichen Wohnstuben und Schlafkammern der Herrschaft.

Der fast 40 m lange **Westflügel** und seine hofseitige Bebauung aus Werkstätten, Ställen und Stuben der Bediensteten wurde vielfach verändert. Im massiven Sockelbau stecken aber noch Bauteile, die ebenfalls an den Beginn des 13. Jh. zu datieren sind.

Deutlich jünger sind der Flankierungsturm an der Westseite und das **äußere Tor**, die beide flache Maulscharten für Feuerwaffen aufweisen und zu einer Verstärkung der Burg im 15. Jh. gehören. Vor das Tor wurde schließlich noch eine kleine **Barbakane** gesetzt, die anhand der Scharten mit getreppten Gewänden in die 1. Hälfte des 16. Jh. gehören dürfte. Auf allen Seiten umgeben die Reste eines weiten **Zwingers** die Burg, mit dem man im 15. Jh der Fortentwicklung der Feuerwaffen Paroli bieten wollte. Auf diesem spätmittelalterlichen Stand der Wehrbauten blieb Lichtenberg stehen – ein weiterer Ausbau mit Geschütztürmen oder Kasematten unterblieb.

Bemerkenswert übersichtlich stellt sich die Besitzergeschichte der Burg dar: 1197 ist mit Albert von Lichtenberg die Familie erstmals urkundlich belegt. Es spricht vieles dafür, in ihm den Erbauer zu sehen. Er gehörte als Edelfreier in die Gefolgschaft der badischen Markgrafen, die um 1200 auch im Bottwartal am Aufbau eines Herrschaftszentrums arbeiteten. 1357 verkauften die Herren von Lichtenberg die Burg an Württemberg, die Gründe hierfür sind unklar. 1483 belehnte Eberhard V. von Württemberg seinen verdienten Landhofmeister Dietrich von Weiler mit Lichtenberg – seither blieb die Burg im Besitz, später Eigentum der Freiherren von Weiler.

*Bergfried
Nordostturm* *Innenhof* *Ringmauer und inneres Tor*

32. BESIGHEIM
Stadtburgen

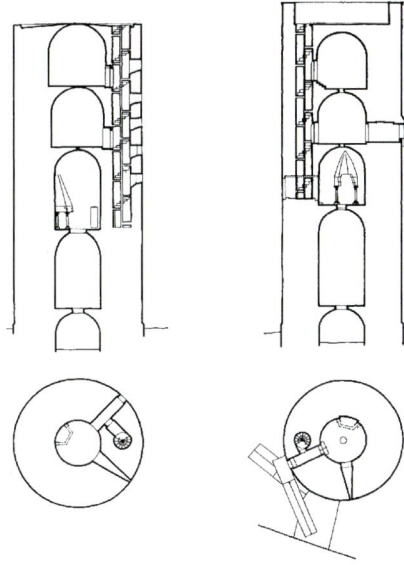

Auf einem langen Sporn über der Enzmündung in den Neckar erhebt sich die Besigheimer Altstadt, die an ihren beiden Schmalseiten von zwei mächtigen Rundtürmen beherrscht wird.

Besigheim gelangte 1153 an die Markgrafen von Baden. Sie gewannen damit einen strategisch günstigen Ort, der ihre Besitzungen im Neckarraum abrundete. Doch war es erst Hermann V., der Besigheim in der 1. Hälfte des 13. Jh. zu einem Mittelpunkt seiner Herrschaft machte und auch zur Stadt erhob. Hermann war ein treuer Parteigänger der Staufer, unterstützte besonders Friedrich II. und gehörte zum engsten Umfeld des Herrschers, der ihn unter die Reichsfürsten zählte.

Baulichen Ausdruck verlieh Hermann V. seiner Stellung u. a. mit dem Bau der Besigheimer Burgen, deren zwei sauber aus Buckelquadern errichteten **Rundtürme** zu den qualitätsvollsten Zeugnissen des Burgenbaus in der Region zählen. Die Türme wurden an den neuralgischen Punkten der Verteidigung im Norden und Süden der Stadt erbaut. Mit ihnen schuf der Markgraf zwei äußerst innovative Bauten, denn Rundtürme hatte es bisher in Schwaben nicht gegeben, und diese sind zudem in allen Geschossen kuppelgewölbt. Eine in der Wand liegende Wendeltreppe verbindet jeweils das Eingangsgeschoss mit den Obergeschossen und der Plattform. Im dritten Geschoss, wo der Eingang liegt, gibt es einen aufwändig gestalteten offenen Kamin, im vierten einen halbrunden Aborterker. Allerdings wurden die Türme wohl nicht wirklich bewohnt, dazu fehlen ausreichend Fensteröffnungen. Viel eher dürften die Kaminräume der Repräsentation gedient haben, eine Erinnerung an die ältere Bauform des Wohnturms. Anregungen zu den Türmen könnte Hermann V. durch seine Beziehungen zu den Höfen der Landgrafen von Thüringen und der Herzöge von Bayern erhalten haben, aber auch aus dem Rheinland. Dort waren im frühen 13. Jh. mächtige Rundtürme entstanden, wiederum wohl nach dem Vorbild französischer Bauten König Philippe Augustes.

Der Untere Turm bildete den Bergfried der 1693 durch die Franzosen zerstörten **Unteren Burg**, die als eigentliche Stadt-

um 1220–40 Errichtung
1422 Umbau Steinhaus
1595 württembergisch
1693 Zerstörung
Untere Burg
1908 Oberamtsgebäude

Schnitte und Grundrisse der Türme

Schochenturm und Steinhaus

Steinhaus
Untere Burg, Bergfried

Pfarrgasse 26,
Hauptstraße
Nur Außenbesichtigung; Ostern, Pfingsten, Tag d. offenen Denkmals 13–18 Uhr
Tel. 07143/80780
www.besigheim.de

burg der Markgrafen anzusehen ist, während der **Obere Turm**, dendrochronologisch um 1235 datiert, lediglich der Sicherung der Angriffsseite der Stadt diente. Das dortige Tor in der Stadtmauer wurde erst im 16. Jh. geschaffen.

Das benachbarte **Steinhaus** steht in unmittelbarerer Verbindung mit dem Turm, auf ihn sind seine ursprünglichen Zugänge bezogen, und bis heute verbindet eine Brücke beide Gebäude. Dieses Steinhaus dürfte einen von mehreren Burgmannensitzen gebildet haben, die sich bis ins 15. Jh. in der Stadt nachweisen lassen. Auf seiner Nord- und Westseite sind frühgotische Lanzettfenster erhalten. Das Gebäude wurde 1422 zum Speicher umgebaut. Der Anbau auf der Nordseite stammt von 1798/99 und diente bis 1949 als Gefängnis. 1961 von der Stadt erworben, ist das Steinhaus heute Musikschule.

Neben der Unteren Burg, die durch Ringmauer und Graben von der Stadt abgegrenzt war, und der Oberen Burg befand sich auf der Ostseite über dem Neckarufer ein weiterer wehrhafter Sitz, das sog. **Alte Schloss**. Wohl ebenfalls noch im 13. Jh. erbaut, war es später Sitz der Obervögte. 1908 kam es zum Neubau als Königliches Oberamt in den Formen des Heimatstils, der mit dem hohen Krüppelwalmdach an große Fachwerkbauten aus spätmittelalterlicher Zeit anknüpft.

Nach dem Tod Hermanns 1243 setzte der Niedergang der badischen Herrschaft am Neckar ein. Besigheim diente im 14. Jh. noch als Witwen- und Amtssitz. 1463 gelangte es in kurpfälzischen Besitz, wurde 1504 aber noch einmal badisch, bis die Markgrafen die Stadt 1595 an Württemberg verkauften.

33. BIETIGHEIM-BISSINGEN, BIETIGHEIM
Burg und Stadtschloss

Lange war über die einstige **Burg** außer ihrer Lage nördlich der Stadtkirche und der Tatsache, dass der Einsturz des Bergfrieds für erhebliche Schäden gesorgt hatte, wenig bekannt. Erst Ausgrabungen Anfang der 1980er Jahre lieferten genauere Hinweise: Die Burg stand an der nördlichen Stadtmauer und schützte die Stadt an dieser verwundbaren Stelle. Im Ostteil der Kelter wurden Abschnitte einer doppelten Ringmauer freigelegt. Ihre Nordseite konnte entlang der Turmstraße, die Südseite südlich der Kirche lokalisiert werden. Die nicht ergrabene Westseite verlief etwa entlang der Pfarrstraße. Wichtigster Befund waren jedoch die Buckelquaderfundamente eines Turmes von 11,5 m Seitenlänge und einer Mauerstärke von 3,5 m. Es dürfte sich dabei um jenen unheilvollen Turm handeln, der am 1. März 1542 auseinanderplatzte, neun Menschen unter sich begrub und große Schäden verursachte. Freilich hatte die Burg zu dieser Zeit ihre Bedeutung verloren, die Entwicklung der Herrschaftsverhältnisse war über sie hinweggeschritten.

Ortsherren Bietigheims waren die Grafen von Vaihingen, die an der unteren Enz ein Herrschaftszentrum formten. Sie vergaben den Ort als Lehen an den Ortsadel der Herren von Bietigheim. Diese gründeten die Burg im späten 11. oder frühen 12. Jh. Bei der Ersterwähnung 1279 war sie sicherlich schon mehrere Jahrzehnte alt. Nach der Zerstörung im Städtekrieg 1291 wurde das Areal zum Großteil mit Häusern überbaut, aus der Burgkapelle ging im 15. Jh. die Stadtkirche hervor. Der Bergfried diente nun als Kirchturm. 1356 verschenkte der kinderlose Graf Heinrich von Vaihingen seinen Restbesitz an Württemberg, weiterer Vaihinger Besitz kam über den Umweg der Grafen von Oettingen hinzu. Damit war bis 1360 Bietigheim an Württemberg gelangt.

Mit dem verheerenden Turmeinsturz verschwand die Burg aus dem Stadtbild. Seine Fundamente gingen im Neubau der Kelter auf. Die württembergische Verwaltung erhielt ein neues Zentrum: Herzog Ulrich hatte durch seine Erfolge im Landshuter Erbfolgekrieg 1506 bis dahin kurpfälzische Dörfer im Umfeld der Stadt gewonnen. Zur Verwaltung dieser Erwerbungen stieg Bietigheim zur Amtsstadt auf. Da die Burg keinen würdigen Sitz mehr bot, wurde für den Vogt in der Südwestecke der Stadt 1546/47 entlang der Hauptstraße das neue **Amtsschloss** errichtet und 1666–68 nochmals umgebaut. Auf ein EG aus verputztem Bruchsteinmauerwerk folgen zwei Fachwerkgeschosse unter Satteldach. Im Nordabschnitt besteht auch das erste OG aus Stein. Die regelmäßigen Fensterbänder sind wesentliches Gliederungselement der langen Frontseite und tragen maßgeblich zum einheitlichen Aussehen bei. Die Fachwerkformen sind konventionell, lediglich im zweiten OG

1. Hälfte 13 Jh. *Burg*
1291 *Zerstörung*
1546/47 *Bau des Schlosses*
1542 *Einsturz des Bergfrieds*
1707 *Brand des Schlosses und Wiederaufbau*

Schloss, Außenansicht

*Hauptstraße 79
Kulturzentrum
Hof frei zugänglich,
Innenräume zu Veranstaltungen
Tel. 07142/74227
www.bietigheim-bissingen.de
S 5 (Bietigheim)*

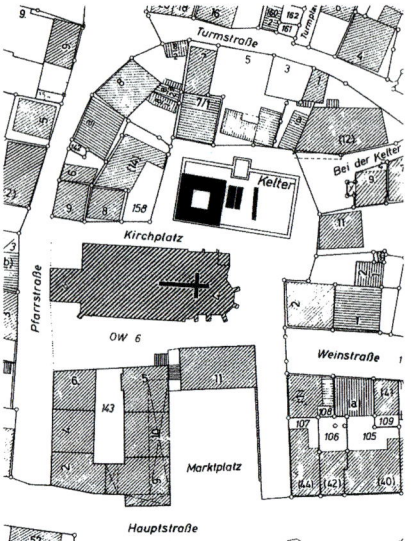

Lageplan der Kelter mit Grundriss des Bergfrieds

finden sich Andreaskreuze und Feuerböcke. Ein Rundbogenportal führt in den Hof.

1707 brach in der alten Vogtei ein Feuer aus, das rasch die Wirtschaftsgebäude ergriff und zerstörte, immerhin gelang die Rettung des Flügels an der Hauptstraße. Bis 1712 entstanden hinter dem Hauptflügel parallel zueinander zwei große **Wirtschaftsgebäude** mit Fachwerkgiebeln und großen Kellern. Der westliche ist über einen schmalen Zwerchbau mit dem Hauptbau verbunden, beide beziehen die Stadtmauer ein. Der Komplex blieb Landesbesitz und diente bis 1996 als Finanzamt. Danach erwarb die Stadt das Areal und ließ es zum Kulturzentrum mit Gastronomie umbauen. Während der Hauptflügel sein historisches Aussehen behielt, wurde im Zwerchbau und in den beiden Scheunen die Substanz mittels neuer Bauteile den Bedürfnissen und ästhetischen Erwartungen des 21. Jh. angepasst.

Schloss, Innenhof

34. BIETIGHEIM-BISSINGEN, UNTERMBERG
Burgruine Alt-Sachsenheim (Äußere Burg)

Egartenhof, Herrenhaus

Burgruine

Grundriss nach Antonow 1977

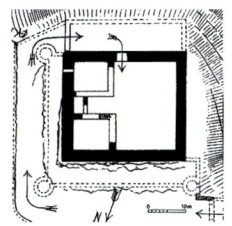

Der Name der Burg Alt-Sachsenheim täuscht. Die Anlage auf einem Bergsporn über der Enz entstand nicht als ältere Vorgängerin des Schlosses Großsachsenheim (⇨35), sondern ist wohl erst eine Gründung am Ende des Hochmittelalters, wie der Baubefund nahelegt. Auch gibt es bisher keine archäologischen Funde, die vor das 13. Jh. weisen.

Erstmals erwähnt wird die Burg 1364, als die Brüder Johann, Konrad und Bernold von Sachsenheim die Burg von Graf Eberhard II. zu Lehen empfingen. Zuvor waren die Grafen von Vaihingen Lehensherren der Sachsenheimer gewesen. Um 1430 war die Burg für einige Zeit im Besitz der Herren von Nippenburg.

Im Gegensatz zum Sachsenheimer Schloss, der Inneren Burg, wurde sie als Äußere Burg bezeichnet, was vielleicht auf eine ihrer Funktionen hinweist: die Beherrschung des Enztales mit dem Zugang nach Sachsenheim. Mit den übrigen Besitzungen der Herren von Sachsenheim gelangte die Burg bei deren Aussterben 1562 als heimgefallenes Lehen an Württemberg. Seit 1954 ist sie in Besitz der Stadt Großsachsenheim.

Die **Äußere Burg** bildet ein Rechteck von etwa 30 × 33 m mit Zugang von der Nordseite hoch über dem Steilabfall zur Enz, deren Tal sie wohl kontrollieren sollte. Solch einfache Rechteckanlagen sind in der Region öfter zu finden, so in Hochberg (⇨22) und in Beihingen (⇨24). Die mächtige Ringmauer, die auf den beiden Angriffsseiten 3 m, im Osten und Süden aber nur 2,45 m dick ist und noch bis zu 10 m aufragt, umschloss vermutlich einen schmalen Hof, zu dessen beiden Seiten parallel zwei Wohn- und Wirtschaftsbauten standen, wobei auf der rechten Hofseite der Hauptbau zu vermuten ist. Seine gotischen Dreipass- und Biforienfenster weisen auf eine Entstehungszeit der Anlage nicht vor der 2. Hälfte des 13. Jh. hin. Dazu passt auch die Betonung des Bruchsteinmauerwerks an den Kanten durch Buckelquader aus Muschelkalk. Bei Grabungen aufgefundene Keramik des 13. und 14. Jh. fügt sich dieser Datierung gut ein.

Auf der dem Berg zugewandten Ostseite der Burg finden sich die Reste eines Abschnittsgrabens und eines vorgelagerten Walles. Älteren Beschreibungen nach gab es auch einen schmalen Zwinger, von dem aber keine Reste mehr erkennbar sind.

Die Burg wurde im 17. Jh. aufgegeben, vielleicht wegen Zerstörungen im Dreißigjährigen Krieg, und war schon 1685 Ruine.

100 m vor der Burg befindet sich der 1446 erstmals genannte **Egartenhof**, der alte zugehörige Wirtschaftshof, der bis heute intakt ist. Das zweigeschossige Herrenhaus im Renaissancestil entstand 1571 unter württembergischer Herrschaft durch den Vogt Johann Rösslin, die benachbarte große Kelter unter Krüppelwalmdach 1596.

um 1270–1300 Errichtung
1364 Ersterwähnung
17. Jh. Verfall

Weiler Egartenhof
Äußeres frei zugänglich
Tel. 07147/28101
www.sachsenheim.de

Gotisches Fenster

35. SACHSENHEIM-GROSS-SACHSENHEIM
Schloss

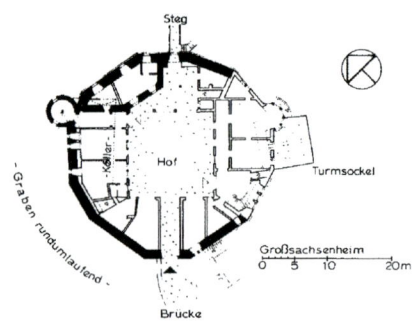

Grundriss nach Pfefferkorn 1973

11./12. Jh. Gründung
13. Jh. Neubau
1542–44 Wiederaufbau nach Brand
1562 Erwerb durch Württemberg
1823 Brandzerstörung Südflügel
1905/06 Umbau
1960–63 Sanierung, Wiederaufbau Südflügel

Ansicht mit Neubau von 1960–63

Der Ort Sachsenheim wird erstmals 1090 erwähnt und war bis 1561 als Lehen der Grafen von Vaihingen, seit 1364 der Grafen von Württemberg im Besitz der Herren von Sachsenheim, die sich bis ins 10. Jh. zurückverfolgen lassen. Unter ihnen ragt der gelehrte Dichter Hermann von Sachsenheim (1365–1458) hervor, ein später Vertreter der Minneliteratur. Sein gleichnamiger Sohn war württembergischer Landhofmeister und spielte eine wichtige Rolle bei der Absetzung des psychisch gestörten Herzogs Eberhard II. Das Schloss bildete die Stammburg der Sachsenheimer, nicht, wie oftmals angenommen, die Burg Alt-Sachsenheim (⇨34).

Das heute bestehende Schloss besaß einen Vorgänger, eine Wasserburg, die im späten 11. oder frühen 12. Jh. entstand, wie Grabungen in jüngerer Zeit ergeben haben. Diese ältere, vermutlich in Holz errichtete Burg wurde wohl im 13. Jh. durch den Kern der bestehenden Anlage ersetzt. Zwar brannte sie 1542 nieder und wurde unter Reinhard von Sachsenheim in Renaissanceformen mit einem quadratischen Innenhof und einem Rundturm wieder hergestellt, wie die Bauinschrift über dem Tor ausweist. Doch der regelmäßig zwölfeckige Grundriss des Berings könnte stauferzeitlich sein. Diese

Figur des Klopferle

Treppenturm

hochmittelalterliche Anlage besaß auf der Südseite einen großen quadratischen Turm. Der sie umlaufende schmale Zwinger dürfte erst ins Spätmittelalter gehören. Spätmittelalterlich sind auch die Bauplastiken am Gebäude, so die Figur des sog. Klopferle, auch Entenwick genannt, eines guten Hausgeistes. Die Sage verbindet den Schlossbrand mit seiner ungerechten Austreibung. Des Weiteren findet sich eine Narrenfigur.

Die südlich und westlich gelegene **Vorburg** entstand vermutlich an Stelle eines älteren Wirtschaftshofes um 1400 und war ebenfalls von einem Graben umschlossen. Ihre südliche Bebauung mit der Zehntscheune brannte 1903 ab. In der Folge wurde der inzwischen verfüllte Vorburggraben überbaut.

Nach dem Tode Reinhards, der sich am württembergischen Hof besonderer Gunst erfreuen konnte, erhielt Württemberg Herrschaft und Schloss 1562 als heimgefallenes Lehen. In der Folge diente es als Jagdsitz und zur Versorgung diverser Herzoginnen. So schenkten Eberhard III. und Eberhard Ludwig das Schloss jeweils ihren Gemahlinnen. 1818–28 war es Forstamt, danach ging es in Privathand über. Seit 1952 beherbergt es das Rathaus.

Der Südflügel brannte 1823 aus und wurde erst 1960–63 im Zuge einer Sanierung wieder aufgebaut, wobei auch der Halbrundturm entstand. Die Steinsichtigkeit des Schlosses, dessen Mauern man sich verputzt denken muss, ist ein Produkt dieser Instandsetzung.

Nördlich des Schlosses liegt die **Pfarrkirche**. Sie wurde um 1484 neu errichtet und in diesem Zusammenhang befestigt. Den Kirchhof sicherte eine Ringmauer mit runden Ecktürmen. Auch der mächtige Chorturm war zur Verteidigung eingerichtet und zeigt Schlüsselscharten. Unmittelbar östlich steht die 1473 und 1493 erbaute **Vogtei**, ein ehemaliger Ansitz des Hans von Sachsenheim, seit 1872 Pfarrhaus, mit großem Spitzbogenportal und später verändertem Fachwerkaufbau.

Äußerer Schlosshof 3 und 5
Rathaus, Hof frei zugänglich, Inneres Mo.–Fr. 8–12,
Di. 16.30–18.30,
Do. 14–16 Uhr
Tel. 07147/28-0
www.sachsenheim.de

36. VAIHINGEN
Schloss Kaltenstein

1096 Ersterwähnung
um 1220–40 Neubau
1339 württembergisch
1425–35 Zwingeranlage
1564–70 Umbau
1734–40 Ausbau zur Festung
1799–1814 Lazarett
1843 Arbeitshaus
1930 Nordflügel
seit 1949 Jugenddorf

Innere Zwingermauer mit Hochschloss

Auf einem Bergsporn über der Enz liegt Schloss Kaltenstein. Es ist eine der frühen Hochadelsburgen in der Region und war Sitz der Grafen von Vaihingen, die mit den mächtigen Grafen von Calw verwandt waren. Die Burg wird um 1096 erwähnt und dürfte um die Mitte des 11. Jh. gegründet worden sein. Von dieser ältesten Anlage ist oberirdisch nichts mehr erhalten, denn um 1220–40, das legt die in weiten Teilen erhaltene, polygonale **Mantelmauer** aus sauber gearbeiteten Buckelquadern nahe, kam es unter Graf Gottfried I. zu einem Neubau, der in seiner monumentalen Fernwirkung ausgesprochen eindrucksvoll gewesen sein muss. Über die Innen-

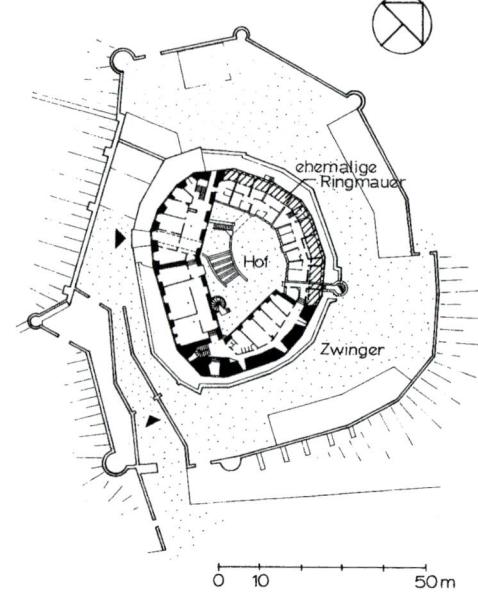

Grundriss nach Pfefferkorn 1973

bebauung dieser Anlage ist bisher nichts bekannt. Vermutlich wurde die stauferzeitliche Burg bereits in der 2. Hälfte des 13. Jh. über einen Maueranschluss mit der Stadtbefestigung verbunden. Aus dieser Zeit oder dem 14. Jh. könnte auch die innere Zwingeranlage stammen, die an einer Stelle noch eine charakteristische hohe Schlitzscharte zum Einsatz von Bogenwaffen zeigt.

1339 kaufte Württemberg die Herrschaft, das die Burg vorzugsweise als Amtssitz nutzte. In der 1. Hälfte des 15. Jh. wurden die Befestigungen stark ausgebaut, denn Kaltenstein schützte die Fernstraße von Ulm nach Bad Cannstatt und bildete bis 1504 eine württembergische Grenzfeste. Unter Gräfin Henriette von Württemberg-Mömpelgard wurde um 1425–35 auf der Außenseite des umlaufenden Grabens eine äußere Ringmauer mit vier erhaltenen **Schalentürmen** und einem Tor auf der Nordseite erstellt. Das zweite Tor neben dem Westturm entstand erst in den 1930er Jahren. Anhand von Gerüsthölzern am Westturm konnte dessen Bauzeit dendrochronologisch auf 1427–29 datiert werden. Vermutlich gleichzeitig entstand die innere der beiden westlichen Schenkelmauern, die äußere vielleicht im späten 15. Jh. Neben verschiedenen Formen von Schlüssel- und

Schaufelscharten erscheinen am Vaihinger Schloss bereits Maulscharten, für diese Zeit sehr früh. Vaihingen darf somit zu den frühen württembergischen Ausbauten zum Einsatz der neuartigen Feuerwaffen gerechnet werden. Eine letzte Verstärkung dürfte die Burg zwischen 1504 und 1519 unter Herzog Ulrich erfahren haben, unter dem vermutlich der **Torzwinger** mit seinem Eckrondell entstand.

Herzog Christoph ließ 1564 mit dem Umbau der Kernburg zum Renaissanceschloss beginnen, welchen sein Nachfolger Ludwig bis 1570 vollendete. Dabei wurde auch der **Schlossturm** errichtet, und zwar durch die Stadt, welche den Bau finanzierte, um so eine Hochwacht zu erhalten.

Einen letzten Ausbau zur Festung erfuhr das Schloss unter Carl Alexander 1734–40 wegen seiner strategischen Lage. Von diesen umfangreichen Anlagen ist außer einer nur noch unterirdisch im Graben zwischen Kernburg und Zwingermauer erhaltenen Kaponniere nichts mehr vorhanden. 1799–1814 wurde Kaltenstein als Lazarett genutzt und 1843 als Arbeitshaus und Haftanstalt. 1933 wurden hier sog. „Schutzhäftlinge" untergebracht. Der Kaltenstein diente als Durchgangslager für erkrankte politische Gefangene der Nazis auf ihrem Weg ins erste württembergische KZ auf dem Heuberg. Umbauten im 20. Jh. haben das Innere weitgehend verändert. Für das Arbeitshaus entstand 1930 unter Abbruch eines Ringmauerteils der Nordflügel mit Treppenturm am Zwinger. Seit 1949 beherbergt der Kaltenstein das Christliche Jugenddorf.

Gesamtansicht

unten:
Zwingerturm

Alter Postweg
Jugenddorf des
Christlichen Jugend-
dorfwerkes
Außenanlagen frei
zugänglich
Tel. 07042/103-0
www.vaihingen.de
www.cjd-schlosskaltenstein.de

37. ASPERG
Landesfestung Hohenasperg

11. Jh. Gründung
1308 württembergisch
1524–35 Verlegung der Stadt ins Tal
1534–47 1. Ausbauphase
1553–68 2. Ausbauphase
1669–76 Bastionierung
1688 Schleifungen durch die Franzosen
1733–45 Ausbau der Vorwerke
1777–87 Haft Schubarts
1883 Auflösung der Garnison

Wall mit Streichwehr und Postenerker

Rondell Hügelsburg

Löwentor

Weithin sichtbar erhebt sich aus der Ebene des Glems- und Enzgaues ein Berg. Im Volksmund heißt er Hohenknastberg, Demokratenbuckel oder Tränenberg. Alle diese Namen gemahnen an die Gefängnisfunktion der ehemaligen Landesfestung Hohenasperg, in der im 18. und 19. Jh. bedeutende Oppositionelle einsaßen, so der Dichter Christian Friedrich Daniel Schubart oder der liberale Ökonom Friedrich List.
Der Hohenasperg war schon im 6./5. Jh. v. Chr. als keltischer Fürstensitz besiedelt. Im 8. Jh. war er Sitz der fränkischen Glemsgaugrafen. In der 2. Hälfte des 12. Jh. gelangte er in den Besitz der Pfalzgrafen von Tübingen. Die Burg wurde schließlich zum Sitz einer eigenständigen pfalzgräflichen Linie, die sich nach dem Berg benannte. Wirtschaftliche Schwierigkeiten zwangen 1308 zum Verkauf des Glemsgaus mit der Burg an Eberhard I. von Württemberg. Die Burg wurde zwar im Reichskrieg 1312 erobert und zerstört, aber nach dem Wiederaufbau ab 1360 erweitert. Damals entstand neben ihr eine kleine Stadt.
Der Berg spielte eine wichtige strategische Rolle zur Sicherung Württembergs. Schon 1450 ließ Ulrich V. die ersten landeseigenen Kanonen auf die Feste bringen und im Lauf des 15. und frühen 16. Jh. wurden die Befestigungen ausgebaut. Doch hielten diese der Belagerung durch den Schwäbischen Bund 1519 nicht stand. Albrecht Dürer hat die Beschießung der Mauern in einer eindrucksvollen Zeichnung festgehalten.
Der Schwäbische Bund verkaufte Württemberg und den Hohenasperg an Österreich, das den weiteren Ausbau zur Festung plante und seit 1524 die Bewohner des Städtchens animierte, ins Tal umzusiedeln, um mehr Platz zu gewinnen. Endgültig verlegt wurde die Stadt aber erst nach der Rückkehr Herzog Ulrichs aus dem Exil 1534. Er machte sich umgehend an den Ausbau, denn der Hohenasperg war als einer von sieben strategisch besonders wichtigen Plätzen zur Landesfestung bestimmt worden. Durch die Verlegung der Stadt wurde Platz zur Anlage neuer Gebäude für die Unterbringung der Mannschaften, des Materials, der Vorräte und zur Verwaltung geschaffen.
Die Verstärkung planten und leiteten die hessischen Baumeister Heinz von Lutter und Balthasar von Darmstadt. Maßgebend wurden die Vorschläge Lutters, der neben der Anlage von Kasematten und Aufschüttungen zur Aufstellung von Geschützen den Bau von Streichwehren zwischen dem Wall und den umlaufenden Zwingermauern empfahl. Bis 1547 wurde der Hohenasperg

Wall mit Brunnenturm und Torturm

zur größten und stärksten der vier württembergischen Bergfestungen. Letztlich wurde aber nur die vorhandene Befestigung ausgebaut, von der verschiedene Türme des 15. Jh. erhalten geblieben sind, so der **Pulverturm** mit Schlüsselscharten und wohl auch der Pfaffenturm, der vermutlich in die Zeit kurz vor 1519 gehört. Neben den Streichwehren entstand an der Nordwestecke das Rondell **Hügelsburg** mit seinen Maulscharten. Aufwändig mit einer modernen Renaissancefassade gestaltet wurde die Hoffront des **Inneren Torturms**. Die alte Stadtburg, von der nur noch wenige Reste zeugen, wurde instand gesetzt, um als landesherrliches Quartier zu dienen. Rund um die Festung wurde ein tiefer, gemauerter Graben angelegt, der von außen mit einem Wall angeschüttet wurde, auf dem man die Festung noch heute umrunden kann. Die steinerne Brücke ersetzt seit 1856 die alte Zugbrücke des äußeren Torturms.

In einer zweiten Bauphase unter Herzog Christoph wurden 1553–68 ähnlich wie in Kirchheim (⇨87) die Zwinger an der Westfront überbaut, um den **Wall** zu verbreitern. Der Zwinger zwischen dem äußeren und dem inneren Torturm wurde dabei überwölbt, seitlich davon Kasematten mit Schaufelscharten zur Verteidigung mit Handfeuerwaffen eingerichtet. Diese Scharten wurden später zu Fenstern erweitert, ihre Schaufelfüße sind aber noch deutlich erkennbar. Diese Arbeiten gehen auf Georg Stern zurück. Auch Hofbaumeister Aberlin Tretsch wurde zu Rate gezogen.

Ein 1596 angelegter 27 m tiefer Brunnen im Wallgraben stellte die Wasserversorgung sicher. Mittels eines Tretrades wurde das lebensnotwendige Nass mit zwei Eimern, von denen jeder 55 l fasste, aus der Tiefe geholt. Daneben existierten im Hof vier in den Felsen geschlagene Zisternen.

Im Dreißigjährigen Krieg wurde der Hohenasperg 1634/35 zehn Monate durch die Kaiserlichen belagert und schließlich eingenommen. 1669–76 erfolgte ein weiterer Ausbau nach Entwür-

*Landesjustizvollzugskrankenhaus
Außenanlagen frei zugänglich
Gedenkstätte:
April–Okt.,
Do.–So. 10–18 Uhr
Tel. 0711/212-3989
www.hohenasperg-museum.de
S 5 (Asperg)*

Festungsgraben und Wall, dahinter der Schubartturm

Pulverturm

fen von Simon Schocket, Andreas Kieser und Matthias Weiß. Eine geplante Umgürtung des Berges mit großen Bastionen wurde aber nur an der besonders gefährdeten Südfront verwirklicht, in deren Kurtine das frühbarocke **Löwentor** mit den Initialen Herzog Wilhelm Ludwigs einen Akzent setzt. Die Auffahrt bildete bis 1844 ein langer Tunnel. 1688 besetzten die Franzosen die Festung und schleiften einige Türme, vor allem aber die beiden neuen Bastionen. Nach einer notdürftigen Wiederherstellung 1693 kam es unter Carl Alexander 1735–45 zu einem Ausbau der Werke auf der Südseite. Der Kurtine mit dem Tor wurden nun ein kasemattierter Ravelin und den Bastionsfronten Kontergarden vorgelegt. Reste lassen sich noch in der kleinen Beamtensiedlung unterhalb der Festung finden. Deutlich erkennbar ist u. a. die Frontseite des Ravelins mit dem typischen Kordongesims.

Mehr und mehr Bedeutung gewann der Hohenasperg seit dem 18. Jh. als Staatsgefängnis. Der Finanzier Carl Alexanders, Jospeh Süß Oppenheimer, wurde hier während seines Schauprozesses durch die Landstände gefangen gehalten. Carl Eugen kerkerte u. a. ohne Prozess für zehn Jahre den Dichter und Komponisten Schubart ein, der durch seine Spottverse den Unwillen seines Landesherrn erregt hatte. Sein Gefängnis befand sich im Unterbau des nach dem Dichter benannten **Schubartturmes**, der in seiner bestehenden Form aber erst im 19. Jh. entstand.

Trotz einer Erneuerung der Befestigungen 1813 verlor der Hohenasperg im 19. Jh. seine militärische Bedeutung. Er behielt aber bis 1883 eine Garnison. Bedeutende Persönlichkeiten des Vormärz und der Deutschen Revolution 1848/49 saßen im Staatsgefängnis ein. Die Festungshaft galt als ehrenvolle Strafe, die Gefangenen waren relativ komfortabel untergebracht und durften auf den Wällen und im Hof spazieren gehen, sich gegenseitig besuchen und Besuch empfangen. Weniger menschlich wurden die politischen Häftlinge der Nazis im Dritten Reich auf der Festung behandelt. Seit der Nachkriegszeit dienen die Festungsgebäude als Landesjustizvollzugskrankenhaus. Frei zugänglich sind aber der gedeckte Weg um die Festung und Teile des Walles. Ein Dokumentationszentrum des Hauses der Geschichte Baden-Württemberg thematisiert seit 2010 die Geschichte des Gefängnisses.

38. SCHWIEBERDINGEN
Nippenburg

Die Nippenburg bei Schwieberdingen wird 1160 erstmals urkundlich erwähnt und wurde sicher vor der Mitte des 12. Jh. angelegt. Gründer waren die Herren von Nippenburg, Ortsadel, der sich fortan nach seiner neuen Stammburg nannte. Ihr politisch-sozialer Bezugspunkt waren die Grafen von Hohenberg, die in Schwieberdingen wesentliche Rechte innehatten. Von ihrem Niedergang profitierten die württembergischen Grafen, die im 14. Jh. die Ortsherrschaft übernahmen. Die Herren von Nippenburg, die große Teile der grundherrschaftlichen Rechte behielten, arrangierten sich mit den neuen Verhältnissen, wie auch der jüngere Ausbau ihrer Burg zeigt.

Die länglich polygonale **Kernburg** erstreckt sich auf einem Absatz oberhalb des Glemstales in Ost-West-Richtung. Nach Westen, Norden und Süden war sie durch abfallende Hänge geschützt, im Osten verlangte jedoch der anstoßende Hang besondere Verteidigungsanstrengungen: Hier war die Ringmauer als knapp 20 m hohe und 3 m dicke

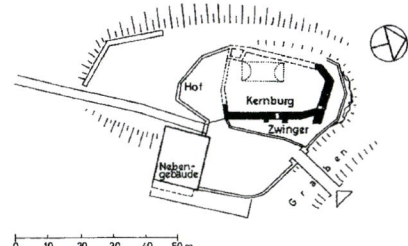

Grundriss der Kernburg

Schildmauer mit Wehrgang ausgeführt. Vor ihr liegt ein Halsgraben, den ursprünglich eine Verbindung aus Zug- und Steinbogenbrücke überspannte. Das Tor, vom dem sich keine Reste erhalten haben, führte an der Südseite in den Hof. Dieser ist in zwei Teile untergliedert: Im Westen befindet sich ein äußerer Hof, der ein gutes Viertel ein-

1. Hälfte 12. Jh. Bau
15. Jh. Ausbau mit Zwinger
1483 Burgscheuer
16. Jh. Aufgabe und Verfall
um 1600 Herrenhaus
1979–84 Instandsetzung

Nippenburg 1
Ruine frei zugänglich; Herrenhaus privat, nur Außenbesichtigung
www.schwieberdingen.de
🍴

Blick auf einen Teil der Burgruine

Ansicht der Hauptburg von Norden

Südtor und Scheune

nimmt und zumindest zeitweise durch eine Quermauer vom inneren Hof getrennt war. Wo die Höfe aneinanderstoßen, finden sich an der Nordseite noch bis in rund 5 m Höhe die Mauerreste eines quadratischen **Bergfrieds**. Östlich davon und leicht von der Schildmauer abgerückt folgte der **Palas**, vom dem sich der Keller und die Mauern des EG erhalten haben. Die einstige Bedeutung des Palas ist durch Eckquader akzentuiert. Sein EG beherbergte die Dürnitz, im OG lag der Wohnbereich der Herrschaft. Die enge Verbindung von Palas und Bergfried kommt bei stauferzeitlichen Burgen der Region mehrfach vor, oftmals war der Bergfried vom Palas aus zugänglich. Die einzelnen Abschnitte der Ringmauer sind unterschiedlich gut erhalten, am besten im Bereich der ehemaligen Schildmauer.

Südlich der Kernburg fällt das Plateau der südlichen Vorburg mit der großen **Burgscheuer** auf. Da in den Kernburgen Platz oftmals knapp war, wich man mit Wirtschaftsgebäuden auf Vorburgen aus. Die in großen Teilen originale Scheuer ist auf 1483 datiert und besitzt neben einem mächtigen Lagerkeller drei Böden für Schüttgut. Zwischen Scheuer und dem Zugang der Kernburg setzt sich der Weg durch ein Tor in einen weiteren Wirtschaftshof im Westen fort, von dessen Umwehrung noch ein Abschnitt steht. Vor ihm lagen Wall und Graben; ihre Reste durchschneidet der Weg hinab zur Glems.

Im 15. Jh. wurde die Burg neuen Erfordernissen der Wehrtechnik angepasst. Die Umfassungsmauer des südlichen Vorhofs wurde bis zur Brücke herangeführt und bildete dort die Südseite einer deutlich verstärkten Toranlage, von der noch Teile der Torwangen stehen. Wichtiger war freilich das **Wachthaus** der Torwache, dessen Südwand sich erhalten hat. Es gehörte zu einem Zwinger, der im Osten und Süden um die Kernburg gelegt wurde. Dieser ist vom Innenhof aus zugänglich.

Im 16. Jh. verlor die Burg rasch an Bedeutung, da Philipp von Nippenburg um 1515 in Schwieberdingen ein neues Wasserschloss errichtete, an dessen Stelle heute das Rathaus steht. Wilhelm von Nippenburg ließ um 1600 wenig oberhalb der Burg ein neues **Herrenhaus** erbauen, für das Heinrich Schickhardt Pläne lieferte. Der dreigeschossige, längsrechteckige Bau mit Walmdach und zwei breiten frontseitigen Gauben stellt sich heute als Ergebnis zweier Umbauten von 1728 und des 19. Jh. dar. Das geschah unter den Grafen Leutrum von Ertingen, die nach dem Aussterben der Nippenburger im 17. Jh. deren Erbe antraten.

39. HEMMINGEN
Schloss

Die Baufreude der meisten Adelsfamilien nördlich von Stuttgart erlahmte im 19. Jh. Die neuen Verhältnisse im Königreich, Finanzschwäche und Besitzwechsel waren die Gründe dafür, dass außer Umbauten kaum Neubauten zustande kamen. Eine bemerkenswerte Ausnahme bildete jedoch Freiherr Friedrich Gottlob Karl von Varnbühler, der 1852–54 durch Christian Friedrich Leins seinen Besitz in Hemmingen zum romantischen Schloss nebst Park erweitern und umgestalten ließ.

Dabei stand Leins vor keiner einfachen Aufgabe, da er ältere Bauten integrieren musste. Ältester Teil war die Burg bzw. das **Alte Schloss**, das direkt östlich an den Chor der Kirche anschloss. Es wird auffallend spät, erst 1392, urkundlich erwähnt, obwohl eine Weißenburger Urkunde bereits für das 10. Jh. einen Herrenhof erwähnt, der aber nicht lokalisierbar ist. Danach schweigen die Quellen weitgehend, erst 1304 wird der Ortsadel der Herren von Hemmingen erwähnt, die im 14. Jh. das Alte Schloss erbauten.

Mit einem Grundriss von 10 × 13,8 m und seinen ursprünglich vier Stockwerken entsprach es dem Typus des festen spätmittelalterlichen Steinhauses. Die Ortsherrschaft mussten sich die Herren von Hemmingen spätestens ab Mitte des 14. Jh. mit Württemberg teilen. 1451 starb die Familie in männlicher Linie aus, ihre Nachfolge traten nach komplizierten Erbgängen die Herren von Nippenburg an. In ihrer Ära wurde 1542 in rund 20 m Abstand zum Alten Schloss der **Neue Bau** errichtet. Im Gegensatz zum Alten Schloss, das durch Leins stark verändert wurde, blieb es weitgehend in den Formen des 16. Jh. erhalten: Auf zwei Steingeschossen folgt ein Fachwerkaufbau unter hohem Satteldach. Offenbar in Zusammenhang hiermit wurden ältere Befestigungen entfernt; lediglich Reste

14. Jh. *Altes Schloss*
1542 Neuer Bau
1709 Unteres Schloss
1722 Verbindungsbau
1852–54 Zwischenbau und neugotischer Umbau

Ansicht der Hoffront

Neuer Bau
Altes Schloss
Brunnen

Münchinger Straße 5
Äußeres und Park frei zugänglich, Inneres während der Öffnungszeiten der Gemeindeverwaltung Mo–Fr (außer Mi) tgl. von 8.30–12 Uhr, Mo auch 15.30–18 Uhr
Tel. 07150/92030
www.hemmingen.de

von Wall und Graben, die Kirche, Altes Schloss und Neuen Bau umfassten, blieben bis ins 19. Jh. erhalten.

1646 starben die Herren von Nippenburg aus, damit fiel auch ihre Hälfte der Herrschaft an Württemberg. Schon 1649 übertrug Herzog Eberhard III. um der „getreuen und nützlichen Dienste willen" das Schloss und die halbe Ortsherrschaft an seinen Geheimen Regimentsrat Johann Conrad Varnbühler: Seither nennt sich die Familie „Varnbühler von und zu Hemmingen".

Erst 60 Jahre später zeigten die Varnbühler mit dem Bau des **Unteren Schlösschens**, der in direkter Fortsetzung östlich des Alten Schlosses erfolgte, neue Initiative. Der recht kleine Barockbau glich mit 21 × 10 m eher einem Gartenpavillon als einem veritablen Wohngebäude. 1817 wurde er nach Nordwesten durch einen ebenfalls zweigeschossigen Anbau mit Fachwerkgeschoss erweitert. Zuvor war 1722 das Alte Schloss barockisiert worden: Es wurde ein Walmdach mit Zwerchhäusern auf allen Seiten aufgesetzt, sowie eine einheitliche neue Befensterung eingebrochen und die Fassade verputzt. Mit dem Neuen Bau wurde es über einen langen Pferdestall verbunden, der im OG als Verbindung zwischen den beiden Gebäuden dient.

Dies war die Ausgangssituation, der Leins 1852 gegenüberstand – und die er gekonnt meisterte: In Ergänzung zur Verbindung von Neuem Bau mit Altem Schloss fügte er in die Lücke zwischen letzteren und dem Schlösschen einen markanten **Turmrisalit** mit Zeltdach ein. In seinem EG befindet sich ein Erker, darüber eine offene Loggia. Den neugotisch-romantisierenden Stil dieses Turms setzte Leins konsequent beim Umbau des Komplexes fort, wobei er die größten Veränderungen am Alten Schloss vornahm, dem er an den Ecken der Nordseite zwei Türme, die mit einem Balkon verbunden sind, hinzustellte. Auf der Südseite wurden zwei Eckerker angefügt. Das Alte Schloss und der neue Verbindungsbau wurden im Inneren mit neugotischen Wohn-, Gesellschafts- und Gästeräumen ausgestattet. Mit der Renovierung der **Laurentiuskirche** aus dem 13. Jh., die wesentlich zum Gesamtbild beiträgt, und der Anlage eines **Parks**, der das Schloss in weitem Zirkel umfasst, war die Umgestaltung abgeschlossen: Friedrich Gottlob Karl von Varnbühler hatte sich ein Ensemble geschaffen, das in Bezug auf englische Vorbilder auch Ausdruck einer gemäßigt progressiven Haltung war.

Bis nach dem Zweiten Weltkrieg bewohnte die Familie das Schloss, danach diente es u. a. als Damenstift, ehe es nach eingehender Sanierung 1985 die Gemeinde Hemmingen als Rathaus übernahm.

40. DITZINGEN-SCHÖCKINGEN
Schloss

Am tiefsten Punkt Schöckingens liegt, noch von den alten Gräben umgeben, das **Schloss**, eine vierseitige Burganlage des Spätmittelalters. Die Ecken besetzten ursprünglich Türme, von denen nur noch der im Nordwesten erhalten ist. Erstmals erwähnt wird die Schöckinger Burg 1344 im Lehnsbuch Graf Eberhards II. als Burgstall. Damals befanden sich Wolf und Brenmul von Oßweil im Besitz der halben Anlage. 1429 kaufte sich Hans von Nippenburg in die Burg ein. Er ließ um 1431 Neubauten planen. In diese Zeit dürfte das im Kern gotische Torhaus mit Spitzbogentor und Allianzwappen des Hans von Nippenburg und seiner Gemahlin Margarete von Heimerdingen und zwei Fachwerkobergeschossen gehören. Torbau und Ringmauer zeigen Scharten zum Einsatz von Handfeuerwaffen, die in diese Zeit passen. Auch der östlich anstoßende Bau, das sog. **Alte Schloss** mit einem runden, in den Graben vorspringenden Turm, ist im Kern noch mittelalterlich, die Fachwerkobergeschosse datieren ins 17. Jh. Der Hauptbau im Westen, das sog. **Neue Schloss**, wurde nach 1431 neu errichtet, der Eckturm am Graben erst 1566. Das Gebäude wurde 1666 bzw. 1740 aufgestockt. Die Jahreszahl 1766 am Portal verweist auf einen erneuten Umbau. Weitere Modernisierungen erfolgten 1872. Auf der Südseite erhebt sich die ehemalige große Kelter, ein mächtiger Steinbau von 1570 mit Stufengiebel über der Ostfassade, während der Westgiebel reich durch Pilaster gegliedert ist. Der Bau wird Heinrich Schickhardt zugeschrieben.

Das **Hintere Schloss**, ein dreigeschossiger Putzbau mit dem Wappen der Gaisberg, stammt im Kern wohl noch aus dem Spätmittelalter, wurde aber 1754 barockisiert.

Das **Schloss** in **Ditzingen** (Münchinger Straße 20), bis heute in Privatbesitz, bildete ebenfalls ursprünglich eine Wasserburg, die wohl auf den 1257–1387 nachweisbaren Ortsadel zurückgeht. Die bestehende Anlage soll um 1420 durch die Herren von Gültingen erbaut worden sein. Sie geht in ihrer heutigen Form auf das Jahr 1543 zurück und wurde nach ihrer Zerstörung 1693 wieder aufgebaut. Die viereckige Anlage, die sich seit 1665 im Besitz der Freiherrn von Münchingen und seit 1891 der Hiller von Gärtringen befand, besteht aus einem großen, zweigeschossigen Hauptbau unter Krüppelwalmdach mit spätgotischem Tor und Nebengebäuden. Die Anlage wird noch von den Grundmauern des Zwingers mit den Fundamenten kleiner Ecktürme umgeben.

1344 Ersterwähnung
1431 Ausbau
1666 Aufstockung Hauptbau
1740 und 1766 Umbauten
1872 Umbau
1981–1983 Renovierung

*Schlossstraße
Privat, Sitz einer Stiftung, nur Außenbesichtigung, Führungen auf Anfrage
www.ditzingen.de
S 6 (Ditzingen)*

Schloss Schöckingen, Torturm

Schloss Schöckingen, Eckturm

Schloss Ditzingen

41. KORNTAL-MÜNCHINGEN
Schloss

12. Jh. Burg der Herren von Münchingen
1558 Wohnturm
1733 Barockschloss
2. Hälfte 20. Jh. Sanierung beider Teile

Schlossgasse
Privatbesitz, nur Außenbesichtigung
www.korntal-muenchingen.de

Das Schloss in Münchingen liegt inmitten des Ortes an einer flachen Hangseite. Es ist von den umgebenden Bauerngehöften durch eine Mauer und die Reste eines ehemaligen Wassergrabens deutlich abgesetzt. Seine Anfänge stehen in Verbindung mit dem gleichnamigen Adelsgeschlecht, das 1157 erstmals erwähnt wird. Die Herren von Münchingen gehörten als Edelfreie in die Gefolgschaft der Herren von Asperg. Als diese 1336 die Oberhoheit über den Ort an Württemberg abtraten, wurden die Grafen von Württemberg der neue Bezugspunkt der Familie. Über Generationen traten Mitglieder in den württembergischen Hof- und Militärdienst ein.

Der Wohnbau der mittelalterlichen Burg der Herren von Münchingen dürfte an der Stelle des heutigen Barockbaus gelegen haben. 1558 errichteten sie nördlich davon einen Neubau, der den festen Steinhäusern des städtischen Patriziats und des Niederadels vergleichbar ist (⇨81, 93): Über einem hohen steinernen Unterbau saß ein Fachwerkgeschoss. An der Ostseite schließt ein runder Treppenturm an. Unter Umständen wurden in diesen Bau ältere Teile der ehemaligen Burg, vielleicht ein Bergfried oder Wohnturm, einbezogen.

1733 verkauften die Herren von Münchingen ihren Besitz an die Herren von Harling. Der Wohnturm, der schon zur Bauzeit veraltet war, genügte den neuen Besitzern nicht mehr. Südlich davon entstand das neue, zweigeschossige Barockschloss, dessen Beletage in Fachwerk ausgeführt wurde. Das EG nahm den Wirtschaftsbereich auf. Das Mansarddach, mit dem der Bau abschließt, war für das ländliche Württemberg im frühen 18. Jh. eine moderne Lösung. Der ganze Bau war sicherlich von Anfang an verputzt und ornamental bemalt.

Im 20. Jh. gelangte die Anlage in bürgerliche Hände. Der Wohnturm hatte durch Vernachlässigung stark gelitten, das historische Fachwerkgeschoss war nicht mehr existent. Der heutige Aufbau ist eine Rekonstruktion aus den 1980er Jahren, die aber in den Details nicht dem Original entspricht.

Auch der Barockbau wurde saniert und umgebaut. Dabei wurde leider 1970 der historische Eingangsbereich zerstört. Befensterung und Mansarddach folgen im Wesentlichen der historischen Ordnung, die Bemalung orientiert sich an Ornamenten des frühen 18. Jh. So vermittelt das Schloss trotz der tiefgreifenden Sanierung nach wie vor einen Eindruck von einem ländlichen Adelssitz der Barockzeit im Unterland.

Wohnturm

Neues Schloss

42. LEONBERG
Schloss und Pomeranzengarten

Schloss Leonberg gehört zu jenen Schlössern, mit denen Herzog Christoph systematisch sein Herzogtum bestückte. Mit diesen demonstrativen Bauten vergegenwärtigte sich den Untertanen im ganzen Land die Stabilität der herzoglichen Herrschaft nach den unruhigen Jahren unter Christophs Vater Ulrich.

Leonberg wurde kurz vor 1250 zur Sicherung der westlichen Flanke der Grafschaft Württemberg gegründet. An der Südwestseite lag eine Stadtburg. Den Ort dieser Burg wählte Christoph 1560 für das Schloss, in das jedoch kaum Teile der Vorgängers einbezogen wurden. Dabei spielte die unmittelbare Nähe der St. Johannes-Kirche eine wichtige Rolle. Denn Christoph suchte, wo es machbar war, bei seinen Schlossbauten die Verbindung zu den Kirchen, war doch im protestantischen Fürstenstaat der Landesherr auch oberster Kirchenherr. Der Bau einer Vierflügelanlage schied im beengten Stadtraum freilich aus. Vielmehr folgten die Hauptgebäude in West-Ost-richtung dem Südwestabschnitt der Stadtmauer. Ein dominanter, herrschaftlicher Abschluss zur Stadt hin war damit unmöglich.

Ältester Teil ist der rechteckige, dreigeschossige **Fruchtkasten** mit Satteldach. Er muss eine Zeitlang frei gestanden haben, da sich im Ostgiebel verbaute Fenster befinden. Wenig später wurde 1560–65 in seiner Flucht das eigentliche **Schloss** angefügt. Die Traufe des dreigeschossigen Baues liegt deutlich höher als die des Kastens, dafür ist sein Satteldach flacher. Sein Grundriss entspricht, bedingt durch einen Stadtmauerknick, einem Trapez. Die Nutzung der Geschosse folgte dem zeittypischen Muster: Im EG befand sich eine Dürnitz, eine Herren- und Gesindeküche, weiter

Hoffront

1560–65 Bau
1609–1742 Witwensitz
1609 Pomeranzengarten

Ansicht vom Garten

Pomeranzengarten

*Finanzamt
Korridore während
der Öffnungszeiten
zugänglich
Garten frei zugänglich Okt.-März tgl.
8–18 Uhr, April-Sept. tgl. 8–22 Uhr
www.schloesser-magazin.de*

u. a. Speise- und Silberkammer und die Schreibstube des Kochs. In die Obergeschosse führt eine Wendeltreppe, die zur Gänze in den Baukörper einbezogen ist; die vertikale Achse kleiner Fenster verrät ihre Lage. In den Obergeschossen lagen die Repräsentationsräume, deren Abfolge sich erhalten hat. Der große Saal lässt sich mit großer Wahrscheinlichkeit am Ostende des zweiten OG verorten. Der verputzte Fachwerkerker an der Hofseite kennzeichnet die herrschaftliche Nutzung der dahinter liegenden Räume. Da die Zugänge im EG keine Zierformen aufweisen, bildet dieser Erker neben den Kreuzstockfenstern den einzigen Schmuck der Hofseite. Zur Talseite hin saßen auf dem Trauf fünf Zwerchhäuser, durch welche die ausgebauten Dachgeschosse Licht erhielten.

Die Ausführung durch Baumeister Silvester Berwart d. J. war begleitet von Streitigkeiten und Verzögerungen, erst Herzog Ludwig stand daher das Gebäude zur Verfügung. Umstritten ist das Baudatum des **Marstalls**, der den dreiteiligen Komplex abschließt. Das zweigeschossige Gebäude könnte aus der Zeit Christophs stammen, es spricht aber einiges dafür, dass es erst unter Herzogin Sybilla Anfang des 17. Jh. angefügt wurde. Es wäre dann zeitgleich mit der **Kelter**, die rechtwinklig an den Marstall anschließt, erbaut worden.

Jene Herzogin Sybilla von Anhalt, die 1609–14 im Leonberger Schloss ihren Witwensitz nahm, war sicherlich dessen Hauptnutzerin. Es spricht viel dafür, dass die hochwertige Ausstattung, von der sich bis heute Teile erhalten haben, aus ihrer Zeit stammt. Die bedeutsamste Neuerung war aber der **Pomeranzengarten**, den Heinrich Schickhardt nach italienischen Vorbildern auf der sonnigen Südwestterrasse unterhalb des Schlosses anlegte. Von einem vierbogigen Altan, den man vom ersten OG betrat, führte eine Treppe in den Garten. Während sich vom Altan nur der westlichste Bogen erhalten hat, wurde der Garten nach umfangreichen Arbeiten wieder weitgehend in seinem historischen Aussehen rekonstruiert. Der Leonberger Pomeranzengarten bildet damit ein rares Anschauungsobjekt für einen Renaissancegarten, in dessen Anlage sich Nutz- und Ziergarten unter den Vorgaben des humanistischen Bildungskanons verbinden.

1742 endete die Nutzung als Witwensitz, es zogen Behörden ins Schloss ein, die den Bau bis heute belegen.

IV. AN REMS UND MURR
Burgen und Schlösser zwischen Rebhängen

Im Hoch- und Spätmittelalter hat Württemberg weite Teile der Gebiete an Rems und Murr unter seine Herrschaft gebracht und hierzu auch systematisch feste Städte in Konkurrenz zu anderen Adelsgeschlechtern gegründet. Noch im 11. Jh. hatten Teile des Remstals zum Interessenbereich der mächtigen Grafen von Calw gehört. In den Jahrzehnten um 1100 erbten die nahebei ansässigen Grafen von Württemberg diese Besitzungen, die zu einem Grundstock des württembergischen Territoriums wurden.

Durch das Remstal mit seiner sanften Hügellandschaft verlief eine wichtige Verbindung nach Franken und Bayern. So stellte es eines der Haupteinfallstore nach Württemberg dar, was Herzog Ulrich im 16. Jh. dazu bewog, Schorndorf zur Landesfestung auszubauen, um den Zugang nach Stuttgart zu sperren. Die strategisch günstige Lage dürfte schon Graf Ulrich I. im 13. Jh. veranlasst haben, den Ort planmäßig zur befestigten Stadt mit Burg auszubauen.

Auch Waiblingen bildete seit der Stadterhebung im 13. Jh. durch Ulrich I. eine wichtige württembergische Amtsstadt, dort existierte auch ein Schloss, vermutlich an Stelle des alten karolingischen Königshofes, aus dem Waiblingen hervorgegangen ist und in dem 885 Kaiser Karl III. einen Hoftag abhielt. Vom Waiblinger Schloss zeugen seit der Zerstörung im Dreißigjährigen Krieg 1634 nur noch die Reste einer Zwingermauer im Unterbau des sog. Kleinen Fruchtkastens, die den Schartenformen nach ins 15. Jh. gehören.

Bis heute namentlich eng verbunden ist Waiblingen mit dem Haus Hohenstaufen, beide setzte man gleich, wenn es hieß „Hie Welf, hie Wibling", einem Kampfruf, der 1141 erstmals belegt ist. In Italien wurde die Stauferpartei davon abgeleitet als Ghibellinen bezeichnet. Tatsächlich gehörte Waiblingen aber nicht zu den wichtigsten staufischen Besitzungen, und die Staufer haben sich dort eher selten aufgehalten. Vielmehr dürfte der Bezug auf Waiblingen vor allem propagandistische Gründe gehabt haben. So konnte man politisch an die verwandten Salier anknüpfen, denn immerhin wurde der erste König aus dem Hause der Salier, Konrad II., mit dem Zusatz „de Weibelingen" bezeichnet, und der Bischof und Geschichtsschreiber Otto von Freising nannte die Salier im 12. Jh. „Heinriche von Waiblingen". Schon vor 1100 gelangte Waiblingen dann in die Hand des ersten staufischen Herzogs von Schwaben, Friedrichs I.

1297 erwarb Württemberg durch Heirat das einst badische Backnang mit seiner Stiftskirche, in dessen Burgareal Heinrich Schickhardt später für Herzog Friedrich I. ein Schloss errichtete. 1325 wurde Winnenden württembergisch, ursprünglich eine planmäßige Gründung der Herren von Neuffen im 13. Jh., die auf der nahen Bürg eine mächtige Burg mit eindrucksvollem Buckelquaderbergfried errichtet hatten (⇨48).

Württemberg rundete seinen Besitz in der 2. H. des 17 Jh. ab, als es die Deutschordenskommende Winnental (⇨47) und die Herrschaft der Truchsessen von Stetten (⇨43, 44) erwarb. Die dort vorhandenen Schlösser wurden zum Sitz einer württembergischen Nebenlinie bzw. zum Witwensitz ausgebaut.

Waiblingen, Reste des württembergischen Schlosses

43. KERNEN-STETTEN
Yburg

wohl vor 1350 Baubeginn
1443 1. Verkauf an Württemberg, Ersterwähnung
ab 1507 Besitz der Thumb v. Neuburg, Aufstockung
1664/66 2. Verkauf an Württemberg
1760 Abtragung von Dach und Gebälk

Außenbesichtigung ganzjährig, das Innere tagsüber frei zugänglich
www.kernen.de

Wohnturm, Inneres

Ansicht aus den Weinbergen

Die Yburg liegt inmitten der Weinberge oberhalb von Stetten. Die für eine Verteidigung ungünstige Lage zeigt, dass sie im 14. Jh. als Wohnburg entstand. Als Erbauer dürfen die Herren von Yberg gelten, eine Seitenlinie der Truchsessen von Stetten, die 1355 erstmals erwähnt sind. Die Yburg wurde demnach in der 1. Hälfte des 14. Jh. erbaut. 1443 verkaufte sie der letzte Vertreter der Familie von Yberg an die Grafen von Württemberg. Sehr wahrscheinlich bezieht sich auch die Notiz von 1490 über den Verkauf eines „Schlosses" in Stetten von Württemberg an die Truchsessen auf die Yburg, die mehrfach in den Urkunden als „slößlin" genannt wird. Ganz sicher erwarb jedoch der württembergische Erbmarschall Konrad Thumb die Burg zusammen mit dem übrigen Besitz der Truchsessen 1507.

Die Yburg wurde von den Thumb nur ausnahmsweise bewohnt, da sie ein Schloss direkt im Ort hatten. 1598 wird sie daher bereits als „baufällig" beschrieben. 1664 bzw. 1666 verkauften eingeheiratete Schwiegersöhne der Thumb ihr Eigentum in Stetten an den Herzog von Württemberg. 1760 ließ Carl Eugen die Reste des Dachwerks bis auf die Außenmauern abtragen. Schon lange vorher waren alle Nebengebäude

– 1490 wurde noch ein Scheuer erwähnt – sowie die vermutlich vorhandene Ringmauer verschwunden. 1969 erwarb die Gemeinde Stetten die Ruine vom Haus Württemberg und ließ die notwendigen Sanierungsmaßnahmen ausführen.

Erhalten hat sich nur der turmartige, tiefrechteckige Hauptbau von 13,25 × 11,10 m aus Bruchsteinmauerwerk mit Quaderkanten im Erdgeschoss. An der Nordwestseite ermöglicht ein spitzbogiges Portal den Zugang ins Innere. Vom Vorraum führen durch eine Zwischenwand Öffnungen mit Spitzbögen in zwei Kellerräume mit Tonnengewölbe. Diese Räume müssen nachträglich eingebaut worden sein, da die Zwischenwand die Lichtschlitze an beiden Längsseiten anschneidet. Eine neuzeitliche Treppe leitet ins erste OG. Hier sind je zwei Fenster an beiden Längsseiten einander axial zugeordnet. Auf der Rückseite befindet sich eine spätgotische Tür. Den Übergang zum zweiten OG markieren schwere Konsolsteine, welche die hölzerne Deckenkonstruktion trugen. Von unten deutlich zu erkennen sind die tiefen Sitznischen an der vorderen Fensterachse. Die ehemalige Tür an der hinteren Schmalseite wurde zum Fenster umgeformt. Das dritte OG ist an der Außenseite deutlich durch ein Kehlgesims von den unteren Stockwerken getrennt. Wie seine Bauformen zeigen, wurde es um 1500, also nach dem Übergang an die Thumb, neu aufgesetzt. Einiges spricht dafür, dass in diesem Zusammenhang auch die breiten Fenster in allen Obergeschossen neu eingebrochen wurden. Erreichbar waren diese ursprünglich über einen Treppenturm an der heutigen Rückseite, in den die bereits erwähnten Zugangstüren führten.

44. KERNEN-STETTEN
Schloss Stetten

Das Schloss in Stetten spiegelt mit der Vielzahl seiner Erweiterungen und Umbauten die wechselnden Nutzungen ebenso wie die Entwicklung höfischen Wohnens wider.

Der Ortsadel der Herren von Stetten findet sich von der ersten Erwähnung 1241 an im Gefolge der Württemberger als deren Truchsessen. Für einen Wohnsitz des 13. Jh. in Stetten fehlen bislang Belege. Ende des 14. Jh. begann der Bau des heutigen Schlosses; den Anfang bildeten zwei mehrgeschossige Steinhäuser, die dann im 17. Jh. im Mittelbau zusammengeführt wurden. Ein sichelförmiger See grenzte an Stelle des heutigen Parks das Schloss bis 1822 vom Dorf ab. Der Abstieg der Truchsessen und ihr Aussterben in männlicher Linie Anfang des 16. Jh. verhinderten vorerst weitere Baumaßnahmen.

Bis 1507 hatten die reichen Thumb von Neuburg, Erbmarschälle in Württemberg, alle Besitzanteile zusammengekauft. 1511 erhielten sie vom Kaiser für Stetten die Blutgerichtsbarkeit, der ritterschaftliche Besitz hatte sich damit aus allen rechtlichen Bezügen zu Württemberg gelöst. Umgehend machte sich die Familie an den repräsentativen Ausbau des Schlosses: Parallel zu den beiden bestehenden Gebäuden entstand südlich versetzt an Stelle einfacher Wirtschaftsgebäude der **Bonnsche Bau**. Der vordere Teil seines EG diente als Dürnitz. Aus der äußeren Langseite springt ein spätgotisches Chörlein vor. An der Hofseite fällt der runde, hohe Treppenturm mit der Jahreszahl 1516 auf, der weit in den Dachbereich aufragt. Womöglich hatten die Thumb für den Bonnschen Bau ein zweites Obergeschoss geplant. Heute führen zwei Fachwerkbrücken von ihm in die Dachgeschosse. Die achteckige Glockenstube mit welscher Haube kam 1570 hinzu. Noch im 16. Jh. setzten die Thumb ihre Bautätigkeit mit dem langen, zweigeschossigen **Liebensteinschen Bau** fort. Er ergänzte, im rechten Winkel zum Bonnschen Bau stehend, das Ensemble entlang der Südseite. Noch besaß er dabei keine direkte Verbindung zu diesem, vielmehr endete er auf seiner Südostseite in einer Altane.

1647 starb der letzte Erbmarschall. Seine beiden Töchter, verheiratet mit Freiherren von Bonn bzw. von Liebenstein,

1384/87 mutmaßlicher Baubeginn
1507 Verkauf an die Thumb v. Neuburg
16 Jh. Bonnscher und Liebensteinscher Bau
1672 Mittelbau
1679 Neugestaltung der Dürnitz als Kirche
1722/23 Eberhardinischer Bau

Schlossberg 2
Außenbesichtigung ganztägig frei, Besichtigung der Kirche nach Gottesdiensten, Inneres nach Absprache: Diakonie Stetten e.V.
Tel. 07151/940-0
www.diakonie-stetten.de

Bonnscher Bau mit Treppenturm

Chörlein der Schlosskirche

Liebensteinscher Bau

Schlosskirche, emblematisches Medaillon der Emporenbrüstung

bezogen zwar Teile des Schlosses, konnten aber den überschuldeten Besitz nicht halten. Herzog Eberhard III. kaufte daher 1664/66 Stetten, das fortan als eigenständige Herrschaft und Familienbesitz außerhalb des Herzogtums verwaltet wurde. 1672 führte sein Baumeister Matthias Weiß die beiden mittelalterlichen Steinhäuser im langen Mittelbau zusammen. Der Schaugiebel mit kräftigen Voluten an den Seiten gipfelt unter dem dreieckigen Abschluss in Wappen, Herzogshut und Jahreszahl und steht mit seinen Spätrenaissanceformen stilistisch noch ganz in der Tradition Heinrich Schickhardts. Fünf Jahre später begann mit Magdalena Sibylla, Mutter Herzog Eberhard Ludwigs, die Nutzung als Witwensitz. Sie ließ die Dürnitz im Bonnschen Bau 1679 als rechteckigen **Kirchensaal** mit einer umlaufenden Empore und einer Altarfront, die von zwei Kanzeln flankiert wird, neu gestalten. Vor allem dank seiner reichen emblematischen Grisaille-Ausmalung stellt er eines der wichtigsten Zeugnisse des frühen Pietismus und der Kirchengeschichte in Württemberg dar. In das EG des Liebensteinischen Baus fügte Andreas Schmutzer 1692 den **Sommersaal** mit fleischigen Stuckformen des Frühbarocks und einem mythologischen Bildprogramm ein.

Eberhard Ludwig nutzte nach dem Tod seiner Mutter die rechtliche Sonderstellung Stettens zugunsten seiner Mätresse Wilhelmine von Grävenitz. Für sie wurde 1722/23 in direkter Verlängerung an den Liebensteinischen Flügel der breitere **Eberhardinische Bau** angefügt. 1733 kam mit Johanna Elisabetha erneut eine Herzogswitwe nach Stetten. 1745 wurde die Altane am Liebensteinschen Bau durch den **Wintersaal** ersetzt und mit dem Bonnschen Bau verbunden. Sein feiner Bandelwerkstuck zeigt u. a. Allegorien der vier Erdteile. Damit war die lange Gebäudeflucht aus Eberhardinischem und Liebensteinischem Bau mit dem neuen Wintersaal als Scharnier mit dem kürzeren Bonnschen Bau zum ungewöhnlichen Winkelhakengrundriss verbunden. Vor seinen Hofseiten schließt der Mittelbau den Schlosskomplex ab. 1831 wurden Liebensteinscher und Eberhardinischer Bau um ein Fachwerkgeschoss erhöht.

1863 erwarben die Landenbergischen Anstalten das Schloss von der Hofkammer und richteten eine Fürsorgeanstalt für geistig Behinderte ein. Weitere Veränderungen folgten, so wurde 1962 der bis dahin frei stehende Mittelbau wenig stimmig mit dem langen Südwestflügel verbunden. Schon 1927 bekam der Bonnsche Bau seinen südöstlichen Anbau.

45. WEINSTADT-BEUTELSBACH
Burg Kapellenberg

Zusammen mit dem Ort Beutelsbach und der dortigen Stiftskirche spielte die Burg auf dem Kapellenberg, einem Ausläufer des Schönbühls, eine zentrale Rolle in den Anfängen von Grafschaft und Haus Württemberg und besitzt daher besondere landeshistorische Bedeutung.

1968/69 erlaubte die Rebflurbereinigung eine archäologische Untersuchung, brachte aber zugleich große Veränderungen im Bereich der ehemaligen Burg mit sich. Daher kann der heutige Besucher nur noch Teile der einstigen **Oberburg** besichtigen. Die Mauern eines fast quadratischen, teilweise in den Fels eingetieften Steinbaus bilden den bedeutendsten Rest. Es dürfte sich um das UG des zentralen Wohnturms handeln. Die rund 1,5 m dicken Mauern aus Schichtmauerwerk sind an der Nord-, West- und Südseite im Verbund ausgeführt, nicht aber an der Ostseite. An sie schließen sich nach Nordwesten hin Mauerabschnitte eines weiteren Gebäudes an, von dem zudem Teile eines Treppenabgangs und die Sandsteinquader einer Türlaibung mit spätromanischen Steinmetzzeichen erhalten sind. Beide Bauten wurden nachträglich an die ältere **Ringmauer** angefügt, die in ihrer nordwestlichen Fortsetzung vom einstigen Graben (heute bewachsene Böschung) begleitet wird. In ihrem weiteren Verlauf umschloss sie die zum Ortskern gelegene **Unterburg**, die auf einer tiefer gelegenen Terrasse in einem Halbkreis die Oberburg umfasste. Schon um 1800 hatte die Ausweitung der Rebflächen wesentliche Teile der Unterburg zerstört. Daher konnten 1968/69 hier nur noch Reste der Ringmauer und der einstigen Bebauung beobachtet werden. Dazu gehörte der rund 10 m lange Fundamentabschnitt eines Gebäudes, an den sich nach Norden hin Grundmauern der **Burgkapelle** St. Nikolaus anschlossen. Wichtigster Fund war jedoch eine Inschrift, welche die Erneuerung der Burg 1252 belegt. Aus dieser Bauphase stammen sehr wahrscheinlich die Gebäudereste, die Ringmauerabschnitte dürften in die Gründungszeit im späten 11. Jh. datieren. Bei der Anlage von Fahrweg und Parkplatz wurde nun der gesamte Bereich der Unterburg um einige Meter abgetragen, womit das ursprüngliche Höhenverhältnis zwischen Unter- und Oberburg verloren ging. Zudem wurde auch die Terrasse der Oberburg an der Westseite stark verkürzt.

Der Halsgraben ist vollständig verfüllt. Immerhin erlauben die wenigen Baubefunde zusammen mit den geborgenen Scherben und Metallobjekten eine schlüssige Verbindung der Burg mit den Anfängen des Hauses Württemberg: Urkunden des 11. Jh. nennen bis 1083 mehrfach einen Konrad mit der Zubenennung „von Beutelsbach". Es besteht kaum ein Zweifel, dass er die Burg erbaute. Nach 1083 wird er nur noch als Konrad *von* Württemberg genannt, da er vermutlich in diesem Jahr auf die neue Burg Württemberg (⇨7) umzog. Denn obwohl diese erste Generation des Hauses Württemberg enge Verwandte der Salier waren, standen sie in den Konflikten des 11. Jh. auf der Seite der antisalischen Opposition. Es war daher geboten, von Beutelsbach, das in direkter Nähe zum salischen Stammbesitz um Waiblingen lag, in das sicherere Neckartal umzuziehen.

Brandschichten in den Gebäuden werden mit den Konflikten zwischen Württemberg und dem Reich 1311/12 in Verbindung gebracht. Die Reste der Nikolauskapelle zeigten keine Brandspuren; der Bau wurde im 15. Jh. nochmals neu ausgestattet und gab nun dem ganzen Burgberg seinen Namen. 1514 sammelten sich hier die aufständischen Remstalbauern des Armen Konrad. Spätestens mit der Reformation und der Gewinnung von Steinen für den Bau der Landesfestung Schorndorf verloren Kapelle und Burg ihre Bedeutung und wurden zu Ruinen.

vor 1083 Gründung
1252 Erneuerung
1312 Zerstörung?
15. Jh. Erneuerung Nikolauskapelle
1514 Treffpunkt für den Armen Konrad
16. Jh. Zerfall

Frei zugänglich
www.weinstadt.de
S 2 (Beutelsbach)

Mauerwerk des Wohnturms

Gesamtansicht von oben

46. WEINSTADT-SCHNAIT
Altes und Neues Schloss

Altes Schloss

1518 Ersterwähnung
1528 Scheune
1564–74 Neubau Hauptgebäude
1669 Umbau
um 1780 Umbauten

Silcherstraße 10–14, Haldenstraße 25
Privat, nur Außenbesichtigung
www.weinstadt.de

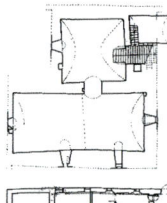
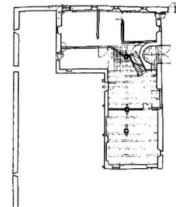

Grundrisse des UG und EG

In Schnait, das 400 Jahre lange Sitz der später auch in Schöckingen ansässigen Freiherren von Gaisberg war (⇨40), gab es mehrere Schlösser und Ansitze. So erhob sich im Areal der Buchhaldenstraße 8–12 die Burg der Dürner von Dürnau, die aber schon im 16. Jh. zerfallen war und deren Standort sich damals im Besitz der Freiherren von Gaisberg befand. In der Haldenstraße 25 steht das Obere oder **Neue Schloss**, das 1609 als festes Herrenhaus an der Hangkante mit Ringmauer für Konrad von Gaisberg erbaut wurde. Die Ecke ziert ein polygonaler Erker auf einer reich gestalteten Konsole in Renaissanceformen, womit der Bau unter den benachbarten Häusern deutlich als Adelssitz hervorgehoben wird. Ein zweiter solcher Erker besetzte ursprünglich auch die Westecke. In der Giebelfront sind Schießscharten erkennbar. Der Bau wurde 1727 durch Ernst Konrad von Gaisberg durch einen unterkellerten Schafstall erweitert. Er kam 1750 in den Besitz einer Weingärtnerfamilie.

Am eindrucksvollsten stellt sich das Untere oder **Alte Schloss** am westlichen Ortseingang auf einer leichten Anhöhe dar, einst Sitz der Herren von Gaisberg. Es bietet ein hervorragendes Beispiel für einen typischen Ortsadelssitz der Renaissance mit Befestigung, die nicht nur dem Schutz gegen Überfälle diente, sondern vor allem den adeligen Status der

unten: Altes Schloss; Mitte: Neues Schloss

Besitzer kundtat, ähnlich wie die einst vorhandenen Ecktürmchen. Eine trapezförmige Ringmauer mit Schießscharten, an die sich die Bauten anlehnen, umfängt noch auf drei Seiten die 1518 erstmals erwähnte Anlage. Der dreigeschossige Zweiflügelbau des **Herrenhauses** steht unmittelbar auf der Ringmauer und entstand 1564–74 unter Hans Jörg von Gaisberg weitgehend neu unter Verwendung älterer Fundamente und Keller einer kleinen Vorgängerburg. Ursprünglich ragte der Bau mit zurückgesetzten Giebeln und Ecktürmchen turmartig aus dem Dorf hervor. 1779 erfolgte der Verkauf an die Weingärtnerfamilie Schiller, welche das Schloss umnutzte. Dazu erfolgten Einbauten im EG und OG und die Aufgabe der Eingangshalle und des repräsentativen Saales, der 1669 im Westflügel eingerichtet worden war. Im Inneren blieben kassettierte Renaissancestuckdecken mit Rosetten und Türgestelle in Renaissanceformen erhalten. Das Fachwerk wurde, vergleichbar dem Schlössle in Oberlenningen (⇨84), in Ocker mit schwarzen Begleitstrichen gefasst.

Die **Scheune** mit breit gelagertem Giebel auf der Südseite des Hauptbaus entstand 1528, das Haus in der Südostecke im 18. Jh. an Stelle einer Scheune, der repräsentative **Fachwerkbau** auf der Nordostecke datiert im Kern noch in das frühe 16. Jh. und stellte einst den Wohnbau einer weiteren Gaisbergischen Linie dar. Vielleicht wurde er noch 1518 unter Konrad IV. von Gaisberg erbaut. Das Innere wurde 1590 ähnlich dem Hauptbau neu gestaltet. Aus dieser Zeit blieben die Fassung des Fachwerks und Stuckfelderdecken erhalten.

47. WINNENDEN
Schloss Winnental

Schloss Winnental geht auf eine Kommende des Deutschen Ordens zurück, der seinen Besitz in Winnenden 1288 von den Stadtherren, den Grafen von Neuffen, geschenkt bekam. Während die Stadt schon 1325 an Württemberg verkauft wurde, behielt der Orden seine Kommende, die um 1300 vor die Tore der Stadt verlegt wurde. Erst 1665 erwarb Herzog Eberhard III. die Anlage, die unter der Bezeichnung Winnental 1677–1733 einer württembergischen Seitenlinie als Apanagesitz diente. Ausgehend von den Bauten des Deutschen Ordens wurde Ende des 17. Jh. eine frühbarocke Dreiflügelanlage errichtet. Dabei wurde die St. Jakobskirche als **Schlosskirche** weiter genutzt. Sie entstand ab den 1320er Jahren als dreischiffige Basilika in Anlehnung an die Bauideale der Bettelordensgotik. Um 1520 schuf Jörg Töber den großartigen spätgotischen Flügelaltar, der neben dem Kirchenpatron u. a. weitere Pilgerheilige zeigt. Da Kommende und Kirche erst Ende des 17. Jh. an Württemberg kamen, blieben sie vom bilderstürmerischen Eifer der Reformation verschont. Die Barockisierung im 18. Jh. betraf nur das Langhaus, Chor und Altar blieben unverändert. Der Winnender Altar ist daher einer der ganz wenigen gotischen Hochaltäre, der sich vollständig an seinem ursprünglichen Bestimmungsort erhalten hat.

Im **Westflügel** neben der Kirche verbirgt sich als ältester Teil der Komturbau der Kommende. Seine Westseite zeigt im EG gekoppelte Rechteckfenster, die beiden OG sind aus verputztem Fachwerk. An den Komturbau schloss sich der Lange Bau aus dem 16. Jh. an, der kurz nach dem Übergang an Württemberg abgerissen wurde. Baumeister Matthias Weiß schuf an seiner Stelle von 1684–96 ein neues dreigeschossiges **Corps de Logis**. Er entwarf einen schlichten, aber monumentalen Neubau, der Teile des Vorgängerbaus einbezog und mit zeitstimmigen barocken Dimensionen verband. Die nördliche Giebelseite des Komturbaus wurde formal an das Corps de Logis angeglichen, womit die Schaufront auf 25 Achsen anwuchs. In der vierten Achse von Westen sitzt die Durchfahrt mit stuckierter Decke, über deren Portal in einer Knorpelwerkkartusche das württembergische Wappen unter dem Herzogshut erscheint.

Wohl zeitgleich oder nur wenig nach dem Corps de Logis wurde bis 1696 auch der **Kavaliersbau** in gleicher Höhe und in den gleichen Bauformen als Ostflügel der Dreiflügelanlage fertig gestellt.

um 1300 Gründung als Kommende des Deutschen Ordens
1665 Verkauf an Württemberg
1684–96 Corps de Logis und Kavaliersbau
1831 Heil- und Pflegeanstalt

Nur Außenbesichtigung, Schlosskirche So. 14–16 Uhr, außerhalb dieser Zeiten Schlüssel an der Krankenhauspforte
www.ev-kirche-winnenden.de
S 3 (Winnenden)

Corps de Logis

Innenhof und Brunnen

Der Winnender Mops

Im 19. Jh. brachte die Einrichtung einer Kaserne, auf die nach 1831 eine Hilfsanstalt für psychisch Kranke folgte, größere Eingriffe: So wurden die heutigen Treppenhäuser im Corps de Logis und Komturbau eingebrochen. Der Komturbau wurde nach Süden verlängert und verlor seine Türme.

Da mit dem Schloss im 20. Jh. in unverantwortlicher Weise umgegangen wurde, entspricht die heutige Anlage zwar noch der historischen Disposition, weist aber nur noch teilweise Originalsubstanz auf: Ab 1974 wurde das Corps de Logis völlig entkernt, wobei wertvolle Ausstattungen des 18 Jh. zerstört wurden, so dass nur die Hülle blieb. Noch schlimmer erging es dem Kavaliersbau: Er wurde abgerissen und durch einen Neubau am alten Platz in selber Kubatur ersetzt. Immerhin blieb der mächtige frühbarocke **Brunnen** von 1678 erhalten. Seine Brunnensäule zeigt zuunterst Köpfe von Ungeheuern, es folgen Löwenköpfe und den Abschluss bilden Masken, die alle einst Wasser führten.

Rechts von der Pforte steht ein **Denkmal**, das 1733 dem Mops Herzog Carl Alexanders gesetzt wurde und in Lebensgröße die Skulptur des treuen Weggefährten zeigt. Der Hund ging einst im Schlachtgetümmel vor Belgrad seinem Herrn verloren, alles Suchen blieb vergeblich. Doch Monate später tauchte er, abgemagert und abgekämpft, in Winnental bei seinem Herrn auf, wohin er seinen Weg, niemand weiß wie, gefunden hatte.

48. WINNENDEN-BÜRG
Burg Altwinnenden

Der kleine Weiler Bürg thront auf einer Spornterrasse des Schwäbischen Waldes oberhalb Winnendens. Neben dem Ortsnamen erinnert nur noch der markante Rundturm an die ehemalige Burganlage.

Der **Turm** ist zur Hangseite hin 22 m hoch. Die Mauern sind auf Höhe des Burghofs 2,8 m dick, der freie Innenbereich besitzt einen Durchmesser von 2 m. Bis auf den obersten, jüngeren Abschnitt wurden die Wände des Turmes als Füllmauer ausgeführt: Dabei wurde der Raum zwischen einer inneren und äußeren Schale aus behauenen Quadern mit einem Gemisch aus Mörtel und Bruchsteinen gefüllt. Die äußeren Quader sind polsterartig gebuckelt und haben einen Randschlag. An der Nordseite sind in einem breiten Streifen die Quader auf ganzer Höhe aufgebrochen, hier schloss einst die Schildmauer an. Bemerkenswerterweise besitzt der ganze Turmzylinder nur einen Lichtschlitz. Der heutige Zugang wurde erst in jüngster Zeit eingebrochen. Ein gewölbter Raum unter der heutigen Eingangsebene könnte als Verließ gedient haben. Der rund 2 m hohe Aufbau aus Bruchsteinmauerwerk wurde zusammen mit dem Kegeldach und dem offenen hölzernen Glockenturm im 18. Jh. aufgesetzt.

So gut sich der Turm erhalten hat, so vollständig sind alle übrigen Teile der Burganlage durch spätere Abbrüche und Überbauungen verloren gegangen. Selbst der Grundriss der Burg ist unsicher: Vielleicht stellte der Turm einen von vier Ecktürmen einer kastellförmigen Anlage mediterranen Musters dar, an den die eine Seite einer langen Schildmauer, welche die Anlage zum Graben (heute: Am Burggraben) hin sicherte, anschloss.

Ungleich besser als die bauliche ist die schriftliche Überlieferung. 1181 ist der Ortsadel der Herren von Winnenden erstmals erwähnt. Die Burg selbst wurde erstmals 1210 als Winnenden genannt, der spätere Weiler trug noch im 17. Jh. die Bezeichnung Alt-Winnenden. Hier lag daher sicherlich der Stammsitz dieses Geschlechts. Als Mitgift ging er Anfang des 13. Jh. an die Herren von Neuffen. Nach Qualität und Form der Quader wurde zumindest der Turm, vermutlich aber die ganze Burg in dieser Zeit weitgehend neu errichtet, als Bauherr käme der Dichter Gottfried von Neuffen in Frage.

1325 gelangte die Burg von den Erben der Herren von Neuffen an Württemberg. Die Grafen von Württemberg vergaben sie als Lehen an die Herren von Yberg. 1499 verzichteten diese auf ihre Rechte an der unbewohnten Burg, deren Verfall wohl schon im 15. Jh. einsetzte. Nach 1536 wurden die Reste für den Bau der Landesfestung Schorndorf (⇨49) abgebrochen. Einzig der Turm wurde als „Winnender Wacht" verschont. Schon 1581 erwarb die Gemeinde das Burgareal nebst Zubehör.

2. Hälfte 12. Jh. *Gründung*
1210 *Ersterwähnung*
Anfang 13. Jh. *Bergfried*
16. Jh. *Abbruch*

www.schoene-aussicht-buerg.de

Ansatz der Schildmauer und Reste eines Treppenturms am Bergfried
Ansicht der Burg

49. SCHORNDORF
Schloss und Landesfestung

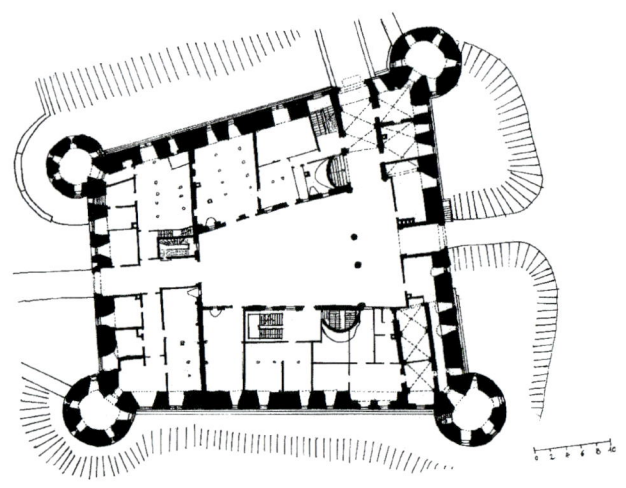

*Grundriss des EG
Umzeichnung Otters-
bach nach Schahl 1983*

Ansicht von Südosten

Schorndorf war schon im 15. Jh. unter Eberhard im Bart strategisch wichtig, weil durch das Remstal ein Vorstoß in das Zentrum der Grafschaft mit der Hauptstadt Stuttgart möglich war. Die Bedeutung Schorndorfs als Sperrfestung erkannte auch Landgraf Philipp von Hessen bei der Rückeroberung Württembergs 1534, weshalb er Herzog Ulrich den Ausbau empfahl. Ab 1536 begann unter landgräflicher Beratung durch Niklas von Geldern die Errichtung einer in Württemberg völlig neuartigen Befestigung, wie sie damals schon in Hessen und Sachsen entstanden war: Hohe Erdwälle schützten die dahinter liegende ältere Stadtmauer und die Wohnhäuser. Auf ihnen fand sich ausreichend Platz für Geschütze, die Ecken besetzten große Rondelle zur Bestreichung der Kurtinen. An ihrem Fuß verlief, verdeckt durch die Kontereskarpe des breiten Wassergrabens, eine niedrige Schartenmauer mit Kaponnieren für den Nahkampf.

Schorndorf war das teuerste von Ulrichs Festungsprojekten und 1544 abgeschlossen. Die Festung galt als äußerst wichtig und musste 1546 auf Geheiß des Kaisers im Schmalkaldischen Krieg dessen Truppen geöffnet werden. Herzog Christoph ließ die Rondelle 1560–68 modernisieren und versuchte, diese in moderne Bastionen nach italienischem Vorbild umzubauen. Den Flanken wurden Bastionsohren vorgesetzt, hinter denen in kleinen Höfen Geschütze zur Flankierung der Kurtinen aufgestellt waren. Die vorgezogenen Ohren schützten diese vor

feindlicher Einsichtnahme und Artilleriefeuer. Für diese Veränderungen ist vermutlich der eigens aus Jülich erbetene Italiener Giovanni Pasqualini verantwortlich, der 1560 und 1567 in Schorndorf weilte. Ablesbar ist dies noch an den ergrabenen Fundamenten der **Schlossbastion**.

Die alte Stadtburg, die oft von den Württembergern aufgesucht worden war und dem Ober- und Untervogt als Wohn- und Amtssitz diente, wurde unter Ulrich zu einer kastellförmigen, grabenumwehrten **Zitadelle** mit vier runden Geschütztürmen ausgebaut. Sie diente nicht nur als Kaserne und Zeughaus, sondern auch als landesherrliche Wohnung. In typischer Lage einer Stadtburg verfügte sie über ein stadt- und ein feldseitiges Tor, so dass der Landesherr jederzeit Zutritt zu seiner Zitadelle hatte. Dieses feldseitige Tor lag ursprünglich auf der Südseite und ist heute zugesetzt. Die Durchfahrten im Westen und Osten stammen erst aus dem 19. Jh.

Im Südflügel steckt wohl noch Substanz aus der 1. Hälfte des 13. Jh. Über dem stadtseitigen Tor befindet sich ein Wehrerker, darunter prangt das württembergische Wappen. Im 18. Jh. wurde das sog. Burg-Schloss nur noch als Kaserne

genutzt, ein durchgreifender Umbau in der 1. Hälfte des 19. Jh. für Behörden veränderte sein Aussehen.

Nördlich des Burg-Schlosses entstand unter Herzog Christoph 1555 durch Werkmeister Joachim Mayer das sog. **Neue Schloss** als Amtssitz des Schorndorfer Obervogtes. Es wurde unter König Friedrich ab 1810 als Jagdschloss genutzt.

Schorndorf wurde im Dreißigjährigen Krieg 1634 durch die Kaiserlichen in Brand geschossen und eingenommen, 1646 eroberten es die Franzosen. 1688 standen sie wieder vor den Toren, doch diesmal hielt die Festung stand. 1810 begann die Schleifung der Wälle und Bollwerke, von denen jenes am Schloss 1977 ergraben wurde und bis heute in seinen Fundamenten sichtbar ist. Das Schloss selbst wurde 1834/35 für die Behördennutzung umgebaut, aus dieser Zeit stammen die hofseitigen Fachwerkfassaden und die einfachen Rechteckfenster. Der 1837 verfüllte Schlossgraben wurde 1976 wieder freigelegt.

Wehrerker über dem Tor

Innenhof

1538–41 Neubau
1555 Neues Schloss
ab 1810 Schleifung der Festung
1834/35 Umbau

Behördennutzung,
Hof frei zugänglich
www.schorndorf.de
S2 (Schorndorf)

50. BACKNANG
Schloss

vor 1116 Gründung des Stifts
1. Hälfte 12. Jh. Burg
1606 Grundsteinlegung Schloss
um 1630 Einstellung des Baus
1875–77 Umgestaltung zum Verwaltungssitz

Amtsgericht, nur Außenbesichtigung
www.backnang.de
S 3 (Backnang)

Kurz nach 1600 erhielt Heinrich Schickhardt den Auftrag für den Bau eines „firstlichen Widoms" in Backnang. Das Schloss gehört damit zu den vielen Witwensitzen, die das Haus Württemberg in seinem Territorium einrichtete. Anders jedoch als die Schlösser in Leonberg (⇨42) oder Kirchheim (⇨87), die zuvor anderweitig genutzt wurden, entstand es explizit zu diesem Zweck. Der vorgesehene Bauplatz lag allerdings an einem höchst geschichtsträchtigen Ort.

Zu Anfang des 11. Jh. erhielt ein Graf Mangold von Kaiser Konrad II. Königsgut an Rems und Murr. Er stand in verwandtschaftlicher Verbindung zu den Hessonen, einer Hochadelsfamilie, die am Rhein und Oberen Neckar begütert war. 1067 nannte sich ein Zweig dieser Familie *von baccananc*. Von den Hessonen kam Backnang als Mitgift an die Markgrafen von Baden. Sie verfügten am Mittleren Neckar über reichen Besitz, als dessen Zentrum Hermann II. Backnang konsequent ausbaute: Er gründete ein Chorherrenstift als Grablege, das auf seine Bitte hin 1116 vom Papst unter Schutz genommen wurde. Im direkten Anschluss an die Stiftskirche stand die Burg, deren Zentrum ein Turm bildete, den eine Reihe von Gebäuden umgaben. Sie schloss zugleich nach Osten hin mit Mauern, Zwinger und Graben die Stadt ab. Vom weiteren badischen Ausbau der Siedlung, die Anfang des 13. Jh. als Stadt befestigt wurde, profitierten letztlich die Grafen von Württemberg: Über seine badische Frau erhielt Eberhard I. von Württemberg um 1300 Backnang als Mitgift. Das Stift bestand bis zur Reformation.

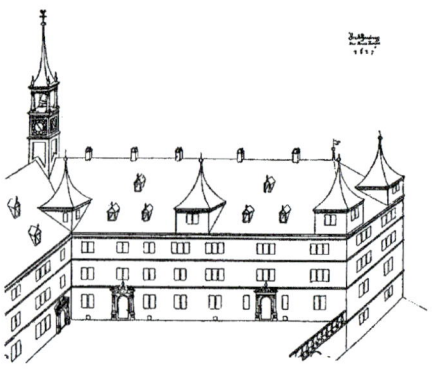

Entwurf Schickhardts 1617

Ansicht von Südwesten

Der von Schickhardt vorgesehene Bauplatz auf dem Stiftshof schloss östlich an die Kirche an. Neben mehreren Stiftsherrenhäusern musste dem geplanten Neubau auch der Burgturm weichen. Die Propstei, im 16. Jh. als Schloss bezeichnet, der Bau des sog. Fürstlichen Losaments (ein Niederadelssitz), Tore und der Zwinger blieben jedoch bis heute erhalten.

Schickhardts Entwurf sah eine Anlage aus einem langen Nordflügel entlang der Hangkante zur Murr und einem im stumpfen Winkel dazu stehenden Ostflügel vor. Die Mitte der Hofseiten und die Ecken der Giebel wollte er mit Zwerchhäusern akzentuieren, für den Kreuzungspunkt der Firste war ein Glockenturm gedacht. Im Mai 1606 wurde der Grundstein gelegt, doch die Arbeiten schritten nur zäh voran, erst um 1620 kam der dreigeschossige, steinerne Nordflügel unter Dach. 1627 und 1629/30 beklagte sich Schickhardt, dass der Innenausbau kaum vorangehe. Letztlich blieb das Projekt Rudiment. Der Ostflügel wurde nie begonnen, am Nordflügel wurden lediglich an der Hofseite im Südosten ein Renaissanceportal und im Südwesten eine Wendeltreppe eingefügt, dann wurden auch hier die Arbeiten eingestellt.

Französische Truppen verheerten 1693 Stadt und Schloss. Der ausgebrannte Bau wurde 1704 Fruchtkasten und damit erstmals verändert. 1875–77 brachte der Umbau zum Verwaltungssitz starke Eingriffe, die das heutige Bild be-

Torbau mit Zwinger

stimmen: Das gesamte Innere entstand neu, das Treppenhaus und das Renaissanceportal an der Hofseite wurden entfernt. An der Talseite fügte man zwei flache Risalite für Treppenhäuser an, die in neuen Zwerchhäusern abschließen. Diese wurden mit ähnlichen Neorenaissanceformen auf der Hofseite wiederholt. Immerhin stellte man hier die symmetrischen Fensterachsen aus hochrechteckigen, dreiteiligen Fenstern in allen Geschossen wieder her, wodurch die Fassade Aussehen und Rhythmus der Bauzeit zurückgewann. Die Gewände wurden hierbei freilich in Zement neu profiliert. Die Portale, Zwischengesimse und die Putzbänderung des EG sind jedoch wieder eine Zutat des Jahres 1876, einzig das Kranzgesims wurde vom Bau des 17. Jh. übernommen.

V. IM LANDKREIS ESSLINGEN
Burgen und Schlösser im Albvorland

Der Humanist und Reichsritter Ulrich von Hutten rühmte das Neckartal 1519 als eine der schönsten Landschaften Deutschlands und schwärmte über den Wein. Dieser Tenor findet sich noch bei den schwäbischen Dichtern der Romantik im 19. Jh., als schon die Industrialisierung das Tal zu ergreifen begann. Sie betonten seinen heiter mediterranen Charakter. Von diesem, u. a. durch die Bauten Wilhelms I. geprägten Neckararkadien ist heute allerdings nur noch wenig spürbar. Als Teil des Großraumes Stuttgart stellt sich der Talboden bis Plochingen als weitgehend zersiedelt und mit Gewerbegebieten bebaut dar.

Der Flusslauf zwischen Stuttgart und Tübingen erscheint wenig durch hervorstechende Burgen geprägt. Doch in vielen Orten am Neckar und in seiner weiteren Umgebung gab es Adelssitze, die teilweise aber fast völlig verschwunden sind, wie z. B. die Wasserburg Oberboihingen, von der nur noch Gräben und Wälle in einer Wohnsiedlung zeugen. Entlang des Neckars lagen mehrere reichsritterliche Herrschaften, so Wendlingen, das erst 1545 durch Kauf an Württemberg gelangte, Pfauhausen und Steinbach (heute Stadt Wernau), Köngen und auf den Fildern Neuhausen (⇨58), das wie Pfauhausen während der Reformation katholisch blieb und so konfessionell eine Besonderheit in der sonst weitgehend protestantisch geprägten Region darstellt. In Unterboihingen, Oberensingen oder Tachenhausen zeugen noch die von Mauern mit kleinen, schießschartenbewehrten Türmchen umschlossenen Adelssitze von diesen Herrschaften. Viele dieser Anlagen sind in Privatbesitz und nicht zugänglich.

Südöstlich der Landeshauptstadt liegt die ehemalige Freie Reichsstadt Esslingen, einst die erbittertste Konkurrentin der Grafen von Württemberg im Kampf um die regionale Vormacht. Sie ging aus einem Wallfahrtsort hervor, der schon im 9. Jh. Markt- und zu Anfang des 13. Jh. Stadtrechte erhielt. Es waren die Staufer, welche den Ort systematisch ausbauten. Nachdem die Grafen von Württemberg 1246 ins Lager des Gegenkönigs Heinrich Raspe gewechselt waren, geriet Esslingen zunehmend in Konflikt mit dem offensiv agierenden Nachbarn. Der Stadt gelang es zwar, ihre Unabhängigkeit zu wahren und als Reichsstadt anerkannt zu werden, doch konnte Esslingen kein großes geschlossenes Territorium aufbauen. Dabei hatten die Chancen hierfür nicht schlecht gestanden, bildete die Stadt doch den Stützpunkt für die Bemühungen der Könige Rudolf I. und Heinrich VII., die Württemberger in ihre Schranken zu weisen und von diesen angeeignetes Reichsgut zurückzugewinnen. Im Reichskrieg 1311/12 gegen Eberhard I. konnte Esslingen große Teile Württembergs unterwerfen, bisher gräfliche Städte wurden Esslingische Landstädte. Doch schon 1316 hatte sich die Situation völlig verändert und Eberhard gelang die Rückgewinnung seiner Grafschaft. In der Folge kam es bis 1519 immer wieder zu heftigen bewaffneten Konflikten der Reichsstadt mit Württemberg um Besitzrechte, Brücken- und Straßenzölle und die Vormacht im Mittleren Neckarraum. Der große Städtekrieg 1449–54 brach Esslingen das politische Rückgrat. Württemberg hatte sich endgültig durchgesetzt.

In diesen Konflikten spielte auch die Burgenpolitik eine gewisse Rolle. Esslingen zerstörte mehrfach die Stammburg Wirtemberg (⇨1), ebenso Burg und Stift Beutelsbach (⇨45), und auch zahlreiche Adelssitze in der näheren Umgebung Stuttgarts gingen im 13.–15. Jh. unter. Im Gegensatz zu anderen Reichsstädten erwarb oder baute Esslingen aber keine eigenen Burgen.

In der Stadt hatte der Ritterkanton Kocher der schwäbischen Reichsritterschaft seinen Sitz. Sein repräsentativer Verwaltungsbau, ein nobles Barockpalais, entstand 1722–26 direkt neben dem Rathaus.

51. ESSLINGEN
Sog. „Burg"

Die Esslinger „Burg" dominiert bis heute das Stadtbild. Eine richtige Burg ist sie eigentlich nicht, auch wenn sie sich so nennt. Ihr Ausbau im 16. Jh. diente nicht nur militärischen Zwecken, sondern war vor allem ein gegen Württemberg gerichtetes Zeichen, mit dem die Esslinger den Willen zur Verteidigung ihrer Reichsfreiheit demonstrierten.

Mit der Stadterhebung unter Friedrich II. wurde Esslingen in der 1. Hälfte des 13. Jh. ummauert. Eine Bedrohung stellte der Schönenberg im Rücken der Stadt dar, ließ doch Esslingen von hier leicht einsehen und beschießen. So zog man quer über den Berg eine Schildmauer, die man auf beiden Seiten über Schenkelmauern mit Treppen an die Stadtbefestigung anschloss. Davor wurde ein Graben ausgehoben. Drei verschiedene Schichten von Buckelquadermauerwerk legen den Schluss nahe, dass die Mauer mehrere Bauphasen hat, vermutlich entsprechend der finanziellen oder aktuellen politischen Lage. Die oberste Schicht besteht aus Bruchstein, dazwischen finden sich sogar Dachziegel. Vermutlich entstand dieser Teil zusammen mit der Brustwehr erst im Spätmittelalter.

Als 1499–1501 die Wehrgänge von Burgstaffel und Schildmauer, der sog. **Seilergang**, ein neues Dachwerk erhielten, rüstete man beide zum Einsatz von Feuerwaffen um, indem man neue Scharten einbaute und in die Wangen der Zinnenlücken Löcher schlug, um darin Prellhölzer aufzulegen. Diese Hölzer dienten dem Einhängen der Hakenbüchsen, um deren heftigen Rückstoß beim Schießen abzufangen. Auf dem Seilergang sitzt die **Hochwacht**, die um 1500 unter Einbeziehung eines älteren Turmes entstand und dem Hochwächter als Wohnung diente. Bei Gefahr hatte er die Glocke zu Schlagen.

Als 1519 Herzog Ulrich Esslingen belagerte, erwiesen sich die Befestigung des Schönenbergs als äußerst wichtig. Bis zu diesem Zeitpunkt war das Areal vor der Schildmauer nur durch Palisaden geschützt. Schon als sich die Belagerung abzuzeichnen begann, ließ der Rat einen Weg durch den Weinberg anlegen, um Geschütz und Mannschaften hinaufzuschaffen. Außerdem wurden zwei Wälle und Gräben gezogen. Tatsächlich erwie-

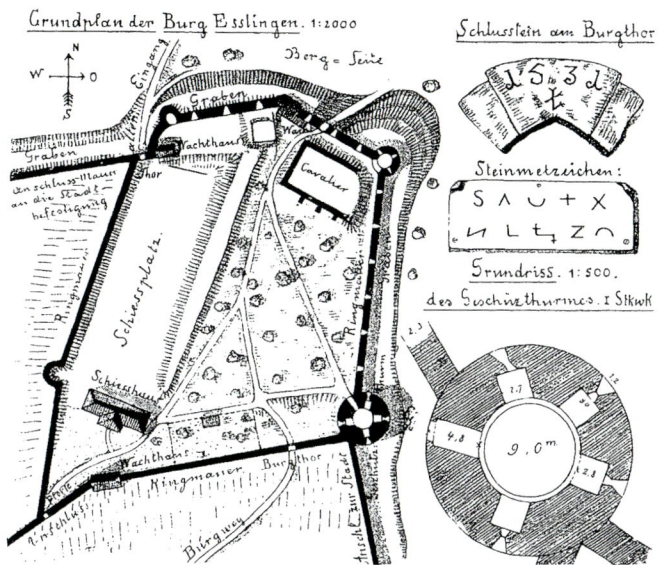

Grundriss nach Näher

Oberer Turm und Dicker Turm

1314 Ersterwähnung
1499–1501 Umbau *Burgstaffel*
1519 Anlage der Burgsteige
1519–1531 Ausbau
1887 Renovierung *Dicker Turm*

Frei zugänglich
Tel. 0711/396939-69
www.tourist.esslingen.de
S 1 (Esslingen)

Mauerwerk des Seilerganges

Geschützscharten an der Westflanke

sen sich diese als hilfreich, denn Ulrich platzierte seine Artillerie auf den Ebershalden im Osten, um von dort die Stadt zu beschießen. Vom Schönenberg aus konnten diese Stellungen unter Feuer genommen werden.

Nach Abwehr der Belagerung wurde die Burg ausgebaut. Gerade die Ebershaldenfront wurde mit Geschützstellungen und großen Türmen ausgebaut. Kernwerk ist der 1527 erbaute **Dicke Turm**, der mit seinen Scharten nicht nur die Ebershalden beherrscht, sondern auch alle anschließenden Kurtinen. Seine Mauern sind über 5 m dick. Gegen Norden verstärkt ein gemauerter Kavalier, der **Kanonenbuckel**, die Werke, um das ansteigende Vorfeld zu beherrschen. Heute stehen hier drei Geschütze des frühen 19. Jh., welche einst als Alarmkanonen bei Feuer dienten.

Bis ins 18. Jh. diente die „Burg" unter Aufsicht eines Burgvogts als militärisches Sperrgebiet, dann setzte der allmähliche Verfall ein. Der seit 1788 ruinöse Dicke Turm wurde 1887 mit einer Haube nach dem Vorbild der Dicken Türme in Nürnberg zum Ausflugslokal ausgebaut. Heute bildet das Burggelände eine öffentliche Grünanlage und im Sommer die Kulisse für ein Freiluftkino.

Dicker Turm

52. ESSLINGEN
Salemer Pfleghof

Bei der Frauenkirche erhebt sich der Salemer Pfleghof. Das Zisterzienserkloster Salem wird mit einem Haus erstmals 1229 in Esslingen erwähnt. Es besaß hier Weinberge. In Esslingen hatten gleich mehrere süddeutsche Klöster Weingüter und errichteten daher in der Stadt Pfleghöfe, in denen ein Pfleger das Klostergut verwaltete. In jüngerer Zeit wurde allerdings vermutet, dass der Salemer Hof ursprünglich die Pfalz der staufischen Stadtherren darstellte.
Tatsächlich stellt sich die Frage, wo in Esslingen der Stadtherr baulich vertreten war. Bedenkt man, dass Esslingen schon in ottonischer Zeit ein wichtiger Ort des Herzogtums Schwaben war, hier Münzen geprägt und Reichsversammlungen abgehalten wurden, muss es auch eine Herzogspfalz gegeben haben. Als die Staufer Esslingen im 12. Jh. zum Verwaltungsmittelpunkt ausbauten und Anfang des 13. Jh. zur Stadt erhoben, wäre es nur folgerichtig gewesen, eine Stadtburg zu errichten, zumal Stadtgründungen ohne Anlage einer Burg eher unüblich sind. Auffällig ist, dass nicht der Schönenberg mit einer Burg besetzt wurde, der sich angeboten hätte. Vielleicht standen dem aber Gründe der Ortskontinuität des Herrschaftssitzes entgegen. Der Salemer Pfleghof, der leicht erhöht am Hang liegt, käme dabei als Burg in Frage. Der mächtige Steinbau liegt auffälligerweise in der Nordwestecke der staufischen Stadt und des alten Marktbezirkes. Auf alten Plänen ist deutlich ersichtlich, dass er mit der benachbarten Frauenkirche und angrenzenden Gebäuden städtebaulich einen eigenen Bezirk bildete, der von der Stadtmauer umfasst wurde. Hier scheint sich ein älterer Komplex abzuzeichnen, dessen Mittelpunkt die 1267 als Marienkapelle erstmals erwähnte spätere Frauenkirche bildete. Der mächtige Bau des Salemer Hofs dürfte den Formen nach in das frühe 13. Jh. datieren und könnte als neuer Wohnbau errichtet worden sein. Sein polygonaler Grundriss ist typisch für stauferzeitliche Burgen. Im EG sind noch spätromanische Fenster zu sehen. Deutlich zeichnet sich eine Baufuge ab, die darauf hinweist, dass der Bau einst aus einem Wohnturm und einem daran anschließenden Haus bestand.
Wenn es sich tatsächlich um die staufische Stadtburg handelt, so muss diese im Lauf des 13. Jh. in den Besitz Salems gelangt sein. Das Kloster hat den Bau 1508–15 spätgotisch umgestalten und den prachtvollen Erker hinzufügen lassen. Aus dieser Zeit stammen auch der Westflügel und die Kapelle. Erst im 16. Jh. hat hier nachweislich ein römisch-deutscher Kaiser genächtigt, und zwar gleich dreimal: Karl V.
1681 hat Salem den Hof an Württemberg verkauft, das hier im 19. Jh. ein Amtsgefängnis einrichtete. 1979–81 wurde der Hof totalsaniert und völlig entkernt. Mittelalterliche Baubefunde wurden dabei unwiederbringlich zerstört, Grabungen fanden nicht statt. Somit wird sich die Geschichte und ursprüngliche Funktion des Gebäudes nie endgültig klären lassen.

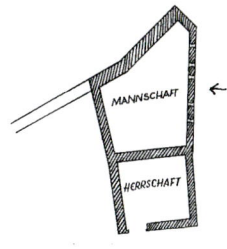

Grundriss

Ansicht mit Geiselbach

um 1220 Errichtung
1508–15 Um- und Ausbau
1979–81 Totalsanierung

Untere Beutau 8–10
Kath. Gemeindezentrum
J. F. Schreiber-Museum
Di.–Sa. 14–18 Uhr,
So. u. Feiertag 11–18 Uhr
Tel. 0711/3512-3307
www.museen-esslingen.de
S 1 (Esslingen)

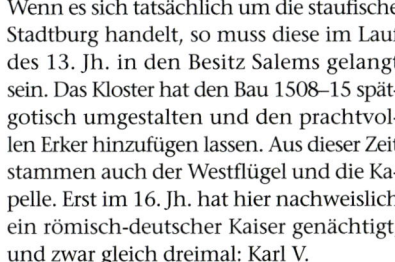

53. ESSLINGEN
Gelbes Haus

um 1269 Errichtung
16. Jh. Renaissance-erker
1701 Brandschäden

Hafenmarkt 7–9
Stadtmuseum
Di.–Sa. 14–18 Uhr,
So. u. Feiertag 11–18 Uhr
Tel. 0711/3512-3240
www.museen-esslingen.de
S 1 (Esslingen)

Die Wohntürme von Regensburg sind bekannt. Doch auch andernorts baute sich der Stadtadel im 13. Jh. feste Steinhäuser und Türme. Dieser Stadtadel bildete sich aus Ministerialen des Stadtherrn und in die Stadt zugezogenen Niederadeligen. Auf das Statussymbol der wehrhaften Burg wollten sie nicht verzichten. Der Turm konnte hierfür als Zeichen stehen, denn er war wesentlicher Bestandteil der Burgenarchitektur, ein weithin sichtbares Herrschaftszeichen, wenn man so will *das* Kürzel für die Adelswohnung. In Esslingen soll es einst ein gutes Dutzend stadtadeliger Wohntürme gegeben haben, um die sich im späten 18. Jh. die schaurige Legende bildete, man habe aus ihnen heraus Straßenraub betrieben. Dahinter stand mehr romantische Wunschvorstellung als Realität. Tatsächlich handelte es sich um feste Bauten, die Wohn-, Repräsentations- und Lagerzwecken gleichermaßen dienen konnten.

Reste solcher Türme haben sich in diversen Gebäuden erhalten. So steckt im Fürstenfelder Hof (Strohgasse 13) ein Rundturm, im Bebenhäuser Pfleghof (Heugasse 15) hat sich eine Außenwand eines Turms des 13. Jh. mit Aborterker erhalten, ein weiterer Turm steckt im Salemer Hof (⇨52) und im Haus Landolins-

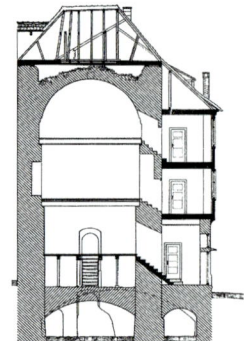

Schnitt

Fensternische im Erdgeschoss

Ansicht des Wohnturms

gasse 16 sind Teile eines steinernen Lagerhauses des 13. Jh. erhalten, das im 14. Jh. in einen Komplex mit Torhaus einbezogen wurde. Der Turm im **Gelben Haus** ist aber als einziger noch vollständig. Er dürfte Teil eines größeren Anwesens aus Fachwerkbauten, die zum Wohnen und Wirtschaften dienten, gewesen sein. Seine dicken Mauern entstanden um 1269. Die gekuppelten Rundbogenfenster liegen in tiefen Nischen mit steinernen Sitzbänken. Zugänglich waren die einzelnen Geschosse vermutlich über eine hölzerne Außentreppe vor der Ostwand. Das oberste Geschoss schließt mit einem Tonnengewölbe ab. Das machte den Bau feuersicher.

Erstaunlicherweise gibt es keinerlei Heizvorrichtungen, was den Schluss nahelegt, dass der Turm zum einen als nur im Sommer nutzbare Wohnung und zum andern als Lager diente. In die Mauern sind in zwei Geschossen Wandtresore eingelassen, die über eiserne Läden mit großen Riegeln verfügen. Der pittoreske Erker im ersten OG datiert ins 16. Jh.

Bis ins 18. Jh. blieb der Turm immer in patrizischem Besitz. Das anschließende, verputzte Fachwerkhaus entstand nach dem Stadtbrand von 1701 über den Trümmern eines Renaissancebaus. Brandspuren finden sich bis heute an der innenliegenden Ostwand des Turmes. Auf das 18. Jh. geht auch seine Farbfassung mit aufgemalten Eckquadern zurück. Von dieser hat das Gebäude seinen Namen. Heute beherbergt es zusammen mit dem Nachbarhaus, einem ebenfalls patrizischen Anwesen, das einen großen Saal mit barocker Stuckdecke aufweist, das Stadtmuseum. Ein Besuch lohnt schon deshalb, weil sich dabei das Turminnere besichtigen lässt.

54. ESSLINGEN
Reichsstädtisches Rathaus

Deckengemälde im Saal

Wie sehr aristokratisch-höfische Bauformen im 18. Jh. auch für eine bürgerliche Kommune in Frage kamen, zeigt das ehemalige Reichsstädtische Rathaus, heute Amtsgericht. Sein Vorgänger war 1701 durch Feuer zerstört worden. 1705–16 wurde nach den Entwürfen von Johann Jacob Börel und unter Beratung von Matthias Weiß ein dreiflügeliger barocker Palast als Neubau erstellt, dessen Ehrenhof in der Art französischer Adelspalais bis ins 19. Jh. zur Straße durch einen niedrigen Galeriebau mit großem Portal geschlossen wurde.
Das Rathaus der Reichsstadt erscheint als adeliges Schloss. In der Tat muss dies nicht verwundern, denn im strengen Ständegefüge des Alten Reiches sahen sich die Reichsstädte rangmäßig auf derselben Höhe mit den Reichsgrafen. Immerhin hatten sie Sitz und Stimme auf dem Reichstag. Reichsstädte waren Stadtstaaten, ihre Rathäuser also nicht nur einfach kommunale Verwaltungsbauten, sondern Staatspaläste, mithin hatten sie die selbe Funktion wie ein Residenzschloss: Sie waren Regierungs- und Verwaltungssitz. Doch kein barockes Rathaus in Deutschland rezipiert so bewusst Schlossarchitektur wie das Esslinger. Die Gebäudemitte nimmt ein Pavillon ein, der in der Beletage den **Festsaal** birgt, der u. a. zu Konzerten genutzt wurde. Von seiner einstigen Pracht ist nur die Decke geblieben, die in einem großen Mittelbild und vier umgebenden Rundbildern die Reichsstadt und ihre gute Regierung verherrlicht.

Deutlich wird der Bezug zu Kaiser und Reich als Garanten der Unabhängigkeit. Die Reichsstadt huldigt dem Kaisertum, während die Personifikation der Gerechtigkeit auf das Statutenbuch, die Verfassung der Stadt, mit den vom regierenden Kaiser Karl VI. bestätigten Privilegien als Grundlage für eine gute Regierung und den Fortbestand der hergebrachten politischen Ordnung verweist. Die Bilder sind ein Werk des Paul Ambrosius Reith.
An den Saal schließen in Enfilade zur Linken u. a. die **Ratsstube**, zur Rechten die Gerichtszimmer an. Die Räume werden durch großzügige **Treppenhäuser** in den Seitenflügeln und breite Korridore erschlossen.
War das Corps de Logis der Repräsentation und dem Gericht vorbehalten, zu dem als wichtiger Ausweis der Landeshoheit die Blutgerichtsbarkeit gehörte, waren in den **Seitenflügeln** Waage und Salzstadel untergebracht. Die Halle im EG des Mittelpavillons diente dem Verkauf von Luxuswaren.
Mit diesem Bau setzte sich die regierende Ratsaristokratie, die sich aus einigen wenigen vornehmen Familien zusammensetzte, ein sichtbares Denkmal ihrer Herrschaft über die übrigen Bürger und die untertänigen Einwohner des zu Esslingen gehörenden kleinen Landgebietes.
1802 war es mit der Reichsfreiheit Esslingens vorbei. Württemberg besetzte die Stadt, das Rathaus wurde zum Oberamt und Amtsgericht umfunktioniert.

1705–16 *Neubau*
1726 *Deckengemälde*
1802 *Oberamt*
2000–04 *Instandsetzung*

Amtsgericht, nur Außenbesichtigung
www.tourist.esslingen.de
S 1 (Esslingen)

Das Rathaus im 18. Jh. Ausschnitt aus einem Deckenbild im Saal

Grundriss des Gebäudes im 18. Jh.
nach Ottersbach 2008

Ehrenhof

55. ESSLINGEN
Palais der Familie von Palm

1708–11 Palmscher Bau
1748–66 Oberes Palmsches Palais (Neues Rathaus)

Palmscher Bau
Innere Brücke 2
Restaurant
www.palmscher-bau.de

Neues Rathaus
Rathausplatz 2
Treppenhaus während der Dienstzeiten zugänglich
Tel. 0711/396939-69
www.esslingen.de
S 1 (Esslingen)

Oberes Palmsches Palais (Neues Rathaus)

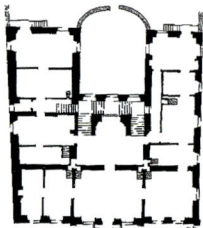

Palmscher Bau, Grundriss der Beletage im 18. Jh.

Palmscher Bau

Die beiden Palais der von Palms sind Zeugen des gesellschaftlichen Aufstiegs einer Familie aus dem Bürgertum in den Adel. Die Palms waren im 17. Jh. nach Esslingen gezogen. Johann Heinrich Palm erhielt 1631 das Bürgerrecht. Seine Enkel begründeten Reichtum und Ruhm der Familie. Johann David, der älteste, machte in der Verwaltung der kaiserlichen Armee Karriere, rettete im Jahr des osmanischen Angriffs auf Wien 1683 die ungarische Stephanskrone aus dem bedrohten Pressburg (Bratislava), brachte sie zum Kaiser nach Linz und kümmerte sich u. a. um die Korrespondenz zwischen der belagerten Kaiserstadt und dem Feldheer. In Anbetracht seiner Verdienste erhob ihn Leopold I. 1687 in den ungarischen Ritterstand. Johann David holte seine drei jüngeren Brüder nach Wien. Dort wurden sie als Bankiers und Juwelenhändler aktiv, während Johann David während des Großen Türkenkriegs 1683–99 für das Kontributions- und Quartierwesen verantwortlich war. Die Verdienste um Kaiser und Reich brachten Johann David und seinen Brüdern schließlich 1711 den Reichsrittertitel ein. Man erwarb in der Heimat mehrere standesgemäße Herrschaften. In Esslingen hatte schon Jonathan Palm 1708–11 nach Entwurf Joh. Jakob Börels ein schlichtes, aber nobles Stadtpalais mit großzügigem Treppenhaus, einem Saal in der Beletage und herrschaftlichem Balkon über der Einfahrt errichten lassen, den **Palmschen Bau**. Er umgibt mit drei Flügeln einen kleinen Innenhof und unterschied sich deutlich von den übrigen Häusern. Für jedermann sichtbar bezeugte er den Aufstieg der Palms und den Wunsch nach einer Erhebung in den Adelsstand. Tatsächlich wurde Jonathan just in jenem Jahr in den Reichsritterstand erhoben, als sein neues Palais fertig war.

Die Linie Johann Davids erlangte schließlich sogar den Reichsfürstenstand, während die in Schwaben ansässigen Palms sich mit dem Freiherrenstand begnügen mussten. Seine Ambitionen auf eine Rangerhöhung zum Reichsgrafen versuchte Franz Gottlieb von Palm vorwegzunehmen. Er ließ 1748 mit dem Bau des **Oberen Palmschen Palais** am Hauptplatz der Stadt beginnen. Er wurde erst nach seinem Tod bis spätestens 1766 vollendet. Die Formensprache ist deutlich an den Bauten des Wiener Hochbarock orientiert, Einflüsse Maximilian von Welschs und Balthasar Neumanns sind unübersehbar. Das EG ist rustiziert und wirkt als Sockel für den Fassadenaufbau. Monumentale korinthische Pilaster fassen die Beletage und das Mezzaningeschoss zusammen, die Mitte ziert ein Portal mit aufgesprengtem Giebel und einer Kartusche mit den lateinischen Initialen Franz Gottliebs und der Devise „In adversis virtus – noch im Unglück standhaft". Palmzweige verweisen auf den Familiennamen.

1832–40 war das Palais im Besitz des Grafen Alexander von Württemberg. Er versammelte eine Reihe von schwäbischen Dichtern um sich und zählte Justinus Kerner und Nikolaus Lenau zu seinen Freunden. 1840 erwarb die Stadt den Bau und richtete ihn zu ihrem Neuen Rathaus ein, als welches er bis heute dient. Im einstigen Audienzzimmer des Freiherrn von Palm residiert nun unter Rokokostuck der Oberbürgermeister.

Inmitten von Industrie und modernen Wohnhäusern finden sich im Neckartal die Reste des königlichen Gestütes Weil. Heute lässt sich kaum mehr erahnen, wie reizvoll die landschaftliche Lage der Bauten war, welche einst Kaiser Napoleon III. bei einem Besuch des Ortes zu Begeisterungsstürmen hinriss.

Die württembergische Domäne Weil ging aus einem Dominikanerinnenkloster hervor, das um 1230 gegründet worden war. Nach der Reformation und dem Tod der letzten verbliebenen Weiler Nonne 1592 wandelte sich das Kloster in ein württembergisches Hofgut. Letzte Reste der alten Kirche wurden erst 1972 beseitigt! Im Areal des alten Klosters ließ der pferdebegeisterte Wilhelm I. seit 1817 ein königliches Privatgestüt einrichten. Der König hatte sich der Araberzucht verschrieben, die er in Weil, Scharnhausen (⇨60) und Klein-Hohenheim betrieb. 1864 galten die Araberhengste des Königs als die besten Europas.

Als Aufenthalt für sich und seine Gemahlin Katharina entstand 1819–20 nach Entwürfen Giovanni Saluccis ein schlichtes **Landhaus** (Königsallee 33). Der zweigeschossige Pavillon baut mit seinem quadratisch um ein zentrales Stiegenhaus angelegten Grundriss auf dem Schema palladianischer Villen auf. Außergewöhnlich ist die elegante Eisengalerie, die das Haus auf allen vier Seiten umgibt. Sie reichte ursprünglich über beide Geschosse und war mit gestreiften Markisen versehen, die den Charakter als sommerliches Landhaus unterstrichen. Die Galerie ist ein frühes Zeugnis für die industrielle Eisenproduktion in Württemberg, die Elemente wurden aus der landeseigenen Eisenhütte in Wasseralfingen geliefert. Hochmodern und ein weiteres Zeugnis der Verwendung neuer Baumaterialien und Konstruktionen seit dem frühen 19. Jh. ist auch das Oberlicht des zentralen Treppenhauses, die erste Glas-Eisen-Konstruktion in Württemberg.

Der Weiler Pavillon ist der letzte Salucci-Bau in Württemberg, der noch die zeitgenössische Innendekoration mit Stuck, Wandmalereien und einem großen illusionistischen Wandgemälde mit Ausblick in die Neckarlandschaft bis zum Rotenberg (⇨7) im ehemaligen Speisesaal zeigt, ein Ausblick, den es so in der Realität nicht gibt, liegt doch der Berg hinter einer Flussbiegung verborgen.

Salucci plante auch die **Gestütsbauten**. Westlich des Pavillons, der innerhalb eines landschaftlich gestalteten Gartenareals lag, entstand 1820 die offene Dreiflügelanlage des Stutenstalles, dessen mittlerer Block mit den beiden Pavillons und einer Reithalle in der Mitte allerdings erst 1857/58 errichtet wurde. Teilweise baute Salucci auch ältere Gebäude um, so die Küchen- und Wohngebäude mit Scheune im Wannenrain 1–3.

Das Gestüt erlebte seine letzte große Blüte unter Wilhelm II. und seiner Tochter, Fürstin Pauline zu Wied. Es gab beachtliche Renn- und Zuchterfolge. Erst 1932 wurde das Gestüt aufgelöst, und damit verschwand auch der zugehörige Rennplatz mit der Tribüne. Die erhaltenen Bauten zeugen aber noch bis heute von dem hocharistokratischen Zeitvertreib der Pferdezucht.

56. ESSLINGEN-WEIL
Königlicher Pavillon

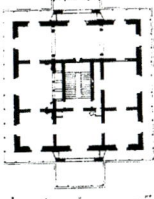
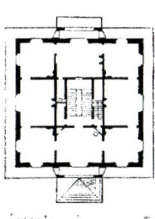

Grundrisse von EG und OG

Pavillon

1819/20 Bau
1820–40 Gestütsbauten
1932 Auflösung Gestüt
1972 Abbruch Klosterkirche

Klosterallee 12, 18, 20, Königsallee 33, Wannenrain 1, 3
Privat, nur Außenbesichtigung
S 1 (Esslingen-Mettingen)

unten links: Stutenstall mit Reithalle

Wandbild im Speisezimmer, Ausschnitt mit Ansicht des Landhauses

123

57. DEIZISAU
Körschburg

um 1200 Gründung
1213 Ersterwähnung
1292 Zerstörung
1319 Verkauf an Esslingen

Westlich von Deizisau
Frei zugänglich
www.deizisau.de

Mochten die Reichsstadt Esslingen und die benachbarten Grafen von Württemberg schon seit der Mitte des 13. Jh. Konkurrenten um die politische Vormacht im Mittleren Neckarraum sein und sich gegenseitig in blutigen Kämpfen immer wieder bekriegen, so zogen sie doch 1292 gemeinsam ins Feld, um die Körschburg zu zerstören. Diese Burg war zu einer Bedrohung des örtlichen Verkehrs geworden, denn von hier aus überfielen sog. „Raubritter" immer wieder Handelsreisende. Nach zehntägiger Belagerung, bei der die Mauern durch Untergraben zum Einsturz gebracht wurden, fiel die Körschburg und wurde anschließend vollständig geschleift, so dass sie keine Bedrohung mehr darstellte. 1319 verkaufte Württemberg den Burgstall an die Reichsstadt Esslingen. Das Beispiel zeigt, wie die mächtigen Handelsstädte und die aufstrebenden Landesherren trotz aller Konflikte zur Durchsetzung ihrer eigenen Interessen gemeinsame Sache machten, um den Niederadel in seine Schranken zu weisen.

Ursprünglich war die Körschburg wohl im Besitz der Grafen von Aichelberg. 1213 erscheint ein Graf Diepold, der sich nach der Burg „de Chers" – von Kersch – nannte, und im selben Jahr auch seine

Graben

Burg „Kerse", was nahelegt, dass sie um 1200 durch Diepold als einem Angehörigen des Aichelberger Grafengeschlechtes gegründet worden ist.
Die Körschburg liegt auf einem Hügelsporn des Filderplateaus über der Einmündung der Körsch in den Neckar, so dass sich der Zugang zum Körschtal und eine 1269 erstmals bezeugte Furt von hier aus kontrollieren ließen. Über die ursprüngliche Gestalt ist nichts bekannt, systematische Grabungen fanden bisher nicht statt. Mauerreste und verbrannte Hohlziegel deuten auf eine steinerne Anlage hin.
Nach der Zerstörung durch Esslingen und Württemberg wurde die Körschburg nicht wieder hergestellt. Eindrucksvoll ist der tiefe, im Halbrund geführte Halsgraben, der die Burg an ihrer Hauptangriffsseite vom östlich liegenden Plateau trennte. Hier ist der abgegangene, zur Burg gehörige Weiler Kersch (Kerse) zu vermuten.

Hügel der ehemaligen Körschburg

58. NEUHAUSEN
Schlösser

Die Grafen von Württemberg schufen mit Beharrlichkeit schon im Mittelalter eine für südwestdeutsche Verhältnisse überaus geschlossene Landesherrschaft. Besonders interessant sind jene wenigen Gebiete, die sich ihrer Umklammerung entzogen und territoriale Eigenständigkeit bewahrten. Der ritterschaftliche Ort Neuhausen ist einer dieser bemerkenswerten Fälle.

Die erste urkundliche Erwähnung eines *Bertholdus von Niwenhusen* erfolgte 1154. Er erscheint als Ministeriale mit engem Verhältnis zum staufischen Königshaus. Sehr wahrscheinlich ebenfalls im 12. Jh. entstand eine einfache Burg, von der seit 2000 im Umfeld des **Unteren Schlosses** (Rathaus) bei Bauarbeiten immer wieder Reste zu Tage traten. Spätestens mit Beginn des 14. Jh. waren diese Herren von Neuhausen hohenbergische Lehensleute. Sie hatten sich also mit dem Zerfall der staufischen Herrschaft aus dem königlichen Dienst gelöst. 1381 verkaufte Rudolph von Hohenberg seine Grafschaft an Habsburg – einzig Neuhausen nahm er explizit aus. Doch schon 1392 kam auch Neuhausen unter österreichische Lehenshoheit. Die neue Abhängigkeit von Habsburg gereichte nicht zum Schaden, ganz im Gegenteil: Sie bot nicht nur Schutz gegen alle württembergischen Einverleibungsgelüste, Habsburg verlieh den Herren von Neuhausen zu allen anderen Rechten, 1513 auch zur Hochgerichtsbarkeit.

Die inneren Verhältnisse der Familie stellten sich weit weniger gefestigt dar. Mit Werner, genannt der Tuzzer, begann im 14. Jh. eine komplexe Teilungsgeschichte, die bis ins 18. Jh. andauerte. Ein ständiger Konfliktpunkt zwischen

12 Jh. Burggründung
1518 Bau des Oberen Schlosses
1561–67 Bau des Unteren Schlosses
18.–19. Jh. Abriss der Burg
1987–92 Sanierung Unteres Schloss
2007–11 Sanierung Oberes Schloss

Schlossplatz Bildungszentrum, Rathaus
Während der Öffnungszeiten der Kultureinrichtungen bzw. Behörden zugänglich
Tel. 07158/1700-0
www.neuhausen-fildern.de

Oberes Schloss, Platzfront

Unteres Schloss, Friedrich von Neuhausen (1525)

den Familienzweigen war die gemeinsame Nutzung der Burg: Mauern und Graben, die um 1400 entstanden, sicherten die Anlage. Für diese Zeit ist auch ein Bergfried überliefert, der sicher älter ist. Noch vor 1500 errichteten die Familienzweige innerhalb der Mauern zwei große Wohngebäude.

Die Familien zogen aus den Streitereien die Konsequenz und erbauten kurz nacheinander zwei neue Schlösser, die zugleich das erhöhte Prestige nach Erhalt der Blutgerichtsbarkeit ausdrückten. Den Anfang machte 1518 das **Obere Schloss**. Sein Entwurf folgt noch ganz spätmittelalterlichen Formen: Über einem massiven Sockelgeschoss, das vor allem Wirtschaftszwecken diente, erhoben sich zwei Fachwerkstöcke mit Wohnräumen. Typisch für die Renaissance sind die leicht gebogenen langen Fußstreben. Nach der Mitte des 18. Jh. wurden die Innenräume, Fachwerk und Fenster stark verändert. 2011 war der große Umbau zum Bildungszentrum beendet, der das Portal im EG wieder öffnete und einen misslungenen Treppenhausanbau der Nachkriegszeit durch einen Glasbau ersetzte.

Ungleich moderner war das **Untere Schloss**, das 1561–67 als einfacher Renaissancebau im Hof der Burg errichtet wurde. Noch bis Ende des 18. Jh. umgaben ihn ältere Wohnbauten und Teile der Befestigung. Sie wurden 1814 bis zu den Kellergewölben abgerissen. Das EG des dreigeschossigen, längsrechteckigen Steinbaus ist rustiziert. Ein umlaufendes Gesims trennt es von den beiden Obergeschossen. Hauptfront ist die Südseite mit dem rundbogigen Hauptportal. Um der Proportion willen wurde im Ostteil eine weitere Rundbogennische eingefügt, in der einst ein Brunnen plätscherte. Die Obergeschosse der Südseite werden durch die regelmäßigen, großen Fenster gegliedert; jeder weitere Bauschmuck fehlte ursprünglich. Das 19. Jh. empfand den Bau daher als zu schlicht und fügte in die Südseite u. a. zwei Nischen mit Grabdenkmälern der Herren von Neuhausen aus der Pfarrkirche ein. Die westliche zeigt den Erbauer des Schlosses, Wilhelm IV., die lateinische Zahl 1596 nennt sein Sterbejahr. Dafür war der Ostgiebel mit Steinpyramiden an den aufsteigenden Schenkeln und einer Ädikula mit Pyramide im Abschluss als Schaufront gestaltet. Auch die Nische in der Mitte der Giebelfront mit der Ritterfigur entstammt der Bauzeit.

Im 18. Jh. brachte die vermögende Familie von Rotenhan den Besitz an sich. 1769 erlangte sie in Wien gegen 10.000 Gulden die Auflösung des Lehensverhältnisses und damit die Umwandlung in Eigentum. Noch im selben Jahr verkaufte sie es mit schönem Gewinn an das Bistum Speyer weiter. Daher fiel Neuhausen 1802 zunächst an Baden und kam erst 1806 an Württemberg. Diese Herrschaftswechsel brachten für die Schlösser wechselnde Nutzungen, bei denen die gesamte Ausstattung verloren ging. In beide zogen zunächst Amtleute und verschiedenste Ämter. Das Untere Schloss ist seit 1976 Rathaus und wurde 1987–92 restauriert.

Oberes Schloss, Rückseite

rechts: Unteres Schloss

59. FILDERSTADT-BONLANDEN
Burgstall

Graben

Die Burg Bonlanden dürfte im 13. Jh. als Niederadelssitz entstanden sein, denn 1269 erscheint erstmals ein Ritter Wolfelin, der sich nach dem Dorf nennt. Er entstammte dem Geschlecht der Herren von Bernhausen, das im gleichnamigen, nicht weit entfernten Ort eine 1449 zerstörte Burg besaß und erstmals 1089 in Erscheinung tritt.

Die Anlage Bonlandens zeigt bis heute, dass sich das Dorf offensichtlich um die Burg gruppierte, was für eine planmäßige Anlage spricht. Burg und Dorf entstanden also als Einheit. Typisch ist die nahe Lage der Kirche, die im 14. Jh. als Begräbnisort der neuen Ortsherren von Stöffeln diente, auffällig ist ihr Patrozinium St. Georg. Der Ritterheilige erscheint oft in Verbindung mit Burgkapellen. Das könnte darauf hinweisen, dass die Bonländer Kirche Teil der Burg war und im Vorburgareal lag.

Ende des 13. Jh. kam Bonlanden in den Besitz der Herren von Stöffeln, vielleicht als Erbschaft des verstorbenen Wolfelin. Die Burg in Bonlanden wird erst 1334 in einem Vertrag dreier Brüder von Stöffeln mit ihren Söhnen und Neffen erwähnt, in dem sich diese dazu verpflichteten, Burg und Güter nicht an Fremde zu verkaufen, sondern nur untereinander. Ende des 14. Jh. gelangte die Burg an die Herren von Stammheim und von Sachsenheim. 1395 und 1402 erwarb Graf Eberhard III. Herrschaft und Ort, die seither zum Amt Stuttgart zählten. Nach dem Übergang an Württemberg verlor die Burg an Bedeutung. Bereits 1450 erscheint sie als Burgstall. 1466 gestattete Ulrich V. dem Kaplan Nikolaus Bauer auf dem Burgstall ein Pfarrhaus zu errichten. Seine rund 1 m dicken Erdgeschossmauern stellen vermutlich Reste der Burg dar, die in den Neubau einbezogen wurden. 1752 kam es zum Abbruch und weitgehenden Neubau des Pfarrhauses.

Die Burg wurde am Hang angelegt. Eine mächtige Wall- und Grabenanlage von 60–65 m Durchmesser umgibt sie bis heute auf der Nord-, West- und Ostseite. Der Burghügel selbst misst etwa 25 m im Quadrat. Das Pfarrhaus dürfte noch im Erdgeschoss Reste des Burghauses umfassen, mindestens aber ins 15. Jh. zurückreichen. Bei der schmalen Öffnung auf der Westseite handelt es sich sicherlich nicht um eine Schießscharte, sondern vielmehr um einen Fensterschlitz, wie er für die Erdgeschosse adeliger Wohnbauten der Region typisch ist (z. B. das Schlössle in Pfullingen, ⇨75). Das jetzige Erscheinungsbild ist durch den Neubau des Obergeschosses 1752 barock geprägt und mit dem mächtigen Krüppelwalmdach typisch für die württembergischen Pfarrhäuser des 18. Jh. Das Hoftor stammt noch von der Erneuerung 1590, die polygonale Einfriedung des Pfarrhofes verläuft vielleicht an Stelle einer älteren Ringmauer. Zur Linken des Tores steht das ehemalige Back- und Waschhaus.

Im Burggraben entsprang eine Quelle, welche einen Brunnen und die Wette südwestlich der Burg speiste.

1269 Erwähnung eines Ritters von Bonlanden
1334 Ersterwähnung
1466 Bau Pfarrhaus
1752 Neubau

Georgstraße 1
Pfarrhaus, Außenbereich frei zugänglich
www.filderstadt.de

Ansicht von Osten

60. OSTFILDERN-SCHARNHAUSEN
Lustschloss Karlsruhe

1783/84 Errichtung
1788 Landschaftsgarten
1797–1816 Sommersitz des Kronprinzen
1817–1928 Gestüt

Ruiter Straße
Privat, nur Außenbesichtigung
www.ostfildern.de
U 7, 8 (Kreuzbrunnen), Bus 35 (Gestütshof)

Mit dem Ausbau Hohenheims zum bevorzugten Wohnsitz Herzog Carl Eugens entstand 1783/84 im nahen Körschtal bei Scharnhausen eine zugehörige Retraite, die „Carolus otium" genannt wurde, wie der Säulenportikus des Hauses ausweist. Das ist mit „Karl zur Ruhe" zu übersetzen und verweist schon auf die Funktion als privater Rückzugsort, den der Herzog von Hohenheim aus oft aufsuchte, besonders um im zugehörigen Tiergarten auf die Jagd zu gehen. Als schnurgerade und bequeme Anbindung an Hohenheim (⇨14) entstand das „Königsträßle".

In den Jahren ab 1783 erwarb der Herzog zahlreiche Grundstücke nebst der benachbarten Hofer Mühle, um dort einen Park anzulegen. Die Pläne zum **Lustschloss** lieferte Reinhard Ferdinand Heinrich Fischer, der sich hier, sicher auf Wunsch des Herzogs, an einer palladianisch geprägten Villa versuchte. Angeregt wurde sie durch das Lustschloss Wörlitz in Anhalt-Dessau, das Carl Eugen 1783 besuchte und das offenbar mitsamt seinem schon seinerzeit berühmten Garten sichtlich Eindruck hinterlassen hatte. Doch während Wörlitz sehr viel strenger am palladianisch geprägten englischen Frühklassizismus orientiert ist, verrät das Scharnhäuser Schloss mit seinen Segmentbogenfenstern immer noch eine spätbarocke Haltung. Entsprechend den venezianischen Villen und den an ihnen orientierten Landhäusern des 18. Jh. ist die harmonisch strukturierte, streng symmetrisch aufgebaute Hauptfassade weitgehend schmucklos und wird im Zentrum von dem ionischen Säulenportikus mit bekrönendem Tempelgiebel betont. Das Innere wies keinerlei Stuckverzierungen auf, die Wände waren über weiß gestrichenen Lambrien lediglich mit Papiertapeten bezogen. Damit entsprach der Bau dem angestrebten Ideal ländlicher Einfachheit. Zu beiden Seiten dieses Corps de Logis standen zwei eingeschossige, dreiachsige Pavillons mit großen Fenstertüren, von denen der Westliche als Speisesaal genutzt wurde und einen von Franziska von Hohenheim erdachten herzförmigen Brunnen barg.

Der umgebende **Park**, eine Mischung aus barock formalem Garten und Landschaftspark, ist nur noch in Teilen ablesbar. Von seinen vielfältigen Staffagebauten steht nur noch der sog. **Amor-Tempel**, der 1822 an seinen jetzigen Standort versetzt wurde. Unter den Bauten befand sich auch eine künstliche Burgruine, die tatsächlich an der Stelle einer mittelalterlichen Burg entstand, deren Wall und Graben man bei den Bauarbeiten einebnete. Der kostbar ausgestattete Bau wurde 1831 abgebrochen. 1797 wurde das Scharnhauser Schloss als Sommersitz des Erbprinzen Wilhelm eingerichtet. Der Pferdeliebhaber gründete 1810 in Scharnhausen ein Gestüt, das von 1817–1928 als königliches Privatgestüt diente und berühmt war für seine Araberzucht. Hierzu wurde das Areal umgestaltet. Bei der Hofer Mühle entstanden Stallungen, darunter 1822 der von Giovanni Salucci entworfene **Stutenstall** und der 1836 an der Straße errichtete **Fohlenstall**.

Amor-Tempel

61. KÖNGEN
Schloss

Das Dorf Köngen war seit 1336 im Besitz der Grafen von Aichelberg. Durch Heirat und Erbschaft gelangte es 1382 über Anna von Aichelberg an die Thumb von Neuburg. Das Schloss wird erstmals 1392 erwähnt und es ist zu vermuten, dass die Burg erst im 14. Jh. als Sitz für die neuen Ortsherren errichtet wurde. Anna und Hans Thumb ließen die Anlage nachweislich schon 1398 erweitern. Die Burg bildete eine längsrechteckige, 38 × 29 m große Anlage, die von einem Wassergraben umgeben war und auf deren Südseite sich ein Wohnbau erhob. Reste dieser Anlage stecken noch mit zwei Ringmauerfronten in den beiden erhaltenen Flügeln. Unter Albrecht Thumb wurde das Schloss 1525–31 mit einem Zwinger, der durch kleine Rundtürme verstärkt war, umgeben. Sein Sohn Hans Friedrich ließ die Anlage 1538/39 zu einem Dreiflügelbau erweitern. Es entstanden die beiden erhaltenen Flügel mit der **Saalstube**, die vertäfelt und mit aufwändigen Türrahmungen ausgeziert wurde. Sie gehört zu den herausragenden Kulturdenkmalen der Renaissance in Württemberg und wurde unter Albrecht III. 1596 mit einem politischen Programm ausgemalt, das mit Kaiserbildnissen auf die bestehende, althergebrachte Ordnung des Hl. Römischen Reiches Deutscher Nation und deren Berufung auf das antike, römische Kaisertum verwies. Es unterstrich so die Stellung der Thumb von Neuburg als unabhängige Reichsritter. Eine Kuriosität bildet das ganzfigurige Porträt Sultan Süleymans des Prächtigen, wohl ein Verweis auf die durch Steuern geleistete Türkenhilfe der Reichsritter gegenüber dem Reich.

Das Schloss wurde mehrmals erobert und geplündert. Besonders schlimm war der Einfall kaiserlicher Soldaten 1634. 109 Einwohner, die versuchten, ins Schloss zu fliehen, wurden dabei getötet. 1665 wurde der Südflügel, das sog. **Vordere Schloss** mit der Hälfte der Herrschaft an

Württemberg verkauft, 1739 auch die andere Hälfte, das sog. **Hintere Schloss**. Im Schloss saß nun ein württembergischer Obervogt. Aus dieser Zeit stammt die barocke Putzgestaltung der Fassaden. 1825 erwarb Dr. Jakob Friedrich Weishaar, Präsident der Württembergischen Ständeversammlung, den Bau. Er ließ die Galerie und den alten Hauptbau abbrechen und das Schloss durch Karl Marcell Heigelin klassizistisch ausstatten. Der Speisesaal wurde mit Szenen aus dem Landleben ausgemalt. Der neue Wohnsitz entsprach der Stellung Weishaars, der einen adeligen Lebensstil pflegte und im Ort als Patron auftrat, auch wenn er keine reale Herrschaft über Köngen ausübte. 1894–1903 beherbergte das Schloss eine kleine Künstlerkolonie, zu der u. a. Anna Peters, Anton Braith und Christian Mali gehörten. 1920 wurde es Jugendherberge, dann diente es als Wohnhaus. Die heruntergekommene Anlage wurde 1991 von der Gemeinde erworben und 1994–2007 aufwändig instand gesetzt. Dabei wurde der Umriss der alten Anlage durch Pflastersteine im Boden markiert.

Südlich erstreckt sich innerhalb weitläufiger Mauern der **Wirtschaftshof** mit dem Amtshaus.

um 1382–92 Erbauung
1398 Erweiterung
1538/39 Ausbau
1739 württembergisch
1825 Teilabbruch
1894–1903 Malerkolonie
1994–2007 Instandsetzung

Hauptbau

Kulturzentrum, Büronutzung
Außenbereich frei zugänglich
www.koengen.de
www.geschichtsverein-koengen.de

Ansicht mit Wirtschaftshof
Eckturm der Ringmauer

62. WERNAU
Schlösser Pfauhausen und Steinbach

Schloss Pfauhausen
1398 Ersterwähnung
1582–88 Renaissanceschloss
1823 Teilabbruch
1910 Umbau zur Schule

Schloss Steinbach
1335 Ersterwähnung
1693 Brandzerstörung
Mitte 18. Jh. Umbau
1788 Zuschüttung des Burggrabens

Schule, privat, nur Außenbesichtigung

Schloss Steinbach

Schloss Pfauhausen, Wappentafel mit Bauinschrift

Schloss Steinbach, Gartenfassade

Wernau bestand ursprünglich aus zwei Dörfern, Pfauhausen am Neckar und Steinbach. Erst 1938 wurden beide Gemeinden vereinigt. Im Mittelalter und der frühen Neuzeit waren sie reichsunmittelbare Herrschaften. Beide fielen 1805/06 an Württemberg.
In **Pfauhausen** erhob sich neben der Kirche das Schloss der Herren von Wernau, das an Stelle einer älteren, 1398 erwähnten Burg der Ortsadeligen Hochschlitz von Hausen 1574 bzw. 1582–88 für Hans Veit von Wernau als Vierflügelbau mit zwei runden Ecktürmen errichtet wurde. Die Herren von Wernau besaßen Pfauhausen vom 15.–17. Jh. 1823 wurden drei Flügel abgebrochen, der erhaltene Nordflügel mit Fachwerkgalerie im EG und Bauinschrift mit den Wappen der Herren von Wernau, Kaltental und Grafen von Rechberg wurde 1910 zur Schule umgebaut. In Zusammenhang mit der Schlossbefestigung dürfte die Kirche gestanden haben, die zwar in den 1950er Jahren weitgehend neu erbaut wurde, deren alter Turm aber noch Schlüsselscharten zur Verteidigung mit Feuerwaffen zeigt.
Besser erhalten ist das Schloss im Ortsteil **Steinbach**. Es ging aus einer Wasserburg hervor, deren Graben sich noch deutlich abzeichnet. Sie wird wohl im 13. Jh. entstanden sein und war im Besitz der Herzöge von Teck, die sie 1299 an das Zisterzienserkloster Salem verkauften, das Herrschaft und Burg 1335 an die Reuß von Reußenstein veräußerte. Als die Burg 1693 abbrannte, war sie im Besitz der Herren von Liebenstein und wurde darauf in frühbarocken Formen wieder hergestellt. Auf diese Zeit geht die Untergliederung des einfachen Kubus durch Gesimse zurück, ebenso die Gestaltung der Fenster mit ihrem Wechsel von dreieckigen und halbrunden Giebeln. 1744 erwarb Reichsfreiherr Franz Gottlieb von Palm, der in Esslingen ein prachtvolles Stadtpalais errichten ließ (⇨55), Schloss und Herrschaft. Aus seiner Zeit stammt wohl der geschwungene Balkon über dem Haupteingang mit kunstvoller Schmiedeeisenbrüstung. Auch das mächtige Mansardwalmdach dürfte damals entstanden sein. Von der Herrschaft der Palms zeugt bis heute ihr Wappen mit der Palme im Schlussstein des Portals.
1788 wurden der Burggraben teilweise eingeebnet und die mittelalterlichen Befestigungen niedergelegt. Im 19. Jh. diente das Schloss nur noch als Jagd- und Sommersitz, bildete aber zugleich den Mittelpunkt einer Gutsherrschaft. Vor dem Schloss liegt der Wirtschaftshof mit dem zu Wohnungen umgebauten Fruchtkasten und der ehemaligen Kelter mit dem typischen Walmdach. Sie vervollständigen das Bild des reichsritterlichen Landschlosses.

63. NECKARTENZLINGEN
Neckarburg

Jedem Besucher fällt die enge räumliche Verbindung der Neckarburg mit der direkt unterhalb liegenden Mühle auf. Tatsächlich waren das herrschaftliche Wohnhaus und die Mühle wirtschaftlich wie rechtlich lange eng miteinander verzahnt. 1268 wurde die *Burg zur Mühle* erstmals erwähnt, 1295 waren *Ludwig* und *Ulrich von der Mühle genannt von Riet* die Besitzer. Die Brüder gehörten also einer Nebenlinie der Herren von Riet (aus Altenriet) an. Dieser Namensbefund wird ergänzt durch die Tatsache, dass neben Neckartenzlingen und Altenreit vier weitere Orte, an denen die von Riet Güter besaßen, in die Mühle am Neckar gebannt, d. h. verpflichtet waren, dort mahlen zu lassen. Im 14. Jh. gehörte der Komplex den Kaib von Hohenstein; 1406 verkaufte Benz *Kayb von der Mühlen* seine Liegenschaften sowie alle Einnahmen an Württemberg. Damit hatte Württemberg, das Mitte des 13. Jh. von den Grafen von Urach die Landesherrschaft übernommen hatte, auch die Grundherrschaft erworben. Nach dem Kauf wurde die Mühle vom Niederadelssitz separiert, für den sich daher ab 1500 der Name Neckarburg durchsetzte. Ohne Mühle war die Neckarburg kaum rentabel, eine Schanklizenz war wohl nur ein bescheidener Ersatz, denn sie ging bis in jüngste Zeit durch eine Vielzahl von Händen.

Der ältere Bau wurde im Bauernkrieg 1525 zerstört, Entschädigungssummen der Bauern erlaubten den Aufbau des heutigen Schlösschens. Wie das mittelalterliche Wohngebäude aussah, ist nicht belegt. Die beengten Verhältnisse am steilen Prallhang des Neckars erlauben baulich wenig Alternativen, mit großer Wahrscheinlichkeit wurden daher Keller und Erdgeschoss des Vorgängers ganz oder teilweise in den Wiederaufbau einbezogen. Der längsrechteckige Bau zieht sich in Ost-West-Richtung einige Meter oberhalb von Mühle und Kanal auf der Nordseite des Neckartals hin. Durch die Hanglage bedingt liegt der Keller zur Talseite frei und bildet mit dem EG einen mächtigen Sockel, erst nach Norden geht dann der Keller in den Berg über. Bei Sanierungen wurden im Kellerbereich Hinweise auf eine Kapelle gefunden. An der Ostseite, zugleich Eingangsseite, führt im südlichen Teil ein Rundbogenportal in den Keller, oberhalb davon ein zweites Rundbogenportal mit der Jahreszahl 1557 über eine Vortreppe in eine Halle. In den südseitigen Ecken des Fachwerkobergeschosses verweisen die Fenstererker auf ehemalige **Bohlenstuben**. In den Giebeln unter dem Schopfwalmdach auf der Ost- und Westseite setzen sich die einfachen Fachwerkformen des 16. Jh. mit Querriegeln und Streben fort. Der Giebelbereich wurde später zu Wohnraum ausgebaut, wobei die Fenster eingefügt wurden. Die Neckarburg steht, von unten nicht zu sehen, frei, so dass zwischen ihrer Nordseite und dem Hang ein Hofraum bleibt, den im Westen und Osten in Verlängerung des EG Mauern einfassen.

Zum Komplex gehört die schon mehrfach erwähnte **Mühle**, die Ende des 16. Jh. neu erbaut wurde. An ihrer Nordwestecke finden sich zahlreiche Hochwassermarken und Besitzermonogramme. An der Auffahrt zur Neckarburg wurde 1818 in klassizistischen Formen das **Brunnenhaus** an den Hang gebaut. Sein Name rührt von dem attraktiven Laufbrunnen in einer Fassadennische her.

Hauptbau

1268 Ersterwähnung
1525 Zerstörung
1557 Neubau

Inneres nur im Rahmen regelmäßiger Kulturveranstaltungen zugänglich
Tel. 07127/3761
www.neckarburg-events.de

Brunnenhaus

Ansicht mit Mühle

VI. TÜBINGEN UND DER SCHÖNBUCH
Im Jagdrevier der Württemberger

Der Schönbuch, gelegen zwischen Stuttgart und Tübingen, war seit dem Spätmittelalter eines der bevorzugten Jagdreviere der Grafen, Herzöge und Könige von Württemberg. Davon zeugen die Jagdschlösser in Waldenbuch und auf dem Einsiedel, den schon Eberhard im Bart schätzte und den besonders Herzog Carl Eugen ausbaute. Von seinem prachtvollen Jagdschloss ist allerdings nichts mehr erhalten, denn die Anlage wurde unter Friedrich I. abgebaut und nach Eglosheim (⇨19) transloziert. Dieser bevorzugte hingegen das ehemalige Zisterzienserkloster Bebenhausen, wo er zwei Jagdzeughäuser errichten ließ. Auch die Könige Karl und Wilhelm II. schätzten den Schönbuch und nutzten Bebenhausen intensiv.

Am Rande des Schönbuchs, zwischen Neckar und Ammer, liegt auf einem Bergrücken Tübingen, einst der Herrschaftsmittelpunkt der mächtigen Pfalzgrafen von Tübingen. Sie stammten wohl aus dem Schwarzwald und errichteten um 1050 über dem Dorf Tübingen ihre Burg, über deren Baugestalt aber durch die spätmittelalterliche Überbauung so gut wie nichts bekannt ist. Die Grafen nahmen einen raschen politischen Aufstieg und erwarben um 1146 das Pfalzgrafenamt, womit sie Stellvertreter der staufischen Herzöge von Schwaben wurden. Dieser Titel vermehrte ihr Ansehen und zeigte ihre politische und wirtschaftliche Macht, die über Tübingen hinausreichte. So war Pfalzgraf Hugo II. (†1182) Herr über mehrere Grafschaften und Herrschaften im Gäu, um Nagold, an Neckar, Donau und Iller und auf der Alb. Selbst am Bodensee und in Vorarlberg verfügte er über Besitz.

Die Pfalzgrafen betätigten sich zur Absicherung ihrer Herrschaft und Förderung ihrer Einkünfte wie die Staufer und Zähringer als fleißige Städtegründer: Nicht nur Tübingen wurde von ihnen zur Stadt erhoben, sie gründeten u. a. auch Herrenberg, Böblingen und Sindelfingen. Auch das Zisterzienserkloster Bebenhausen ist ihre Stiftung. Es unterhielt in der näheren Umgebung mehrere befestigte Wirtschaftshöfe, so in Lustnau.

Das Ende der Stauferherrschaft und in Verbindung damit der Verlust wichtiger Ämter und Strukturveränderungen in Wirtschaft und politischer Landschaft führten in der 2. Hälfte des 13. Jh. wie bei den Herzögen von Teck oder den Grafen von Urach zum wirtschaftlichen und somit auch politischen Niedergang der Pfalzgrafen. Nach und nach mussten Herrschaftsrechte und Besitztümer verpfändet und schließlich dauerhaft veräußert werden. 1342 verkauften Gottfried und Wilhelm von Tübingen ihren namengebenden Herrschaftsmittelpunkt an die Grafen von Württemberg, denen 1382 auch der Erwerb des pfalzgräflichen Herrenberg (⇨72) gelang. Damit waren wichtige Teile der Pfalzgrafschaft in württembergischem Besitz. Die Nachkommen der Pfalzgrafen waren allerdings noch bis zu ihrem Aussterben im Mannesstamm im 17. Jh. im Breisgau ansässig, wo ihnen die Burg Lichteneck bei Kenzingen gehörte, nach der sie sich fortan „Grafen von Tübingen, Herren zu Lichteneck" nannten.

Ihre Gründung Tübingen nahm unter den Württembergern einen großen Aufschwung. Graf Eberhard im Bart verlegte das Chorherrenstift Sindelfingen hierher und richtete 1477 die Universität ein. Das Tübinger Schloss, im 16. Jh. von Herzog Ulrich zur repräsentativen Landesfestung ausgebaut, war einer der bevorzugten Aufenthaltsorte der Landesherren im 15. und 16. Jh., Tübingen galt lange als die zweite Hauptstadt des Herzogtums. Für den adeligen Nachwuchs wurde 1588–93 nach Plänen von Georg Beer der schlossartige Komplex des Collegium Illustre, der ersten Adelsakademie im deutschsprachigen Raum, errichtet. In ihrem Hof fanden Ritterspiele statt.

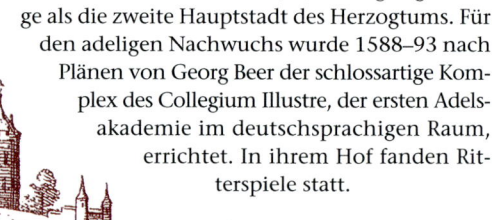

Schloss Hohentübingen, Kupferstich von Merian 1643

64. TÜBINGEN
Schloss Hohentübingen

Schloss Hohentübingen bildet den frühesten Vierflügelbau der Renaissance im Herzogtum Württemberg und zählte zu den sieben Landesfestungen. Es markiert in beispielhafter Weise den Schloss- und Festungsbau am Übergang vom Spätmittelalter zur Renaissance. Im Bau des eindrucksvollen Monuments manifestierte sich das neue Herrschaftsverständnis der frühen Neuzeit.

Hohentübingen entwickelte sich aus der Burg der einst bedeutenden Pfalzgrafen von Tübingen, die seit 1050 eine Terrasse des Spitzbergs einnahm und im Bereich des heutigen Schlosshofs lag. Über diese frühe Anlage ist wenig bekannt. 1342 mussten die Pfalzgrafen Amt, Stadt und Burg endgültig an die Grafen von Württemberg verkaufen. Diese modernisierten im 15. Jh. die Burg zuerst mit einem umlaufenden Zwinger. Herzog Ulrich ließ dann 1507–16 dessen Ecken mit vier runden **Geschütztürmen** besetzen. Trotzdem wurde Hohentübingen 1519 vom Schwäbischen Bund eingenommen. Die österreichische Regentschaftsregierung begann 1533 damit, über dem **Südzwinger** einen langgestreckten Flügelbau zu errichten und erweiterte damit die Burg über den alten Hofraum hinaus. Nach der Rückgewinnung seines Herzogtums 1534 setzte Ulrich umgehend diesen Bauentwurf bis 1550 fort. Im Anschluss an den Südflügel wurden nun auch West-, Nord- und Ostzwinger überbaut, die als Gewölbekeller der neuen Flügel dienten. Nach Abbruch der alten Wohnbauten entstand damit jener weite, rechteckige Innenhof, der seither die Besucher beeindruckt. Alle Flügel haben auf den Hofseiten die gleiche Höhe, im ersten OG lief einst eine Fachwerkgalerie um den ganzen Hof, die nur auf der Südseite erhalten ist. Die Ecken nehmen drei quadratische Treppentürme und ein achteckiger Treppenturm mit Wendeltreppe ein. Die Quaderbemalung, die nur auf der Süd- und Westseite rekonstruiert wurde, unterstrich das einheitliche Aussehen des Hofes.

In der unterschiedlichen Geschosszahl – West- und Ostflügel haben drei, der Nordflügel jedoch nur zwei Stockwerke –, vor allem aber an den Talseiten zu Neckar und Ammer hin zeigt sich, dass Rundtürme und Flügel über ein halbes Jahrhundert schrittweise wuchsen. Die Frontmauer des Ostflügels wurde 1538 massiv gegen Artilleriebeschuss verstärkt. Das **Obere Schlossportal**, das in diesem Zusammenhang entstand, wurde 1892 in Anlehnung an das ursprüngliche Renaissancedekor komplett erneuert. Im Nordflügel, den Ulrich als Haupttrakt vorsah, wurde das EG fast auf ganzer Länge als **Saal** ausgeführt. Das Renaissanceportal der Hofseite stand genau in der Achse des talseitigen Standerkers, ein dreiteiliger, von stämmigen Renaissancesäulen untergliederter und mit Stern- und Netzrippen überwölbter Raum, in dem der Herzog Audienz hielt und Gäste empfing. Vorbild für diese Anordnung dürfte der gotische Saal des Landgrafenschlosses in Marburg gewesen sein, den Ulrich aus eigener Anschauung während seines Exils kannte. Mit der Anlehnung an hessische Bauformen bekannte sich Ulrich klar zu jenem Landesherrn, der ihn bei der Rückeroberung und anschließenden Reformation seines Landes nachhaltig unterstützt hatte. Die Statik des 67 × 15 m großen, stützenlosen Saales erforderte neben Sprengwerkbindern für die Saaldecke auch die Ausführung des Dachstuhls als doppeltes Hängewerk. Das OG nahmen repräsentative Kammern und die Tafelstube ein. Im Ost- und Südflügel schlossen sich die Privaträume für Herzog und Herzogin an. Die attraktiven Vor-

Grundriss Gesamtanlage

um 1050 Gründung
1342 Übergang an Württemberg
1507–16 Rundtürme
1534–50 Ausbau zur Vierflügelanlage
1606/07 Unteres Schlosstor
1667 Fünfeckturm
1816 Übergang an die Universität
1979–84, 1988–94 Instandsetzung

Museum der Universität Tübingen
Mi.–So. 10–17 Uhr,
Do. bis 19 Uhr
Hof bis 20 Uhr frei zugänglich
Tel. 07071/2977384
www.uni-tuebingen.de/uni/qms/

Innenhof

Unteres Tor

hangbogenfenster der Hofseite fanden sich einst auch am Nordflügel und hoben beide als herrschaftliche Bereiche hervor. Sie stellen eine Übernahme aus dem zeitgenössischen sächsischen Schlossbau dar, ein klares Bekenntnis Ulrichs zur Sache der Reformation.

Der Westbau nahm Wirtschafts- und Vorratsräume auf, im Südflügel befinden sich die **Schlosskapelle** und die Küche, während das OG mit Blick zum Neckar repräsentative Stuben umfasst, die heute noch über reich geschnitzte Frührenaissanceportale verfügen.

Für die enormen Keller, in denen heute eine Fledermauskolonie ansässig ist, ließ Ulrich 1548 ein Weinfass mit einem Fassungsvermögen von 840 000 l anfertigen, das die überreiche Fülle des Landes unter seiner segensreichen Regierung symbolisiert. Zur Deckung der Burg gegen die Hauptangriffsseite entstand 1542 ein mächtiger **Artilleriewall**, dessen Knick ein kleinerer, heute zerstörter Rundturm besetzte.

Mit dem Ausbau Hohentübingens schuf Ulrich eine äußerst repräsentative Nebenresidenz zu Stuttgart und zugleich eine starke, moderne Burg. Es war der mit Abstand modernste und aufwändigste Schlossbau Württembergs in der 1. Hälfte des 16. Jh.

Unter Herzog Christoph wurde der Angriffsseite im Westen eine Geschützplattform angefügt. Die spektakulärste Ergänzung besteht aber in der hohen Bastion mit dem **Unteren Schlossportal**, welche 1606/07 Herzog Friedrich durch Hans Braun und unter Beratung Heinrich Schickhardts errichten ließ. In Anlehnung an römische Triumphbögen drücken sich hier Anspruch und Prestigedenken dieses Herrschers aus: Zentrum der Portalbekrönung des Bildhauers Christoph Jelin bildet inmitten reicher Roll- und Schweifwerkornamente und flankiert von zwei vollplastischen Landsknechtsfiguren mit Muskete und Bihänder als symbolischen Torwächtern das herzogliche Wappen. Prominent sind zudem die Kette des französischen Michaelsordens sowie der englische Hosenbandorden um das Wappen gelegt. Friedrich demonstrierte mit diesen Auszeichnungen, dass er, ein Herzog, die Anerkennung und politische Freundschaft von Königen genoss.

1647 wurde Hohentübingen von den Franzosen erobert. Sie sprengten die beiden Rundtürme an der Südostecke. Der untere dieser beiden Türme wurde 1667 durch einen bastionierten Turm ersetzt.

1816 übernahm die Universität das Schloss und veränderte die Innenräume zu großen Teilen. Heute werden in einem Teil der Räume die Sammlungen des Universitätsmuseums zum Thema Alte Kulturen präsentiert.

Innerer Graben

Feldseitiges Tor am Haspelturm

Nordostturm

65. TÜBINGEN-BEBENHAUSEN
Jagdschloss Bebenhausen

Bebenhausen stellt eine der schönsten und geschlossensten Zisterzienserklosteranlagen in Deutschland dar. Seit dem 19. Jh. diente sie als Jagdschloss der Könige von Württemberg. Der Schlosskomplex ist für den Besucher nicht auf den ersten Blick zu erkennen, da er architektonisch sehr geschickt in die Bauten der Klosterzeit integriert wurde.

Für die Anlage einer würdigen Familiengrablege riefen die Pfalzgrafen von Tübingen Ende des 12. Jh. die Zisterzienser in den Schönbuch. Ihre Frömmigkeit war ausgeprägter als ihr Wirtschaftssinn: 1342 mussten die Pfalzgrafen Bebenhausen an Württemberg verkaufen. Bis ins Spätmittelalter blühte das monastische Leben, Bebenhausen war reich und verfügte über zahlreiche befestigte Wirtschaftshöfe, so in Lustnau. Auch Bebenhausen wurde als Klosterburg mit Ringmauern und Türmen gesichert. Die **Befestigungen** mit ihren Wehrgängen sind noch weitgehend erhalten.

Mit der Einführung der Reformation 1535 endete das monastische Leben. Dank der Nutzung als eine der neuen evangelischen Schulen ab 1556 wurden fast alle Klausurgebäude bewahrt.

1807 zog die Schule aus und König Friedrich machte Bebenhausen zu einem Zentrum seines Jagdwesens. Im ehemaligen **Abtshaus** entstand für ihn ein Appartement, das sich aber nicht erhalten hat. Wilhelm I. reduzierte die Hofjagd des Vaters, da sie für die Bauern eine enorme Belastung bildete, radikal. Für Bebenhausen hatte er daher wenig Interesse. Dafür entdeckte sein Sohn, der spätere König Karl, während seiner Tübinger Studienzeit die vernachlässigte Anlage, die seinen romantischen Sinn für mittelalterliche Architektur ansprach. Nach seiner Thronbesteigung 1864 beauftrage er August von Beyer mit der Restaurierung, in deren Rahmen 1868–70 das Jagdschloss eingerichtet wurde. Beyer wählte hierfür das einstige **Gästehaus** aus, das südwestlich der Klausur liegt und 1532 noch kurz vor der Reformation entstanden war. Am Äußeren des Gebäudes nahm er, abgesehen von den Fenstern, die vergrößert wurden, keine Veränderungen vor. Im EG entwarf Beyer für die Südseite den Blauen Salon als repräsentativen Speisesaal im Neorenaissancestil. Er vermittelt bis heute am besten die Vorstellungen des Historismus, denen die Gestaltung des Schlosses folgte: Vertäfelungen und Türeinfassungen aus der Bauzeit hatten sich hier erhalten. Sie wurden durch zugekaufte Antiquitäten, Kopien historischer Stücke sowie Neuerfindungen in alten Formen ergänzt. An der zentralen Mittelsäule wurde in einer Kartusche der Auftraggeber als Carolus Rex, an der Wandseite gegenüber seine Gemahlin Königin Olga verewigt.

Der Rückgriff auf ältere Stilelemente folgte einem bewussten Programm. Direkt unter Karls Namenskartusche hing bis 1918 jenes Schwert, mit dem Eberhard

um 1183 Gründung des Klosters
1535 Aufhebung
1807 Jagdschloss
1868–70 Ausbau des Schlosses
1885 Erweiterung
1921 Tod von König Wilhelm II.
bis 1946 Ruhesitz von Königin Charlotte

Klostergelände frei zugänglich, Inneres nur mit Führung April–Okt. Di.–Fr. 11–18 Uhr, Sa., So. u. Feiertage 10–18 Uhr, Nov.–März Di.–Fr. 14–16 Uhr, Sa., So. u. Feiertage 11–17 Uhr Tel. 07071/602802 www.kloster-bebenhausen.de

Das Abtshaus, später Jagdsitz König Friedrichs I.

Jagdschloss, vormals Gästehaus des Klosters

Speisesaal, Holzstich

Schalenturm der Klosterbefestigung

Giebel der Abtsküche

im Bart 1495 zum ersten württembergischen Herzog geschlagen worden war. Diese Verknüpfung verwies auf den glanzvollen Vorfahr, dessen Leistungen für das Land sich in Karls Regentschaft würdig fortsetzen sollten. Der Bezug auf frühere Epochen wurde damit auch zur Selbstvergewisserung einer Elite, deren tradierte Rolle und Selbstverständnis durch die großen sozialen und politischen Umbrüche des 19. Jh. in Bedrängnis geraten waren.

Im Anschluss an den Blauen Salon ließ Karl einen kleinen Nebenraum von der großen Kutscherhalle abtrennen. Er blieb lange der einzige Raum, den Wilhelm II., Neffe und Nachfolger Karls, später als Rauchzimmer mit der Bezeichnung Roter Salon neu gestalten ließ. Felix von Berner dekorierte die halbhohe Lambris und den Schrank mit Pflanzenmotiven im Jugendstil. Die Wahl eines zeitgenössischen Stils kennzeichnet Wilhelm II. auch politisch als einen König, der, anders als Karl, seine Rolle an den Verhältnissen der Zeit ausrichtete.

Über Blauem Salon und Kutscherhalle lagen in einer Zimmerflucht aus vier Räumen die Privatzimmer Karls und Olgas, die vom Hirschgang erschlossen wurden. Hier dominieren Neuerfindungen des Historismus. Die Vertäfelungen, die Decken wie auch die Papiertapeten, die wertvolles Pressleder oder Damast imitieren sollen, entwarf August v. Beyer.

1885 erweiterte Karl diese Räume durch Umbau und Erhöhung der einstöckigen Abtsküche, die sich nach Osten anschloss. Da die neue Fassade behutsam an den älteren Bau angeglichen wurde, verrät auch hier die Außenseite nichts von den aufwändigen Innenräumen. Im ehemaligen Küchenbereich entstand aus vier gleich großen Räumen ein Gästeappartement; darüber lag das Appartement Karls. Das derart erweiterte Schloss wurde für den homosexuellen König und seinen amerikanischen Freund Charles Woodcock zum ungestörten Rückzugsort.

Unter Wilhelm II. rückte Bebenhausen als Ausgangspunkt mehrtägiger Hofjagden in das Zentrum des Hoflebens. Dazu wurden hochrangige Gäste eingeladen; 1893 war Kaiser Wilhelm II. zu Gast. Trotz dieser intensiven Nutzung veranlasste Wilhelm erst 1914–18 größere Umbauten und Modernisierungen durch Eugen Wörner: Nun wurden die Zwischenwände im ehemaligen Gästeappartement für Karls Freund entfernt, der heutige Grüne Salon entstand. Julius Mössel, ein gefragter Dekorationsmaler der Zeit, schuf an der Südseite einen Stammbaum der Regenten des Hauses. An den übrigen Seiten folgt ein naiv gehaltener Zyklus mit Städten und Burgen, die in enger Verbindung zur Familie standen. Die darüber liegenden einstigen Wohnräume Karls wurden das Appartement für Charlotte.

Nach der Abdankung hielt sich das ehemalige Königspaar vor allem in Friedrichshafen auf. Erst nachdem Wilhelm II. bei einem Jagdbesuch 1921 in Bebenhausen verstorben war, zog Charlotte dauerhaft im Schloss ein, wo sie 1946 starb. Ihr Bad und Ankleidezimmer sind mit Einbauschränken, indirekter Beleuchtung sowie Dusche, Bidet und Waschbecken mit Mischbrausen ganz der Moderne des frühen 20. Jh. verpflichtet.

Zeitgleich mit dem Bad wurde 1914–18 zwei Stockwerke tiefer eine moderne Schlossküche nebst verschiedenen Nebenräumen eingebaut. Die Warmwasserbereitung war so großzügig dimensioniert, dass sie für das Bad und eine neue Heizanlage ausreichte. Die vollständig erhaltene Küche ist ein technisches Denkmal und zugleich Zeugnis für all die Wirtschaftsbereiche, ohne die das höfische Leben unmöglich gewesen wäre.

66. TÜBINGEN-KILCHBERG
Schloss

Die ehemalige Wasserburg Kilchberg gehört zu der kleinen Gruppe von Burgen, die in der 1. Hälfte des 13. Jh. über einem regelmäßig achteckigen Grundriss entstanden. Eckbuckelquader legen diese Entsehungszeit nahe. Bauherren waren die Herren von Kilchberg, Ministeriale der Tübinger Pfalzgrafen. Das heutige **Herrenhaus**, ein verputzter Fachwerkbau auf massivem Sockel, dürfte im Kern spätmittelalterlich sein und wurde mehrfach umgebaut, zuletzt durch Ludwig Gaab 1834.

Seit der 1. Hälfte des 15. Jh. war Kilchberg Sitz der Herren von Ehingen. Deren bedeutendster Vertreter Georg I. (1428–1508) war ein enger Vertrauter Graf Eberhards im Bart. Er ließ um 1490–1500 die Burg ausbauen. Es entstand als Teil einer ausgedehnten Vorburg direkt am Graben der **Hauptturm**, anstoßend als Ökonomiegebäude das sog. **Hintere Schloss** und schließlich die spätgotische **Kapelle** mit Wandmalereien. Ihr Flügelalter befindet sich heute in der Staatsgalerie Stuttgart. Eine **Ringmauer** mit Wehrgang und Eckürmchen umschließt die Vorburg. Schaufel- und Maulscharten dienten der Verteidigung mit Feuerwaffen, und dass die Herren von Ehingen aus Schloss Kilchberg eine veritable kleine Festung machten, bezeugt die kastellförmige äußere Einfriedung der Hauptburg mit einem kasemattierten Wall und Graben, die gut in die Zeit um 1500 passt. Die Kasematte verbindet die nördlichen Eckürmchen, in deren eines vom Graben aus unter dem Wall hindurch, gedeckt gegen feindlichen Beschuss, ein Verbindungsgang führt. Der Rundturm im Südwesten ist ein lusthausartiger Neubau des 16. Jh.

Ursprünglich schloss eine Wehrmauer, die am Hauptturm ansetzte, die Hauptburg gegen die Vorburg ab. Sie wurde 1721 niedergelegt. Damals war Kilchberg im Besitz der Leutrum von Ertringen.

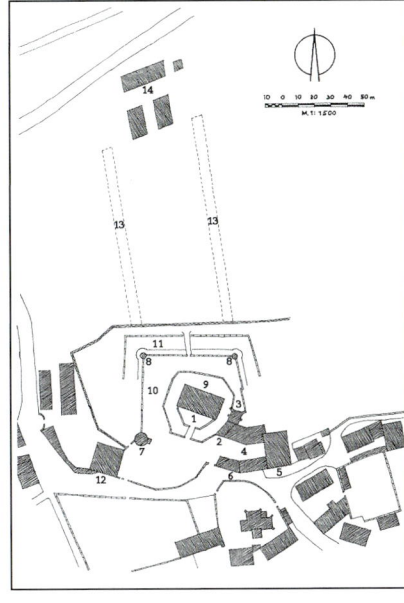

13. Jh. Gründung
1490–1500 Ausbau
1721–23 Umbau
1924 Öffnung des Hofes

1 Schloss
2 Turm
3 Kapelle
4 Hinteres Schloss
5 Scheuer
6 Waschhaus, Remise
7 Runder Turm
8 Ecktürme
9 Innerer Graben
10 Wall
11 Äußerer Graben
12 Verwaltung
13 Kastanienallee
14 Neues Schloss

Privat, nur Außenbesichtigung
www.tuebingen.de

Blick auf die Hauptburg von Nordwesten

Blick in den Hof

Unter ihnen erhielt der Turm an Stelle von Zinnen eine Loggia. Seit 1755 gehört das Schloss den Freiherren von Tessin, die es mehrfach um- und ausbauten. Es entstand im Park das sog. **Untere Schloss** mit Fachwerkgeschoss. 1924 wurde die den Hof abschließende Scheune abgetragen, so dass sich heute ein freier Blick von der Straße auf den Hauptbau und in den Hof ergibt. Jüngster Bau ist eine **Orangerie** im Park.

Das Schloss im Nachbarort **Bühl** präsentiert sich als mächtiger Giebelbau mit runden Ecktürmen und einem achteckigen Treppenturm vor der Hoffront. Über seinem Portal befindet sich das Wappen des Bauherrn David von Stein und seiner Gemahlin Anna von Weiher. Eine lateinische Inschrift rühmt die humanistischen und militärischen Fähigkeiten Davids, der das Schloss bald nach 1550 an Stelle einer älteren Burg errichten ließ. Ein Ortsadel ist schon seit dem 12. Jh. nachgewiesen. 1599–1610 kam es zu einer Erneuerung. Die von Stein besaßen Bühl seit 1537 und mussten den Ort 1626 an Österreich verkaufen. Das Schloss kam 1675 in den Besitz der Rottenburger Jesuiten, die darin bis 1773 eine Brauerei unterhielten. Seit der Renovierung 1981–83 beherbergt es Wohnungen. Von der recht starken Befestigung des typisch renaissancezeitlichen Edelsitzes stehen noch Teile der Ringmauer mit zwei runden Türmen, die mit Scharten zur Verteidigung mit Handfeuerwaffen ausgestattet sind.

Schloss Bühl

67. TÜBINGEN-UNTERJESINGEN
Schloss Roseck

Schon von weit her ist Schloss Roseck zu sehen, da es markant auf einem Sporn des Schönbuchs oberhalb einer Ausbuchtung des Ammertals steht.
Die Burg Roseck scheint erst Mitte des 13. Jh. erbaut worden zu sein, die Ersterwähnung findet sich in den Sindelfinger Annalen für 1287. Damals gehörte die Anlage den Pfalzgrafen von Tübingen, jedoch schon vor 1350 war sie offensichtlich in das Eigentum der Herren von Ow übergegangen, von denen sich ein Seitenzweig nach Roseck nannte. Finanzielle Probleme erzwangen Anfang des 15. Jh. den schrittweisen Verkauf an das Kloster Bebenhausen. Die Mönche machten die Burg zum Mittelpunkt ihrer *Pfleg Roseck*, von der aus sie ihren reichen Grundbesitz und ihre vielfältigen Herrschaftsrechte in Dörfern südlich des Schönbuchs verwalteten. Eine eigene Landeshoheit vermochte das Kloster auch hier nicht auszubilden, wie im gesamten Besitz Bebenhausens, setzte sich auch hier Württemberg als Landesherr durch.
Die weitere Bau- und Nutzungsgeschichte ist bislang wenig erforscht. Wie die spärlichen einfachen, hochrechteckigen Fenster nahelegen, ersetzte im 16. Jh. das heutige Schloss die mittelalterliche Burg, von der jedoch große Teile in den Neubau einbezogen wurden. Seine Westseite bildete ein hoher dreigeschossiger Flügel, dessen steiles Walmdach eine jüngere Ergänzung des 17. Jh. oder 18. Jh. sein dürfte. Östlich dazu folgte ein Parallelbau mit einem deutlich flacheren Dach. Die Bauten bilden mit zwei weiteren Flügeln einen kleinen, fast quadratischen Innenhof. Ein Rundbogentor im Südflügel bildet seinen Zugang. Direkt über ihm thront ein kleiner Dachreiter mit Glocke, an der Außenfassade befindet sich direkt unter der Traufe die zugehörige Uhrscheibe. Die unteren Geschosse der Flügelbauten bestehen aus Bruchsteinmauern mit Eckquadern aus Sandstein und weisen nur vereinzelt Fenster auf, hier wurden Mauerabschnitte der ehemaligen Burg verbaut. Um Süd- und Westseite zieht sich noch der ehemalige Burgzwinger um das Schloss. Seine Südwestecke bildet das äußere Burgtor. Es besteht aus einem großen Rundbogentor, daneben, in einem Turm mit Fachwerkaufsatz, befindet sich ein kleineres für Fußgänger. Der Standort ist historisch, die idyllische Baugruppe eine Zuerfindung des 19. Jh.
Mit Aufhebung des Klosteramtes im 19. Jh. kam das Schloss in bürgerliche Hände, 1947 als Schenkung an das Franziskanerinnenkloster Heiligenbronn. Die Schwestern errichteten die neuen Nebengebäude (Pflegeheim, sog. Mauerhäuschen). 1991 brannte das Schloss im Inneren komplett aus, die Schwestern ließen zwar das Dach wieder herstellen, der Innenausbau jedoch blieb bis heute unvollendet. Während die Nebengebäude weiterhin als Pflegeeinrichtung genutzt wurden, ist das Schloss Privateigentum geworden und wird teilweise gastronomisch genutzt.

Mitte 13. Jh. *Gründung*
16. Jh. *Umgestaltung*
1960 *neue Nebengebäude*

Turm am äußeren Tor

Frei zugänglich, Hof und Gasträume während der Öffnungszeiten der Besenwirtschaft www.mostbesen-schloss-roseck.de

Hauptburg

Ansicht vom Ammertal

68. KIRCHENTELLINSFURT
Jagdschloss Einsiedel

1460/82 Bau
1492 Gründung des Stifts
1537 Auflösung des Stifts
1580 Brand der Stiftsgebäude und Abriss
1619 Galerie und Treppenturm
1767–93 Neues Jagdschloss
1801–04 Abbruch des neuen Jagdschlosses
1965 Abbruch Gestütsbauten

Kath. Jugendhaus
Hof frei zugänglich
Wanderraststätte
1. Mai–31. Okt. So. u. Feiertag 10.30–18 Uhr
Tel. 07121/600654
www.schloss-einsiedel.de

Wer heute bei einem Spaziergang auf die Überreste des Jagdschlosses Einsiedel trifft, erhält nur noch eine schwache Vorstellung von der vielfältigen Bautätigkeit an dieser Stelle.

Graf Eberhard im Bart errichtete auf der Rodungsinsel am südöstlichen Schönbuchrand 1460 ein Gestüt, das er 1482 zu einem wehrhaften Jagdschloss mit Türmen und Zwinger ausbauen ließ. Ungleich wichtiger wurde ihm zehn Jahre später die Gründung eines Stifts der Brüder vom gemeinsamen Leben direkt neben dem Schloss. Eberhard, der diesen Orden privilegiert und reich begütert hat, bestimmte das Stift zur Grablege. Die Gemeinschaft überdauerte jedoch den Tod ihres Förderers nicht lange. Auf die Umwandlung in ein weltliches Chorherrenstift folgte nach der Reformation 1537 die Auflösung. Das Grab Eberhards und seine Gebeine wurden in die Tübinger Stiftskirche überführt. Die Vierflügelanlage des Stifts aus Kirche und Klausurgebäude brannte 1580 ab und diente danach als Steinbruch.

Das Jagdschloss wird Ende des 16. Jh. als dreigeschossiger Steinbau mit einem flachen, begehbaren Dach nach italienischer Art beschrieben. Ob diese bemer-

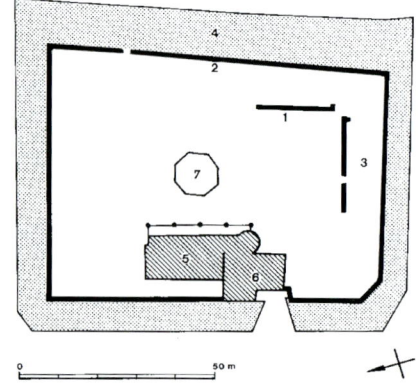

1 Reste innere Ringmauer
2 Zwingermauer
3 Zwinger
4 Graben
5 Schloss
6 Torbau
7 Weißdorn

kenswerte Gestaltung freilich in dieser Form überhaupt und – wenn ja – wie lange bestand, muss offen blieben. Denn Heinrich Schickhardt, der nach einem Brand 1619 mit dem Wiederaufbau betraut wurde, gibt in Riss und Beschreibungen ein anderes Aussehen wieder: ein zweigeschossiger, rechteckiger Steinbau mit einem Satteldach, der bis heute erhaltene **Westflügel**, an den ein Nordflügel anstieß. Große Teile der Mauern, so auch Fenster- und Türgewände, hatten dem Brand widerstanden und konnten beim Wiederaufbau wiederverwendet werden. Nun erhielt der Bau seinen

Ansicht mit Torhaus

Treppenturm und Laubengang

Schießscharte der inneren Ringmauer mit Auflagern für ein Prellholz

runden Treppenturm und die hofseitige, zweigeschossige Fachwerkgalerie zur Erschließung der Räume.

Herzog Carl Eugen ließ spätestens seit 1767 nördlich der alten Anlage einen zweigeschossigen, längsrechteckigen Schlossbau mit kurzen Seitenflügeln erstellen, der sich mit einem überkuppelten Mittelpavillon an die Schlösser Monrepos und Solitude anlehnte. Nach dem Tod Carl Eugens fiel er den rigorosen Kürzungen seiner nach ihm regierenden Brüder zum Opfer. Friedrich I. ließ das Schloss abtragen und als Festinbau in Monrepos (⇨19) wieder errichten, wo der Bau bis 1818 stand. Die Bauten des von Carl Eugen auf dem Einsiedel eingerichteten Gestüts fielen hingegen erst 1965 dem Abbruch zum Opfer. Außer den strahlenförmigen Wegeachsen, die bis heute vom ehemaligen Standort aus in den Schönbuch hineingreifen, hat sich kein Relikt erhalten.

Besser erging es dem alten Jagdschlösschen, das seit 1964 als Jugendhaus dient. Hier hat sich der Westflügel mit dem Treppenturm erhalten. Etwas aus der Flucht gerückt folgt der quadratische, ebenfalls zweigeschossige Torbau mit Walmdach. Seine tonnengewölbte Durchfahrt zeigt im hinteren Teil eine Kassettendecke des 17. Jh. Der Nordflügel jedoch wurde 1878 abgerissen. Reste der **Befestigung** mit Zwingermauern und Graben haben sich ebenfalls erhalten.

Im zeitigen Frühjahr erfreut der blühende **Weißdorn**. Er ist freilich schon der dritte in einer Reihe, die der Überlieferung zufolge mit einer Pflanzung Eberhards nach der Rückkehr von seiner Pilgerfahrt ins Heilige Land ihren Anfang nahm. Tatsächlich beschrieben Besucher im 17. Jh. einen großen, weit ausladenden Weißdorn, der vielfach gestützt werden musste: Die steinernen Füße von Tischen und Bänken im Hof sind Teile dieser Stützen.

69. AMMERBUCH-ENTRINGEN
Schloss Hohenentringen

um 1230 Bau der Burg
Mitte 16. Jh. Burgstall
nach 1650 Wohntrakt und Wirtschaftsgebäude

Scheune

Hohenentringen 1
Restaurant
Äußeres frei zugänglich, Hof und Gasträume während der Betriebszeiten
Tel. 07073/6366
www.hohenentringen.de

Scheune, Baudatum (1724)

Hauptbau, Treppenturm

Der Niederadelssitz Hohenentringen wandelte sich im 18. Jh. von einer Burg zu einem Gutshof. In den Grundformen besteht die mittelalterliche Anlage fort. Sie entstand auf einem Hochflächensporn an der Südwestseite des Schönbuchs. Am schmalen Zugang ist noch der einstige **Halsgraben** erkennbar. Erbaut wurde sie wohl um 1230, als die 1075 erstmals genannte Familie der Ritter von Entringen auf ihrem Zenit stand. Mit ihrem Abstieg in den Ministerialenstand begann noch im 13. Jh. die Aufteilung. Sie mündete in die komplizierten Besitzverhältnisse einer Ganerbenburg. Georg von Ehingen, der nur kurz als Kind hier gelebt hat, berichtete, dass im 15. Jh. fünf Familien einträchtig mit insgesamt 100 Kindern beisammen wohnten. Hier idealisiert Ritter Georg die Verhältnisse, denn angesichts der hohen Kindersterblichkeit lebten sicher nicht mehr als 30 Kinder zeitgleich auf der Burg.

Zudem ging es nicht ohne schriftlichen Burgfriedensvertrag, der die jeweiligen Nutzungsrechte der Ganerben abgrenzte. Ihnen persönlich gehörten nur noch geringe Teile, die eigentlichen Eigentümer waren seit der Aufteilung Zollern, Württemberg und Baden, die ihre Anteile als erbliche Lehen an „ihre" Adelsfamilien ausgaben.

Ab dem 1. Drittel des 16. Jh. konzentrierten sich die Anteile in der Hand der Familie von Gültlingen, zudem setzte sich Württemberg als einziger Lehensherr durch. In dieser Zeit wurden die mittelalterlichen Bauteile als Burgstall, d. h. als Ruine, beschrieben. Von der Burg erhielten sich nur der doppelte Mauerring mit Zwinger, Reste des südöstlichen Rundturms und der Torturm. Die Familie von Gültlingen bewohnte im 16. Jh. das Erbkämmererhaus außerhalb der Burg, das aber im Dreißigjährigen Krieg abging.

Um 1600 kam Hohenentringen für knapp 100 Jahre in den Besitz der Familie von Remchingen. Sie leitete ab 1648 die schrittweise Neubebauung ein, auf die alle heutigen Gebäude zurückgehen. Der runde **Treppenturm** mit Fachwerkobergeschoss, 1650 erwähnt, stellt den ältesten Bauteil dar. Vielleicht zeitgleich, auf jeden Fall aber früher als die Jahreszahl 1778 andeutet, entstand der lange Wohntrakt auf der Westseite. Der schmucklose massive Steinbau erhielt erst im 19. Jh. die heutigen Walmdächer. Die beiden **Wirtschaftsgebäude** am ehemaligen Halsgraben sind in den Schlusssteinen ihrer Portale auf 1724 und 1727 datiert; das nördliche ist über den Zwinger hinaus an die Außenmauer vorgeschoben. 1786 wurde mit dem abgebrochenen Torturm der Graben verfüllt.

Nachdem ab Ende des 17. Jh. die Eigentümer rasch gewechselt hatten, erwarb 1877 die Familie von Ow-Wachendorf die Anlage. Sie sanierte in der 2. Hälfte des 20. Jh. die Ringmauern, die Trage- und Dachwerke des Hauptgebäudes und baute dessen Innenräume um. Heute befindet sich auf dem Hohenentringen ein beliebtes Ausflugslokal, vom dem aus sich ein schöner Blick in die umliegende Gäulandschaft bietet.

70. AMMERBUCH-POLTRINGEN
Schloss

Eine ganze Reihe von Burgen der Region war ursprünglich von Wassergräben umgeben, doch sind sie selten noch als Wasserburgen kenntlich. Eine Ausnahme bildet Poltringen.

Wie in anderen Fällen ist auch in Poltringen der Ortsadel, 1191 genannt, deutlich früher als der Ort selbst erwähnt, der erstmals 1293 unter der älteren Bezeichnung Oberkirch erscheint. Wahrscheinlich schon im 12. Jh. erbauten die Herren von Poltringen an Stelle des heutigen Schlosses eine Burg. Die Literatur erwähnt 1238 eine Zerstörung, genaue Angaben fehlen. Die Sanierungsarbeiten um 1970 legten Grundmauern einer rechteckigen Anlage von 25 × 15 m frei, die nicht dem heutigen quadratischen Grundriss entsprechen. Einen wichtigen Hinweis zur Einordnung dieser Befunde liefert Heinrich Schickhardt. Er schrieb unter dem Jahr 1613 in seinem Tätigkeitsverzeichnis: „Boldrengen, dem Herrn von Wolkenstein in seinem Schloss gebaut, aber kein Hauptbau getan, [...]" Schickhardt nahm also in Poltringen „nur" einen Umbau vor.

Damit lassen sich in der Zusammenschau mindestens drei Bauten sicher unterscheiden: der Umbau von Heinrich Schickhardt ab 1613, auf den im Wesentlichen das heutige Schloss zurückgeht, weiter einen direkten Vorgänger, von dem Schickhardt sicherlich die Grundstruktur der Vierflügelanlage übernahm, die 1565–70 durch Matthias Wieland errichtet worden war, und schließlich jener Bau, dessen rechteckige Grundmauern freigelegt wurden und der im Mittelalter entstanden ist. Wenn der Bericht über die Zerstörung von 1238 zutrifft, so muss davor noch ein weiterer Bau existiert haben, der aber archäologisch nicht nachgewiesen ist.

Schickhardts gelungener Umbau prägt das Schloss bis heute: Auf das vom Vorgängerbau übernommene EG setzte er zwei steinerne Geschosse. Auf deren Ecken platzierte er quadratische Türme mit Zeltdächern, die jedoch nicht über die steilen Satteldächer hinausragen. Nur an der Nordwestecke zieht sich über die Obergeschosse ein Erker, der aber unterhalb des Turms endet. Die Fenster sind

12. Jh. Wasserburg
1238 Zerstörung?
1565–70 Vierflügelanlage
1613 Umbau durch Heinrich Schickhardt

Privat, nur Äußeres frei zugänglich
www.ammerbuch.de

Ansicht des Kernschlosses

Lageplan
1 Schloss
2 Mühle
3 Scheune

Kernschloss

Wirtschaftshof mit Mühle

auf allen Seiten weitgehend axial angeordnet, die Geschosse durch umlaufende, schwache Gesimse getrennt. Über dem Portal befindet sich das Doppelwappen der von Wolkenstein und der von Eberstein. Darüber springt im zweiten OG ein Erker vor.

1706 und 1969 wurden die Räume durch Brände verheert. Bei den Wiederherstellungen beließ man jeweils den Schickhardtschen Entwurf, so dass sich in Poltringen nach wie vor die besondere Qualität des wichtigsten württembergischen Renaissancebaumeisters studieren lässt. Anders als die klaren Strukturen der Vierflügelanlage ist die Geschichte ihrer Herrschaftsverhältnisse außerordentlich komplex. Von den Pfalzgrafen von Tübingen und über deren Erben waren nach Erbgängen, Verkäufen und Weitergabe als Mitgift Ende des 17. Jh. zwei Drittel der Ortsherrschaft in der Hand Jakobs von Ehingen und ein Drittel in die Hand Christophs Franz von Wolkenstein gekommen. Dabei handelte es sich teils um Eigengut, teils um Lehenstitel. Über die genaue Abgrenzung der Rechte herrschte jedoch erbitterter Streit. Jakob von Ehingen ließ daher zu seinem Schutz im Ort das **Obere Schloss** errichten. Genützt hat es nur bedingt, der Wolkensteiner drang 1618 mit Gewalt in selbiges ein.

Erst als Ende des 17. Jh. kurz nacheinander die beiden Familien ausstarben, stabilisierte sich die Situation etwas. Österreich verfügte inzwischen durch Käufe über zwei Drittel der Ortsherrschaft, die es als Lehen an die Freiherren von Ulm zu Erbach vergab. Sie ließen 1790 das Obere Schloss abreißen. Das letzte Drittel war an Württemberg zurückgefallen, das es als Kammergut durch einen Amtmann verwalten ließ. Die Streitigkeiten setzten sich auch unter den neuen Ortsherren fort. Sie endeten erst als Poltringen 1806 zur Gänze württembergisch wurde. Das Schloss blieb zunächst Lehen, ab 1838 dann Eigentum der Freiherren von Ulm-Erbach. 1877 kam es an einen Privatmann, 1890 erwarb die Gemeinde das Schloss. Die Unterbringung von Kindergarten, Schule, Arzt- und Lehrerwohnung blieb provisorisch. Erst der Kauf durch einen Privatmann 1966, der die Sanierung und Aufteilung in Eigentumswohnungen vornahm, brachte eine dauerhafte Lösung.

Schloss Waldenbuch ist ein Beispiel für jene Landschlösser, mit denen Herzog Christoph demonstrativ seine gefestigte Herrschaft über das Land flächendeckend manifestierte.

71. WALDENBUCH
Jagdschloss

Auf einem Umlaufberg über der Aich lag eine Burg, die sich durch erhaltene Keller unter dem Südflügel auf die 1. Hälfte des 13. Jh. datieren lässt. Als Erbauer kommt v. a. das bedeutende staufische Ministerialengeschlecht der Herren von Bernhausen in Frage. 1381 wird Waldenbuch erstmals württembergisch, nach einem längeren österreichischen Zwischenspiel 1495 endgültig. Von der Burg aus wurde durch Amtleute der wichtige Schönbuchforst verwaltet.

Den gestiegenen Ansprüchen Herzog Christophs genügte die Burg freilich nicht. An Martin Berwart und Albrecht Tretsch erging daher um 1558 der Auftrag für den Neubau. Die Burg wurde weitgehend abgetragen und es entstand in einer ersten Bauphase über einem tonnengewölbten Keller ein zunächst zweigeschossiger, einfacher längsrechteckiger Bau von 27 × 14,7 m. Dabei handelt es sich um den hinteren Teil des Ostflügels. Im gesamten EG erstreckt sich der sog. **Rittersaal**, dessen kreuzgratgewölbte Decke von acht massiven Sandsteinpfeilern getragen wird. Vom Hof her führt nördlich vom Kellerabgang eine einfache Rundbogentür in diese Halle. Das OG bestand aus sechs Räumen hinter großen Rechteckfenstern; vom breiten Mittelflur aus stoßen an beiden Enden Querflure zu Fenstern der Außenseiten vor, durch die der Flur Licht erhält. Die erhaltene **Ausstattung** aus bemalten Fachwerkwänden, zum Flur hin mit runden Oberlichtern, Vertäfelungen, Kassettendecken, Kaminen und Türrahmungen mit geometrischen Dekors vermittelt einen guten Eindruck von den vornehmen, aber im Detail zurückhaltenden Formen, die in der württembergischen Renaissance unter Christoph dominierten. Die Nachfolger Christophs nutzten das Schloss vor allem für Jagdaufenthalte, woran die aufgemalten Hirschköpfe, über denen die eigentliche Geweihtrophäe angebracht war, erinnern. Erreichbar war das OG durch eine schön gearbeitete **Wendeltreppe** mit Hohlspindel von Blasius Berwart, deren runder Turm an der Nordwestecke das

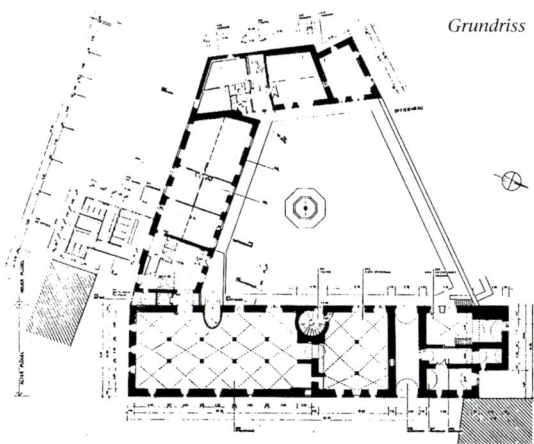

Grundriss

Ende dieser ersten Bauphase markierte. Ab 1605 kam es durch Heinrich Schickhardt zu einer Erweiterung, für die zuerst das Schiff der Pfarrkirche St. Veit um 180 Grad gedreht werden musste: Stand es bis dahin westlich des Kirchturmes, so wanderte es nun an dessen Ostseite. Damit war der Platz frei für die Verlängerung des Ostflügels nach Norden; an der Kante des Plateaus wurden dabei Räume der Burg einbezogen. Sie dienten teils als Küche, teils als Wachstube für den gewölbten Durchgang, durch den man heute den Hof erreicht. Mit der Verlängerung wurde der Treppenturm ganz in den Baukörper integriert. Da wie bei andern Bauten aus der Zeit Herzog Chris-

1. Hälfte 13. Jh. Burg
ca. 1558–70 Ostflügel
1605–09 Verlängerung des Ostflügels
1687–91 Erhöhung des Ostflügels, Altane, Küchenflügel
1717–19 Südflügel
1978–88 Sanierung

Ostflügel

Ostflügel mit Tor

*Kirchgasse 3
Museum der Alltagskultur
Hof tagsüber frei zugänglich, Museum Di.–Sa. u. Feiertag 10–17 Uhr, So. 10–18 Uhr
Tel. 07157/8204
www.landesmuseum-stuttgart.de
www.museum-der-alltagskultur.de*

tophs Bauschmuck weitestgehend fehlt, kommt auch in Waldenbuch den Fenstern besondere Bedeutung zu. Während Fensterreihung und Gestaltung der Gewände der Hofseite einheitlich sind, sind sie auf der Außenseite auffallend disparat. Der massive **Laufbrunnen** im Hof entstand 1649/50.

Die lateinische Bauinschrift über der Durchfahrt bezieht sich auf die dritte Bauphase: 1687 ließ Herzogadministrator Friedrich Karl den gesamten Ostflügel zusammen mit der Spindeltreppe, deren Treppenturm über das Dach hinausgeführt wurde, um ein Geschoss aufstocken. Direkt anschließend wurde bis 1691 auf der Westseite des Hofes ein neuer Wirtschaftstrakt, der heutige **Offizin-Bau**, errichtet. Da er im EG die Küche aufnahm, wurden an der Stirnseite des Ostflügels die großen Kamine abgebrochen und im ersten OG die Altane angefügt.

Der letzte Bauabschnitt vollendete 1717–19 die Anlage. Herzog Eberhard Ludwig, der seine baulichen Ambitionen ganz auf Ludwigsburg konzentriert hatte, beauftragte seinen dortigen Baumeister Giuseppe Frisoni mit dem Entwurf eines Querbaus, der den Ostflügel Christophs mit dem jüngeren Küchenflügel verbinden sollte. Frisoni löste diese Aufgabe mit einem dreigeschossigen Bau unter hohem Walmdach. Als Erbprinz Friedrich Ludwig erwog, seinen Hofstaat nach Waldenbuch zu verlegen, wurde der Bauplan ergänzt und dem neuen **Südflügel** auf seiner Rückseite ein zweigeschossiger Bau angefügt. Mit Respekt auf seine Vorgänger und im Hinblick auf die Einheitlichkeit glich Frisoni die Fenster der Hofseite den älteren Teilen an, lediglich die Außentreppe am Eingang hebt den Bau deutlich heraus. Obwohl die Innenräume u. a. mit Stuckaturen Frisonis geschmückt worden waren, wovon sich nichts erhalten hat, verzichtete der Erbprinz letztlich auf den Umzug in den Schönbuch. Waldenbuch wurde im 18. Jh. wenig genutzt. Die unterschiedlichsten Verwendungen im 19. und 20. Jh. haben leider bis auf die Räume im Ostflügel die gesamte Ausstattung zerstört. Aktuell beherbergt das Schloss seit einer umfassenden Sanierung 1978–88 das Museum für Alltagskultur, eine Außenstelle des Landesmuseums Württemberg.

Innenhof mit Ost- und Südflügel

72. HERRENBERG
Schloss

Vom einstigen Herrenberger Schloss zeugen nur noch wenige Reste. Die 1228 erstmals urkundlich erwähnte Burg wurde nur wenige Jahre zuvor von Pfalzgraf Rudolf I. von Tübingen errichtet und ist in engem Zusammenhang mit der Gründung der Stadt Herrenberg zu sehen. Die Anlage bestand ursprünglich aus der Vorderen und der Hinteren Burg. Von der Hinteren Burg, die den künstlichen Hügel östlich, den sog. Kanonenbuckel, einnahm, ist nichts erhalten, sie ging vermutlich im 15. Jh. ab. Die **Vordere Burg** bildete ein unregelmäßiges, längliches Polygon, dessen Ostspitze gegen die Hauptangriffsseite gerichtet war. Hier deckte eine starke Mantelmauer die Anlage, deren Ecke der Bergfried markierte. Von dieser Mauer steht noch ein gutes Stück aufrecht. Konsolen zeigen die Deckenhöhe eines früheren Saalbaus an, der sich an die Mauer lehnte. Ein zweiter **Turm** an der Nordwestecke des ehemaligen Berings ist in seinem Unterbau erhalten. Er birgt noch ein historisch hier bezeugtes Verlies. Der Turm ist 1957–59 weitgehend erneuert worden. Die Südseite nahm ein großer Wohnbau ein, von dem noch der zweigeschossige Keller vorhanden ist, in der Hofmitte lag eine Zisterne. Die Burg war über die weitgehend erhaltenen, steil den Berg hinaufführenden Schenkelmauern an die Stadtbefestigung angebunden.

Nach dem Tod Pfalzgraf Rudolfs II. 1247 begründete einer seiner Söhne eine eigenständige Herrenberger Linie, die den Beinamen Scheerer trug. Tief verschuldet musste 1382 der letzte Herrenberger Graf Konrad II. (†1391) die gesamte Herrschaft an Württemberg verkaufen. Die Württemberger setzten in Herrenberg einen Obervogt ein, zuerst Werner von Rosenfeld, der schon 1388 mit seinem Herrenberger Aufgebot entscheidend zum Sieg Württembergs über die schwäbischen Reichsstädte in der Schlacht auf dem Kirchhof zu Döffingen beitrug.

Vermutlich im 15. Jh. entstanden Zwingeranlagen im Süden und Osten, um die Burg an der Angriffsseite zu decken. In dieser Zeit wurde auch die Stadtmauer für den Einsatz von Feuerwaffen modernisiert, wie einige erhaltene Maulscharten belegen. Reste der Zwinger sind auf der Südseite erhalten, und auch die Mauer mit der kleinen gotischen Pforte zwischen

Ansicht von Merian 1643

den beiden Schenkelmauern gehört zu diesen Anlagen. 1525 widerstand das Schloss den anstürmenden Bauern. Allerdings verlor es zunehmend an Bedeutung, die Obervögte residierten seit 1534 in der ehemaligen **Stiftspropstei**, auf dem Schloss wohnten aber verschiedene Adelsfamilien. 1551 diente es kurzfristig als herzogliche Residenz, weil in Stuttgart die Pest wütete. Im 17. Jh. hielten sich noch vereinzelt württembergische Herzöge zur Jagd in Herrenberg auf, dann diente das Schloss nur noch zu Sicherheitszwecken. 1807 befahl König Friedrich die Schleifung. Allein der Nordwestturm wurde als Hochwacht für die Stadt nach teilweisem Abbruch hergerichtet und 1880 zum Aussichtsturm umgebaut.

An der Südwestecke der Herrenberger Stadtbefestigung erhebt sich der ehemalige **Stiftsfruchtkasten**. In ihn wurde ein Wohnturm einbezogen, der aus der Stadtgründungszeit stammt. Ein romanisches Biforium ist noch sichtbar.

Anf. 13. Jh. Gründung
1382 Verkauf an Württemberg
1807 Abbruch
1957–59 Wiederaufbau Nordwestturm

Frei zugänglich
www.herrenberg.de
S 1 (Herrenberg)

Stadtseitiger Zwinger, Pforte

VII. ENTLANG DER SCHWÄBISCHEN ALB
Burgen und Schlösser zwischen Reutlingen und Schwäbisch Gmünd

Wie eine blaue Mauer hebt sich der Albtrauf vom Vorland ab. Er ist zergliedert in tief eingeschnittene Täler, vor seiner Front erheben sich einzelne Kegel wie die Limburg bei Weilheim, ein ehemaliger Vulkanschlot. Das sanft hügelige Vorland ist geprägt durch Streuobstwiesen, und hier und da auch durch Weinbau. Ihren Reiz gewinnt diese Landschaft zum einen durch die bewegte Topographie, zum anderen aus dem Kontrast des lieblichen Vorlandes zur kargen Hochfläche des weitgehend aus Jurakalk aufgebauten Mittelgebirges. An seinen Rändern erhoben sich seit dem 12./13. Jh. zahllose größere und kleinere Burgen, oft in abenteuerlicher und imposanter Lage auf und zwischen schroffen Kalksteinklötzen, so Lichtenstein (⇨76), Hohenneuffen (⇨80), die Wielandsteine (⇨85) oder der eindrucksvolle Reußenstein (⇨90). Die Burgendichte ist groß, und nicht nur am Trauf, sondern auch im unmittelbaren Vorfeld der Alb lagen zahlreiche Herrensitze, so bei Dettingen unter Teck. Allein im Lenninger Tal und an seinen heute dicht bewaldeten Hängen finden sich 14 Burgen bzw. Burgstellen, die teilweise als Gruppen zueinander gehörten.

Im Hochmittelalter teilten sich neben den Staufern mächtige Grafenfamilien in den Besitz der Region zwischen Tübingen und Schwäbisch Gmünd. Da waren die Pfalzgrafen von Tübingen, die Grafen von Urach und von Aichelberg sowie die Herzöge von Teck aus dem Geschlecht der Zähringer, aber auch die edelfreien Herren von Neuffen, Parteigänger der Staufer, deren bedeutendster Vertreter Gottfried von Neuffen 1235 den unglücklichen König Heinrich (VII.) im Kampf gegen seinen Vater Friedrich II. unterstützte.

Diese Familien und ihre Ministerialen und Ritter errichteten zahlreiche Burgen, um die jeweiligen Herrschaftsgebiete und Einflusssphären zu sichern. Um einzelne Dynastensitze entstanden zugehörige Dienstmannenburgen, so um den Hohenstaufen oder die Teck, um die allein um die 20 Ministerialensitze lagen. Auch Kaiser und Reich suchten durch Burgenbau und -erwerb ihre Macht abzusichern. Nach dem erfolglosen Aufstand Heinrichs (VII.) musste Gottfried von Neuffen z. B. seine Burg Achalm (⇨74) dem Reich überlassen.

Vom allmählichen wirtschaftlichen Niedergang und dem Aussterben all der genannten Dynastien im späten 13. und 14. Jh. profitierten die Grafen von Württemberg, die deren Territorien bald durch Kauf oder Erbschaft an sich brachten. Damit verloren viele der kleineren Burgen zunehmend an Bedeutung. Zahlreiche Anlagen wurden schon im Verlauf des Spätmittelalters wieder aufgegeben und zerfielen. Sie waren spätestens im 16. Jh. zu entlegen und boten wohl auch zu wenig Platz. Einige Anlagen blieben bis ins 18. Jh. intakt und wurden als Verwaltungs- oder Jagdsitze genutzt (⇨76, 83). Noch im 19. Jh. verschwand das im 17. Jh. durch Konrad Wiederhold ausgebaute Neidlinger Renaissanceschloss.

Eingestreut in das württembergische Territorium lagen eigenständige, reichsfreie Gebiete, allen voran die Reichsstädte Reutlingen und Schwäbisch Gmünd, aber auch reichsritterschaftliche Flecken und Besitzungen. Als letzte große alte Adelsfamilie mit eigenem Territorium verblieben bis zur Mediatisierung durch Württemberg 1806 die Herren von Rechberg, denen 1601 der Aufstieg in den Reichsgrafenstand gelang. Sie konnten um ihre Stammburg herum ein kleines Territorium aufbauen, das allerdings unter verschiedenen Linien aufgeteilt war.

Heute stehen die meisten Ruinen inmitten des Waldes, doch muss man sich die Albhänge überwiegend unbewaldet vorstellen. Noch um 1910 war z. B. der Teckberg weitgehend baumlos. Erst später erfolgte die Aufforstung.

Neuffen, Landesfestung Hohnneuffen

Bad Urach, Landesfestung Hohenurach, Hof mit Brunnen

73. GOMARINGEN
Schloss

12. Jh. Gründung
1296 Ersterwähnung
1306 Südflügel
1500 Verlängerung Südflügel
1590 Um- und Ausbau
1697 Abbruch Bergfried
1731–39 Umbauten
1813–1934 Pfarrhaus
1995–98 Instandsetzung

*Grundriss der Hauptburg
Umzeichnung v. Ottersbach nach Sannwald 1998*

Schlosshof 1
Bürgerhaus und Museum
So. 13–17 Uhr
Tel. 07072/9155-41
www.gomaringen.de

Ansicht von Südosten

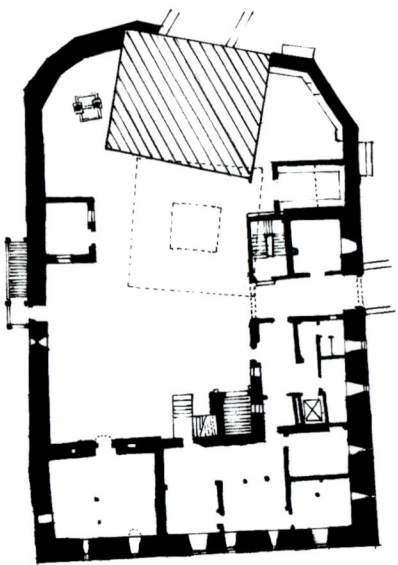

Das Gomaringer Schloss ist das wohlerhaltene Beispiel eines typischen Ortsadelssitzes. Während seiner Instandsetzung kam eine Fülle bauhistorischer Befunde zu Tage, die dem Bau überregionale Bedeutung verliehen. Er erhebt sich am Ortsrand über dem Wiesaztal und bildet eine rechteckige Anlage mit zwei Flügeln im Süden und Osten. Gegen Süden erstreckt sich ein ausgedehnter Wirtschaftshof.

Die Ursprünge reichen wohl ins 12. Jh. zurück, denn 1191 werden erstmals ein Friedrich und Hugo von Gomaringen als Ministeriale der Tübinger Pfalzgrafen erwähnt. In der Südostmauer sind Buckelquader mit Zangenlöchern erhalten, die ihrer Form nach die bestehende Anlage in die Zeit um 1220–60 datieren. Weitere Buckelquader des 1697 abgebrochenen **Bergfrieds** sind an den Ecken und im Sockel des Farrenstalls und der Meierei im ehemaligen Wirtschaftshof vermauert. Seine Fundamente wurden 1998 ergraben. Der im Hof stehende Turm maß 9 × 9 m und war ca. 20 m hoch. Um 1306 wurde in der Südostecke der Burg an Stelle eines älteren Holzbaus ein dreigeschossiger **Fachwerkbau** mit über die Mauerkrone vorkragendem OG errichtet. Weite Teile der Konstruktion sind bis heute im EG erhalten geblieben und zeigen die ursprüngliche Raumaufteilung. Als einer der wenigen erhaltenen Fachwerkbauten des frühen 14. Jh. in einer südwestdeutschen Burg kommt diesem Baubefund ein besonderer Stellenwert zu. Typisch ist die Ecklage der Bohlenstube im OG als Hauptwohnraum, die deutlich die Parallelen zwischen adeligem und städtischem Wohnbau um 1300 zeigt. Möglicherweise stammen aus dem 14. Jh. auch die Wandmalereien mit Ranken und Papageien in einer Fensternische des EG, die spätestens ins 15. Jh. datieren. Aus dieser Zeit stammt auch eine vollständig erhaltene Blockrahmentür und zeugt von einem Umbau um 1461–80.

1491–99 kam Gomaringen an die Reichsstadt Reutlingen, die einen Umbau vornehmen ließ. Der Wohnbau wurde nach Westen erweitert und die Wehrfähigkeit durch Einbau von Maul- und Senkscharten in die Ringmauer erhöht, wie sie sich ähnlich zu dieser Zeit auch an den Stadtmauern Reutlingens und Esslingens finden. Im Innern zeugen von dieser Bauphase die gelben Fassungen des Fachwerks und Rankenmalereien. Um 1590 erfolgte ein weiterer Um- und Ausbau. Das Schloss erhielt ein zweites OG in Renaissancefachwerk mit Zierelementen und es entstand in gleicher Höhe der **Ostflügel**. Reutlingen sah sich allerdings zu Ende des Dreißigjährigen Krieges zum Verkauf der Herrschaft Gomaringen an Württemberg gezwungen.

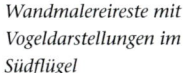

Bis 1807 bewohnten den Bau, der im 17. Jh. dem Hof auch als Jagdschloss diente und dessen Giebel daher mit Geweihen geschmückt waren, württembergische Vögte. 1731–39 kam es zu einem weiteren Umbau, bei dem die hofseitigen Fachwerkwände weitgehend erneuert wurden. Den Westteil des Südflügels stockte man mit einem Saal für das Ortsgericht auf. 1813 wurde das Schloss zum Pfarrhaus. Als Pfarrer hat es 1837–41 **Gustav Schwab** bewohnt. Er empfing hier seine Dichterfreunde Justinus Kerner und Ludwig Uhland und machte das Schloss für kurze Zeit zu einem der literarischen Zentren Südwestdeutschlands. Bekannt wurde Schwab u. a. durch die Herausgabe der „Sagen des klassischen Altertums" und seine Beschreibungen der Schwäbischen Alb.

Nach dem Erwerb des Schlosses durch die Gemeinde kam es 1995–98 zur Instandsetzung, die in vorbildlicher Weise durch eine bauhistorische und archäologische Untersuchung begleitet wurde. Seither dient es als Bürgerhaus und Heimatmuseum, das auch eine Gedenkstätte für Schwab umfasst. In den letzten Jahren wurden Teile des **Wirtschaftsho-fes** restauriert, der seit dem 17. Jh. als herzogliche Schäferei genutzt wurde, so die Meierei, die 1697 zusammen mit dem Schafhaus neu entstand. Dabei wurde Baumaterial des abgetragenen Bergfrieds verwendet, weshalb seine Ecken Buckelquader fassen. Daneben steht der 1684 erbaute Fruchtkasten. Gegenüber erhebt sich die Schlossscheuer, die im Kern vielleicht noch ins Spätmittelalter datiert, die Südseite nimmt der ehemaligen Farrenstall ein.

Ostflügel mit Tor

Wandmalereireste mit Vogeldarstellungen im Südflügel

74. REUTLINGEN
Achalm

um 1030 Gründung
12. Jh. Bergfried
1376 an Württemberg
1561 Aus- und Umbauten
ab 1646 Schleifung der Burg

Frei zugänglich
www.reutlingen.de

Reste des Wohnbaus und Bergfried

Eine Chronik des Klosters Zwiefalten aus dem 12. Jh. berichtet, dass im 1. Drittel des 11. Jh. die Grafen von Achalm ihre Stammburg erbaut hätten. Nach diesen Angaben würde es sich um eine der frühesten Höhenburgen Südwestdeutschlands handeln. Die Grafen von Achalm werden urkundlich jedoch erst 1075 erwähnt. Lange wurden daher die Angaben der Chronik in Frage gestellt, doch die Auswertung von Bodenfunden aus dem Burgareal haben sie bestätigt. Der Zwiefaltener Mönch hielt damit als einer der Ersten jenen Wandel in Verhalten und Selbstverständnis des Hochadels fest, der dazu führte, dass er die Herrensitze im Umfeld der Untertanen aufgab und jene Höhenburgen errichtete, nach denen er sich fortan auch nannte.

Kaum hatten die Bauherren, die Brüder Egino und Rudolf, die Linie der Grafen von Achalm begründet, starb sie bald schon im Mannesstamm aus. Über einen Schwiegersohn Graf Rudolfs fiel die Achalm an die Welfen. Fortan lösten sich wechselnde Grafengeschlechter der Region zuerst als welfische Lehensnehmer und, nach Übergang des süddeutschen Welfenbesitzes an die Staufer, als deren Lehensleute auf der Burg ab, ehe sie im 13. Jh. in der Hand der Herren von Neuffen war. Nach seinem Sieg im innerstaufischen Konflikt entzog ihnen Kaiser Friedrich II. die Burg. Sie verblieb beim Reich, bis sie 1376 als Pfand an Württemberg ging. Abgesehen von einer

Torzwinger
Zweites Tor

Unterbrechung im Dreißigjährigen Krieg blieb die Achalm württembergisch. Sie erfuhr 1561 nochmals einen größeren Umbau nach neuen fortifikatorischen Erkenntnissen und Bedürfnissen, denn die Achalm diente bis ins 17. Jh. als Ausgangsbasis für die regelmäßigen württembergischen Angriffe gegen die unmittelbar westlich gelegene Reichsstadt Reutlingen.

Die wenigen Überreste der Achalm stehen weit hinter ihrer einstigen Bedeutung zurück. Die **Obere Burg** nahm auf der Höhe des Zeugenberges rund 20 Ar ein. Die großflächige Anlage ist damit vergleichbar mit anderen Grafen- oder Hofburgen des 11. Jh. (Hohenstaufen, Hohenurach). Im Nordteil der Burg stand zentral ein Bergfried, westlich von ihm lag an der Mauer ein steinerner Wohnbau. Im späten 13. oder frühen 14. Jh. kam ein Turm auf der Südseite hinzu. Über einen Zwischenhof war die Obere mit der **Unteren Burg** verbunden. Geländeabsätze verweisen auf den Übergang. Abgesehen von bedeutenden Resten ihrer Ringmauer zeigen sich keine baulichen Spuren auf dem Areal der Unteren Burg, Keramik- und Metallfunde belegen jedoch die intensive Nutzung bis zum Anfang des 13. Jh. In ihrem letzten Abschnitt führt die Burgsteige über einen **Torzwinger** in einen Vorhof der Unteren Burg. Alle diese Bauteile beschrieb noch 1587 der Tübinger Professor Martin Crusius, als er die Burg besuchte und dabei auch den Bergfried bestieg. Der heutige Besucher entdeckt leider nichts mehr davon: Von den Bauten des 11. Jh. sind keine Spuren zu sehen; die geringfügig erhaltene historische Mauersubstanz des Bergfrieds gehört in das 12. Jh. und stammt damit aus einer jüngeren Umgestaltung. Der zentrale **Wohnbau** der Oberburg, dessen Grundmauern von 10 × 18,5 m erhalten sind, entstand beim Neu- und Umbau 1561. Schließlich sind noch Abschnitte der Ringmauer der Unterburg von rund 1,5 m Dicke zu sehen.

Während des Dreißigjährigen Krieges berief sich Habsburg 1634 auf die Rechte des Reiches und zog die Achalm an sich. Angesichts drohender schwedischer Besetzung wurde sie 1646 zerstört. Nach Ende des Krieges erhielt Württemberg die halbe Ruine zurück und schleifte sie gänzlich. Allein der **Bergfried** überstand diese Maßnahmen, doch erlitt er durch das Ausbrechen von Steinen 1800 schwerste Schäden. 1838 wurde er unter Verwendung von Resten als Aussichtsturm erneuert und bietet heute einen wunderbaren Ausblick auf die schwingende Linie des Albtraufs und hinaus in das Albvorland.

75. PFULLINGEN
Württembergisches Landschloss und Schlössle

13. Jh. Untere Burg
um 1450 Schlössle
1487 an Württemberg
1561–1565 Neubau
1828/29 in Privatbesitz
1835 Abbruch des Nordflügels
1954 Erwerb durch die Stadt
1978/79 Instandsetzung Schlössle

Schlössle, Fenstererker der Bohlenstube

Schloss: Kindergarten, nur Außenbesichtigung
Schlossstraße 22
Schlössle: Stadtgeschichtliches Museum
Griesstraße 24/1
Mai–Okt. So. u. Feiertag 14–17 Uhr
Tel. 07121/703-207
www.pfullingen.de

Fast gleichzeitig mit dem Schloss in Göppingen (⇨92) wurde für Herzog Christoph nach Plänen Aberlin Tretschs 1561–65 das Pfullinger **Schloss** errichtet, welches er gern und oft aufsuchte. Es entstand an Stelle der Unteren Burg, einst Sitz der Remp von Pfullingen, welche seit 1260 nachweisbar sind. Einst gab es sogar zwei Burgen, eine 1262 erstmals genannte **Obere Burg**, die aber schon in der 1. Hälfte des 16. Jh. abgebrochen wurde, und die **Untere Burg**, die wohl spätestens im 13. Jh. entstand und aus der das Schloss hervorging. Württemberg war seit 1330 mit Besitz in Pfullingen vertreten, doch erst 1487 gingen die letzten Anteile der Remp in seinen Besitz über und mit ihnen auch die Burg, die 1540 als württembergisches Jagdschloss genutzt wurde.

Der schlichte Bau ist typisch für die Schlösser Christophs. Die Ecken werden wie in Stuttgart und Göppingen von turmartigen Aufbauten akzentuiert, die quasi zu einem Stilmerkmal württembergischer Renaissanceschlösser wurden. Erhalten haben sich von der einstigen Vierflügelanlage nach Abbrüchen zwischen 1835 und 1850 nur noch der Süd- und Ostflügel, eine Ecke des Nordflügels und der Ansatz

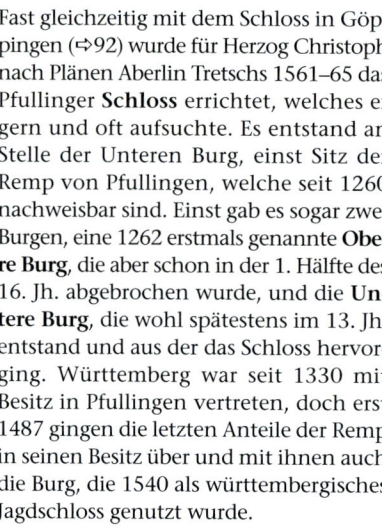

Schloss, Ansicht

des Westflügels. Im Südflügel, dem gegen den Hof ein Treppenturm vorgesetzt ist, lag die von Tretsch 1561 geplante Schlosskirche, die sich nach Maßgabe des Herzogs in Gestaltung und Ausstattung eng an der Stuttgarter Schlosskirche (⇨1) orientierte. Umgeben wurde das Schloss an drei Seiten von einem Graben, auf der Ostseite sicherte es die Echaz. Heute verschwunden ist die ausgedehnte Vorburg, deren Ringmauer mit Ecktürmen besetzt war.

Der Neubau sollte nicht nur dem Herzog zu Jagdaufenthalten dienen, sondern war auch Amtssitz. Vor allem aber war er ein Repräsentationsobjekt gegenüber der nahen Reichsstadt Reutlingen. Dass der Bau den Ansprüchen einer fürstlichen Hofhaltung genügen konnte, zeigt die Zusammenkunft Friedrichs I. mit Kurfürst Friedrich IV. von der Pfalz 1600, als diese hier die Union der Protestanten als Gegengewicht zur Liga der katholischen Reichsfürsten und des Kaisers verabredeten.

Das nahe gelegene **Schlössle** entstand um 1450 als Alterssitz Caspar Remps. Bei der Instandsetzung 1978/79 wurde es in den spätmittelalterlichen Zustand zurückversetzt. Es ist ein typisches Beispiel für einen kleinen Adelssitz. Das Fachwerk des äußerst gut proportionierten Baues zeigt die für oberdeutsche Häuser typische Überblattung der Kopf- und Fußstreben mit den Pfosten. Neben drei Kammern umfasst das OG, das über eine Außentreppe erschlossen wird, eine repräsentative, durch einen Kachelofen heizbare Bohlenstube mit zwei langen Fensterbändern und einer eingezogenen Gewölbedecke. Charakteristisch ist das hohe Krüppelwalmdach, das an den Giebelseiten spitz nach oben gezogen ist. Die nebenstehende Scheune wurde erst 1590 errichtet.

Schloss, Hof

76. LICHTENSTEIN
Schloss Lichtenstein

Gesamtplan

Lichtenstein zählt zweifellos zu den bekanntesten Schlössern des romantischen Zeitalters in Deutschland. Es ist ein typisches Zeugnis für den romantischen Historismus und das Bemühen des Adels, sich durch die Vorführung der Geschichte politisch und gesellschaftlich zu inszenieren. Als Inbegriff einer kleinen „Ritterburg" mit hohem Turm, einem Palas mit Staffelgiebeln, Erkern und Türmchen und einer Zugbrücke thront sein Hauptbau auf einem steilen Felsturm hoch über dem Echaztal.

Den Kern bildet eine mittelalterliche Felsenburg, wie sie am Albtrauf vielfach zu finden sind, gegründet wohl in der 2. Hälfte des 12. Jh. durch die Herren von Lichtenstein. Die Burg wurde 1388 von der Reichsstadt Reutlingen in den Auseinandersetzungen zwischen den Reichsstädten und Württemberg zerstört. Einem früheren Angriff im Reichskrieg 1311 fiel wohl der gut 500 m von der Burg gelegene sog. **Alte Lichtenstein** zum Opfer, der mit dem Lichtenstein eine Burgengruppe bildete und wohl zwischen 1200 und 1250 entstand. Erhalten haben sich Graben, Wälle und die Grundmauern eines Turmes, der im Verband mit der Schildmauer stand. Während der Alte Lichtenstein Ruine blieb, wurde der **Lichtenstein** 1389–94 durch Württemberg erworben und wiederaufgebaut. Der Kern des Hauptbaus zeigt noch deutlich bis zum OG den alten Bestand, der sich durch große Buckelquader auszeichnet. Vermutlich handelt es sich um den Unterbau eines Wohnturmes aus dem frühen 13. Jh. Spätestens Mitte des 15. Jh. erfuhr die kleine Burg eine Verstärkung durch den Unterbau des Rundturmes und Kasematten, die an und in den Felsen gebaut wurden. Sie wurden mit Senk- und Schlüsselscharten für Feuerwaffen ausgestattet. 1802 ließ Herzog Friedrich II. die OG abtragen und

Graf Wilhelm von Württemberg und seine Schöpfung

2. Hälfte 12. Jh.
Gründung Lichtenstein
1. Hälfte 13. Jh.
Gründung Alter Lichtenstein
1311, 1388 Zerstörungen
1389–94 Erwerb durch Württemberg, Wiederaufbau
1802 Umbau zum Forsthaus
1838–42 Neu- und Umbau
1854–61 Ausbau der Festungswerke
1899–1901 Wohnbauten in der Vorburg

Innenbesichtigung nur mit Führung: April–Okt. täglich 9–17.30 Uhr, Nov., Feb.–März Sa., So. u. Feiertag 10–16 Uhr Tel. 07129/4102 www.schloss-lichtenstein.de

Der Kaponnierenturm mit Grabenkoffer Schlosskapelle

links: Wappenzimmer
rechts: Erkerzimmer

S. 157: Ansicht des Kernschlosses

Augustenturm

auf dem Unterbau ein Fachwerkgebäude errichten, das als Forsthaus und Jagdschloss diente. In der nahen Nebelhöhle wurden damals Feste mit prachtvollen Illuminationen gefeiert. In jener Zeit wurde der Lichtenstein bereits zum beliebten Ausflugsziel. Zu Berühmtheit verhalf ihm 1826 der Roman „Lichtenstein" von Wilhelm Hauff, der in seinem Werk Herzog Ulrich ein literarisches Denkmal setzte und damit ein Stück württembergischer Geschichte in patriotischer Weise verklärte. Danach soll Ulrich auf seiner Flucht vor dem Schwäbischen Bund 1519 in der Nebelhöhle untergetaucht und jede Nacht von seinen Getreuen durch einen Geheimgang auf Lichtenstein eingelassen worden sein.

1837 erwarb Graf Wilhelm von Württemberg, ein Vetter Wilhelms I., die Burg und ließ sie 1838–42 nach Entwurf Karl Alexander Heideloffs als „teutsche Ritterburg" im „edelsten Style des Mittelalters" aus- und umbauen. Angeregt wurde er durch Hauffs Schilderung des Lichtenstein. So wurde die Burg selbst zum patriotischen Denkmal umgedeutet. Bis 1844 entstand außerdem die geräumige **Vorburg** mit Bastionen und Rondellen. Hier wünschte der Graf, württembergischer Artillerieoffizier, seine Geschützsammlung unterzubringen.

Wilhelm war ein vielseitiger Mann, der sich für Geschichte, mittelalterliche Architektur und Denkmalpflege interessierte. Er war Kunstsammler, Naturforscher und vor allem begeisterter Militär, der sich intensiv mit der Artillerie- und Fortifikationswissenschaft befasste. All das sollte im Lichtenstein seinen Ausdruck finden, denn Wilhelm suchte sich mit diesem Bau als Teil der württembergischen Königsfamilie zu inszenieren. Während der Revolution von 1848/49 ließ Wilhelm den Lichtenstein und die darauf zur Verteidigung seiner Sammlungen befindlichen Kanonen durch württembergische Infanterie bewachen. Ab 1854 machte er sich an die Planung zum weiteren Ausbau der miniaturhaften Festungswerke. So wurden die Türme und Bastionen erhöht und vor die Ostfront ein Kaponnierenturm mit Grabenkoffer und Waffenplatz jenseits des Grabens gelegt. Es entstand eine hoch-

Marienkapelle

moderne Befestigung nach der in der 1. Hälfte des 19. Jh. üblichen sog. Neudeutschen Manier. Wilhelm wollte damit den Lichtenstein nicht nur militärisch gegen potentielle Angriffe von Revolutionären und Banditen sichern, sondern auch exemplarisch die moderne deutsche Fortifikation vorführen. Das passte zum Schloss, das die Zeit Ulrichs und damit seines Zeitgenossen Albrecht Dürer heraufbeschwor. Der galt dem 19. Jh. als deutscher Kunstheros und spielte auch für den Festungsbau eine gewisse Rolle, schrieb man ihm doch die Erfindung der Kaponnieren zu. Während der Hauptbau mit seinen Formen gotische Architektur als Vorbild für eine Erneuerung der deutschen Zivilbaukunst stand, wie sie Heideloff vorschwebte, so zeigte Wilhelm mit den Befestigungen, dass auch die zeitgenössische Festungsbaukunst auf der Dürerzeit fußen sollte. Im **Inneren**, dessen Räume durch Georg Eberlein dekoriert wurden und zu den besten Schöpfungen der Neugotik in Württemberg zählen, inszenierte sich Graf Wilhelm als Mitglied des württembergischen Königshauses, dessen historische Bedeutung mit Ahnenbildnissen und Wappenmalereien verherrlicht wurde. Hintergrund hierfür ist Wilhelms Abkunft, hatte sein Vater doch unstandes-

Waffenhalle

gemäß eine Freifrau geheiratet, was bedeutete, dass alle seine Erben von der Thronfolge in Württemberg ausgeschlossen wurden und in der Hierarchie bei Hofe nur noch als Grafen und nicht mehr als Herzöge von Württemberg rangierten.

In der Kapelle finden sich Werke spätmittelalterlicher Kunst aus Schwaben, darunter hervorragende Glasscheiben aus verschiedenen Kirchen. Seine Sammlungen, von ihm entwickelte Geschützlafetten und eine Sternwarte auf dem Turm präsentierten Wilhelm gegenüber seinen Besuchern als vielseitig gebildeten und interessierten Mann. So ließ er an verschiedenen Gebäuden des Schlosses Inschriften, Relieftafeln und vor allem Bildnisse vom 1844 umgebauten, einst berühmten Stuttgarter Lusthaus (⇨2) anbringen.

Wilhelm wurde 1867 in den Rang eines Herzogs von Urach erhoben. Das Schloss, dessen Vorburg um die Wende zum 20. Jh. mit Wohnbauten erweitert wurde, ist bis heute im Besitz seiner Nachfahren.

Rittersaal

Trinkstube

77. BAD URACH
Runder Berg

1600 v. Chr. erste Siedlung
(3.?) 4. Jh. alemannischer Fürstensitz
9./10. Jh. karolingisch-ottonische Burg

Frei zugänglich
www.badurach.de

Zwei Vorteile führten dazu, dass gerade der westlich von Urach ins Maisental hineinragende Runde Berg schon früh als Höhensiedlung genutzt wurde: Er ist nur wenig von der Albhochfläche abgerückt; diese aber benötigten die Bewohner für ihre Landwirtschaft. Zum anderen lieferten Quellen in nächster Nähe Wasser – ein entscheidender Faktor in der wasserarmen Karstregion der Alb.

Die eigentliche Siedlungsfläche bildet ein ovales Plateau, das sich von Südwest nach Nordost über die Hochfläche hinzieht. Es ist ca. 150 m lang und erreicht an der breitesten Stelle rund 45 m, nach Nordosten hin fällt es leicht ab. Der Zugang erfolgt über einen Grat, der an seiner schmalsten Stelle lediglich 3 m misst. Da er auf beiden Seiten teils steil abfällt, war er leicht zu verteidigen. Auffallend ist eine Terrasse wenig unterhalb der Plateaukante, die den nordöstlichen Teil des Ovals umschließt. Sie entstand schon in der ersten Nutzungsphase.

Die Kenntnisse über die insgesamt sieben Besiedlungsphasen sind einer intensiven Grabungskampagne 1967–84 zu verdanken.

Die ersten Bewohner besiedelten den Berg in zwei Phasen erstmals um 1600 v. Chr. in der mittleren und, nach einer Unterbrechung, nochmals um 1100 in der späten Bronzezeit (Urnenfelderzeit). Neben Bauern und einfachen Handwerkern arbeiteten spezialisierte Bronzegießer. Ihre Produkte – u. a. Beile, Sicheln, Pfeil- und Lanzenspitzen – setzten sie im Umfeld ab. Über die Bauten dieser Zeit lassen sich keine genauen Angaben machen. Im 8. Jh. v. Chr. wurde der Berg verlassen.

In der frühen Eisenzeit setzte keltische Wiederbesiedlung ab Mitte des 6. Jh. die Nutzung fort. Um 400 v. Chr. gerieten die Bewohner in den Wanderungssog, der die gesamte keltische Welt Mitteleuropas erfasste und in großen Zügen nach Süden führte. Im 2. Jh. v. Chr. errichteten zurückgekehrte Gruppen im Vorfeld der Alpen Oppida, stadtartige Siedlungen. Das flächenmäßig größte dieser Oppida lag bei Grabenstetten. Auf dem Runden Berg entstand eine seiner Nebensiedlungen, die nur wenige Familien bewohnten. Um 58 v. Chr. verließen die Kelten den Runden Berg endgültig.

Als die Römer im 3. Jh. dem alemannischen Druck wichen und sich hinter Rhein und Lech zurückzogen, begann der bedeutendste Abschnitt in der Geschichte des Bergs. Sein genauer Beginn (Ende 3./Anfang 4. Jh.) muss offen bleiben, aber Ende des 4. Jh. war das gesamte Plateau bis zum schmalen Zugangssattel flächig bebaut. In dieser Zeit wurde auch die erste **Befestigung** angelegt. Sie ließ sich aus rund 135 Gruben rekonstruieren, die jeweils paarweise mit einem Abstand von 2 m nebeneinander und in einem Abstand von 2,5–3 m hintereinander angeordnet sind. Die Pfosten, die einst in diesen Gruben steckten, waren durch Bohlen oder ein Geflecht miteinander verbunden. So entstand eine Schalung, die mit Erde und Steinen verfüllt wurde. Diese Befestigung begann an der Nordostspitze, lief an beiden Kanten rund 80 m entlang und führte dann quer über das Plateau. Sie teilte die Siedlung in einen privilegierten Teil innerhalb der Befestigung und einen außerhalb.

Zu Anfang des 5. Jh. wurde die gesamte Bebauung einschließlich der Befestigung abgerissen. Sie wurde wohl planmäßig einplaniert, um einem verbesserten Dorf Platz zu machen. Zahlreiche unterschiedliche Funde erlauben Aussagen über Wirtschaft und Sozialgefüge dieser bedeutenden alemannischen Großsiedlung: Die besondere Qualität der Funde im Südteil des Plateaus – insbesondere von Scherben, die zu mehreren Glas-

gefäßen hervorragender Qualität gehörten, – belegen den Hof eines Adeligen, der als Kleinkönig wohl auch im Umland eine politische Rolle spielte. Im Umfeld wohnten Krieger aus seinem Gefolge, die sich ebenfalls Gläser römischer und fränkischer Herkunft leisten konnten. Sie lebten hier wohl mit ihren Familien, da Arbeitsgeräte (Spinnwirtel) gefunden wurden, die nur Frauen benutzten. Die Anwesenheit spezialisierter Handwerker belegen die Reste eines Schmiedeofens und zweier Werkstätten, in denen Schmuckstücke aus Gagat entstanden, und die sich noch ins 4. Jh. datieren ließen. Weiter konnte die Werkstatt eines Goldschmieds aus dem 5. Jh. lokalisiert werden. Allerdings gelang es nicht, das Gewirr an Pfostengruben in einzelne Hausgrundrisse aufzulösen.

Dieser Fürstensitz, der sich im 5. Jh. sicher genug fühlte, dass er auf eine Wiederherstellung der Befestigung verzichtete, fand am Beginn des 6. Jh. ein gewaltsames Ende, als der merowingische König Chlodwig die Alamannen unterwarf. Die Bewohner des Runden Bergs verbargen auf der Flucht in Horten an den Flanken wertvolle Metallgegenstände, die sie selbst nicht mehr heben sollten. Erst die Archäologen brachten sie erneut ans Tageslicht. Die oben beschriebenen wertvollen Gläser aber, die sich nicht vergraben ließen, wurden zusammen mit anderem Hausrat systematisch zerschlagen, damit sie dem Feind nicht zur Beute wurden.

Einmal mehr gab es eine Siedlungspause, die diesmal 150 Jahre dauerte. Um 650 siedelte nochmals für knapp 90 Jahre ein alemannischer Adeliger mit Gefolge auf der Höhe. Das Zentrum seines Sitzes stellte eine 20 m lange und 9 m breite **Halle** im östlichen Gipfelbereich dar. Offensichtlich schloss sich der stolze Herr dieser Halle dem alemannischen Aufstand gegen die Frankenherrschaft an. Der enorme Fundanfall aus der Mitte des 8. Jh., in der Regel ein Hinweis auf gewaltsame Ereignisse, zeigt, dass er und sein Hof in den Strudel der alemannischen Niederlage gerieten und den Runden Berg verließen.

Zum letzten Mal kamen im Lauf des 9. Jh. Menschen auf die Höhe, die hier eine Burg anlegten. Dabei nutzten sie die Terrasse unter der Plateaukante aus vorgeschichtlicher Zeit, um den Berg zu befestigen: Ein **Steinwall** aus zwei Mauerschalen von einst 3 m Breite umgab die Gipfelfläche. Er ist im nördlichen Bereich noch deutlich erkennbar, wobei die äußere Schale talseitig weitgehend verstürzt ist. Hier liegen auch die Reste zweier rechteckiger **Steinräume**, die direkt an das Plateau anstoßen. Die Rückwände von 3 bis 4 m Höhe sind sorgfältig aus dem Fels ausgehauen, die Schmalseiten aus behauenen Kalksteinen mit Lehmmörtel bis in 1,5 m Höhe erhalten. Glasscherben belegen im vorderen Bereich des Plateaus einen Kirchenbau und einen rund 50 m langen herrschaftlichen Holzbau auf der Südseite. Brandspuren in einem der Steinräume und eine ungarische Pfeilspitze belegen einen Angriff auf die Burg und eine Teilzerstörung während des Ungarneinfalls im 10. Jh. Spätestens zu Anfang des 11. Jh. wurde der Runde Berg aufgegeben, die Burg vermutlich auf den nahe gelegenen Hohenurach (⇨78) verlegt.

Das Landesdenkmalamt hat mit Pflöcken in den historischen Pfostenlöchern den Verlauf der alemannischen Befestigung des 4. Jh. auf dem Höhenrücken und an der Nordseite markiert. Ebenso kann der Besucher dank solcher Markierungen die Maße der großen Halle nachvollziehen. Leider haben Verwitterung und Vandalismus viele der Markierungspflöcke zerstört. Nach wie vor gut zu sehen sind die Reste der beiden Steingebäude und der Mauer der karolingisch-ottonischen Burg.

Pfosten des Hallenbaus des 7. Jh.
Fundamente eines Steinbaus der Burg des 10. Jh.

Plan des Runden Berges

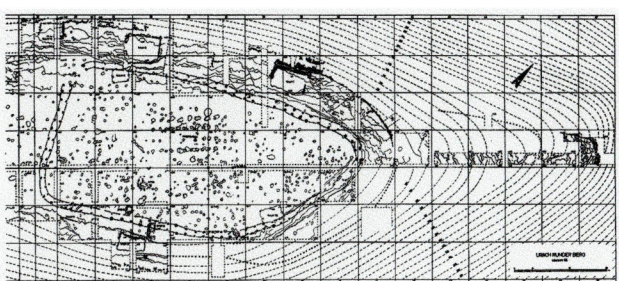

78. BAD URACH
Landesfestung Hohenurach

Grundriss der Festung

Hoch über dem Ermstal erhebt sich in Gipfellage die imposante Ruine der einstigen württembergischen Landesfestung Hohenurach. Während der Hohenneuffen in den 1960er Jahren saniert und dabei das Mauerwerk stark erneuert wurde, weist der touristisch bisher nicht erschlossene Hohenurach weitaus mehr ursprüngliche Bausubstanz auf.

Der Hohenurach entstand in der 1. Hälfte des 11. Jh. als Hochadelsburg und war Sitz der Grafen von Urach. Vermutlich bildet sie als eine Burgverlagerung den direkten Nachfolger des Runden Berges (⇨77). Allerdings wird die Burg erst 1235 erwähnt. Als die Grafen von Urach 1254 im Mannesstamm ausstarben, erbten Württemberg und Fürstenberg Burg und Grafschaft zu gleichen Teilen, aber schon 1265 wurde Württemberg Alleineigentümer. Über die hochmittelalterliche Burganlage ist wenig bekannt, Teile dürften in der Ringmauer der Kernburg zu finden sein. 1427/28 kam es unter Graf Ludwig I. zu einem weitgehenden Neubau der Hauptburg. Aus dieser Zeit dürfte auch der Zwinger mit einem Teil der schmalen Rundtürme stammen, die hochrechteckige, frühe Scharten für Feuerwaffen zeigen. Damit schuf Ludwig eine repräsentative landesherrliche Burg, die auch eine große Hofhaltung beherbergen konnte. Als Hofburg verlor sie aber später zu Gunsten der Uracher Stadtburg (⇨79) an Bedeutung. 1490–1519

um 1030–50 Gründung
1235 Ersterwähnung
1427/28 weitgehender Neubau
1540–56 Ausbau
1634/35 Belagerung
1663–69 Instandsetzung und Ausbau
1761–67 Aufgabe und Abbruch

Derzeit wegen Steinschlag gesperrt, sonst frei zugänglich, P unweit B 28 im Ermstal
Tel. 07125/9432-0
www.badurach.de

Ansicht der Kernburg von Nordosten

diente sie immerhin noch als Wohnung für den geisteskranken Vetter Eberhards im Bart, Graf Heinrich von Mömpelgard. Unter Herzog Ulrich wurde Hohenurach zur Landesfestung bestimmt und unter Beratung hessischer Baumeister 1540–56 ausgebaut. Ähnlich wie der Hohenneuffen (⇨80) wurde die Burg durch Geschütztürme und gemauerte Artilleriewälle verstärkt. Trotzdem gelang den Spaniern im Schmalkaldischen Krieg 1547 die Einnahme. Herzog Christoph setzte den Ausbau ab 1551 unter Mitwirkung von Aberlin Tretsch fort.

Die starke Festung wurde 1634/35 über ein halbes Jahr durch die Kaiserlichen belagert. Schließlich kapitulierte die ausgehungerte Besatzung gegen freien Abzug. Herzog Eberhard III. ließ die Festung 1663–69 durch Matthias Weiß instand setzen und um Außenwerke erweitern. Welche innenpolitische Bedeutung eine Festung für die Landesherrschaft haben konnte, zeigt eine Episode 1741, als der gerade 13-jährige Carl Eugen und seine beiden jüngeren Brüder auf der Festung wegen Unruhen in Sicherheit gebracht wurden. Allerdings war es eben dieser Carl Eugen, der das Schicksal der Festung besiegelte, denn er ließ diese aufgeben und Teile davon zum Ausbau seines Lustschlosses Grafeneck abbrechen. Damit setzte der Verfall ein.

Upfinger Turm

Auch der Hohenurach diente als Staatsgefängnis. Besonders tragisch war das Schicksal des Tübinger Humanisten und Dichters Nicodemus Frischlin (1547–90), der hier 1590 inhaftiert wurde. Bei einem waghalsigen Fluchtversuch stürzte er sich zu Tode. 1609–13 war der in Ungnade gefallene Kanzler Herzog Friedrichs I. auf der Festung in Haft, der schließlich auf dem Uracher Markt enthauptet wurde, und 1732 schmachtete die Mätresse Eberhard Ludwigs, Wilhelmine von Grävenitz, hinter den dicken Mauern.

Ansicht der Kernburg von Südwesten

Zwinger der Kernburg

Saalbau, Fenster

Der Hohenurach gliedert sich in mehrere Abschnitte. Starke **Zwinger** sicherten die Burg, die wegen ihrer freien Lage von den umliegenden Höhen aus nicht mit Artillerie angreifbar war. Der steile Aufstieg führt durch die Reste zweier Zwingeranlagen aus dem 17. Jh. Dem Besucher stellt sich heute als erstes der **Wachstubenturm** mit seinen mehrgeschossigen Kasematten in den Weg, durch dessen Tunnel man den Vorhof erreicht, eine große aufgeschüttete Artillerieplattform, die unter Ulrich entstand und als starke Batteriestellung gegen Süden diente, wo ein schmaler Grat den Hohenurach mit der Alb verbindet. Ein Tor führt auf der Westseite in den unterhalb liegenden ehemaligen **Großen Zwinger**. An der Südostecke wird der Vorhof durch den **Upfinger Turm** mit seinen gestuften Geschützscharten verstärkt. Er kontrolliert den Burgweg gleichermaßen wie die südlich vorgelagerte und durch einen Graben von der Burg abgetrennte Felsnase, die im 17. Jh. durch Mauern als **Neues Werk** in die Festung einbezogen wurde. In ihrem Zentrum steht auf einem Felsen die Ruine eines Bauwerks, das der Garnison als Kapelle gedient haben soll.

Ein zweiter, 20 m breiter Artilleriewall mit geböschten Mauern ist der **Kernburg** im Süden vorgelegt. So entstand eine weitere Ebene, von der aus die Albhochfläche im Süden eingesehen und beschossen werden konnte und die zugleich die Hauptburg gegen Beschuss deckte. Ein langer Tunnel führt in den oberen Hof, um den sich die Reste der spätmittelalterlichen Wohn- und Wirtschaftsbauten gruppieren, welche weitgehend ein Werk des 15. Jh. sind. An der Ostseite liegt die Ruine des unterkellerten **Saalbaus**, der wohl schon im 14. Jh. vor die ältere Ringmauer gesetzt wurde und zeittypische gotische Drillingsfenster mit Dreipässen zeigt. Sein Erdgeschoss nahmen ein großer Saal, dessen Decke von achteckigen Pfeilern getragen wurde, und eine Stube ein. Über einer Fensternische sitzt eine Konsole mit romanischem Würfelfries, eine Spolie der älteren Burg. Im westlich anschließenden, einst dreigeschossigen Flügel, von dem noch die eindrucksvolle Giebelfront erhalten ist, befanden sich Küchen- und Wirtschaftsräume sowie die sog. **Ritterstube**. Am Westende dieses Nordflügels befindet sich eine Wendeltreppe, die in das sog. **Heimliche Gewölbe** hinabführt, dessen Funktion ungeklärt ist und das als Schatzgewölbe gedeutet wird. Frei im Hof steht über dem **Brunnen** ein zierlicher spätgotischer Aufbau.

Die Kernburg wird auf drei Seiten von einem Zwinger umschlossen, dessen halbrunde Schalentürme wohl noch in das 15. Jh. gehören, wie die Schartenformen nahelegen. Der besonders starke **Dettinger Turm** an der Nordspitze gehört hingegen wieder in die Zeit Ulrichs.

79. BAD URACH
Schloss

1442 teilten die Brüder Ludwig und Ulrich von Württemberg die gemeinsam ererbte Grafschaft. Da Ulrich die angestammte Residenz in Stuttgart erhielt, wählte Ludwig Urach als neue „Hauptstadt" für seinen Landesteil. Am Südwestrand der Stadt bestand zu diesem Zeitpunkt eine hochmittelalterliche Wasserburg an der Erms. Dieser Bau genügte freilich den Bedürfnissen einer gräflichen Residenz des 15. Jh. nicht mehr. Daher ließ Ludwig 1442–45 das heutige Schloss als neuen **Palas** parallel zum Altbau errichten. Trotz mancher Veränderungen zeigt er nach wie vor die Konturen eines fürstlichen Wohnbaus des Spätmittelalters: ein schmuckloses, rechteckiges Gebäude mit hohem, massivem EG, auf das ein Fachwerkgeschoss unter einem Krüppelwalmdach folgt. Der Bau ist sichtlich am älteren Dürnitzbau des Alten Schlosses (⇨1) orientiert. An ihn schlossen sich in einem Bogen die notwendigen Nebengebäude – Küche, Stallungen, Scheunen, etc. – an, die im Norden und Westen den Schlosshof bildeten. Von ihnen hat sich nur der **Torturm** erhalten. Vom Hof führte einst an Stelle der Betonwendeltreppe in einem vorgestellten Treppenhaus eine Reitertreppe in die Obergeschosse. Die ältere Wasserburg stieß an den Komplex an und wurde noch lange genutzt; erst 1790 wurde sie abgerissen. Ihre Fundamente liegen unter der Cafeteria der Grundschule westlich des Schlosses.

Bereits 1450 starb Graf Ludwig, neun Jahre später trat sein damals 14-jähriger Sohn Eberhard V., der mit dem Beinamen „im Bart" einer der prägendsten Gestalter Württembergs wurde, die Regentschaft an. Bevor Eberhard im Juli 1474 Barbara Gonzaga, Tochter des Markgrafen von Mantua, heiratete, ließ er wesentliche Verbesserungen am Wohnbau seines Vaters vornehmen. Er dürfte bei seiner Werbung in der blühenden Renaissancestadt Mantua deut-

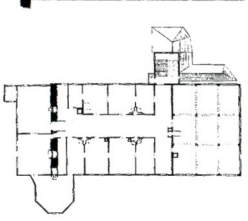

Grundrisse des EG und des 2. OG 1889

Hauptbau von Süden

Torturm

1442–45 Bau
1474 Neugestaltung von Dürnitz und Palmensaal
1609 Goldener Saal
1762/63 Barockisierung
ab 1960 Sanierung

Schlossmuseum 1
April–Okt. Di.–So. u. Feiertage 10–17 Uhr; Nov.–März Mi. u. Fr. 13–16 Uhr, Di. u. Do. 10–16 Uhr, Sa., So. u. Feiertage 12–17 Uhr
Tel. 07125/158490
www.schloss-urach.de

Streichwehr mit Turmaufbau

lich gespürt haben, wie armselig sich daneben Urach ausnahm! Daher wurde im EG die **Dürnitz** durch drei Säulenreihen zu einer eleganten dreischiffigen, sechsjochigen Halle aufgewertet. Die Scheitel der älteren Wandnischen, in denen die Bediensteten an den Fenstern ungestört vom Kommen und Gehen in der Halle arbeiteten, liegen aus diesem Grund nicht in einer Achse zu den jüngeren Gewölbescheiteln.

Im **Festsaal** im ersten OG demonstrierte der arme Graf vom Fuße der Alb, was er seiner reichen mantuanischen Verwandtschaft, die erst kurz zuvor in den Hochadel aufgestiegen war, voraus hatte: In einer gemalten Ahnenprobe präsentierte er stolz seine hochadeligen Urgroßelternpaare. Sein Wahlspruch „Attempto" („Ich wag's!") und stilisierte Palmen, die sein persönliches Kennzeichen waren und dem Saal den Namen gaben, ergänzen die Wappenreihe.

Da Eberhard ohne legitimen Erben blieb, betrieb er die Wiedervereinigung Württembergs, die noch 1482 erfolgte. Urach verlor seine Bedeutung als Residenz, das Schloss wurde in den folgenden Jahrhunderten nur zeitweise und vor allem für Jagdaufenthalte genutzt.

1534/35 ließ Herzog Ulrich an der südwestlichen Giebelseite die halbrunde **Streichwehr** mit Fachwerkaufbau und den zweigeschossigen Anbau anfügen, der heute als Treppenhaus dient.

Herzog Carl Eugen veranlasste 1762/63 die spätbarocke Umgestaltung beider Obergeschosse: Der Palmensaal wurde durch Zwischenwände unterteilt, die Bemalung verschwand unter Stuck. Das **Speisezimmer** an der Nordostseite mit Stuck Valentin Sonnenscheins von 1765/70 hat sich erhalten: Jagdmotive, Musikinstrumente, Putten mit Laubgirlanden u. Ä. spielen auf die Nutzung als Landschloss an, wo Carl Eugen nach der Rotwildjagd im intimen Kreis Musik und Kartenspiel pflegte. In den 1960er Jahren wurden in einer umfassenden Sanierung bis auf den Speisesaal alle Einbauten des 18. Jh. entfernt und damit der Palmensaal mit Ahnenprobe größtenteils wiedergewonnen. Da es aber über das Aussehen von Decke und etwaiger Säulen im 15. Jh. keine Befunde gab, entschloss sich die Bauverwaltung für eine dezidiert moderne Gestaltung dieser Elemente.

Im zweiten OG erschloss zur Zeit Eberhards ein durchlaufender Gang die beidseitig angelegten Stubenappartements. Er führte auf das reich verzierte Renaissanceportal an der Stirnseite zu, hinter dem sich der **Goldene Saal** verbarg. Die helle Saalstube bestand schon zu Zeiten Eberhards, die prächtige Ausgestaltung erfolgte in der Spätrenaissance anlässlich der Vermählung Herzog Johann Friedrichs mit Barbara Sophie von Brandenburg 1609. An den reich mit Roll- und Schweifwerkmotiven bemalten Wänden sowie an Ofen und Türen wiederholen sich in unterschiedlicher Größe Palmen und die Devise Eberhards im Bart – eine gebaute Hommage Johann Friedrichs an seinen Vorfahren und dessen Leistungen. Originellstes Stück im Goldenen Saal ist das fahrbare Holzmodell eines Ebers von 1507. Als Zeugnis für einen legendären Jagderfolg Herzog Ulrichs wurde dem erlegten Schwein das Fell abgezogen und auf das passgenau angefertigte Modell aufgezogen.

Im Schloss zeigt das Landesmuseum seine Sammlung barocker **Prunkschlitten**. In den schmalen, verzierten Gefährten präsentierten sich Herzog und Hof bei festlichen Umfahrten zu den Residenzen Ludwigsburg und Stuttgart. Mit den Schnitzereien, die Jagdmotive und Götterfiguren etc. zeigen, unterstrich der Hof seine privilegierte Stellung und stellte seine Tugenden und seinen erlesenen Geschmack zur Schau.

80. NEUFFEN
Landesfestung Hohenneuffen

Weithin sichtbar hebt sich der Hohenneuffen als mauerumwehrter Felsklotz vor der blauen Silhouette des Albtraufs ab, sichtbar sogar vom Wehrgang der Esslinger Burg (⇨51). Seine isolierte Lage machte diese ehemalige Landesfestung fast unangreifbar, nur ein schmaler Sattel verbindet sie mit dem Gebirgsstock. Der Neuffen ist eine der frühen Adelsburgen der Region und wurde wohl noch Ende des 11. Jh. durch Mangold von Sulmetingen-Neuffen gegründet. Die Herren von Neuffen traten in der Folge mehrfach politisch hervor und zählten bald zu den wichtigen Geschlechtern der Region. Sie waren treue Gefolgsleute der Staufer. Heinrich I. von Neuffen unterstützte Friedrich II. 1212 bei seinem Kampf um die Königskrone und begleitete ihn 1228 auf den Kreuzzug. Bekannt wurde vor allem Gottfried von Neuffen (um 1210–55), ein Parteigänger Heinrichs (VII.), der als Minnedichter hervortrat und in der Manessischen Liederhandschrift verewigt ist.

Um 1290 gelangte der Neuffen durch Erbschaft an Konrad von Weinsberg, der mit der Schwester des letzten Herrn von Neuffen vermählt war. Um seine Schulden zu begleichen, trat er 1301 Stadt und Burg Neuffen an Graf Eberhard von Württemberg ab. In der Folge diente die Burg 1361–63 und 1365/66 als Residenz des von der Regierung ausgeschlossenen Grafen Ulrich von Württemberg.

Die hochmittelalterliche Burg der Herren von Neuffen umfasste weitgehend das Plateau des Felsens und war in der üblichen Weise durch eine polygonale **Ringmauer** gefasst, an die sich die Wohn- und Wirtschaftsbauten lehnten. Sie ist bis heute erhalten geblieben und geht in ihrem erhaltenen Bestand vermutlich auf einen Umbau um 1170 zurück. Gegen Osten ist sie als bis zu 3,4 m dicke Mantelmauer ausgeführt. Wegen seiner strategisch günstigen Lage wurde der Hohenneuffen schon im 15. Jh. ausgebaut. Aus dieser Zeit stammt wohl die Mauer vom Schwarzen Turm zum Wachstubenturm und von da bis zum Allewindeturm und Neuffener Turm. Das alte Burgtor lag im halbrunden **Allewindeturm**, der Aufgang führte von hier in einem Zwinger, der später zu Kasematten umgebaut wurde, auf die Höhe des Burghofes.

Der fast uneinnehmbare Hohenneuffen war die letzte württembergische Burg, die sich 1519 dem Schwäbischen Bund ergab. Nach der Rückkehr Herzog Ulrichs aus dem Exil erfolgte 1543–53 der Ausbau zur Landesfestung. Drei mächtige **Geschützrondelle** wurden bis auf die Höhe des Felsens aufgeführt: Neuffener Turm, Wachstubenturm und Schwarzer Turm. Gegen den Bergsattel entstand 1550 ein breiter, gemauerter **Artilleriewall**, von dem aus die Albhochfläche beherrscht werden konnte. Unterhalb erstreckten sich einfache Vorwerke, zwischen denen der Weg hinaufführte. Der Zugang wurde nun an die Nordseite verlegt und führte über eine Holzbrücke auf frei stehenden Pfeilern zur Kernburg. Der unterhalb gelegene **Zwinger** mit Schalentürmen, durch den diese Auffahrt

Ludwig-Bastion und Wachstubenturm

um 1100 Gründung
um 1170 Umbau
1301 an Württemberg
15. Jh. Verstärkung
1543–53 Ausbau
1634–35 Belagerung
1735–42 Vorwerke
1801 Schleifung
1948 Drei-Länder-Konferenz
1966/67 Sanierung

Frei zugänglich
Oberburg geöffnet
April–Okt. Mi.–Sa.
9–22, So. 9–19 Uhr,
Nov.–März Mi–So.
10–18 Uhr
Tel. 07025/2206
www.schloesser-magazin.de
www.hohenneuffen.de

Ansicht

Vorwerke, Pulverturm

Neuffener Turm

oben rechts:
Aufgang mit Allewindeturm

Grundriss, Zustand des 18. Jh.

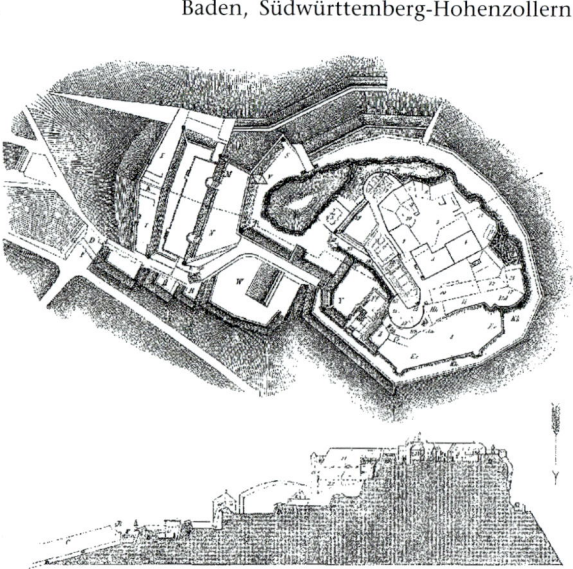

führte, dürfte unter Herzog Christoph entstanden sein.
1634/35 belagerten die Kaiserlichen die Festung 14 Monate lang, bis diese auf Drängen der demoralisierten Besatzung übergeben werden musste, obwohl sie, gut verproviantiert, noch eine ganze Weile hätte durchhalten können. 1735–42 ließ Herzog Carl Alexander durch Johann Anton von Herbort im Osten weitläufige, gestaffelte **Vorwerke** anlegen; die Auffahrt wurde eng an die Nordseite des Felsens verlegt. Schon 1795 wurde aber beschlossen, den Hohenneuffen als Festung aufzugeben und 1801 erfolgte die Schleifung.
Bereits seit dem 15. Jh. diente die Burg als Staatsgefängnis. Unter Herzog Ulrich saß hier der ehemalige Kanzler Konrad Breuning ein, der grauenvoll gefoltert wurde, bis man ihn in Stuttgart hinrichtete, der Neuffener Vogt Bälz wurde gar zu Tode gemartert. Der bekannteste Gefangene ist Joseph Süß Oppenheimer, der Finanzier Carl Alexanders, dem nach dessen Tod von den Landständen ein Schauprozess gemacht wurde. Er saß einige Monate auf dem Hohenneuffen ein, bis er auf den Hohenasperg (⇨37) verlegt wurde. Der Berg sah aber auch prominente Besucher. So waren 1730 König Friedrich Wilhelm I. von Preußen und sein Sohn Friedrich (der Große) zu Besuch. Noch einmal schrieb der Hohenneuffen 1948 Geschichte, als sich hier im August die Regierungsvertreter der drei südwestdeutschen Länder Württemberg-Baden, Südwürttemberg-Hohenzollern und Südbaden trafen, um über deren Vereinigung zu beraten – ein wichtiger Schritt auf dem Weg zur Schaffung des Bundeslandes Baden-Württemberg.
1966/67 erfolgte die Instandsetzung und der Bau einer befahrbaren Betonbrücke an der Nordseite des Felsens. Bis heute nicht restauriert und stark zerfallen sind hingegen die Vorwerke Carl Alexanders, die ein bedeutendes Zeugnis des Festungsbaus in der 1. Hälfte des 18. Jh. darstellen. Auf diese Zeit geht wohl der Halsgraben am Bergsattel zurück, den der Besucher zuerst passiert. Es folgen die zerfallenen **Vorwerke** mit drei gemauerten Gräben und den terrassenartig angeordneten einstigen Geschützbatterien. Von den versteckten, in die Gräben abgesenkten Kaponnieren ist heute nichts mehr zu sehen. Aber Reste zweier älterer Schalentürme aus dem 15. oder frühen 16. Jh., die in die Befestigung der Barockzeit einbezogen wurden und ursprünglich nur durch Zäune miteinander verbunden waren, sind erhalten. Sie sicherten den ursprünglichen Zugang. Mehrere **Tore** mit Zugbrücken, von denen die Friedrich-Bastion und die Ludwig-Bastion erhalten sind, sperrten die Auffahrt, die sich um den Felsen legt, flankiert von den mächtigen Rondellbauten Ulrichs. Das Schwarze Tor führt in den inneren **Vorhof**, zu dessen Linken Reste von **Kasernenbauten** zu sehen sind. Die Gebäude der **Kernburg** legten sich um den inneren Hof. Seine Nordseite nimmt heute die Burggaststätte ein, an deren Stelle sich das Zeughaus und die Kommandantur mit den landesherrlichen Gemächern, wohl der alte Palas, erhoben. Von den Mauern bietet sich ein grandioser Ausblick weit ins Land hinein.

81. NEUFFEN
Adelssitze

Jägersches Schlösschen

Wie viele Adelige der Stauferzeit versuchten auch die aufstrebenden Herren von Neuffen zur Stärkung ihrer Herrschaft die Gründung einer Stadt. Wohl in den 1230er Jahren erhoben sie daher das Dorf Neuffen zur Stadt. 1301 gelangte sie an Württemberg. Im Ort waren seit 1270 die Schilling von Cannstatt begütert, die mit den Herren von Neuffen verwandt waren. Ihr Sitz war das **Große Haus**, das sich als mächtiger Steinbau mit Fachwerkgeschoss an die Stadtmauer lehnt. Es wurde 1364/65 neu errichtet und stellt ein schönes Beispiel für einen niederadeligen Ansitz dar, zu dem einst auch ein Wirtschaftshof gehörte. 1477 erwarb Wolf von Neuhausen den Ansitz. 1573 und 1595 erfolgten Umbauten. Auf den letzteren gehen der Neuaufbau des Fachwerkobergeschosses mit seiner für die Renaissance typischen Farbfassung und das Stabwerkportal zurück. Seit seiner Renovierung 1983–86 beherbergt das Große Haus neben der Stadtbücherei das Stadtmuseum. Das Innere zeigt gelbe Fachwerkfassungen mit schwarzen Begleitstrichen, die auf den Umbau von 1573 zurückgehen.

Das **Jägersche Schlösschen** wurde 1590 für Melchior Jäger von Gärtringen an Stelle des alten herzoglichen Amtshauses erbaut. Er war 1582 in den reichsunmittelbaren Adelsstand erhoben worden. Seit 1586 diente Jäger Herzog Ludwig als Geheimer Rat und galt als ausgesprochen mächtig und einflussreich. Sein Einfluss ist aus seinem Spottnamen ablesbar: „Herzog Melchior". Unter Friedrich I. verlor er für einige Jahre seine Machtstellung, konnte allerdings nach dessen Tod 1608 nochmals in die große Politik zurückkehren. Über der Tür des Hauses ist sein Wappen zu sehen. Hauptsitz Melchior Jägers war aber das von ihm ausgebaute Schloss in Höpfigheim bei Marbach (⇨ 28).

Das Anwesen diente nach 1745 als Sitz des württembergischen Amtmanns und ab 1806 als Kameralamt. Der mächtige Giebelbau orientiert sich mit seinen beiden dreigeschossigen, turmartigen Seitenbauten unter Zeltdächern sichtlich an den Herzogsschlössern in Stuttgart und Göppingen, womit Jäger offenbar seine Verbundenheit mit dem Herzogshaus unter Beweis stellen wollte. Den über eine Freitreppe zugänglichen Haupteingang ziert das Allianzwappen Jägers und seiner Gemahlin, ein Hifthorn in Anspielung auf seinen Namen und ein fünfspeichiges Rad. Ursprünglich gehörten zum Schloss noch diverse Wirtschaftsbauten wie Ställe und Scheuern, jenseits der Stadtmauer lag ein Garten.

Großes Haus
1354/65 Neubau
1573 Umbau
1595 Fachwerkobergeschoss
1707 erneuter Umbau
1979 Erwerb durch die Stadt
1983–1986 Instandsetzung

Jägersches Schlösschen
1590 Neubau
1745 Oberamt
1806 Kameralamt
1957 Instandsetzung

Jägersches Schlösschen: Vereins- und Fraktionsräume, nur Außenbesichtigung
Großes Haus: Stadtbücherei u. Stadtmuseum
Schillingstraße 14
Di., Mi. 10–12, 15–18 Uhr, Do 15–20 Uhr
Tel. 07025/842601
www.neuffen.de

Großes Haus, Feldseite
Großes Haus, Fassade

82. BISSINGEN
Burg Teck

Buckelquader des 15. Jh. am Unterbau des Wanderheims

5. Jh. alemannische Höhensiedlung
Ende 11. Jh. Gründung
1152 Ersterwähnung
1186 Residenzburg der Herzöge von Teck
1381 württembergisch
15. Jh. Ausbau
1525 Zerstörung
1736–37 Ausbau zur Festung
1888/89 Aussichtsturm
1954/55 Neubau Wanderheim
2010 Absturz Mauerturm

Teckstraße 100
Wanderheim, Außenanlagen und Hof frei zugänglich
Tel. 07021/55208
www.burg-teck-alb.de

Weithin sichtbar erhebt sich auf einem Sporn des Albtraufs die Teck, von der Albhochfläche durch den Sattelbogen getrennt. Der Berg, der den Ausgang des Lenninger Tales dominiert, war schon in der Hallstattzeit bewohnt, trug im späten 5. Jh. eine alemannische Höhensiedlung und war wohl, wie Keramikfunde ergeben haben, auch im 9./10. Jh. besiedelt. Seine Bedeutung erhielt er Ende des 11. Jh., als auf ihm die neue Burg der Grafen von Nellenburg entstand, nachdem deren Stammsitz, die Thietpoldisburg (⇨86), 1077/78 zerstört worden war. Als Erbschaft kam die Teck 1102 an die Zähringer. Bertold IV. gab die Burg 1152 an Friedrich I. Barbarossa als Pfand für die Einhaltung seiner Zusage militärischer Unterstützung auf dem geplanten Italienzug. Vier Jahre später erhielt er sie zurück. 1186 war die Burg Sitz Adalberts I., der sie zum Herrschaftsmittelpunkt einer Seitenlinie der Zähringer machte, die seit 1187 den Herzogstitel führte, auch wenn sie de facto über kein Herzogtum, sondern nur über die Herrschaft Teck gebot. In der Folge suchten die Herzöge ihr kleines Territorium zu entwickeln, in dem sie die Städte Kirchheim, Owen und Gutenberg gründeten. Konrad II. wurde gar von den Reichsfürsten in Frankfurt 1292 zum römischen König gewählt, jedoch nur für einen Tag, da er an diesem Abend zum Opfer eines – eventuell politisch motivierten – Mordes wurde.

Der Niedergang der Herzöge von Teck setzte schon im 13. Jh. ein, als die Familie sich in zwei Linien aufteilte. Hinzu kamen der wachsende politische Druck durch das aufstrebende Württemberg, das vielleicht 1286 die Burg Teck belagerte, und Misswirtschaft. 1299 erfolgte eine Teilung des Besitzes. Schon 1303 verkaufte Herzog Hermann seine Hälfte der Teck an Habsburg, die 1326 in württembergischen Besitz geriet. 1359 erwarb Württemberg auch die andere Hälfte als Pfand der hochverschuldeten Herzöge. Schließlich kaufte Württemberg 1381 auch diese Burghälfte samt der zugehörigen Herrschaft. Die Herzöge von Teck zogen nach Mindelheim um. Sie starben 1439 im Mannesstamm aus. Der Besitz der Burg Teck war dann Voraussetzung für die Verleihung des Herzogstitels an Graf Eberhard im Bart auf dem Wormser Reichstag 1495. Seither bilden die teckischen Rauten einen Teil des württembergischen Wappens.

Die in der 2. Hälfte des 15. Jh. ausgebaute und neu befestigte Burg fiel 1525 kampflos den aufständischen Bauern in die Hände. Sie zerstörten die Teck. Ein Wiederaufbau unterblieb. 1736 ließ allerdings Herzog Carl Alexander mit dem Ausbau der Ruine zu einer modernen Festung beginnen. Sein plötzlicher Tod 1737 führte zur Einstellung der Arbeiten, die Burg verfiel erneut. Erst mit der Entdeckung der Alb im 19. Jh. als Wanderziel gelangte auch die Teck zu neuer Bedeutung. Der Schwäbische Albverein ließ den Nordturm als Aussichtspunkt wiederaufbauen und 1933 die Mörikehalle errichten. Er erwarb schließlich

Südlicher Eckturm

1941 die ganze Burg. 1954/55 erfolgte der Neubau des Wanderheims und eine purifizierende Umgestaltung des Turms. Die lang gestreckte Ruine erhebt sich in Spornlage auf steilem Felsen. Ein aus dem Fels geschlagener **Halsgraben** sichert sie im Südwesten gegen den Sattelbogen. Romanische Substanz steckt vielleicht noch in der Südostmauer und im Unterbau der Südmauer sowie der Wirtschaftsgebäude. Hier und am 2010 abgerutschten **Vierecktrum** der Ostmauer sind Eckbuckelquader und ein sauber gearbeitetes Sockelgesims erhalten. Sie gehören wohl ins 14. Jh., zumindest wurde der Vierecktrum erst in dieser Zeit der älteren Ringmauer vorgesetzt. Das geschichtete Kleinquadermauerwerk, das sich u. a. im unteren Teil der Südmauer zeigt, dürfte hingegen noch zum Gründungsbau gehören. Die übrige **Ringmauer** ist weitgehend württembergischer Ausbau im 15. Jh., zu dem die für die Zeit typischen halbrunden und runden Türme gehören, von denen der an der Südostecke ein kreuzgewölbtes Untergeschoss besitzt. Von den Wohnbauten blieben nur einzelne Keller, so unter dem heutigen Vereinsheim und auf der Südseite. Vom Festungsprojekt Carl Alexanders zeugen noch Wälle und Gräben auf dem Plateau südlich der Burg und am Nordhang.

Auf der Nordwestseite befindet sich eine natürliche Höhle im Burgfelsen, das sog. **Sibyllenloch**, in dem in grauer Vorzeit die sagenhafte Seherin Sibylle gehaust haben soll.

Ansicht von Westen

Grundriss

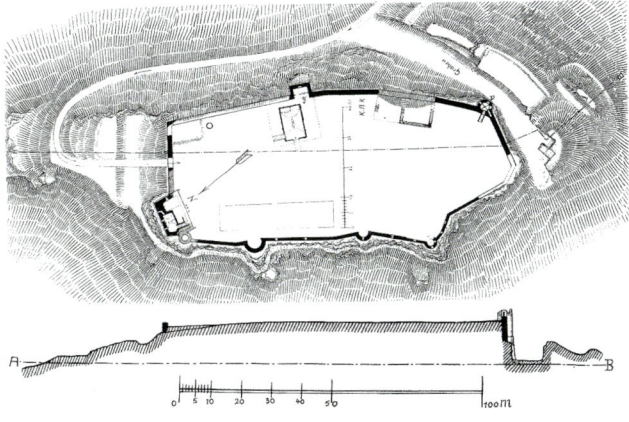

83. LENNINGEN-UNTERLENNINGEN
Sulzburg

Zugang zum Innenhof

um 1300 *Gründung*
1344 *Vorderes Haus*
um 1400 *Zwinger*
1634 *Zerstörung*
1641 *Instandsetzung*
1751–1807 *Aufgabe und Abbruch*
1966/67 *Sanierung*

Frei zugänglich
Tel. 07026/609-0
www.lenningen.de

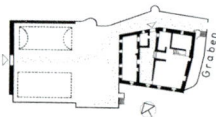

Grundriss

Blick über die Mauern des Alten Palas zur Vorburg

Die Sulzburg liegt auf einem länglichen Hügel frei im Tal oberhalb von Oberlenningen. Das südlich anschließende Gelände war ursprünglich sumpfig, woher sich der Name der Burg herleitet. Es handelt sich wahrscheinlich um eine verhältnismäßig späte Gründung der Zeit um 1300, denn erst 1335 wird die Anlage erstmals im Besitz der Herren von Neidlingen erwähnt. Diese verpflichteten sich damals, ihre Burg nie gegen Württemberg einzusetzen und räumten 1341 den Grafen das Öffnungsrecht ein. Bis um 1370 blieb die Sulzburg in Neidlinger Besitz, dann folgten die Herren Speth von Sulzburg, die um 1400 den Zwinger und wohl auch die Vorburg anlegen ließen. 1634 plünderten und zerstörten kaiserliche Truppen die Burg, die 1641 durch den neuen Besitzer Philipp Ludwig Schilling von Cannstatt wieder hergestellt wurde. 1692 erwarb die in Kirchheim residierende Herzoginwitwe Magdalena Sibylla den gesamten Besitz. Bis ins 18. Jh. blieb die Sulzburg genutzt. Doch schon 1732 wohnten nur noch arme Tagelöhner in dem Gemäuer, das allmählich verfiel, und 1751 kam es zu Abbrüchen und zum Verkauf von Baumaterial. 1807 war die Sulzburg Ruine. Sie wurde 1966/67 gesichert und saniert, dabei hat man die Ruinen teilweise aufgemauert.

Die Sulzburg bildet eine längliche Anlage auf einem leicht ansteigenden Bergsporn. Sie untergliedert sich in die polygonale, kompakte Hauptburg auf dem höchsten Punkt und eine rechteckig angelegte **Vorburg** unterhalb, die zwei unterkellerte Wirtschaftsgebäude umfasste und vermutlich erst um 1400 ummauert wurde. Das bei der letzten Sanierung hergestellte Tor sitzt in einer 1,9 m dicken und 28 m hohen **Schildmauer**. Es stammt vermutlich erst aus der Zeit nach 1641. Der ursprüngliche Hauptzugang lag auf der steilen Südseite, wo sich ein Graben befindet. Im Osten und Süden umfängt ein **Zwinger** mit zwei Schalentürmen die **Kernburg**, die sich mit zwei Gebäuden, dem Hinteren und dem etwas breiteren Vorderen Bau, um einen schmalen, länglichen Innenhof mit originalem Kalksteinpflaster legt. Hier befindet sich eine Filterzisterne mit **Brunnen**, welche die Wasserversorgung sicherstellte. Der Zugang zur Kernburg erfolgt durch ein ehemaliges Torhaus.

Die Anlage der beiden Wohnbauten ergibt sich vermutlich aus der Tatsache, dass die Sulzburg 1344 unter zwei Neidlinger Linien aufgeteilt wurde. Der **Vordere Bau** dürfte erst in diesem Zusammenhang entstanden sein. In der Südwand hat sich eine sauber aus Tuffstein gesetzte Spitzbogenpforte erhalten, die zu einem Abort über dem auf dieser Seite ursprünglich herumlaufenden Zwinger führte. Unter dem Neuen Palas auf der Südseite ist ein spitzbogiges Tonnengewölbe erhalten geblieben. Der Raum in der Südostecke mit der Aussichtsplattform ist hingegen eine Zufügung der Sanierung von 1966/67.

Gemalte Türfassung im Flur

84. LENNINGEN-OBERLENNINGEN
Schlössle

15. Jh. *Vorgängerbau*
1593–96 *Erbauung*
1775 *südseitige Anbauten*
1983–92 *Sanierung*

Hausmuseum, Museum für Papier- und Buchkunst
Di. 11–18 Uhr,
Mi. 15–18 Uhr,
Do. 15–19.30 Uhr,
Fr. 14–18 Uhr,
Sa. 10–12 Uhr,
So. 14–17 Uhr
Tel. 07026/609-0
www.lenningen.de

Das Schlössle in Oberlenningen wird zu Recht als denkmalpflegerischer Glücksfall gefeiert. Denn seit Abschluss der Restaurierungen 1992 lässt sich hier in idealer Weise niederadelige Bau- und Wohnkultur der Renaissance in einem nur selten bewahrten Erhaltungszustand nachvollziehen.

Das Schlössle wurde 1593–96 etwas oberhalb der Ortsmitte von Johann Georg Schilling von Cannstatt errichtet. Er erwarb dafür einen Vorgängerbau. Anders als sein Vater, der als Vogt in württembergischem Dienst stand, konnte Johann Georg dank des Zubehörs der Burgen Sulzburg (⇨83) und Rauber (⇨86) von den Erträgen seiner Grundherrschaft leben. Das repräsentative Herrenhaus in Oberlenningen wurde Ausdruck seines Selbstbewusstseins.

Trotz zahlreicher baulicher Veränderungen im Umfeld prägt der dreigeschossige Adelssitz nach wie vor den Ortskern. Archäologisch ist an dieser Stelle eine hochmittelalterliche Burg nachgewiesen, die kurz nach 1400 abbrannte. Über deren Resten wurde im 1. Drittel des 15. Jh. ein Neubau aufgeführt. Bei der Errichtung des Schlössles wurde dessen Sockel als EG übernommen. Für die neue Nutzung der Räume als Keller wurden Tonnengewölbe eingezogen. Über dem massiven Steinsockel folgen zwei Fachwerkgeschosse unter einem Satteldach. Beide Stockwerke werden nach dem gleichen Muster erschlossen: Quer zum First durchläuft ein breiter Flur die ganze Tiefe des Hauses. Auf beiden Stockwerken lag an der Südostecke eine Wohnstube. Ihre umlaufenden Fenstererker mit den historischen Zugläden, die wieder ganz wesentlich die Außenansicht prägen, wurden rekonstruiert. Beide Stuben wurden von dem nach Osten anstoßenden Raum beheizt. Im ersten OG war dies zugleich die Küche. Der sich verjüngende Rauchfang wurde durch das zweite OG geführt. Auf beiden Obergeschossen führt ein schmaler Gang zum Abtritt an der nördlichen Außenwand. Der hölzerne Schacht, durch den die Fäkalien in die Abortgrube fielen, ist an der Außenseite wieder hergestellt.

Die Westseite hat mehrfach Veränderungen erfahren. In zwei Ausbauschritten war sie bis 1596 auf ganzer Höhe über den älteren Sockelbau hinausgeschoben worden. Im zweiten OG führte der Flur auf eine Loggia. Ebenfalls 1596 wurde die Westseite um einen Anbau nach Norden verlängert, der im EG als offene Remise diente. Im frühen 18. Jh. wurde dann das zweite OG gekappt, womit die Loggia verloren ging, und das Dach bis auf das erste OG herabgezogen.
An der Ausstattung ihres Schlosses sparten die Schilling nicht: Der ganze Bau zeigt eine aufwändige Farbfassung. Nach 1610 wurden zudem in den Obergeschossen hölzerne Türbekleidungen mit Pilastern und einem Zahnschnittfries eingebaut.

Schon bald nach der Erbauung änderten sich die Familienverhältnisse, der Ausbau des zweiten OG blieb unvollendet. 1679/80 verkauften die Schilling das Schlössle an Bürgerliche, bald teilten sich vier Parteien das Gebäude, deren Raumnot nach 1775 die beiden südseitigen Anbauten erzwang. Die zahlreichen Einbauten der letzten 300 Jahre wurden bis auf wenige Reste entfernt: So diente der kleine Erker mit Ziehladen, der im EG zur Linken auffällt, den Bewohnern der darüber liegenden Wohnung als direkter Zugang in den Keller – er war also kein Karzer, wie zuweilen vermutet wird.
1983 erwarb die Gemeinde das Schlössle und sanierte es bis 1992.

Stuben mit Schiebeläden

Ansicht von Osten

85. LENNINGEN-OBERLENNINGEN
Wielandsteine

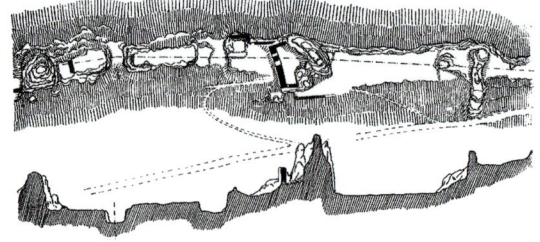

Hinter-Wielandstein und Zwischen-Wielandstein, Grundriss und Schnitt

um 1100 Alt-Wielandstein
um 1200 Alt-Wielandstein aufgegeben
vor 1150 Bau des Hinter-Wielandstein
1250 Ausbau des Hinter-Wielandstein
1240–1400 Mittlerer Wielandstein genutzt
1250–1330 Vorderer Wielandstein bewohnt
nach 1500 Aufgabe des Hinter-Wielandstein

Alle Ruinen sind frei zugänglich
www.lenningen.de

Hinter-Wielandstein, Grundriss nach Pfefferkorn

Auf einem rund 300 m langen Kamm zwischen dem Lautertal (Lenninger Tal) und dem seitlichen Tobeltal lagen wie Perlen auf einer Kette insgesamt vier Burgen. Auch wenn nur ein schmaler Pfad zu den vorderen Ruinen führt, so lohnt sich der Weg sowohl wegen der bemerkenswerten Einbindung der gewachsenen Felstürme in die ehemaligen Burgen wie auch wegen der Aussicht auf die Felswände des Albtraufs und hinab ins Tal. Am nächsten zur Albfläche liegt die **Hintere Burg Wielandstein**. Nach einer aufwändigen Sanierung 1976–79 vermittelt sie wieder einen Eindruck von den Strukturen einer Felsenburg auf der Alb im Hoch- und Spätmittelalter. Dank reicher Bodenfunde kann ihre bauliche Entwicklung gut nachvollzogen werden. Schon vor Mitte des 12. Jh. wurde der massive Felsturm befestigt. Zeitgleich entstand auf einem sich direkt unterhalb nach Westen anschließenden Areal nördlich der Zisterne ein kleiner Steinbau von rund 5 × 6 m. Möglicherweise diente diese Anlage als Turmwarte mit festem Haus dem vermutlich etwas älteren Alt-Wielandstein als albseitiger Vorposten. In der 2. Hälfte des 12. Jh. wurde die Anlage deutlich nach Westen – der markante Grabeneinschnitt fehlte damals – um jenen Burgteil verlängert, der heute als **Zwischen-Wielandstein** bezeichnet wird. Ausweislich der Bodenfunde verfügte er über Kachelofenheizung und Küchenbetrieb in einem Steinbau. Abgesehen von der künstlich verebneten Siedlungsfläche sind keine Zeugnisse der Bebauung mehr erkennbar. Grund hierfür war ein weitgehender Neubau des Hinteren Wielandsteins um 1250. Dafür wurde das Areal des Zwischen-Wielandsteins sorgfältig abgeräumt und durch einen neuen Graben vom Hinter-Wielandstein abgetrennt. Zeitgleich wurde nun der zentrale Hauptbau des **Hinter-Wielandstein** in den Felsturm eingebrochen und nach Westen hin mit einer hohen Mauer als Palas ausgebaut. Die Mauern des kleinen Baus aus der Anfangszeit wurden dabei teilweise überlagert. Die Westmauer mit dem Spitzbogenportal hat man bei der Sanierung auf ganzer Länge bis auf 8 m Höhe wieder hergestellt. Dafür wurde das noch erhaltene Kernmauerwerk mit Haussteinen neu verkleidet. Nach Nordwesten, dicht am neuen Graben, entstand ein zusätzlicher Steinbau, dessen einst gewölbter Keller deutlich zu erkennen ist. Womöglich wurde erst bei diesem Ausbau der Hof südseitig ummauert und dicht an der Südseite des Felsturms der Zugang mit Tor und Brücke geschaffen. Der heutige Besucher betritt über eine Brücke an alter Stelle den einstigen Burghof, dessen Südmauer bis in eine Höhe von 1,5 m erhalten ist.

Hinter-Wielandstein wie auch die anderen Burgen des Kamms sind Gründungen der Familie der Swelcher von Wielandstein. Erstmals wird kurz vor 1240 ein Berthold von „Welandesstain" als Vertreter einer edelfreien Familie erwähnt. Spätestens in der nächsten Generation stieg die Familie in den abhängigen Dienstadel der Teckherzöge ab. In dieser Zeit taucht auch erstmals der Beiname Swelcher (= Schwelger, Säufer) auf, der schließlich die Benennung nach der Stammburg verdrängte. Um 1330 gab die Familie die Burg auf. Vermutlich als Teil

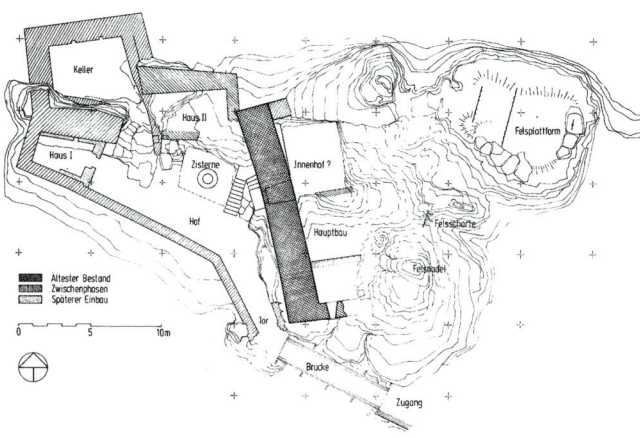

der teckischen Verkäufe kam der Besitz Ende des 14. Jh. an Württemberg, das ihn zu Beginn des 15. Jh. als Lehen an Konrad von Freyberg ausgab. Das Öffnungsrecht behielten sich die Württemberger aber vor. Nach dem Tod Konrads löste Württemberg die Burg umgehend ein und besetzte sie mit einem Burgvogt. Geldnot zwang 1478 zum Verkauf an Heinrich Schilling von Cannstatt. Da Heinrich und seine Erben zwar an den zugehörigen Gütern und deren Erträgen, jedoch kaum an der Burg interessiert waren, wurde sie um 1500 aufgegeben und verfiel.

Direkt auf den Zwischen-Wielandstein folgt in der Mitte des Bergsporns der **Mittlere Wielandstein**. Zentrum dieser schmalen Anlage ist ein Felsturm, dessen Gipfelfläche bebaut war. Der Hauptbereich lag westlich. Die noch deutlich sichtbare Mauer an der Südseite aus geschichteten Bruchsteinen war einst verputzt und diente als Stützmauer. Leider droht ihr das gleiche Schicksal wie ihrem Pendant auf der Nordseite, das vollständig weggebrochen ist. Auf der Ostseite des Felsturms haben sich nur minimale Reste eines Gebäudes erhalten. Auch hier erlauben Bodenfunde eine recht genaue Eingrenzung der Nutzungszeit zwischen der Erbauung, die wenig vor 1250 erfolgte, und der Aufgabe spätestens um 1400.

Rund 50 m hinter dem Mittleren Wielandstein liegt jene etwas über 30 m lange Fläche, auf der sich einst Burg **Alt-Wielandstein** befand. Der Kammpfad passiert sie an der Nordseite, ein schmaler Abzweig führt hinauf. Die Gräben an der Ost- bzw. Westseite sind stark verebnet, eine Vertiefung an der Nordwestseite ist unter Buchenbewuchs nur schwer als ehemaliger Keller erkennbar. Ausweislich der vielfältigen Bodenfunde stand hier die älteste der Burgen, die schon um 1100, aber auf jeden Fall zu Beginn des 12. Jh. erbaut wurde. Die ganze Fläche war ummauert und es befand sich zumindest ein fester Steinbau mit Ziegeldeckung auf dem Areal. Schon um 1200 wurde sie aufgegeben.

Mit dem **Vorderen Wielandstein** hat der Besucher den westlichen Punkt des Kamms erreicht, der direkt in den Albtrauf übergeht. Auch hier bildet ein Felsturm das Zentrum der Anlage. Er ist vom Rest des Kamms ostseitig durch einen tiefen Graben geschieden. Der Felsturm wird nach Osten von einer direkt anschließenden Kalksteinmauer mit bis zu 12 m Höhe verlängert. An ihrer Nordostecke fallen einige wenige Buckelquader auf. Die Mauer der Nordseite war im unteren Bereich Stützmauer und half mit ihrer Hinterfüllung die Siedlungsfläche am Felsturm zu vergrößern. Ältere Darstellungen und Fotografien zeigen, dass die Mauer noch im 19. Jh. bis zur ehemaligen Wohnbebauung hinauf stand. Ohne konservatorische Maßnahmen wird sie in wenigen Jahren bis auf vereinzelte Reste ins Tobeltal abgestürzt sein. Die Keramikfunde erlauben es, die Nutzung des Vorderen Wielandstein auf die Jahre zwischen 1250 und 1330 einzugrenzen.

Hinter-Wielandstein, Palasfront

Graben zwischen Hinter-Wielandstein und Zwischen-Wielandstein, um 1250

Vorderer Wielandstein, Reste der Nordmauer mit Hinterfüllung

86. LENNINGEN
Diepoldsburg und Rauber (Untere Diepoldsburg)

2. Jh. v. Chr. keltische Wehranlage
914 Bischof Salomo v. Konstanz auf der Thietpoldisburch gefangen
11. Jh. Aufgabe der zweiten Burg
nach 1200 Wiederbesiedlung und Anlage der dritten Burg
nach 1250 Rauber
Ende des 14. Jh. Aufgabe der Diepoldsburg
16. Jh. Zerfall des Raubers

Frei zugänglich
www.lenningen.de

Die Ruinen Diepoldsburg und Rauber/Untere Diepoldsburg, die in enger Verbindung zueinander stehen, stellen eine der interessantesten Anlagen auf der Neckarseite der Schwäbischen Alb dar. Das liegt zum einen an der langen Nutzung des Areals für Wehr- und Wohnzwecke, zum anderen an der besonderen Quellenüberlieferung.

Beide Anlagen liegen auf einem rund 350 m langen Bergsporn, der im Bereich der Diepoldsburg fast in Ost-West-Richtung verläuft und im letzten Drittel nach Nordwesten schwenkt, wo sich die Ruine Rauber anschließt. Die eigentliche **Diepoldsburg** zieht sich im oberen Teil über rund 200 m hin. Ihr Areal weist vielfältige Geländespuren auf, aus denen der Besucher anhand tiefer Gräben einzelne Abschnitte unterscheiden kann. An der schmalsten, etwa in der Mitte befindlichen Stelle schneiden zwei Quergräben einen längsrechteckigen Abschnitt von ca. 40 × 25 m aus. Seine Ostseite ist dank der Kernmauerreste der ehemals rund 3,5 m dicken Schildmauer leicht zu finden. Auf dem Geviert verweisen Schuttwälle auf die umlaufende Ringmauer wie auf eine Innenbebauung in Stein. Westlich und östlich der Kernburg schließen sich hinter Gräben im Spornverlauf „Vorburgen" an. Ungleich schwerer zu erkennen sind jene Vorwerke, die auf beiden Seiten auf diese folgen. In Richtung Albhochfläche liegt der abschließende Graben. Im Westen ist er in der Stufe ablesbar, die den Übergang zu einer Grasfläche markiert.

Über 2000 Bodenfunde erlauben es, der großen Anlage drei Phasen zuzuordnen: Das albseitige, weit nach Osten reichende Wall- und Grabenwerk ist in seinen Ursprüngen keltisch und datiert ins 2. Jh. v. Chr. Spätere Nutzer haben die Reste dieser Anlagen in ihre Burgen einbezogen.

Fast 200 Scherben belegen für das 9. und 10. Jh. eine zweite Nutzungsphase. Die Keramikfunde stützen den Bericht einer St. Gallener Chronik, welche die Diepoldsburg direkt mit den Kämpfen zwischen König Konrad und schwäbischen Adeligen in Verbindung bringt. 914 hätte dabei der Hochadelige Erchanger den Bischof Salomo von Konstanz, der die Ansprüche des jungen deutschen Königtums im Südwesten verteidigte, festgenommen und auf eine *thietpoldisburch* gebracht. Die historische Forschung stritt lange, welche Burg dafür in Frage kommt. Für Chr. Bizer steht im Hinblick auf die archäologischen Belege außer Zweifel, dass die Diepoldsburg jener Ort war, in dem der Bischof gefangen gehalten wurde. Allerdings war Erchanger nicht der Erbauer, er muss sie auf unbekanntem Weg von ihrem Gründer und Namensgeber Thietpold erworben haben, zu dessen Herkunft und Familie die Forschung bislang keine weiteren Angaben machen kann.

Im 11. Jh. verfiel der Platz, erst nach 1200 kam es zur Wiederbesiedlung: Alle noch sichtbaren Bauspuren gehen auf diese dritte Phase zurück. Nun wurde das Areal im Zentrum mit zwei Gräben unter-

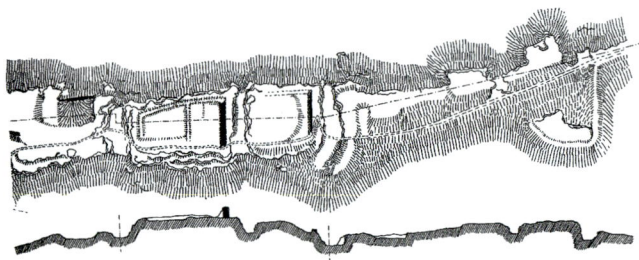

Grundriss und Schnitt der Oberen Diepoldsburg

Schildmauerreste der Oberen Diepoldsburg

teilt – nur die so entstandene Kernburg mit der Schildmauer war bebaut. Die östlich davor liegende Fläche wird als Vorburg gedient haben, die westliche diente als Hofraum für die Wirtschaft der sehr beengten Kernburg.

Erbauer dürfte jener Ulrich von Diepoldsburg gewesen sein, der 1210 erstmals genannt wird. 1297 erscheint die Burg als Nebenwohnsitz der Herzöge von Teck. Sie kam mit der Verpfändung von teckischem Besitz 1323 an Württemberg. Noch Ende des 14. Jh. wurde sie aufgegeben und zerfiel.

Unterhalb der Diepoldsburg liegt die **Ruine Rauber.** Sie ist von den beschriebenen Wallanlagen der Diepoldsburg durch eine kleine Wiesenfläche separiert. Der Rauber nimmt eine Fläche von 40 × 15 m ein, die in großen Teilen noch von einer bis zu 8 m hohen, einst bis zu 1,3 m dicken Ringmauer umschlossen wird. Auffallend sind die gerundeten Ecken dieser Mauer, die in Württemberg äußerst selten vorkommen. Die Mauer ist in Bruchsteinmauerwerk aufgeführt. Fehlstellen an der Südwest- und Nordostseite wurden 1964/65 in Haustein ersetzt. Aus dieser Zeit stammen auch Tor und Brücke an der Grabenseite, sowie die Pforte am anderen Hofende, die alle durch Befunde nicht gesichert sind. Im Inneren fehlen, abgesehen vom Zisternenschacht, alle Spuren einer Bebauung. Den Bodenfunden zufolge entstand die Anlage nach der Mitte des 13. Jh., zu dieser Zeitstellung passen die ungewöhnlichen gerundeten Ecken. Da eine Vorburg und insbesondere eine Schildmauer und Türme an der gefährdeten Grabenseite fehlen, war der Rauber wohl anfangs kaum eine eigenständige Anlage, sondern diente als Ergänzung der Diepoldsburg.

Die urkundliche Überlieferung setzt 1406 ein, als Württemberg die *Vestin, das Unterdiepoldsburg genannt*, an die niederadeligen Brüder Berthold und Hans Schwenzlin von Hofen als Lehen ausgab. 1424 verkauften diese die Burg an die Truchsessen von Bichishausen. Sie bewohnten die Burg wohl nur ausnahmsweise, 1535 wird sie als Burgstall, also Ruine genannt.

Die Benennung Rauber und die Einschätzung als „Raubritterburg" entsprang der regen Fantasie von Crusius im 16. Jh., der damit späteren legendären Ausmalungen Tür und Tor öffnete.

Rauber aus dem Halsgraben von Osten

Rauber, westliche Ringmauer

Rauber, Grundriss und Schnitt

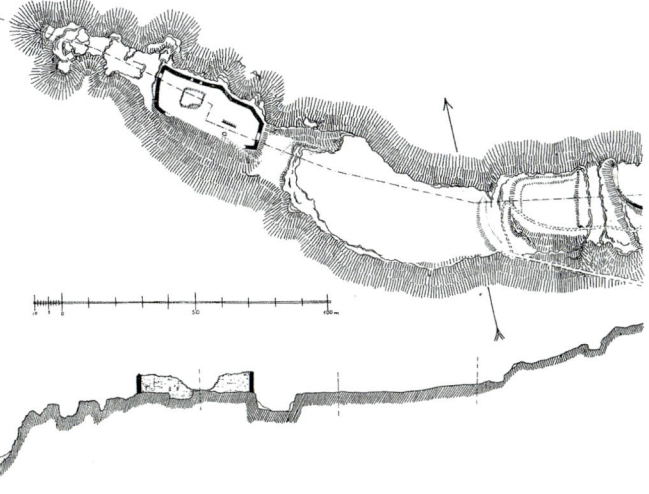

87. KIRCHHEIM
Schloss

Stadtseitiger Eckturm

13. Jh. *Anlage einer Stadtburg?*
1538–45 *Neubau Schloss*
1551–55 *Ausbau Landesfestung*
ab 1628 *Witwensitz*
1793–95 *Umbau für Franziska v. Hohenheim*
1857 *Tod der letzten fürstlichen Bewohnerin*
1988/92 *Instandsetzung*

Schlossplatz 8
Hof und Schlossmuseum
Besichtigung nur im Rahmen von Führungen, Mai–Nov.
Mi. u. Sa. 14–17 Uhr, So. u. Feiertage 13.30–17.30 Uhr
Tel. 07071/6028-02
www.schloss-kirchheim.de
S 1 (Kirchheim)

Ansicht von Nordwesten

Das Kircheimer Schloss liegt in der für eine Stadtburg typischen Weise in der Ecke der Stadtbefestigung. Ein Zugang erfolgt von der Stadtseite, einer von der Feldseite, was es dem Stadtherrn ermöglichte, sein Schloss zu betreten und zu verlassen, ohne die Stadt passieren zu müssen. Der Bau bot auch Sicherheit gegen eine möglicherweise unruhige Bürgerschaft. Darin ähnelt Kirchheim den Schlössern in Stuttgart (⇨1) und Schorndorf (⇨49).
Der heutige Bau entstand unter Herzog Ulrich 1538 bis ca. 1545 als Zitadelle der nun zur Landesfestung erklärten Stadt Kirchheim. Vermutlich ging ihm eine Burg der Herzöge von Teck voran, welche Kirchheim im 13. Jh. zur Stadt erhoben hatten. Das Kirchheimer Schloss diente im 15. Jh. oft den Grafen von Württemberg zu Aufenthalten in der Stadt und 1496–98 als Residenz für Graf Eberhard d. Jüngeren. Reste dieser älteren Burg sind bisher aber nicht bauhistorisch oder archäologisch gefunden worden.
Eine zweite Wasserburg lag westlich im herrschaftlichen Tiergarten. Sie entstand im 13. Jh. und befand sich als Lehen der Herzöge von Teck im Besitz der Herren von Hepsisau. Diese Burg wurde 1545 abgetragen, um Angreifern keinen Stützpunkt zu bieten. Ihr Wassergraben verschwand erst beim Eisenbahnbau im 19. Jh.
Herzog Ulrichs **Schloss** besteht aus einer verzogenen Vierflügelanlage. Die Unter- und Erdgeschosse sind massiv gemauert und haben zur Feldseite 2,8 m dicke Mauern, die Artilleriebeschuss standhalten sollten. In den Kellern lagerten Vorräte für Belagerungszeiten. Zwei Ecken besetzen kasemattierte Streichwehren mit Schießscharten, in denen noch die alten Prellhölzer zum Auflegen der Hakenbüchsen erhalten geblieben sind. Die Oberbauten des Schlosses wurden in Fachwerk erstellt, der Aufbau des zuerst mit einer Geschützplattform abschließenden Südwestturms entstand erst unter Herzog Christoph um 1553/54.
Zum Schloss gehören auch der östlich gelegene, mehrfach umgebaute **Marstall**, der 1513 erstmals erwähnt ist und nach Bränden 1690 und 1735 seine heutige Form erhalten hat, und der 1626 errichtete und nach dem Stadtbrand 1693 wieder aufgebaute **Kavalierbau** auf der Nordseite, der ursprünglich als Obervogtei diente.
Die **Landesfestung** Kirchheim entsprach noch ganz dem Standard spätmittelalterlicher Befestigungen. Die Stadtmauer des 13. Jh., 1359–67 durch einen Zwinger verstärkt, erhielt unter Ulrich niedrige, im Graben verborgene halbrunde und runde Türme, sog. Streichwehren

zur Verteidigung mit Hakenbüchsen; der Graben wurde erweitert. Als Deckwerk gegen Artilleriefeuer führte jenseits des Grabens rund um die Stadt ein Erdwall, der die Mauerwerksbauten feindlicher Einsichtnahme und Beschießung entzog. Er ist auf der Südseite vor dem Schloss noch deutlich im Gelände erkennbar. Herzog Christoph ließ ab 1554 durch Georg Stern die Befestigungen teilweise modernisieren. So wurde der Zwinger östlich des Schlosses mit Kasematten überwölbt und zum Artilleriewall umgebaut. Er endet in der **Marstallbastion**, einer von zwei Bastionen, die unter Christoph entstanden und die ersten Bastionsbauten in Württemberg darstellen. In sie wurden ältere runde Streichwehren einbezogen.

Schon im 17. Jh. verlor Kirchheim militärisch an Wert, die Befestigungen waren veraltet. Das Schloss, das Herzog Ulrich auch als Jagdsitz gedient hatte, fand eine neue Nutzung: Mit Barbara Sophie von Württemberg bezog 1628 erstmals eine Herzogswitwe die Anlage. Die Zitadelle wurde fortan vor dem Neubezug durch eine Herzogswitwe jeweils wohnlicher gemacht. So setzte Magdalena Sibylla 1709 den Umbau der **Dürnitz** im Südflügel zur Schlosskirche durch. Der letzte große Umbau erfolgte für Franziska von Hohenheim, für die Herzog Carl Eugen Kirchheim als Witwensitz bestimmt hatte. Nach seinem Tod gestaltete Reinhard Ferdinand Fischer 1793–95 den westlichen Eingangsbereich und die Appartments im zweiten OG neu. Im Westflügel schuf er durch Entfernung der Zwischendecke eine hohe Halle, die als Kutschdurchfahrt diente. In Verbindung mit der neuen Treppe gewann er so ein repräsentatives Entree. Zu den älteren Wohnräumen an der Grabenseite ge-

sellte sich der „Große Saal", der auf das Eckrondell aufgesetzt wurde. Alle **Räume** erhielten eine qualitätsvolle Ausstattung mit Möbeln, Bildern und Stuckaturen im Stil des Frühklassizismus. Beim Rundgang durch die reizvollen Interieurs fallen zahlreiche Familienporträts und einige jüngere Ausstattungsstücke des Biedermeiers auf. Sie verweisen auf Herzog Ludwig von Württemberg, den Bruder des ersten württembergischen Königs, und seine Frau Henriette von Nassau-Weilburg sowie deren Kinder. Nach dem Tod Franziskas 1811 wurde ihnen das Kirchheimer Schloss als Wohnsitz angewiesen, da Ludwig kurz zuvor skandalös Bankrott gemacht hatte. Daher wurde auch bei diesem Neubezug nicht umgebaut. Nach dem Tod ihres Mannes 1817 lebte Henriette noch 40 Jahre im Schloss und engagierte sich intensiv im Sozialwesen Kirchheims. 1825–27 wurden für sie am Ostende der Raumflucht die Außenmauer des Schlosses aufgestemmt und zwei kleine Zimmerchen angefügt, die als Gartenpavillon fortan den Zugang zum **Dachgarten** auf den Kasematten bildeten.

Nach Henriettes Tod verblieben die Ausstattungsstücke vor Ort. Mit der Einrichtung des Schlossmuseums und nach Wiederherstellung von Böden und Wandgestaltungen kehrten sie an den historischen Ort zurück: Kirchheim ist damit ein rares und attraktives Beispiel für eine vor Ort erhaltene Ausstattung eines fürstlichen Witwensitzes des späten 18. und 19. Jh.

Wall und Graben

Grundriss

Schießscharten

88. KIRCHHEIM
Freihof

1300 Ersterwähnung
1427 Fachwerkbau
1601–06 Alchemistenlabor Friedrichs I.
1609 Ummantelung und Erweiterung

*Wollmarktstraße 30
Musikschule
Äußeres frei zugänglich, EG-Halle während der Öffnungszeiten Mo.–Fr. 9.30–12 Uhr, Di., Mi. u. Do. 14–16 Uhr
www.kirchheim-teck.de
S 1 (Kirchheim)*

Westliche Giebelfront

Wappen Christoph Barners und seiner Frau Elisabeth Euphrosina

Ansicht von Südwesten

Im Jahr 1300 wird der Freihof, der unweit der Lindach nördlich der Kirchheimer Altstadt liegt, erstmals bei einem Verkauf erwähnt. Damals bestand bereits die privilegierte Rechtsstellung mit Steuerbefreiung und eigener Niedergerichtsbarkeit, die im 15. Jh. zur Bezeichnung Freihof führte. Über die Entstehung und das Aussehen des ersten Baus fehlen Angaben, fast lückenlos sind jedoch die Besitzerwechsel seit dem 14. Jh. dokumentiert. 1427 erwarb Berthold Volkwein aus Hedingen den Freihof. Er errichtete einen Fachwerkbau, von dem man lange annahm, er wäre Anfang des 17. Jh. vollständig abgerissen worden. Eine Entdeckung zu Beginn der Sanierung 1987 korrigierte dieses Bild: Volkwein ließ auf einem beinahe quadratischen Grundriss (12 × 10,5 m) einen zweigeschossigen Fachwerkbau errichten. In beiden Obergeschossen lagen an der Nordost- sowie der Südwestecke jeweils Bohlenstuben. Den Abschluss bildeten zwei Dachhäuser an den Außenseiten, deren Satteldächer quer zum Hauptfirst standen; gemeinsam bildeten sie eine Dachlandschaft in Form eines H. Wohl schon in der 2. Hälfte des 15. Jh. wurde das EG durch ein massives Steingeschoss mit gewölbtem Keller ersetzt. Dieser Bau wurde 1609 in den großen Umbau einbezogen, nach dessen Abschluss außen nichts mehr auf den älteren Kern hindeutete.
Doch bis dahin erlebte der Bau wechselvolle Jahrzehnte: 1452 verkaufte ihn der Sohn des Erbauers an die Thumb von Neuburg, dabei wurde zum ersten Mal die Bezeichnung Freihof gebraucht. Neben dem Hauptgebäude, das von einem Wassergraben umgeben war, waren in den Kauf Wirtschaftsgebäude und eine Ringmauer, die das ganze Areal umgrenzte, einbezogen. 1600 erwarb Herzog Friedrich I. den Freihof. Er etablierte hier eine Dependance seines Alchemistenlabors. Dafür wurde das Anwesen zusätzlich befestigt: Der Wassergraben wurde mit einer Böschungsmauer verstärkt, oberhalb davon wurde eine wallartige Mauer mit vier Rondellen für Feuerwaffen angelegt. Insgesamt drei Alchemisten agierten mit ihren Gehilfen in Kirchheim, um Gold herzustellen, was freilich nicht gelang. Für zwei von ihnen endeten Betrugsversuche tödlich, der enttäuschte Herzog ließ sie hinrichten. 1608 erwarb Hans Ulrich Linckh den Freihof und verlieh ihm im Folgejahr seine heutige Gestalt: An den Kernbau wurden auf allen vier Seiten gleich große, massive Anbauten aus Tuffstein angefügt. Die Dachlandschaft wurde entsprechend angeglichen, als Ergebnis entstand der kreuzförmige Grundriss mit vier Giebeln unter Satteldächern. In beiden Obergeschossen wurden an der Südseite Säle eingefügt – der Freihof war zum „Schlössle" geworden.
Der Umbau und die rechtliche Sonderstellung machten den Freihof attraktiv, so dass ihn 1690 Christoph v. Barner erwarb. Barner erlebte einen steilen Aufstieg im kaiserlichen Heer, 1692 wurde er Generalfeldzeugmeister, was er im folgenden Jahr stolz in einer Kartusche über dem Eingang dokumentierte. Im Inneren ließ er zeitgleich fünf Räume, darunter die Halle im EG und die beiden Säle in den Obergeschossen, durch Stuckierungen barockisieren.
Mit dem Ende des Alten Reichs endete 1806 die Sonderstellung des Freihofs, 1811 erwarb ihn die Stadt und baute ihn zur Kaserne um. Dabei wurde der Graben zugeschüttet. 1836 wurde im Freihofareal der Hauptlandeswollmarkt eingerichtet, der bis 1914 bestand. Im 20. Jh. wechselten die Nutzungen, seit der Sanierung 1987–89 ist hier die Musikschule zu Hause.

89. WEILHEIM
Limburg und Stadtschloss (Schlossscheuer)

Weithin ist der Inselberg der Limburg, ein ehemaliger Vulkanschlot, vor dem Albtrauf zu sehen, zu dessen Füßen das Städtchen Weilheim liegt. Die **Limburg** (Lintburg) zählt zu den ältesten Hochadelsburgen in Schwaben und ist Stammsitz der Zähringer, der späteren Markgrafen und Großherzöge von Baden. Gegründet wurde sie zwischen 1024 und 1050 durch Bertold I. Er gehörte zu den mächtigsten Herren des Landes nach den Herzögen von Schwaben. Für Kaiser Heinrich IV. bekämpfte er 1073–75 die aufständischen Sachsen, wechselte aber 1076 in das Lager der papstfreundlichen Fürstenopposition. Als 1077 die Versammlung der Reichsfürsten Rudolf von Rheinfelden, Herzog von Schwaben, zum Gegenkönig wählte und Heinrich IV. für abgesetzt erklärte, verwüsteten königliche Truppen die Besitzungen Bertolds. Dieser zog sich, so überliefert es der Chronist Frutolf von Michelsberg, auf das „oppidum" Limburg zurück und starb dort in völliger Verzweiflung 1078. Hermann I. nannte sich 1110 Markgraf von Limburg, Markgraf Hermann II. sich dann schon 1112 nach seiner neuen Burg von Baden, womit sich die Herr-

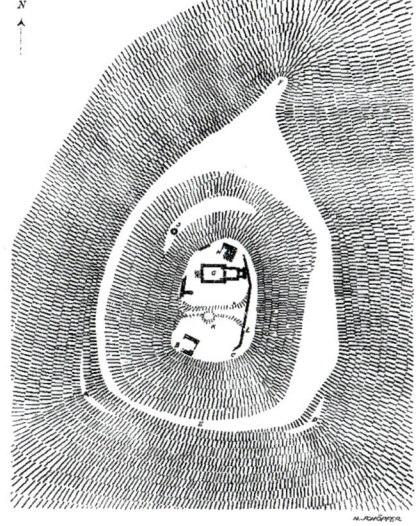

Limburg, Grundriss

Limburg
um 1024–50 Gründung
1099 Ersterwähnung
nach 1150 Verfall
15. Jh. Michaelskapelle
um 1580 Abbruch der Kapelle
1913/14 Grabungen

Stadtschloss Weilheim
1319 Gründung
1334 Verkauf an Württemberg
1469 Südflügel
1634 Umbau zur Scheune
1895 Teilabbruch

Limburg frei zugänglich, Stadtschloss (Schulstraße 20): Veranstaltungszentrum Tel. 07023/106-106 www.weilheim-teck.de

schaftsverlagerung der Zähringer in das Oberrheingebiet deutlich abzeichnete. Die Limburg verlor an Bedeutung und fungierte nur noch als Verwaltungssitz für Dienstmannen, die sich nach der Burg nannten. Um 1130 wurde sie vielleicht zerstört, dann wieder aufgebaut. Vermutlich führte der Ausbau der Teck (⇨82) Ende des 12. Jh. zur endgültigen Aufgabe. Allerdings müssen Teile noch im Spätmittelalter bewohnt gewesen sein, darauf deuten Funde von Ofenkacheln und Küchengerät hin.

Innerhalb der verfallenen Burg entstand im 15. Jh. eine Michaelskapelle. Die Limburg wurde 1453 an die Stadt Weilheim verkauft, die Kapelle nach der Reformation 1580 abgebrochen.

Heute ist nicht mehr viel vorhanden. Was an Grundmauern zu sehen ist, wurde 1913/14 ergraben. Die ca. 1,3 m dicken, aus großen Quadern geschichteten Ringmauern umschlossen den ganzen Gipfel. Ein Graben unterteilte die Anlage. Er ist im Gelände noch ablesbar. An den beiden Schmalseiten der Anlage stand wohl je ein Turm. An die westli-

Weilheim, Schloss, Fachwerk

che Ringmauer lehnte sich ein Gebäude, ebenso an den Nordrand des Grabens. Die Wasserversorgung der Burg sicherte etwa 10 m unterhalb auf der Nordwestseite des Gipfels eine Quelle, die noch heute als Brunnenschacht gefasst ist. Weiter unterhalb am Hang umläuft eine planierte Fläche den Berg, die nach neuesten Erkenntnissen wohl die Vorburg bildete.

Das Weilheimer **Schloss** geht vermutlich auf eine Stadtburg der Grafen von Aichelberg zurück, die 1387 als „Gesäß" erwähnt ist. In typischer Weise liegt sie in einer Ecke der Ummauerung. Nach Verkauf Weilheims an Württemberg wurde sie mehrfach verpfändet, so 1432 an die Herren von Wernau, die hier residierten und 1469 den noch erhaltenen Südflügel errichten ließen. Seit 1487 diente das Schloss dem württembergischen Amtmann als Sitz. Mit Ausnahme des schon 1634 zur Scheune umgebauten Ostflügels fiel es 1895 dem Abbruch zum Opfer.

Das bis 2009 instand gesetzte Gebäude lehnt sich als gotischer Fachwerkbau mit verblatteten Kopf- und Fußbändern an die Stadtmauer und kragt weit über diese vor. In der Südwestecke befand sich eine Bohlenstube, die allerdings nicht beheizbar war und wohl als Sommerstube diente.

Weilheim, Schloss

90. NEIDLINGEN
Reußenstein

Der Reußenstein gehört wegen seiner spektakulären Lage und seines historischen Mauerwerks, das sich bis in Trauf- und Giebelbereich erhalten hat, zu einer der eindrucksvollsten Burgen der Schwäbischen Alb.

Wie zahlreiche andere Burgen im Umfeld von Kirchheim ist auch der Reußenstein archäologisch gut untersucht; das reiche Fundgut an Keramik und Metallteilen erlaubte die Datierung der Erbauung in die Mitte des 13. Jh. Erstmals erwähnt wird die Burg 1301, als ein *Dietholch von dem Stein* genannt wurde. Wie sich aus jüngeren Urkunden ergibt, ist mit *dem Stein* eindeutig die erst später Reußenstein genannte Burg gemeint. Besagter Diethold gehörte dem ritterlichen Ministerialadel der Herzöge von Teck an. Mit seinem gleichnamigen Vater wird diese Familie 1241 erstmals erwähnt. In Hinblick auf die mutmaßliche Erbauungszeit liegt es nahe, in ihm den Erbauer der Burg zu sehen. 1340 verkauft *Johans vom Stain* die Burg an seine Vettern Konrad und Heinrich Reuß von Kirchheim, die ebenfalls der Ministerialität angehörten. Zwar gab diese Familie die Burg 1371 schon wieder ab, doch die Benennung Reußenstein, die bei diesem Verkauf erstmals fixiert wurde, behielten auch spätere Besitzer bei. Umgekehrt nannten sich die Verkäufer fortan Reuß von Reußenstein, auch wenn sie mit der Burg nichts mehr zu tun hatten.

Neue Eigentümer waren die Herren von Randeck, welche die Burg bald an Niederadelige der Region verpfändeten. Dabei brachte sich Württemberg ins Spiel, das sich Anteile der Pfandsumme, vor allem aber das Öffnungs- und Zustimmungsrecht bei Veräußerungen sicherte. Der Wert dieser Rechte zeigte sich schon kurz darauf im Krieg zwischen Württemberg und den Reichstädten: Württemberg hielt die Burg besetzt, aber 1388 nahmen sie Söldner der Städte ein; bald darauf eroberte sie Graf Eberhard der Greiner zurück. Erst 1394 händigte er sie an den eigentlichen Pfandinhaber aus. 1441 erwarb Graf Johann von Helfenstein zunächst das Pfand vom damaligen Inhaber und löste dann die Pfandsumme bei den Herren von Randeck ab. Damit waren die Grafen von Helfenstein alleinige Eigentümer des Reußenstein. Württemberg, das sich aus der strategisch wichtigen Anlage gedrängt sah, war nicht willens dies hinzunehmen; in einer Fehde nahm es die Burg 1454 ein – die dritte Eroberung in 66 Jahren. Erst 1461 kam es zum Ausgleich, als die Grafen von Helfenstein den Württembergern zusicherten, die Burg nicht gegen sie einzusetzen.

1476 stellte Friedrich von Helfenstein sich und die Burg gegen Sold in den Dienst der Reichsstadt Ulm. Der Reu-

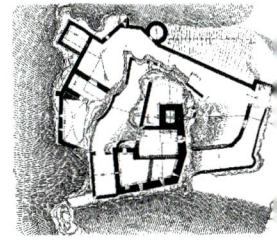

Grundriss der Hauptburg

Mitte 13. Jh. Bau
15. Jh. Unterburg
nach 1525 Aufgabe und Verfall

Frei zugänglich
www.reussenstein.de

Ansicht der Kernburg

183

ßenstein wurde ein Vorposten zur Absicherung der Ulmischen Besitzungen auf der Alb und im Filstal. Der letzte gräfliche Burgherr, Ludwig Helferich, wurde im Bauernkrieg in Weinsberg von den Bauern durch die Spieße gejagt und erlag seinen Verletzungen. Der Reußenstein wurde danach nicht mehr bewohnt und verfiel. 1964 erwarb der damalige Landkreis Nürtingen die Ruine, die er bis 1966 aufwändig sicherte und zugänglich machte.

Die Burg liegt auf einem über dem Tal der Lindach steil aufragenden Felsblock. Durch eine Schlucht, die künstlich zum **Graben** erweitert wurde, steht er rund 25 m vor der Albhochfläche. Auf dieser lag innerhalb eines halbkreisförmigen Walles mit einem Durchmesser von 80 m die **Vorburg**.

Am Zugang zum Felsblock passiert man zuerst das Haupttor. Die daran anschließende Unterburg, die den Felsklotz auf der Ost-, Nord- und Westseite umfasst, stammt aus dem 15. Jh. Oberhalb davon liegt die **Oberburg**. Der Zugang zu ihr erfolgte über ein schmales Felsband an der Nordseite des Felsens. Nach einem Felsentor, einem Steg, der einen Einschnitt am Fels überwand, und einer verloren gegangenen, hölzernen Torkonstruktion endete er direkt an dem großen, zweiteiligen **Wohnbau** auf der Südseite. An den erhaltenen Umfassungsmauern aus Bruchsteinmauerwerk haben sich eine Vielzahl von Spuren der früheren Nutzungen erhalten: Im UG die Reste der Küchenkamine, über die ganze Innenseite jene Wandlöcher, in die einst die Tragbalken für die insgesamt drei Wohngeschosse eingeschoben waren, dazu Fensternischen und Öffnungen für Kamine und Abtritte. Weiter erkennt man Reste jenes Wehrgangs, über den sich einst vom Wohnbau aus der Hocheingang des **Bergfrieds** erreichen ließ. Der quadratische Turm von 6 × 5 m ist direkt mit der Ostmauer verbunden, die zur Albhochfläche, in diesem Fall zugleich die Feldseite, schildmauerartig verbreitert ist. Die Außenseite ist mit großen Quadern aus Kalktuff verkleidet. Der kleine Bereich zwischen Wohnbau und Turm war ursprünglich Hofraum, später wurde er überbaut. Im dritten OG des neuen Gebäudes lag eine **Kapelle**, deren Fensternische in der Ostseite erkennbar ist.

Unter den Helfensteinern kam die **Unterburg** hinzu. Zu ihr gehörte auf der Grabenseite ein Zwinger. An der Nordseite zog sich zudem ein langer Torzwinger entlang des Felsklotzes, es folgen Flankentürme und im Westen eine Zisterne mit runder, aufgemauerter Öffnung, ein Keller und die Reste zweier Gebäude.

Die ausgesetzte Lage der kühn aufragenden Burg inspirierte Wilhelm Hauff zur Sage, dass nur mit Hilfe eines Riesen der Bau habe vollendet werden könne – der staunende Besucher mag es fast glauben.

Mantelmauer

Bergfried

91. UHINGEN
Schloss Filseck

Grundriss

Fast zwanzig Jahre lang bot Schloss Filseck vom Filstal aus einen erbarmungswürdigen Anblick. 1971 zerstörte ein Brand große Teile des markanten Renaissancebaus. Erst 1989 begann der Landkreis Göppingen mit der Restaurierung und Wiederherstellung, die 1994 abgeschlossen war.
Die Anfänge liegen in einer Burg des frühen 13. Jh. Grabungen und Untersuchungen während der Sanierung erbrachten Befunde zu ihrem Aussehen: Sie lag nicht parallel zur Hangkante wie der heutige Bau, sondern leicht versetzt dazu. Mit einer Fläche von 40 × 40 m war die bebaute Fläche zwar kleiner als die des Schlosses, dennoch handelte es sich für die Zeit um eine große Anlage. Die jüngere historische Forschung hat damit aus guten Gründen eine gräfliche Familie als Bauherrin angenommen. In Frage kommen die 1204 erstmals erwähnten Grafen *de Velsecki*, die dem Familienkreis der Grafen von Aichelberg zuzurechnen sind und zum engeren Umfeld der Staufer zählten. Damit wäre auch die Anlage der Burg erklärbar, die aichelbergischen Besitz um Uhingen schützte und die Reichsstraße und damit den südlichen Zugang in die junge Staufergründung Göppingen kontrollierte. 1318 verkauften die Aichelberger die Burg an Württemberg. Entgegen ihrer sonst konsequenten Erwerbspolitik veräußerten diese den Besitz schon um 1350 an die Reuß von Reußenstein. 1568 erwarb der Göppinger Bürgermeister Balthasar Moser die Burg nebst zugehörigen Gütern. Mit dem Erwerb des kleinen, aber reichsunmittelbaren Territoriums erreichte er sein Ziel: 1573 wurde er geadelt und nannte sich fortan Moser von Filseck. Als kühler Rechner stieß er die baufällige Burg schon bald wieder ab. 1596 kam sie an Burkhard von Berlichingen.
Der weitgereiste Eigentümer kannte die zeitgenössischen Entwicklungen im adeligen Bauen. 1597 gab er daher den Auftrag zum Neubau als quadratische Vierflügelanlage. Der lange **Nordflügel**, der parallel zu Hangkante oberhalb des Fils-

Anfang 13. Jh. Gründung
1597–99 Beginn Neubau
1733 Aufstockung des Ostflügels
1803 Übergang an Württemberg
1851 Südflügel
1971 Brand
1989–94 Wiederaufbau u. Sanierung

Hof frei zugänglich, Dürnitz und Keller während der Öffnungszeiten der Gastronomie, Dokumentation im Dachgeschoss Di.–So. 14–17 Uhr
Tel. 07161/945515
www.schloss-filseck.de

Ansicht von Südosten

Nordflügel und Hof

tals verläuft, diente als eindrucksvolle Schauseite. Da sein Keller frei liegt, erscheint der Flügel von hier aus dreigeschossig. Das Kellergeschoss wurde mit großen, schwarzgrauen Quadern und weißen Fugen bemalt und wirkt aus der Distanz wie ein Sockel. An beiden Enden stehen übereck gestellte **Türme**, deren Pyramidendächer Laternen bekrönen. Die Hofseiten weisen fast keinen Bauschmuck auf, die Sonnenuhr ist eine Ergänzung von 1736. Im Winkel zwischen Nord- und Ostflügel steht ein Treppenturm. Direkt im Anschluss befindet sich im **Ostflügel** die Einfahrt. In die Außenseite dieses Flügels wurde die Ostmauer der Burg einbezogen. Er blieb zunächst eingeschossig. Der Bauherr hatte nämlich in württembergischen Diensten öffentliche Gelder veruntreut und war daher direkt nach Baubeginn in Haft gekommen. Das Schloss blieb vorerst ein Torso. Es folgte eine lange Reihe wechselnder Besitzer, unter denen Carl Magnus Leutrum von Ertingen zu erwähnen ist. Er ließ 1733 dem Ostflügel das Fachwerkgeschoss aufsetzen.

Hauptraum im EG war die große **Dürnitz** in der Ecke zwischen Nord- und Ostflügel, die noch auf von Berlichingen zurückgeht. Im OG des Nordflügels ist eine Reihe repräsentativer Räume aus der ehemaligen herrschaftlichen Zimmerflucht erhalten, die von unterschiedlichen Eigentümern ausgestattet wurden und Dekors des Barock und Rokoko aufweisen. Auf der Westseite wurden nach und nach verschiedene Ökonomiegebäude zu einem Flügel zusammengefasst. 1851 schloss schließlich der **Südflügel** aus Ställen und Scheunen den Hof ab und brachte mit 250 Jahren Verzögerung die ursprüngliche Konzeption der Vierflügelanlage zu Ende. Der Brand von 1971 zerstörte diese beiden jüngsten Flügel bis auf die Grundmauern, Nord- und Ostflügel litten unter der späteren jahrelangen Vernachlässigung. Mit ihrer Sanierung und dem Wiederaufbau von West- und Südflügel in Anlehnung an die Vorgänger stellte der Landkreis die Gesamtanlage wieder her. Danach fand hier u. a. das Kreiskulturamt Platz.

Nordöstlicher Eckturm und Tor

92. GÖPPINGEN
Jagd- und Lustschloss

Grundriss

Göppingen war eine der wichtigen Amtsstädte Württembergs und gewann für den Hof unter Herzog Christoph Bedeutung, nachdem ihm offenbar eine Badekur in den nahen Mineralquellen gut bekommen war. Christoph beschloss daher 1552 den Neubau des Schlosses an Stelle der älteren Stadtburg, die in typischer Weise die Ecke der Befestigung besetzte. Sie ist zwar erst 1455 urkundlich fassbar und dürfte nach einem verheerenden Stadtbrand 1425 weitgehend neu entstanden sein, reichte aber wohl noch in staufische Zeit zurück. Der Neubau ab 1556 geriet größer. Er gilt als Aberlin Tretschs reifste Leistung, ein wuchtiger, schmuckloser Vierflügelbau, der, ähnlich dem Stuttgarter Alten Schloss, in charakteristischer Weise durch turmartige Eckaufbauten akzentuiert wird. Die Bauleitung hatte Martin Berwart. Für den Bau wurden u. a. Steine des 1525 zerstörten Hohenstaufen (⇨94) verwendet.

Der Herzog bewohnte das Schloss ab 1560 regelmäßig zu Kuren, doch zogen sich die Ausstattungsarbeiten noch bis zum Tode Christophs 1568 hin. Ganz in der Tradition älterer Stadtburgen weist das Schloss ein stadt- und ein feldseitiges Tor auf, so dass der Herzog sein Schloss jederzeit betreten und verlassen konnte, ohne die Stadt passieren zu müssen. Ein Graben umgab es auf allen Seiten und war nur über Klappbrücken passierbar, deren Anschläge noch sichtbar sind. Als Göppingen 1643 durch bayerische Truppen unter

1455 Ersterwähnung
1556–68 Neubau
18. Jh. Witwensitz
Seit 1847 Behördensitz
1968–1970 Sanierung

Pfarrstraße 25
Behördennutzung,
Hof während der
Bürozeiten zugänglich, sonst im Rahmen
von Stadtführungen
Tel. 07161/650-292
www.goeppingen.de

Ansicht der Gartenfront

Rebenstiege, Wildschwein

Stadtseitiges Portal

Jan van Werth belagert wurde, zog sich die Besatzung nach Einnahme der Stadt bezeichnenderweise ins Schloss zurück. Da dieses aber mit Artillerie beschossen wurde, ergaben sich die Verteidiger. In der 2. Hälfte des 17. Jh. hat zeitweise Herzogadministrator Friedrich Karl von hier aus die Amtsgeschäfte für sein Mündel Herzog Eberhard Ludwig ausgeübt. Im 18. Jh. diente das Schloss als Witwensitz, so ab 1734 für Marie Henriette, Gemahlin des Erbprinzen Friedrich Ludwig. Eher unschön waren die Umstände der Witwenschaft Maria Augustes, der Gemahlin Carl Alexanders, die wegen Ungehorsams gegenüber ihrem Sohn Carl Eugen 1750 unter militärischer Bewachung nach Göppingen verbracht wurde und hier bis zu ihrem Tode 1756 unter Hausarrest stand. 1815 war Göppingen für wenige Wochen Aufenthalt für den gestürzten König Jérôme Bonaparte von Westphalen und seine württembergische Frau Katharina. Seit 1847 dient das Schloss als Behördensitz und erfuhr im Inneren diverse, mitunter schwerwiegende Eingriffe, so bei der Sanierung 1968–70.

Den einzigen Schmuck der imposanten, aber strengen Fassade bildet das 1559 geschaffene **Schlossportal**, das allerdings wegen starker Verwitterung 1970 weitgehend durch eine Kopie ersetzt werden musste. Fabelwesen und Grotesken schmücken Pilaster und Architrave, Löwen als Wappenhalter und zwei ruhende Hirsche schließen es ab. Inhaltlich gibt es hier deutliche Parallelen zum Portal des Tübinger Kernschlosses, das schon um 1538 gearbeitet wurde. Den Hof umziehen auf drei Seiten ehemals offene Laubengänge mit großen Segmentbogenöffnungen. In drei Ecken erheben sich runde **Treppentürme**. Der Ostflügel weist hingegen eine Fachwerkfront auf. In seinem EG befinden sich die beiden Küchen, eine für die Herrschaft, eine für das Gesinde. Ihre mächtigen Schlote führten hinter dem schmalen OG in die Höhe.

Als besonderes Prachtstück gilt die 1562 von Hans Neu geschaffene **Rebenstiege** im südwestlichen Treppenturm, die zwischen Weinranken allerlei Getier zeigt, darunter ein Wildschwein, und wohl als Haupttreppenaufgang diente. Zeitgenössisch überliefert ist, dass der Herzog den Steinmetz zu ordentlicher Arbeit anhielt und ihm befohlen habe, er solle „im Reißen und Steinhauen keine Sau machen", worauf Neu das Wildschwein in das Rebenwerk eingehauen hätte, noch ehe der Herzog von der Mittagstafel wieder aufgestanden wäre.

Die feldseitige **Durchfahrt** zeigt ein Rippengewölbe, das in verschiedene Schilde aufgelöst die einzelnen Elemente des württembergischen Wappens zieren. Jenseits des Tores erstreckte sich, von Mauern umgeben, ein Lustgarten, dessen Areal heute als öffentliche Grünanlage dient. Hier ist der alte **Graben** zwischen Schloss und Garten noch ablesbar.

Östlich des Schlosses liegt der **Marstall**, seit dem verheerenden Stadtbrand 1782 das einzige Nebengebäude des Schlosskomplexes, das erhalten blieb, ein dreigeschossiger Fachwerkbau über massivem EG, der Mitte des 16. Jh. entstand. In Verbindung mit dem Schloss stand die südlich benachbarte ev. **Stadtpfarrkirche**, die auch als Hofkirche diente. Sie erfuhr 1618/19 einen Neubau durch Heinrich Schickhardt und ist neben Freudenstadt und Waldenbuch der bedeutendste renaissancezeitliche Sakralbau in Württemberg.

93. GÖPPINGEN
Storchen

Hans von Liebenstein genügte sein Schloss in Jebenhausen, vom dem aus er sein ritterschaftliches Territorium regierte, zu Beginn des 16. Jh. nicht mehr. Analog zu vielen anderen Landadeligen suchte er vor allem für das Winterhalbjahr einen städtischen Wohnsitz, der Teilhabe an einem regeren gesellschaftlichen Leben wie auch zusätzliche ökonomische Möglichkeiten bot. Dafür eignete sich die nahe und prosperierende württembergische Amtsstadt Göppingen. 1536 ließ er daher an der südwestlichen Ecke der Göppinger Altstadt das **Haus zum Storchen** errichten. Die beiden unteren Stockwerke des rechteckigen Baus aus Bruchsteinmauerwerk lehnen sich mit der Rückseite an die Stadtmauer. Sie folgen dabei einer Ausbuchtung der Mauer. Die Ecken des Baus sind durch Sandsteinquader verstärkt und akzentuiert. In der Mitte der Hofseite führt ein Portal in die große Erdgeschosshalle, die einst wirtschaftlichen Zwecken diente. Das umlaufende Band aus großen Fenstern mit Stürzen, Fenstersimsen und profilierten Gewänden aus Sandstein hebt das erste OG als repräsentativen Bereich des Hauses hervor. Das zweite OG ist in Fachwerk mit doppelten Querriegeln, in welche sich die Fenster einfügen, und einfachen Mannformen ausgeführt. Im steilen Giebel des Satteldachs setzen sich die Fachwerkformen fort. Das Innere der Ober- und Dachgeschosse wurde seit dem 18. Jh. mehrfach verändert. Typologisch entspricht der Bau noch ganz den spätmittelalterlichen Stadthäusern des Niederadels wie dem Großen Haus in Neuffen (⇨81).
Die Familie von Liebenstein behielt das Haus bis 1781, ehe mit dem Verkauf an den Arzt Gottlieb Friedrich Oettinger eine lange Reihe von Besitzwechseln begann. Den verheerenden Stadtbrand von 1782 hat das Haus als eines von wenigen dank seiner Randlage unversehrt überstanden. 1860 erhielt es schließlich seinen Namen: Zu diesem Zeitpunkt wurde es als Gasthof genutzt, in dem sich die Karnevalsgesellschaft „Storchiana" gründete, deren Name auf ein Storchennest auf dem First Bezug nahm. In der Folge übertrug sich der Beiname *zum Storchen* auf das Haus. 1949 richtete die Stadt Göppingen hier das Städtische Museum ein.
Im Göppinger Stadtteil **Jebenhausen** liegt in einem Bachgrund das Liebensteinsche Schloss, ein großer, kastenartiger Frühbarockbau mit vier polygonalen, turmartigen Eckerkern und großem Eingangsportal auf einer der Langseiten. Eine Hofmauer grenzt den Bau vom Straßenraum ab. Die Türmchen und seine schiere Größe markieren das Haus als herrschaftlichen Ansitz. In den Formen der mächtigen Volutengiebel klingen noch Elemente der Spätrenaissance an. Das Gebäude wurde 1686 für Philipp Albrecht von Liebenstein an Stelle eines älteren Vorgängers erbaut. Der Ort mit einem Sauerbrunnen und Badhaus war schon seit 1467/68 in Liebensteinschen Besitz übergegangen. Das Schloss befindet sich in Privatbesitz.

1536 Erbauung
1949 Stadthistorisches Museum

Museum bis 2013 wegen Sanierung und Neukonzeption geschlossen
www.goeppingen.de

Jebenhausen, Schloss Liebenstein

94. GÖPPINGEN-HOHENSTAUFEN
Burg Hohenstaufen

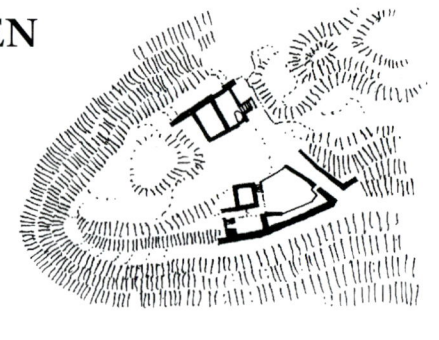

Grundriss

um 1070 *Gründung*
12. Jh. *Ausbau*
1181 *Besuch Barbarossa*
1525 *Einnahme im Bauernkrieg*
1736 *Schleifung*
1935–38 und 1967–71 *Ausgrabungen*

Am höchsten Punkt des Hohenstaufen erinnert seit 2002 eine Marmorstele mit einer etwas pathetischen Inschrift an das einstige Kaisergeschlecht und seine Stammburg. Tatsächlich verliefen die ersten Schritte des spektakulären Aufstiegs zur europäischen Dynastie im Umland von Fils und Rems.

Friedrich von Büren erbte von seinem Vater erheirateten Besitz in dieser Region. Ob der Beiname „von Büren" auf einen Adelssitz beim heutigen Wäschenbeuren (⇨96) verweist, kann nicht abschließend beurteilt werden. Sicherlich aber gehörte er als Graf zum Hochadel in Schwaben. Im Konflikt Heinrichs IV. mit der Kirche, der auch den Adel in Deutschland spaltete, hielt sein gleichnamiger Sohn zum Kaiser. Heinrich band ihn durch die Heirat mit seiner Tochter und der Belehnung mit dem umstrittenen Herzogtum Schwaben 1079 noch enger an sich. Mit großer Wahrscheinlichkeit baute der nunmehrige Herzog Friedrich I. auf dem markanten Kegelberg im Vorfeld der Alb in der Folge eine etwas ältere Befestigung zur Herzogsburg aus, die nun zur namengebenden Stammburg wurde. Doch spätestens mit seinem Enkel Kaiser Friedrich Barbarossa, der noch einmal 1181 nachweislich auf dem Hohenstaufen weilte, wuchs der staufische Aktionsradius endgültig weit über Schwaben hinaus. Blieb das Herzogtum auch ein wichtiger Eckstein in der Hausmachtpolitik der Familie, so haben weder Kaiser Heinrich VI. noch Friedrich II. den Hohenstaufen je besucht. Allerdings suchte 1208 Königin Irene, Tochter des byzantinischen Kaisers, nach der Ermordung ihres Mannes Philipp von Schwaben, Onkel Friedrichs II., auf der Burg Schutz. Sie starb hier am 28. August 1208 bei der Geburt ihres Sohnes. Sechzig Jahre später erlosch mit der Hinrichtung Konradins in Neapel die Familie, der Hohenstaufen ging in Reichsbesitz über und wurde 1288 von König Rudolf von Habsburg besucht. 1319 bemächtigte sich Graf Eberhard I. von Württemberg gewaltsam der Reichsburg. Erst Karl IV. gelang 1360 die Rückeroberung, doch verpfändete er die Burg schon 1366 an Albrecht von Österreich, dieser wiederum 1378 an Württemberg. Noch mehrfach wechselte der Pfandbesitz zwischen Württem-

berg, Österreich und anderen Pfandnehmern, bis 1648 der Berg endgültig an Württemberg kam.

Der Symbolwert blieb lange hoch, militärisch verlor die Burg jedoch rasch an Bedeutung. So konnten 1525 aufständische Bauern die Burg bei einem zweiten Sturmangriff einnehmen und teilweise zerstören. Nach 1555 ließ Herzog Christoph für das Göppinger Stadtschloss Baumaterial vom Hohenstaufen holen. Trotzdem waren 1588 beim Besuch des Tübinger Professors Martin Crusius noch erhebliche Teile als Ruine sichtbar. 1736 jedoch ließ Herzog Carl Alexander das Plateau vollständig einebnen. Er wollte hier ein modernes Fort errichten, das über Anfänge nicht hinaus gedieh. In diesem Projekt überschnitten sich strategische und symbolische Gründe, suchte der Herzog doch einen uralten, historisch bedeutsamen Berg zeichenhaft zu besetzen.

Im 19. Jh. ventilierten diverse Initiativen national-romantische Projekte für die Anlage eines Hohenstaufen-Denkmals, von denen keines verwirklicht wurde. Lediglich der Schwäbische Albverein erstellte 1904 eine Schutzhütte auf dem Plateau.

Erst die Ausgrabungen des Landesamtes für Denkmalpflege 1935–38 erbrachten wieder sichtbare Erinnerungen an die Staufer und erlaubten konkrete Aussagen über die Burganlage: Das 125 m lange Gipfelplateau war vollständig mit einer ovalförmigen Mauer von durchschnittlich 2,20 m Dicke aus behauenen Steinen befestigt. Der Zugang lag im östlichen Teil der Nordseite, unweit davon sicherte eine Zisterne die Wasserversorgung. Nach dem Muster der Randhausburg lehnte sich die Bebauung, die größtenteils aus Fachwerkbauten bestand, an die Innenseite der Ringmauer an. Lediglich der **Bergfried** (Mannsturm) stand ursprünglich frei im Hof.

Parallel zum Aufstieg der Staufer erfolgten schrittweise wesentliche Veränderungen der Anlage: Das Tor wurde im 12. Jh. an die heutige Stelle – an die Südseite – verlegt und mit einem Torturm und Wangen zusätzlich verstärkt. Westlich davon errichtete man zwischen Bergfried und Ringmauer eine **Kapelle**, die später zu einem Wohngebäude umgestaltet wurde. An der Nordseite entstand ein **Wohnbau**, in dessen UG die **Zisterne** einbezogen wurde. Im Westen entstand ein weiterer Turm, der Bubenturm, von dem aber keine Reste obertägig erhalten sind. Nicht eindeutig geklärt werden konnte die Funktion jener Mauer, die vom Wohnbau zum Bergfried lief. Sehr wahrscheinlich teilte sie die Burg seit dem 12. Jh. in einen Wirtschafts- und einen herrschaftlichen Wohnbereich. 1967–71 wurden die ab 1935 ergrabenen Fundamente dieser Bauteile gesichert und um einige Lagen aufgemauert, wodurch der Besucher zumindest teilweise Anhaltspunkte für das Aussehen der Burg am Ausgang des Mittelalters erhält. Für die Gestalt der Ringmauer mit Wehrgang und Zinnenkranz, die Crusius bei seinem Besuch noch beschrieb, des Bubenturms an der Westspitze des Ovals, der diversen Nebengebäude in Fachwerk entlang der Mauer und des Steinbaus, der sich westlich an den Mannsturm anschloss, bleibt der heutige Besucher ganz auf seine Fantasie angewiesen.

oben: Reste des Wohnbaus
unten: Ringmauer

*Frei zugänglich;
Dokuraum zur staufischen Geschichte
15. März–15. Nov
Di.–So. 10–12 u.
13–17 Uhr, 15.
Nov.–15. März Sa.
u. So. 10–12 u.
13–17 Uhr
www.goeppingen.de*

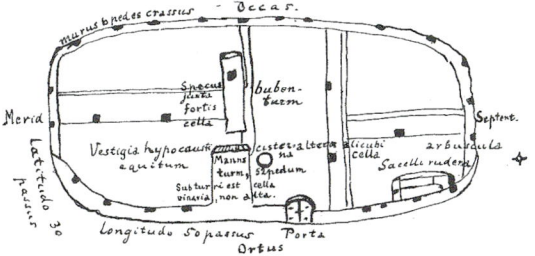

Anlage nach der Zeichnung von Martin Crusius im 16. Jh.

95. SCHWÄBISCH GMÜND, RECHBERG
Burg Hohenrechberg

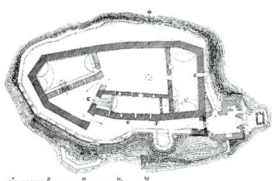

Grundriss der Hauptburg

1. Viertel 13. Jh. *Gründung*
1438–39 *Ausbau Befestigung*
1475/76 *Umbau Vorburg*
1865 *abgebrannt*
1986–2003 *Instandsetzungen*

Feb.–Nov. täglich geöffnet
Tel. 07171/43419
www.schwaebisch-gmuend.de
www.burgruine-hohenrechberg.de

Ansicht der Kernburg

Die Ruine des Hohenrechberg erhebt sich auf einer Spornkuppe im Westen des Rechbergs. Sie stellt sicher einen der eindrucksvollsten Zeugen stauferzeitlichen Burgenbaus in der Region dar, aber auch für den Ausbau eines Dynastensitzes im Spätmittelalter. Die Bauherren waren staufische Ministeriale und treten 1179 erstmals mit Ulrich von Rechberg hervor, der unter den Ministerialen der Umgegend und den Burgmannen auf dem Hohenstaufen (⇨94) der bedeutendste war und den Titel eines Marschalls führte. Vermutlich errichtete sein Sohn Hildebrand im 1. Viertel des 13. Jh. dann die Burg als Familiensitz. Sie war in den Kreis aus Reichsministerialensitzen um den Hohenstaufen einbezogen, wobei der mächtige Buckelquaderbau zwar die Bedeutung und das Selbstbewusstsein der Familie herausstrich, bemerkenswerteweise aber wie die Wäscherburg (⇨96) keinen Bergfried aufweist, eventuell ein bewusster Verzicht gegenüber der Burg Hohenstaufen.

Nach dem Ende der staufischen Herrschaft gelang es den Rechbergern, ihren Besitz als reichsunmittelbare Herrschaft zu halten. Sie waren auch weiterhin eine der führenden Familien der Region. Besitzersplitterung verhinderte allerdings, dass ihnen der Aufbau eines zusammenhängenden Territoriums gelang, das mit Württemberg konkurrieren konnte. 1601 wurde die Familie in den Grafenstand erhoben. Mehrfach kam es mit Württemberg zu Auseinandersetzungen, in denen die Burg 1554 und 1599 belagert und erobert wurde. Der Hohenrechberg überstand alle späteren Kriege und Verwüstungen weitgehend unbeschadet bis ins 19. Jh. Alte Ansichten vermitteln ein Bild der imposanten Anlage, die damals nur noch als Wohnung des herrschaftlichen Jägers diente. Am 6. Januar 1865 schlug der Blitz ein. Die hohen Fachwerkaufbauten brannten nieder, allein Vorburg und Torbau blieben verschont. Seither ist die Burg Ruine. Der Hohenrechberg weist den für die Stauferzeit typischen Umriss mit einem polygonal gebrochenen Mauerring auf, an den sich Wohn- und Wirtschaftsbauten lehnen. Die gesamte **Ringmauer** wurde in repräsentativer Weise aus sauber gesetzten Buckelquadern aus Braunjurasandstein errichtet, auch auf der Innenseite. Die Art der Steinbearbeitung und die Gestaltung der schartenartigen Schlitzfenster mit gefastem Rand in der Südfront lassen vermuten, dass hier die gleichen Steinmetze am Werk waren wie auf Staufeneck (⇨97). Ein schmaler Zwinger, der vielleicht erst im 15. Jh. entstand, umgibt die Kernburg auf allen Seiten. Ein Rundbogentor führt in einen Vorhof, von dem aus man in den inneren Hof gelangt. Den Westteil nimmt ein hoher **Wohnbau** ein, der einen älteren Vorläufer haben mag, aber im 15. Jh. neu errichtet wurde. Im **Südflügel** fällt neben einem kunstvollen romanischen Biforium die Reihe der acht eng gesetzten trichterförmigen Schlitzfenster auf, die einen leichten Versatz zeigen. Lange war umstritten, welche Funktion der Raum dahinter gehabt haben könnte, neuere Forschungen vermuten hier wohl zu Recht eine Kapelle. Im 15. Jh. wurde der Südflügel profaniert, umgebaut und im EG eingewölbt, er beherbergte u. a. die Küche. Der **Ostflügel** könnte im Kern ebenfalls noch aus dem 13. Jh. stammen, ist aber wohl in einer zweiten Bauphase entstanden, wie die kissenförmigen Buckelquader zeigen, und dürfte um 1300, wie die beiden großen Spitzbogenöffnungen vermuten lassen, einen weitgehenden Umbau erfahren haben. Man kann hier den Palas mit Dürnitz und Saal annehmen, der somit in unmittelbarer Verbindung mit Wohnräumen und Kapelle im Südflügel gestanden hätte. Ein weiterer, schmaler Wirtschaftsflügel schloss die Nordseite des Hofes ab. Im Hof liegt der heute abge-

deckte **Brunnen**, der 30 m tief ist und immer frisches Wasser führt.
In der 1. Hälfte des 15. Jh. wurde die Burg unter Ulrich I. durch eine starke äußere **Zwingeranlage** mit ehemals neun Schalentürmen um den Bergsporn erweitert, eine Maßnahme, die sich über mehrere Jahre erstreckte. Zwei Ausfalltore im Nordosten und Süden ermöglichten eine offensive Verteidigung. Der Zwinger wurde durch eine kleine Poterne im untersten Geschoss des mächtigen, dendrochronologisch auf 1438–39 datierten **Torhauses** der Kernburg erschlossen. Es zeigt über dem Tor und dem nebenliegenden Mannloch die hohen Schlitze für die Schwungruten der Zugbrücke und besitzt im Inneren noch die alte Wehrgangkonstruktion der Bauzeit. Der Torbau wurde vor ein älteres Zwingertor gesetzt. Westlich schließt sich der **Maschikuliturm** an, der in Südwestdeutschland ziemlich einzigartig ist. Bauten mit zusammenhängenden Wurferkern kennt man aus Italien und Westeuropa, in Mitteleuropa sind sie äußerst selten. Möglicherweise entstand der Turm unter dem Einfluss italienischer Vorbilder. Weiter westlich erhob sich ein weiterer, mächtiger Halbrundturm, der im 18. Jh. abgebrochen wurde.
Die neuen Befestigungen weisen hohe Steigbügelscharten auf. Während sie am Torbau erst nachträglich Prellhölzer zur Auflage von Hakenbüchsen erhielten, wurden solche bei der Errichtung des nördlichen Zwingerturms gleich eingeplant. Damit lässt sich ein Bauablauf rekonstruieren, der wohl mit dem Torbau begann und sich dann von Süden rund um die Burg fortsetzte. In diese Zeit dürfte auch der weitere Ausbau der kleinen **Vorburg** fallen, deren Südbau um 1476 erneuert wurde. Davor liegt ein tiefer Halsgraben. Die Pfeiler der Brücke trugen ursprünglich eine Holzkonstruktion, direkt vor dem Tor befand sich bis ins 18. Jh. eine weitere Zugbrücke. Ein **Rundturm** vor der Ostfront der Vorburg mit gewölbtem Untergeschoss, das über einen Gang mit der Vorburg verbunden ist, sicherte die Zufahrt. Dieses vorgeschobene kasemattierte Rondell könnte noch in die 1470er Jahre datieren und ist seit seiner Freilegung 2003 als terrassierter Stumpf sichtbar.
Mit dem Ausbau im 15. Jh. dürfte der Hohenrechberg für lange Zeit eine der stärksten Burgen der Region gewesen sein, die man als Frühfestung ansehen kann. Im Großen Städtekrieg 1448–50 plünderten zwar Truppen der Reichsstädte das Umland, wagten sich aber nicht an die Burg heran, was vermuten lässt, dass die Neubefestigung zu diesem Zeitpunkt vollendet war. Mindestens aber war die ausgesprochen turmreiche Burg nun zu einem weithin sichtbaren Herrschaftszeichen der Rechberger geworden.

Torhaus der Hauptburg

Mauerwerk der Kernburg

Romanisches Zwillingsfenster

Kernburg, Innenhof mit Wohnbauten

96. WÄSCHENBEUREN
Wäscherburg

1. Drittel 13. Jh. Bau
um 1485 Aufstockung
1699 erneute Aufstockung
1977 Sanierung

Geöffnet Mitte April – Mitte Okt. Do.–So. 13–17 Uhr
Tel. 07172/9152111
www.waescher-schloss.de
🍴

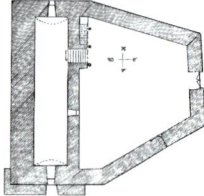

Grundriss

Ansicht mit Graben

Lange Zeit war die kleine, aber gut erhaltene Burg überaus populär, galt sie doch als Herkunftsort jenes Friedrich von Büren, der in der 1. Hälfte des 11. Jh. als erster Vertreter des späteren Kaiserhauses der Hohenstaufen seinen Lebensmittelpunkt in Schwaben hatte. Und die Belege für diese Annahme schienen geradezu zwingend: Die Wäscherburg lag in allernächster Nähe jener Stammburg (⇨94), die Ende des 11. Jh. sein gleichnamiger Sohn, Herzog Friedrich I. von Schwaben, errichtete, und der Ortsname Wäschenbeuren fügte sich ideal zum Beinamen *von Büren*. Die Bauforschung hat zusammen mit der Geschichtswissenschaft diese hübsche Geschichte in das Reich der Fabel verwiesen. Die ältesten Teile der Burg stammen aus dem 1. Drittel des 13. Jh. – sie sind also rund 200 Jahre jünger als Friedrich von Büren! Es lässt sich bisher nicht sagen, auf welchen der vielen Orte mit dem Namen Beuren im schwäbischen Raum seine Zubenennung zu beziehen ist. Sollte es doch Wäschenbeuren gewesen sein, so lag seine Burg mit großer Wahrscheinlichkeit auf der Anhöhe „**Burren**" nördlich des Ortes, wo sich Reste einer Motte erhalten haben.

Wenn auch die Wäscherburg sicher nicht direkt von einem Staufer errichtet wurde, so steht sie doch im Zusammenhang mit diesem Geschlecht, das an Fils, Rems und Neckar dominierend war. Erbauer waren höchstwahrscheinlich die Schenken von Limpurg, die den Staufern in hohen Ämtern dienten und daher einen Wohnsitz im Umfeld der Stammburg benötigten. 1274 hatte die Wäscherburg für die Schenken von Limpurg ihren Nutzen verloren, sie kam als Eigentum an die Herren von Rechberg. In einem Tausch wandelten sie das Eigengut in ein österreichisches Lehen um, mit dem die Familie bis 1599 belehnt blieb. Danach wurde es an wechselnde Familien verliehen und dabei im 17. Jh. geteilt. 1806 fiel die bisher österreichische Enklave an Württemberg. Erst 1857 verkaufte Habsburg Grundrechte und Besitz einschließlich der Burg an Württemberg.

Wie bereits erwähnt, werden die Anfänge der Burg in das 1. Drittel des 13. Jh. datiert; dafür sprechen vor allem die Buckelquader mit Randschlag, aus welchen die **Ringmauer** um den trapezförmigen Hof errichtet ist. Bedingt durch die Spornlage besteht die lange Hangseite aus einer rund 10 m hohen und 3 m dicken Schildmauer. An ihrer nördlichen wie südlichen Innenseite sind bauzeitliche

Gesimsreihen in die Quader gehauen. Sie gehören zu einfachen hölzernen Einbauten im Hof, die einst Lager, Werkstätten und Ställe aufnahmen. Auf der Nordseite verlaufen zwei von ihnen übereinander, auf der unteren lagen die hölzernen Balken einer Decke auf, an die oberen lehnte sich das zugehörige Pultdach an. Auf der Südseite fällt zudem der große Ausguss auf, den zwei ausgehöhlte Mauerquader bilden. Die Ostmauer über dem einfachen Rundbogenportal ist nicht mehr historisch. Nach einem Einsturz wurde der obere Bereich 1915 abgetreppt wieder aufgemauert. Erst die Sanierung von 1977 stellte die ursprüngliche Höhe wieder her. Die Anlage umliefen Zwingermauer und **Graben**, der teilweise noch deutlich im Gelände sichtbar ist.

Gegen die Schildmauer wurde der **Wohnbau** gesetzt. Aus der Erbauungszeit stammt der vom Hof aus gesehen linke Teil des steinernen EG. Es hatte sicherlich ein OG aus Fachwerk. Im 14. Jh. wurde dieser Sockel nach Norden auf die ganze Länge der Schildmauer erweitert – die Baunaht etwas links von der Mitte ist deutlich erkennbar. Ein Spitzbogenportal auf Hofniveau erlaubte den Zugang, eine Reihe von Öffnungen, im linken Bereich als Schlitze, im rechten als Rundbogenfenster, erhellt die Räume.

Das erste OG mit **Bohlenstube** wurde um 1485 aufgesetzt. Sein Eichenfachwerk weist mit dem sog. Schwäbischen Mann und mit den Türstürzen in Eselsrückenform im Inneren typische Formen des 15. Jh. auf. Die Tür in der Mitte, zu der eine Außentreppe führte, bildete den Zugang. Er wurde aufgegeben, als um 1600 der heutige Eingang in das EG gebrochen wurde. Wohl zeitgleich wurde dieses vertieft und ein neuer Keller gewölbt.

1699 ersetzte schließlich das zweite OG mit Walmdach einen baufällig gewordenen Vorgänger. Zum Hof hin zeigt es für das 17. Jh. eher einfache Formen; auffallend sind lediglich die Streben, die als Andreaskreuze teils über zwei Drittel, teils über die ganze Höhe der Gefache geführt sind.

Die historische Ausstattung ging vollständig verloren. Seit der Wiedereröffnung im Jahr 2011 zeigen daher die Staatlichen Schlösser und Gärten weitgehend mit Repliken mittelalterliche

Wohnkultur und informieren über die Geschichte der Staufer. Wenn auch die Wäscherburg sicherlich nicht deren Wiege war (auch wenn damit nach wie vor geworben wird), so bietet sie doch einen guten Einblick in die Lebenswelt eines Niederadelssitzes.

Ringmauer

Wohnbau, Hoffassade mit Bohlenstube

97. SALACH
Burg Staufeneck

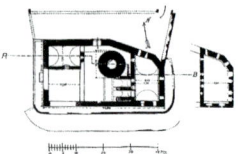

Grundriss der Kernburg aus KD 1924

um 1240 *Gründung*
1333 *in Rechberger Besitz*
um 1500 *Neues Schloss*
1599 *Besetzung durch Württemberg*
1826 *Teilabbruch des Palas*
1828 *Einsturz Neues Schloss*

Hotelrestaurant,
Außenbereich frei
zugänglich
Tel. 07162/933440
www.burg-staufeneck.de

Hoch über dem Filstal erhebt sich die Ruine Staufeneck. Die Burg ist wohl durch den staufischen Ministerialen Friedrich von Staufeneck gegründet worden, der erstmals 1257 nachgewiesen ist. Seine Familie zählte zu den wichtigen Reichsministerialengeschlechtern in der Region, gehörte zur Burgmannschaft des Hohenstaufen (⇨94). Später gelangte die Burg in den Besitz einer Linie der Herren von Rechberg. 1599 griff Herzog Friedrich in rechbergische Streitigkeiten um Staufeneck ein, nachdem sich Maria Magdalena von Rechberg mit ihrem Schreiber Johann Feigenputz unstandesgemäß vermählt hatte. Friedrich I. ließ nicht nur den Hohenrechberg (⇨95) angreifen, sondern auch Staufeneck. Der Kaiser musste eingreifen und ein Machtwort sprechen. Das zeigt, wie aggressiv Württemberg noch um 1600 Territorialpolitik gegenüber minder mächtigen Nachbarn betrieb. Tatsächlich konnte sich Friedrich 1603 die Hälfte an Burg und Herrschaft sichern, verkaufte sie aber schon im Jahr darauf an die Mutter des Erben Albrecht Hermann von Rechberg.

Seit dem späten 18. Jh. verfiel die Kernburg. 1826 wurde der Palas teilweise abgetragen, 1828 stürzte das sog. Neue Schloss ein. Schwerwiegende Eingriffe in den Bestand stellen die Neubauten des 20. Jh. für Restaurant und Hotel dar. So wurde das Gelände östlich der Hauptburg aufplaniert.

Bergfried

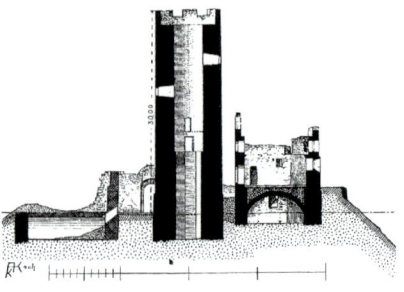

Schnitt durch die Kernburg

Staufeneck kann als Musterbeispiel einer stauferzeitlichen Burg gelten. Eine außen und innen mit Buckelquadern verblendete, polygonal geführte Ringmauer umgibt die **Kernburg**, die zum Tal 1,8 m, zu den Angriffsseiten 2,4 m dick ist. Im Norden sichert ein **Halsgraben** die Anlage. Vor ihm erhebt sich, unmittelbar hinter dem später veränderten Burgtor, der über 26 m hohe, sich nach oben leicht konisch verjüngende runde **Bergfried**. Der verhältnismäßig schlanke, einst fünf-, heute viergeschossige Turm mit 3 m dicken Mauern und Hocheingang ist aus sauber geschichteten Kissenquadern mit Zangenlöchern aufgeführt, die seine Entstehungszeit im 2. Viertel des 13. Jh. nahelegen. Schmale Lichtschlitze, die gestalterisch eng mit denen auf Hohenrechberg verwandt sind, erhellen das Innere. Bemerkenswerterweise wechseln die Geschosse im Innern vom Achteck zum Kreis. Weitere Türöffnungen in den OG zeigen, dass der Turm im Spätmittelalter mit den Fachwerkobergeschossen des **Palas** baulich verbunden wurde, der die Ostseite der Kernburg einnimmt. Durch Betonierungen ist das Niveau des EG heute höher. Gut erhalten sind die rundbogige Pforte und mehrere Fensteröffnungen, auf der Südseite befindet sich ein Ausgussstein. Vorstehende Konsolbänke trugen eine Balkendecke. Die OG waren in Fachwerk erbaut, in denen sich Kammern und Stuben befanden. Solche besaß auch das sog. **Neue Schloss** auf der Westseite des Hofes, das um 1500 erstellt wurde. Es war über einen Wehrgang mit dem Palas verbunden. Letzte Reste wurden beim Gaststättenbau beseitigt.

Die vermutlich im 15. Jh. angelegte **Vorburg** wurde unter den Rechbergern im 16. Jh. ausgebaut. Aus dieser Zeit stammt das Pächterhaus links vom Tor. Die übrigen Wirtschaftsbauten datieren in das 18.–20. Jh., die Westseite nimmt ein moderner Hotelbau ein.

Palas, Inneres

REGIERUNGSZEITEN DER GRAFEN, HERZÖGE UND KÖNIGE VON WÜRTTEMBERG

Ulrich I. mit dem Daumen um 1240–1265

Ulrich II. 1265–1279

Eberhard I. der Erlauchte 1279–1325

Ulrich III. 1325–1344

Eberhard II. der Greiner 1344–1392

Ulrich IV. 1344–1366

Eberhard III. der Milde 1392–1417

Eberhard IV. 1417–1419

Ludwig I. 1419–1450

1441–1482 Landesteilung in Württemberg-Stuttgart u. Württemberg-Urach

Ulrich V. der Vielgeliebte v. Stuttgart 1419–1480

Eberhard VI. (II.) 1480–1482 Graf v. Stuttgart

Ludwig II. Graf v. Urach 1450–1457

Eberhard V. (I.) im Bart 1457–1482 Graf v. Urach, 1482–1496 v. ganz Württemberg, 1495 Herzog

Eberhard II. 1496–1498

Ulrich 1498–1550 (Exil 1519/20–1534)

Christoph 1550–1568

Ludwig 1569–1593

Friedrich I. 1593–1608

Johann Friedrich 1608–1628

Eberhard III. 1628–1674

Wilhelm Ludwig 1674–1677

Friedrich Carl (Herzog-Administrator) 1677–1693

Eberhard Ludwig 1677–1733

Carl Alexander 1733–1737

Carl Eugen 1737–1793

Ludwig Eugen 1793–1795

Friedrich Eugen 1795–1797

Friedrich II. (I.) 1795–1816, 1803 Kurfürst, 1805 König

Wilhelm I. 1816–1864

Karl 1864–1891

Wilhelm II. 1891–1918

BILDNACHWEIS

Alle Fotos und Pläne Michael Imhof Verlag und Christian Ottersbach mit Ausnahme von: Mario Augustin: 121 l.o. u. r., 123 r.o. u. l.u., 130 r.u.; Michael Osdoba: 131 l.o., 161 r.o.; 175; Jörg Wöllper: 111; aus Antonow 1977: 45 r.o., 87 m.; aus Archäologie in Württemberg, hg. v. Dieter Planck, Stuttgart 1988: 161 r.u.; aus Bodo Ebhardt: Der Wehrbau Europas im Mittelalter. Berlin 1939: 79 r.o.; aus BuS 1965/II: 194 l.m.; aus BuS 1980/II, S. 52: 174 l.u.; aus Felden 1983 nach K. Hoffmann: 66 m.; aus Fleck 1979: 44 l.u.; aus Jaeger 1982: 120 r.o.; aus Wilhelm Freiherr König von und zu Warthausen: Burgen, Schlösser und Herrenhäuser in Württemberg, Königsberg 1940: 114 r.o.; aus Land Baden Württemberg. Burgen, Schlösser und Ruinen. Stuttgart, Zürich 1980: 145 r.o., 190 r.o.; aus Leins 1889: 28 o., 29, 36 r.o., 37 r.o., 40, 43 r.m., 51 m., 123 r.o., 132, 133 l.o., 136 l.o., 165 r.o., 187 l.o.; aus Maurer 1975: 162 o.r.; aus Meckseper 1972: 69 r.o., 71 l.m. 81 r.o., 83 l.o.; aus Merkelbach 1961: 137 r.o.; aus Patze 1976: 15; aus Pfefferkorn 1972: 172 l.m.; aus Pfefferkorn 1973: 48 r.o., 88 r.o., 90 r.o. 95 r.o.; aus Pfeiffer 1907: 13, 14 l.o., 53 r.o., 58 l.o., 61 o.; aus Schäfer 1980: 75 r.o.; aus Schäfer 1984: 86 l.o.; aus Schahl 1983: 108 l.m.; aus Schiek 1982: 140 r.o.; aus Tübingen und das obere Gäu 1983: 144 r.o.; aus Hubert Graf v. Waldburg-Wolfegg: Vom Nordreich der Hohenstaufen. München, Zürich 1961: 119 r.o.; aus Wein 1967: 47 u.; die übrigen historischen Ansichten und Grundrisse aus „Die Kunst- und Altertums-Denkmale im Königreich Württemberg" und aus „Die Kunst- und Altertums-Denkmale in Württemberg" (vgl. Literaturverzeichnis).

GLOSSAR

Achse: gedachte Linie durch ein Gebäude, meist als Symmetrie-Achse. Im Aufriss ist ein Fassadenelement gemeint, dessen gleichartige vertikale Reihung den Fassaden-Aufriss ergibt.

Altan: balkonartiger Austritt mit Stützen- oder Mauerverbindung zum Erdboden

Apanagesitz: Wohnsitz einer vom Landesherrn versorgten (apanagierten) Seitenlinie der regierenden Dynastie

Appartement: Folge von Räumen, die einen gemeinsamen Zweck haben, wie etwa Wohnung, Gesellschafts- oder Empfangsräume

Arkade: auf Pfeilern oder Säulen ruhender Bogen

Attika: eine Wand, die über dem Abschlussgesims eines Gebäudes steht, selten ein Halbgeschoss, oft nur zur optischen Verdeckung eines dahinter befindlichen Daches dienend

Barbakane: Torzwinger

Bastion: aus der Umfassungslinie einer Festung hervorstehendes, aus vier Linien bestehendes, hinten offenes Werk

Batterie: dauernde oder zeitweise Zusammenstellung mehrerer Geschütze. Die Stellung kann in Erde oder Stein aufgeführt sein und wird ebenfalls Batterie genannt.

Bergfried: meist höchster Turm (Hauptturm) einer Burg, der Verteidigungszwecken und nicht Wohnzwecken diente. Nur selten wurde er als letzte Zuflucht genutzt.

Bosse: Werksteinquader mit scheinbar unbearbeiteter Sichtseite

Burgstall: meint in der Regel die Stelle einer aufgelassenen, abgegangenen Burg

Chor: ehemals den Geistlichen vorbehaltener Raum einer Kirche

Dendrochronologie: beruht auf der Erkenntnis, dass Bäume in Jahresringen wachsen, die sich alle voneinander unterscheiden, bei den Bäumen einer Art und Region aber für dasselbe Jahr gleich breit oder schmal sind. Es entsteht eine charakteristische Abfolge, anhand derer es möglich ist, von der Gegenwart ausgehend eine Kurve zu entwickeln, mit der eine genaue Datierung der Fällung des Baumes möglich ist. Da Bäume im Allgemeinen frisch verarbeitet wurden, kann man mit einem Holzrest in einer Mauer oder in einem Dachwerk oft das ganze Gebäude datieren.

Dürnitz: Repräsentativer, beheizbarer Saal im EG eines Palas, im 15.–17. Jh. oft als Hofstube bezeichnet. Sie diente multifunktional als Speise-, Fest-, Versammlungs- und Gerichtssaal, seit dem 16. Jh. vermehrt als Speisesaal des Hofgesindes.

Enceinte: Umwallung einer Festung

Enfilade: Zimmerflucht, bei der die Verbindungstüren in einer Achse liegen

Eskarpe: Außenseite eines Festungswerkes

Fassung: ein- oder mehrfarbige Oberflächenbehandlung, etwa ein Fassadenanstrich oder die Bemalung einer Skulptur

Festinbau: Festsaalgebäude

Fort: kleine, selbständige, rein militärische Befestigung, die sich oftmals als vorgeschobenes Werk größerer Festungen findet

Ganerben: An- oder Miterben, eine Art Erbengemeinschaft einer Burg, die zum Beispiel gemeinsam eine Burg bewohnten oder Besitzanteile an ihr hatten

Gebälk: Gesamteinheit der über Säulen, Pfeilern oder Pilastern der Säulenordnungen durchlaufenden Steinlagen

Gekuppelt: gedoppelt, unmittelbar nebeneinander stehende oder zusammengehörende Bauelemente wie etwa Fenster oder vor allem Säulen

Gesims: Architekturglied zur horizontalen Unterteilung einer Fassade. Es gibt Fuß-(Sockel-), Gurt-(Geschoss-), Sohlbank- und Dachgesimse.

Halsgraben: besonders tiefer und steiler Graben, der die auf einem Bergsporn errichtete Burg vom Hauptberg wie ein Hals den Kopf vom Korpus abtrennt

Kaponniere (Grabenkoffer): niedriges, im Graben liegendes, kasemattiertes Bauwerk zur Flankierung der Enceinte; typisches Element im Festungsbau des 19. Jh.

Kasematte: Gewölbe in Wällen und Bollwerken, in denen Geschütze aufgestellt und Bereitschaftsräume untergebracht werden

Kernburg: innerer Bereich einer Burg, oft mit Bergfried und Palas oder Wohnturm

Kontereskarpe: die äußere Grabenböschung oder auch die Gesamtheit der Werke des Grabens, die jenseits des inneren Randes des Grabens auf der Angriffsseite liegen

Kontergarde: Deckwall vor einer Bastion mit Geschützstellungen

Kragen, vorkragen: aus der Mauer vorstehende waagerechte Stützen, etwa Balken oder Konsolen, die einen vorstehenden Bauteil tragen

Kurfürst: Reichsfürst, der das Recht hat, den römisch-deutschen König/Kaiser zu wählen. Ursprünglich gab es sieben Kurfürsten, deren Anzahl in der „Goldenen Bulle" von 1356 festgelegt wurde. Es gab vier

198

weltliche (Pfalz, Meißen/Sachsen, Brandenburg, Böhmen) und drei geistliche (Erzbischöfe von Mainz, Köln, Trier) Kurfürsten. Seit dem 17. Jh. kamen eine achte (Bayern) und neunte (Hannover) Kurwürde hinzu. Gegen Ende des Alten Reiches erlangten auch noch weitere Staaten die Kurwürde, so Hessen-Kassel.

Kurtine: Wall-/Mauerabschnitt

Laibung: innere Mauerfläche bei Wandöffnungen

Landwehr: aus Wällen und Gräben bestehende Befestigung größerer räumlicher Bezirke (Kirchspiele, Gerichte, städtische Feldmark, Territorium)

Laterne: runder oder mehreckiger Aufbau in der Mitte oder an der höchsten Stelle auf einem Dach oder einer Kuppel

Manier: Befestigungsweise. Man unterscheidet verschiedene Befestigungs-Manieren, so z. B. die bastionäre Manier oder die polygonale Manier (19. Jh.).

Mansarddach: nach dem französischen Baumeister J. H. Mansart (1645–1707) benanntes, geknicktes Dach mit steiler Neigung im unteren Teil und dadurch gut auszunutzendem Dachraum

Marstall: herrschaftlicher Stall für Pferde

Mezzanin: Zwischen- oder Halbgeschoss

Ministeriale: Unfreie im höheren Hof- und Kriegsdienst, die sich in Macht, Einfluss und Ansehen von den niederen Dienstleuten abhoben. Im 12. Jahrhundert gewinnen die Ministerialen sprunghaft an Gewicht und Bedeutung. Im 13. Jahrhundert schließen sie zum Adel auf und gehören später zum niederen Adel. Teilweise scheinen sich Adlige sogar in den Rang eines Ministerialen begeben zu haben.

Motte: Burganlage mit einem bewohnbaren Turm, der auf einem künstlichen Hügel steht und von einem Graben umgeben ist

Neudeutsche Festungsbaukunst: Während und nach den Napoleonischen Kriegen entwickeltes Befestigungssystem polygonaler Manier, das weitgehend auf Bastionen verzichtete und den Schwerpunkt der Verteidigung auf Kaponnieren legte

Öffnungsrecht: vertraglich gesicherter Zugang des Lehnsherren zu einer verlehnten Burg im Kriegsfall. Es konnte auch bei nicht eigenen Burgen erworben werden, etwa durch Anteilskauf oder Gewalt.

Pfalz: Herrschaftssitz des deutschen Königs, anfänglich nicht befestigt

Polygonal: mehreckig

Portikus: von Säulen getragener Vorbau eines Bauwerkes

Ravelin: vorgeschobenes Werk zur Sicherung einer Kurtine

Reichskrieg 1311/12: Auseinandersetzung zwischen König Heinrich VII. und Graf Eberhard I. von Württemberg um den Besitz von Reichsgut, der zur Vertreibung des Grafen führte. Die Hauptlast des Kampfes trug die Reichsstadt Esslingen, die kurzfristig alle württembergischen Amtsstädte unter ihrer Herrschaft bringen konnte. Mit der Rückkehr des Grafen 1316 musste Esslingen die Städte aber wieder herausgeben.

Risalit: aus der Fluchtlinie hervortretender Teil eines Gebäudes, der dessen volle Höhe erreicht oder auch höher ist, mit einer eigenen Verdachung; meist als Mittel- oder Eckrisalit ausgebildet

Ritterkanton: Die Reichsritter schlossen sich im 16. Jh. zu Interessenvertretungen, den Ritterkreisen, zusammen. Der Schwäbische Ritterkreis untergliederte sich in 5 Ritterkantone, die eigene Verwaltungssitze mit Kanzleien – bevorzugt in Reichsstädten – unterhielten.

Rondell: runde Artillerieplattform, die die Kurtine nur wenig oder nicht überragt

Satteldach: Giebeldach, bei dem zwei geneigte Dachflächen gegen einen gemeinsamen First stoßen

Schalenturm: Turm im Verlauf einer Mauer, der zur Innenseite hin offen ist, dort also keine Mauer hat

Schildmauer: Mauer, die gleich einem Schild besonders hoch und kräftig vor einer Burg steht

Segmentbogen: Flachbogen, da nur aus dem Teil (Segment) eines Kreises gebildet

Spolien: wiederverwendete ältere Bauteile

Streichwehr s. Kaponniere

Superposition: Hierarchische Übereinanderstellung der Säulenordnungen an einer Fassade

Truchsess: Ehrenamt bei Hofe, Vorsteher der Hofverwaltung, insbesondere der Hofküche

Vorburg: vor der Hauptburg (oft tiefer) gelegener, befestigter Bereich, der vornehmlich Wirtschaftsbauten aufnimmt

Walmdach: Im Gegensatz zum Satteldach befinden sich hier an den Seiten keine Giebel, sondern das Dach ist hier ebenfalls abgeschrägt.

Zeughaus: Waffenlager

Zwinger: Bereich zwischen der Ringmauer und einer weiteren, äußeren Mauer oder einem weiteren äußeren Wall

LITERATURAUSWAHL

Einige häufig genannte Reihen und Zeitschriften wurden abgekürzt:
AABW Archäologische Ausgrabungen in Baden-Württemberg
BISAV Blätter des Schwäbischen Albvereins
BuS Burgen und Schlösser. Zeitschrift für Burgenkunde und Denkmalpflege
DBD Denkmaltopographie Bundesrepublik Deutschland
DiBW Denkmalpflege in Baden-Württemberg. Nachrichtenblatt des Landesdenkmalamtes
LGbl Ludwigsburger Geschichtsblätter
ZWLG Zeitschrift für Württembergische Landesgeschichte

ALLGEMEIN

ANTONOW, Alexander: Burgen des südwestdeutschen Raums im 13. und 14. Jahrhundert unter besonderer Berücksichtigung der Schildmauer. Bühl 1977.

BADEN UND WÜRTTEMBERG im Zeitalter Napoleons. Ausstellungskatalog, hg. v. Württembergischen Landesmuseum Stuttgart. 3 Bde., Stuttgart 1987.

BAROCK in Baden-Württemberg. Vom Ende des Dreißigjährigen Krieges bis zur Französischen Revolution. Ausstellungskatalog Bruchsal. 2 Bde., Karlsruhe 1981.

BERGER-FIX, Andrea u. Klaus MERTEN (Bearb.): Die Gärten der Herzöge von Württemberg im 18. Jahrhundert. Ausstellungskatalog Ludwigsburg, Worms 1981.

BILLER, Thomas: Anfänge der Adelsburg (nicht nur) im alemannischen Raum. Zu Geschichte und Grundlagen der Forschung. In: Friedrich I. (1079–1105). Der erste staufische Herzog von Schwaben (Schriften zur staufischen Geschichte und Kunst Bd. 26). Göppingen 2007, S. 134–160.

BIZER, Christoph: Oberflächenfunde von Burgen der Schwäbischen Alb. Ein Beitrag zur Keramik- und Burgenforschung (Forschungen und Berichte der Archäologie des Mittelalters in Baden-Württemberg Bd. 26). Stuttgart 2006.

BIZER, Christoph u. Rolf GÖTZ: Vergessene Burgen der Schwäbischen Alb. Stuttgart 1989.

DIES.: Die Thietpoldispurch und die Burgen der Kirchheimer Alb. Neue Methoden und Ergebnisse der Burgenforschung. Mit Burgplänen von Günter Schmitt und Fundzeichnungen von Wilfried Pfefferkorn (= Schriftenreihe des Stadtarchivs Kirchheim unter Teck Bd. 31). Kirchheim u. T. 2004.

CRAMER, Johannes: Zur Außenfarbigkeit adliger Landsitze des 16. und 17. Jahrhunderts in Südwestdeutschland. In: BuS 1988/II, S. 102–108.

DEISEROTH, Wolf, Daniela NAUMANN, Adelheid HANKE, Alois SCHNEIDER: Stadt Ludwigsburg, Landkreis Ludwigsburg (Denkmaltopographie Baden-Württemberg Bd. I.8.1). Stuttgart 2004.

FEHRING, Günter P.: Frühmittelalterliche Wehranlagen in Süddeutschland. In: Mitteilungen der Berliner Gesellschaft für Anthropologie, Ethnologie und Urgeschichte Bd. 4, 1971–1973, 1. Heft, S. 183–200.

FLECK, Walther-Gerd: Burgen und Schlösser in Nordwürttemberg. Frankfurt a. M. 1979.

DERS.: Die Württembergischen Herzogsschlösser der Renaissance (Veröffentlichungen der Deutschen Burgenvereinigung Reihe A: Bd. 8, hg. v. Europäischen Burgeninstitut). 2 Bde., Braubach 2004.

FLEISCHHAUER, Werner. Renaissance im Herzogtum Württemberg. Stuttgart 1972.

DERS.: Barock im Herzogtum Württemberg. Stuttgart 1981.

FRITZ, Gerhard u. Roland SCHURIG (Hg.): Die Burgen im Rems-Murr-Kreis. Remshalden-Buoch 1994.

FÜRSTLICHE GARTENLUST. Historische Schlossgärten in Baden-Württemberg. Geschichte, Natur, Architektur, hg. v. Staatsanzeiger-Verlag in Zusammenarbeit mit den Staatlichen Schlössern und Gärten Baden-Württemberg. Stuttgart 2002.

GEPPERT, Karlheinz: Schlösser im Landkreis Tübingen. In: Der Kreis Tübingen, hg. v. Wilhelm Gfrör. Stuttgart 1988, S. 163–170.

GIESECKE, Albert: Die Burgen und Vesten Ulrichs von Württemberg. In: Der Burgwart XXIII, 1922, Heft 3, S. 28–36.

GIOVANNI SALUCCI 1769–1845. Hofbaumeister König Wilhelms I. von Württemberg 1817–1839. Ausstellungskatalog, hg. v. d. Oberfinanzdirektion Stuttgart, Referat Staatliche Schlösser und Gärten. Stuttgart, Ostfildern-Ruit 1995.

GÖTZ, Rolf: Die Herzöge von Teck. Herzöge ohne Herzogtum (Schriftenreihe des Stadtarchivs Kirchheim unter Teck Bd. 33). Kirchheim 2009.

HAUSSHERR, Reiner (Hg.): Die Zeit der Staufer. Geschichte – Kunst – Kultur. Ausstellungskatalog, 4 Bde., Stuttgart 1977.

HÖPER, Corinna: Das „Olga-Album". Ansichten von Wohn- und Repräsentationsräumen der königlichen Familie von Württemberg. Stuttgart 2009.

KLAIBER, Hans Andreas: Der Württembergische Oberbaudirektor Philippe de la Guêpiere. Ein Beitrag zur Kunstgeschichte der Architektur am Ende des Spätbarock (Veröffentlichungen der Kommission für Geschichtliche Landeskunde in Baden-Württemberg, Reihe B: Forschungen, Bd. 9). Stuttgart 1959.

KLUCKERT, Ehrenfried: Heinrich Schickhardt. Architekt und Ingenieur. Eine Monographie (Herrenberger historische Schriften, Bd. 4). Herrenberg 1992.

DERS.: Auf dem Weg zur Idealstadt: Humanistische Stadtplanung im Südwesten Deutschlands (Veröffentlichungen des Archivs d. Stadt Stuttgart, Bd. 78). Stuttgart 1998.

Das KÖNIGREICH WÜRTTEMBERG 1806–1918. Monarchie und Moderne. Ausstellungskatalog Ulm. Stuttgart 2006.

KOTZUREK, Annegret: „Von den Zimmern bey Hofe." Funktion, Disposition, Gestaltung und Ausstattung der herzoglich-württembergischen Schlösser zur Regierungszeit Carl Eugens (1737–1793). Berlin 2001.

KRESS, Wolfgang W.: Burgen und Schlösser am Neckar. Von Esslingen bis Mannheim. Stuttgart 1991.

Die KUNST- UND ALTERTUMS-DENKMALE IM KÖNIGREICH WÜRTTEMBERG:
Schwarzwaldkreis, bearb. v. Eduard Paulus. Stuttgart 1897.
Neckarkreis, bearb. v. Eduard Paulus. Esslingen 1906.
Jagstkreis, bearb. v. Eduard Paulus u. Eugen Gradmann. Esslingen 1907.
Die KUNST- UND ALTERTUMS-DENKMALE IN WÜRTTEMBERG:
Donaukreis, Zweiter Band, bearb. v. Hans Christ u. Hans Klaiber. Esslingen 1924.

Der LANDKREIS ESSLINGEN, hg. v. Landesarchiv Baden-Württemberg in Verbindung mit dem Landkreis Esslingen. 2 Bde., Ostfildern 2009.

Der LANDKREIS TÜBINGEN, hg. v. Landesarchivdirektion Baden-Württemberg (Kreisbeschreibungen des Landes Baden-Württemberg). 2 Bde., Stuttgart 1972.

LEINS, Christian Friedrich: Die Hoflager und Landsitze des Württembergischen Regentenhauses. Stuttgart 1889.

LORENZ, Sönke, Dieter MERTENS u. Volker PRESS (Hg.): Das Haus Württemberg. Ein biographisches Lexikon. Stuttgart, Berlin, Köln 1997.

LORENZ, Sönke u. Wilfried SETZLER (Hg.): Heinrich Schickhardt. Baumeister der Renaissance. Leben und Werk des Architekten, Ingenieurs und Städteplaners. Leinfelden-Echterdingen 1999.

LUTZ, Dietrich: Turmburgen in Südwestdeutschland. In: La maison forte au moyen âge. Paris 1986, S. 137–152.

MAURER, Hans-Martin: Die landesherrliche Burg in Wirtemberg im 15. und 16. Jahrhundert. Studien zu den landesherrlich-eigenen Burgen, Schlössern und Festungen. (Veröffentlichungen der Kommission für geschichtliche Landeskunde in Baden-Württemberg, Reihe B: Forschungen, Bd. 1). Stuttgart 1958.

DERS.: Burgruinen im Landkreis Nürtingen als Denkmale schwäbischer Geschichte. Nürtingen 1967.

DERS.: Bauformen der hochmittelalterlichen Adelsburg in Südwestdeutschland. In: Zeitschrift für die Geschichte des Oberrheins NF 76, 1967, S. 61–116.

DERS.: Die Entstehung der hochmittelalterlichen Adelsburg in Südwestdeutschland. Untersuchungen zur Entwicklung des Burgenbaus. In: Zeitschrift für die Geschichte des Oberrheins NF 78, 1969, S. 295–332.

DERS.: Burgen zwischen Alb und mittlerem Neckar. In: Historischer Atlas von Baden-Württemberg, 7. Lieferung 1975, Karte V,6 und Beiwort.

DERS.: Burgen und Adel in staufischer und nachstaufischer Zeit. In: Der Kreis Göppingen, hg. v. Walter Ziegler (Veröffentlichungen des Kreisarchivs Göppingen Bd. 11). Stuttgart 1985, S. 126–154.

DERS.: Zum Stand der mittelalterlichen Burgenforschung. In: ZWLG 56, 1997, S. 435–446.

MAYER, Carl (Hg.): Burgen und Schlösser um Teck und Neuffen. Weilheim o. J.

MECKSEPER, Cord: Burgen im Kreis Ludwigsburg. In: LGbl. 24, 1972, S. 37–64.

MERTEN, Klaus: Schlösser in Baden-Württemberg. Residenzen und Landsitze in Schwaben, Franken und am Oberrhein. München 1987.

OTT, Irene, Heinz SCHUBERT u. Friedrich WINTER: Historischer Stadtrundgang Beihingen, Geisingen, Heutingsheim. Freiberg a. N. 1995.

OTTERSBACH, Christian: Zu „Ehre und Splendor". Eine Studie zum Verhältnis von Architektur, Bauherr und Nobilitierung im ständischen Kontext am Beispiel der Reichsfreiherren von Palm. In: Esslinger Studien 39, 2000, S. 83–98.

DERS.: Ein schwäbisches Arkadien – das Neckartal zwischen Stuttgart und Esslingen im 19. Jahrhundert. In: wasser|reflexionen. Die Esslinger Stadtkanäle im Spiegel von Geschichte, Planung und Kultur, hg. v. d Stadt Esslingen a. N., Stadtplanungs- und Stadtmessungsamt. Esslingen 2006, S. 155–164.

PATZE, Hans (Hg.): Die Burgen im deutschen Sprachraum. Ihre rechts- und verfassungsgeschichtliche Bedeutung (Vorträge und Forschungen, hg. v. Konstanzer Arbeitskreis f. mittelalterliche Geschichte Bd. XIX). 2 Bde., Sigmaringen 1976.

PFEFFERKORN, Wilfried: Schwäbische Alb (Burgen unseres Landes). Stuttgart (1972).

DERS.: Oberer Neckar mit Stuttgart und Umgebung (Burgen unseres Landes). Stuttgart (1973).

PFEIFFER: Die bildenden Künste unter Herzog Karl Eugen. In: Herzog Karl Eugen und seine Zeit, hg. v. Württembergischen Geschichts- und Altertumsverein, 2 Bde., Esslingen 1907–1909, Bd. 1/2, S. 615–758.

QUARTHAL, Franz: ‚Altertümer', Burgen und die Entdeckung des Mittelalters. Zur Entstehung des besonderen Geschichtsbildes der Landesgeschichte im Deutschland des 19. Jahrhunderts. In: ZWLG 70, 2011, S. 294–311.

Die RENAISSANCE im Deutschen Südwesten zwischen Reformation und Dreißigjährigem Krieg. Ausstellungskatalog Heidelberg, hg. v. Badischen Landesmuseum Karlsruhe, 2 Bde., Karlsruhe 1986.

RÜCKERT, Peter (Hg.): Der württembergische Hof im 15. Jahrhundert. Beiträge einer Vortragsreihe des Arbeitskreises für Landes- und Ortsgeschichte Stuttgart (Veröffentlichungen der Kommission für Geschichtliche Landeskunde in Baden-Württemberg, Reihe B: Forschungen, Bd. 167). Stuttgart 2006.

SCHAHL, Adolf: Die Kunstdenkmäler des Rems-Murr-Kreises (Die Kunstdenkmäler in Baden-Württemberg, hg. v. Landesdenkmalamt Baden-Württemberg). München, Berlin 1983.

SCHLÖSSER Baden-Württemberg. Zeitschrift, ab 1/1993.

SCHMITT, Günter: Burgenführer Schwäbische Alb.
Bd. 1: Nordost-Alb. Wandern und entdecken zwischen Aalen und Aichelberg. Biberach 1988.
Bd. 4: Alb Mitte-Nord. Wandern und entdecken zwischen Aichelberg und Reutlingen. Biberach 1991.

SCHOLZ, Thomas: Zur Geschichte der Reichsritterschaft im heutigen Landkreis Ludwigsburg. In: LGbl. 43, 1989, S. 9–25.

SCHUKRAFT, Harald: Die Burgen. In: Stuttgart-Handbuch, hg. v. Hans Schleuning. Stuttgart 1985, S. 166–188.

DERS.: Die Grablegen des Hauses Württemberg. Stuttgart 1989.

DERS.: Kleine Geschichte des Hauses Württemberg. Tübingen 2000.

STEIN, Norbert, Eduard THEINER u. Heinz PFIZENMAYER: Die Herren von Kaltental und die Reichsfreiherren von Nothaft. Ein Blick in die Ortsgeschichte von Aldingen, Hochberg und Hochdorf mit neuen Erkenntnissen und Mutmaßungen über die Deckengemälde im Kaltental'schen Schloß und Hinweisen auf die bewegte Baugeschichte des Hochdorfer Schlosses (Heimatkundliche Schriftenreihe der Gemeinde Remseck am Neckar: Landschaft – Natur – Geschichte 9). Remseck 1989.

TÜBINGEN UND DAS OBERE GÄU. Tübingen – Rottenburg – Nagold – Herrenberg, bearb. v. Landesdenkmalamt Baden-Württemberg (Führer zu archäologischen Denkmälern in Deutschland, hg. v. Nordwestdeutschen u. dem West- und Süddeutschen Verband f. Altertumsforschung, Bd. 3). Stuttgart 1983.

UHL, Stefan: Buckelquader an Burgen der Schwäbischen Alb. Versuch eines Überblicks. In: Zeitschrift für Hohenzollerische Geschichte 26, 1990, S. 27–108.

DERS.: Wohn-, Repräsentations- und Wirtschaftsgebäude. Wandel und Innovation im 15. Jahrhundert, dargestellt an Beispielen der Innengliederung von Burggebäuden aus Südwestdeutschland. In: Die Burg im 15. Jahrhundert, hg. i. A. d. Deutschen Burgenvereinigung v. Joachim Zeune (Veröffentlichungen der Deutschen Burgenvereinigung e. V., Reihe B: Schriften, Bd. 12). Braubach 2011, S. 179–192.

UNTERSUCHTE BURGEN UND SCHLÖSSER in Baden-Württemberg (Auswahl). In: Südwestdeutsche Beiträge zur historischen Bauforschung Bd. III, 1996, S. 229–245.

WASSNER, Manfred: Erdwälle und „Schwermuth erregende Ruinen". Das Projekt „Burgen im Landkreis Esslingen". In: Kirchheim unter Teck um 1000 n. Chr. Geschichte und Archäologie, hg. v. Regierungspräsidium Stuttgart, Landesamt f. Denkmalpflege (Archäologische Informationen aus Baden-Württemberg, Heft 62). Stuttgart 2011, S. 82–95.

WEIN, Gerhard: Die mittelalterlichen Burgen im Gebiet der Stadt Stuttgart (Veröffentlichungen des Archivs der Stadt Stuttgart Bd. 20 u. 21). 2 Bde., Stuttgart 1967–1971.

ZIEGLER, Walter: Schlösser der Renaissance und des Barock. In: Der Kreis Göppingen, hg. v. Walter Ziegler (Veröffentlichungen des Kreisarchivs Göppingen, Bd. 11). Stuttgart 1985, S. 155–170.

ZÜRN, Hartwig: Die vor- und frühgeschichtlichen Geländedenkmale und die mittelalterlichen Burgstellen des Stadtkreises Stuttgart und der Kreise Böblingen, Eßlingen und Nürtingen. Stuttgart 1956.

I. STUTTGART

FECKER, Herbert: Stuttgart. Die Schlösser und ihre Gärten. Das Werden der Schlösser und Gärten der der gräflichen Residenz bis zur Internationalen Gartenbauausstellung. Stuttgart 1992.

GUGENHAN, Stefan: Die Landesherrlichen Gärten zu Stuttgart im 16. und 17. Jahrhundert (Veröffentlichungen d. Archivs d. Stadt Stuttgart, hg. v. Roland Müller, Bd. 72). Stuttgart 1997.

JOHN, Timo: Die königlichen Gärten des 19. Jahrhunderts in Stuttgart. Worms 2000.

LORENZ, Sönke: Stuttgart auf dem Weg zur Landeshauptstadt: Die Residenz der Grafen von Württemberg. In: Die Alte Stadt 16, 1989, Heft 2–3 (= Vergangenheit als Verantwortung. Otto Borst zum Fünfundsechzigsten), S. 302–314.

SCHÄFER, Hartmut: Die Anfänge Stuttgarts. Vom Stutengarten bis zur württembergischen Residenz. Stuttgart 2012.

STEPHAN, Regine: Altes und Neues Schloß Stuttgart mit ihrer Umgebung. Heidelberg 1998.

WEBER-KARGE, Ulrike: „... einem irdischen Paradeiß zu vergleichen ..." Das Neue Lusthaus in Stuttgart. Untersuchungen zu einer Bauaufgabe der deutschen Renaissance. Sigmaringen 1995.

1. Stuttgart, Altes Schloss

EHMER, Hermann: Die Ahnenprobe Herzog Christophs von Württemberg in der Schlosskirche in Stuttgart. In: ZWLG 70, 2011, S. 253–263.

FLECK, Walther-Gerd: Stuttgart, Altes Schloß, Schloßkirche. In: Burg- und Schloßkapellen, hg. v. Hartmut Hofrichter (Veröffentlichungen der Deutschen Burgenvereinigung e. V., Reihe B: Schriften, Bd. 3). Braubach, Stuttgart 1995, S. 138–143.

KOTZUREK, Annegret: Kleine Geschichte des Alten Schlosses in Stuttgart. Leinfelden-Echterdingen 2003.

PRINZENBAU STUTTGART, hg. v. Landesamt für Denkmalpflege im Regierungspräsidium Stuttgart (Kulturdenkmale in Baden-Württemberg, Heft 8). Esslingen, Lindenberg 2008.

SCHÄFER, Hartmut: Befunde zur Geschichte des Alten Schlosses in Stuttgart. In: AABW 1998. Stuttgart 1999, S. 272–276.

DERS., Uwe GROSS: Befunde aus dem Untergeschoss der Dürnitz. In: AABW 2001, S. 235–239.

UHL, Stefan: Neue Befunde zur Baugeschichte des Alten Schlosses in Stuttgart. In: Architektur, Struktur, Symbol. Streifzüge durch die Architekturgeschichte von der Antike bis zur Gegenwart. Festschrift f. Cord Meckseper zum 65. Geburtstag, hg. v. Maike Kozok. Petersberg 1999, S. 356–370

2. Stuttgart, Neues Schloss

FECHNER, Renate: Schlossgarten Stuttgart. München, Berlin 1999.

FLECK, Walther-Gerd u. Franz Josef TALBOT: Neues Schloß Stuttgart 1744–1964 (Veröffentlichungen der Deutschen Burgenvereinigung, Reihe A: Forschungen, Bd. 5, hg. v. Europäischen Burgeninstitut in der Deutschen Burgenvereinigung e. V.). Koblenz, Braubach 1997.

WENGER, Michael: 250 Jahre Neues Schloß Stuttgart. Entwürfe und Ausstattungen von Herzog Carl Eugen bis König Wilhelm II., hg. v. d. Verwaltung der Staatlichen Schlösser und Gärten Baden-Württemberg. Stuttgart 1996.

3. Stuttgart, Wilhelmspalais

HOFFMANN, Gabriele: Das Wilhelmspalais in Stuttgart. In: GIOVANNI SALUCCI 1995, S. 81–94.

4. Stuttgart-Berg, Villa Berg

GOHL, Ulrich (Hg.): Die Villa Berg und ihr Park. Geschichte und Bilder (Hefte zum Stuttgarter Osten 13). Stuttgart 2007.

5. Stuttgart-Bad Cannstatt, Schloss Rosenstein

HARLING, Rotraud u. Manfred WARTH: Schloß und Park Rosenstein. Die Reliefs und Skulpturen an Schloß Rosenstein und im Rosensteinpark Stuttgart (Stuttgarter Beiträge zur Naturkunde, Serie C, Heft 34). Tübingen 1993.

HORNBOGEN, Helmut: Danneckers Nymphengruppe. Über die bewegte Vergangenheit und vielfältige Gegenwart zweier leichtbekleideter Frauen. Tübingen 1991.

NÄRGER, Gernot: Landhaus Rosenstein. In: GIOVANNI SALUCCI 1994, S. 45–62.

PESCHEL, Patricia: Die Skulpturen aus Schloss Rosenstein. Aus der Sammlung König Wilhelms I. von Württemberg (Schätze aus unseren Schlössern, Bd. 8). Bruchsal, Stuttgart 2010.

6. Stuttgart-Bad Cannstatt, Lustschloss La Wilhelma

BREITMAIER, Helmut: Bellevue – ein vergessenes „Schloß" am Neckar bei Cannstatt. In: Schwäbische Heimat 47, 1996, Nr. 2, S. 169–171.

KÖNIGREICH WÜRTTEMBERG, S. 134–140.

KOPPELKAMM, Stefan: Exotische Architekturen im 19. Jahrhundert (Exotische Welten – Europäische Phantasien). Berlin 1987, S. 64–75.

Die WILHELMA in Stuttgart-Bad Cannstatt 1829–1980. Bericht über die Sanierung und Erweiterung. Stuttgart 1980.

Das WILHELMATHEATER in Stuttgart-Bad Cannstatt. Der Umbau und die Wiederherstellung des Wilhelmatheaters 1985–1987, hg. v. Finanzministerium Baden-Württemberg. Stuttgart, Ludwigsburg 1987.

7. Stuttgart-Rotenberg, Stammburg Wirtemberg

BACH, Max: Die Stammburg Wirtemberg. Stuttgart 1912.

GRAF, Siegfried: Die Stammburg Württemberg. In: BuS 1977/II, S. 136–137.

STEPHAN, Regina: Die Grabkapelle auf dem Württemberg. Schwetzingen 1997.

8. Stuttgart-Hofen, Burgruine

SCHUKRAFT 1985, S. 179f.

9. Stuttgart-Mühlhausen, Engelburg, Heidenburg und Schloss

SCHUBERT, Heinz: Vier Burgen und zwei Schlösser. In: Heimatbuch Mühlhausen, hg. v. d. Mühlhausener Bank e. G. u. d. evang. Kirchengemeinde Mühlhausen. Stuttgart 1993.

SCHUKRAFT 1985, S. 177–179.

10. Stuttgart-Feuerbach, Burg Frauenberg

KLEEMANN, Gotthilf: Die Ritter von Frauenberg als Feuerbacher Ortsherren. In: Feuerbacher Geschichtsblätter 14, 2005, S. 1–32.

WEIN Bd. 2, 1971, S. 42–82.

11. Stuttgart-Weilimdorf, Dischinger Burgen

WEIN Bd. 2, 1971, S. 1–41.

12. Stuttgart-Rohr, Burg

SCHUKRAFT 1985, S. 186.

ZÜRN 1956, S. 11.

13. Stuttgart-Botnang, Schloss Solitude

KLEEMANN, Gotthilf: Schloß Solitude bei Stuttgart. Aufbau – Glanzzeit – Niedergang (Veröffentlichungen des Archivs der Stadt Stuttgart, Bd. 19). Stuttgart 1966.

WENGER, Michael: Schloß Solitude. München, Berlin 1999.

14. Stuttgart-Hohenheim, Schloss Hohenheim

ELSSNER, Christian: Victor Heideloffs Ansichten des „Englischen Gartens" in Hohenheim. In: Hohenheimer Themen Bd. 4, 1994, S. 49–72.

FELLMETH, Ulrich: Eine historische Deutung der Gebäude des „Englischen Gartens" in Hohenheim, in: ZWLG 50, 1991, S. 390–400.

NAU, Elisabeth: Hohenheim. Schloß und Gärten. Stuttgart 1967.

SCHUMANN, Hans: Hohenheim. Bilder und Gestalten. Stuttgart 1981.

SIEBECK, Margarete: Renovierung und Umbau eines Saals in Schloss Hohenheim. Historische Recherchen und Projektbericht. In: Hohenheimer Themen Bd. 10, 2001, S. 5–54.

15. Stuttgart-Stammheim, Schloss

DROLLINGER, Kuno: Stuttgart. In: LORENZ/SETZLER 1999, S. 302–304.

SCHENK, Walter (Hg.): Stammheim. 800 Jahre und noch mehr. Stuttgart 1992.

II. LUDWIGSBURG

STING, Albert: Geschichte der Stadt Ludwigsburg, Bd. I. Von der Vorgeschichte bis zum Jahr 1806. Ludwigsburg ²2005.

WENGER, Michael: Ludwigsburg. Die Gesamtanlage. Residenzschloß – Gartenanlagen – Schloß Favorite – Stadt Ludwigsburg – Schloß Monrepos – Schloß Solitude. Heidelberg 1998.

16. Ludwigsburg, Schloss

BIDLINGMAIER, Rolf: Klassizismus und Empire in Schloss Ludwigsburg. Der Umbau der Sommerresidenz unter König Friedrich I. von Württemberg und Königin Charlotte Mathilde. In: LGbl 62, 2008, S. 67–110.

KOTZUREK, Annegret: Schloss Ludwigsburg zur Regierungszeit Herzog Carl Eugens von Württemberg. In: LGbl. 58, 2004, S. 159–187.

LUDWIGSBURG 2004, Bd. 1: Altes Corps de Logis. Barockgalerie, Fassaden und Dächer, Gärten. Ein Projekt der Staatlichen Vermögens- und Hochbauverwaltung Baden Württemberg, hg. v. Finanzministerium Baden-Württemberg. Stuttgart 2004.

LUDWIGSBURG 2004, Bd. 2: Neues Corps de Logis. Keramikmuseum, Appartement Carl Eugen. Ein Projekt der Staatlichen Vermögens- und Hochbauverwaltung Baden Württemberg, hg. v. Finanzministerium Baden-Württemberg. Stuttgart 2004.

MERTEN, Klaus: Die Ludwigsburger Schlosskirche. Zur Vorgeschichte ihrer Entstehung 1707–1720. In: LGbl. 59, 2005, S. 53–62.

SCHLOSS LUDWIGSBURG. Geschichte einer barocken Residenz, hg. v. d. Staatlichen Schlössern und Gärten Baden-Württemberg in Zusammenarbeit mit dem Staatsanzeiger-Verlag Stuttgart. Tübingen 2004.

SCHOLDERER, Hans-Joachim: Das Schlosstheater Ludwigsburg. Geschichte, Architektur, Bühnentechnik, mit einer Rekonstruktion der historischen Bühnenmaschinerie (Schriften der Gesellschaft für Theatergeschichte e. V. Bd. 71). Berlin 1994.

SCHULZ, Daniel: Die Versorgung des Hofes. Küche, Ernährung und Hausrat im Ludwigsburger Schloss. In LGbl 62, 2008, S. 51–65.

WENGER, Michael: Schloß Ludwigsburg. Führer durch die Räume. Heidelberg o. J.

17. Ludwigsburg, Lustschloss Favorite

MERTEN, Klaus: Schloß Favorite in Ludwigsburg. In: LGbl. 34, 1982, S. 7–19.

STEPHAN, Regina: Schloß Favorite in Ludwigsburg. Ulm 1997.

WEBER-STEPHAN, Regina: Neue Forschungen zu Schloß Favorite in Ludwigsburg. In: Jahrbuch der Staatlichen Kunstsammlungen in Baden-Württemberg 27, 1990, S. 72–90.

18. Ludwigsburg, Villa Marienwahl

BURKHARDT, Hermann: Die „Marienwahl" – Grünzone und Sommersitz des letzten württembergischen Königs. In: Das Buch der Unteren Stadt, hg. v. Bürgerverein der Unteren Stadt Ludwigsburg e.V. Ludwigsburg 1993, S. 159–178.

19. Ludwigsburg-Eglosheim, Schloss Monrepos (Seehaus)

FRITZ, Eberhard: Vom „Seehaus" zu „Monrepos". Studien zur Funktion des Seeschlosses unter König Friedrich I. von Württemberg. In LGbl 49, 1995, S. 67–92.

DERS.: Tiergarten Monrepos – Domäne Seegut. Jagd und Viehzucht unter den Königen Friedrich und Wilhelm I. von Württemberg. In: LGbl. 64, 2010, S. 81–112.

HLAWATSCH, Birgit: Monrepos. 400 Jahre württembergische Geschichte. In: LGbl. 45, 1991, S. 39–69.

MERTEN, Klaus: Schloß Monrepos bei Ludwigsburg (DKV-Kunstführer Nr. 174/9). München. Berlin o. J.

20. Ludwigsburg-Hoheneck, Burgruine

DEISEROTH/NAUMANN/HANKE/SCHNEIDER 2004, S. 220–223.

FELDEN, Herbert (Hg.): Ortsbuch Hoheneck. Stadtteil von Ludwigsburg. Ludwigsburg 1983, S. 87–91 u. 97–101.

21. Ludwigsburg-Oßweil, Schloss und Holderburg

OSSWEIL. Vom schwäbischen Bauerndorf zum Ludwigsburger Stadtteil, hg. v. d. Stadt Ludwigsburg u. d. Volksbank Ludwigsburg. Murr 1992.

III. RUND UM LUDWIGSBURG UND STUTTGART

22. Remseck-Hochberg, Schloss

THEINER, Eduard: Hochberg und Hochdorf. In: LORENZ/SETZLER 1999, S. 180–182.

23. Remseck-Hochdorf, Schloss

STEIN/THEINER/PFIZENMAYER 1989, S. 31–34, 39, 41–47.

THEINER, Eduard: Hochberg und Hochdorf. In: LORENZ/SETZLER 1999, S. 182–185.

24. Freiberg-Beihingen, Altes und Neues Schloss

MECKSEPER 1972, S. 46–47.

MÜLLER, Willi: Das renovierte Alte Schloss in Beihingen am Neckar. In: LGbl 21, 1969, S. 83–86.

OTT/SCHUBERT/WINTER 1995, S. 15–18.

25. Freiberg-Geisingen, Schlösser

OTT/SCHUBERT/WINTER 1995, S. 21–30.

26. Freiberg-Heutingsheim, Schloss

WALTER, Heinz Erich: 1000 Jahre Heutingsheim. Ludwigsburg 1972.

27. Marbach, Stadtburg

SCHÄFER, Hartmut: Burg, Schloß und Stadt Marbach am Neckar. In: DiBW 9, 1980, Heft 2, S. 59–69.

DERS.: Stadtgründung und Stadtburg im hohen Mittelalter. Archäologische Untersuchungen und Fragestellungen in Marbach/Neckar. In: Stadtarchäologie in Deutschland und den Nachbarländern. Ergebnisse, Verluste, Konzeptionen (Lübecker Schriften zur Archäologie und Kulturgeschichte, Bd. 14). Bonn 1988, S. 29–36.

28. Steinheim-Höpfigheim, Schloss
HARTMANN, Ulrich: Das Schloß in Höpfigheim. In: Steinheim an der Murr, hg. v. d. Stadt Steinheim a. d. Murr anlässlich d. 25jährigen Stadtjubiläums 1980. Stuttgart, Aalen 1980, S. 473–479.

29. Steinheim-Kleinbottwar, Burg Schaubeck
ADELMANN, Franziska Gräfin u. Raban Graf: Burg Schaubeck. In: Steinheim an der Murr, hg. v. d. Stadt Steinheim a. d. Murr anlässlich d. 25jährigen Stadtjubiläums 1980. Stuttgart, Aalen 1980, S. 409–419.

KRAUSE-SCHMIDT, Heike: 700 Jahre Burg Schaubeck. Ein archivalisches Lesebuch. Stuttgart, Kleinbottwar 1997.

30. Beilstein, Burg
ROHM, Otto u. Dietmar RUPP (Hg.): Beilstein in Geschichte und Gegenwart. Beilstein 1983.

31. Oberstenfeld, Burg Lichtenberg
FLECK, Walther-Gerd: Burg Lichtenberg in Württemberg (bei Oberstenfeld), Kr. Ludwigsburg (Veröffentlichungen der Deutschen Burgenvereinigung e. V., Reihe D: Europäische Burgen u. Schlösser, Heft 6). Braubach 2007.

32. Besigheim, Burgen
MAURER, Hans-Martin: Die Türme des Markgrafen Hermann V. im Rahmen stauferzeitlicher Wehrbau-Architektur. In: Das Land am Mittleren Neckar zwischen Baden und Württemberg, hg. v. Hansmartin Schwarzmaier u. Peter Rückert (= Oberrheinische Studien Bd. 24). Ostfildern 2005, S. 111–144.

POPPER, Brigitte: Das Steinhaus in Besigheim – urkundlich belegt. In: Südwestdeutsche Beiträge zur historischen Bauforschung 7, 2007, S. 47–50.

SCHULZ, Thomas, Stefan BENNING u. Gustav BÄCHLER (Red.): Geschichte der Stadt Besigheim. Von der Vorgeschichte bis zur Gegenwart. Besigheim 2003.

33. Bietigheim-Bissingen, Burg und Stadtschloss
Das BIETIGHEIMER SCHLOSS, hg. v. Städtische Holding Bietigheim-Bissingen GmbH. Bietigheim 2002.

FINDEISEN, Peter: Stadt Bietigheim-Bissingen (Ortskernatlas Baden-Württemberg 1,8). Stuttgart 1988.

SCHÄFER, Hartmut: Burg Bietigheim – Archäologische Untersuchungen in der Kelter von Bietigheim-Bissingen, Kreis Ludwigsburg. In: DiBW 13, 1984, Heft 2, S. 52–55.

34. Bietigheim-Bissingen, Untermberg, Burgruine Alt-Sachsenheim
HEIDINGER, Karl: Ruine Altsachsenheim und der Egartenhof. In: die mörin 25, 2000, S. 7–25.

35. Sachsenheim-Großsachsenheim, Schloss
BECHTELER, Kurt: Geschichte der Stadt Großsachsenheim. Großsachsenheim 1962.

WEIHS, Michael u. Uwe GROSS: Ein älterer Graben im Bereich der Burg in Großsachsenheim, Stadt Sachsenheim, Kreis Ludwigsburg. In: AABW 1994. Stuttgart 1995, S. 249–253.

36. Vaihingen, Schloss Kaltenstein
PFEFFERKORN, Wilfried u. Ernst Eberhard SCHMIDT: Burg Vaihingen genannt Schloß Kaltenstein. Das Bauwerk und seine Geschichte (Beihefte zur Schriftenreihe der Stadt Vaihingen a. d. Enz, Heft 3). Vaihingen 1997.

37. Asperg, Landesfestung Hohenasperg
ARNOLD, Susanne: Wiederentdeckung einer Kasematte auf dem Hohenasperg, Gde. Asperg, Kreis Ludwigsburg. In: AABW 1996. Stuttgart 1997, S. 294–297.

BLEYER, Hans-Jürgen: Der Kellereibau auf dem Hohenasperg. In: Südwestdeutsche Beiträge zur historischen Bauforschung Bd. III, 1996, S. 27–42.

SAUER, Paul: Der Hohenasperg. Fürstensitz – Höhenburg – Bollwerk der Landesverteidigung. Stuttgart 2004.

38. Schwieberdingen, Nippenburg
MÜLLER, Willi: Instandsetzung der Ruine Nippenburg. In: Hie gut Wirtemberg, Beilage der Ludwigsburger Kreiszeitung 32, 1981, Nr. 9/10, S. 25–27.

DERS.: Die Herren von – und die zu Nippenburg. In: Hie gut Wirtemberg, Beilage der Ludwigsburger Kreiszeitung 32, 1981, Nr. 11/12, S. 33–34.

39. Hemmingen, Schloss
GRÄF, Ulrich: Vom herrschaftlichen Schloß zum Rathaus. Schloß Hemmingen, ein eklektizistischer Umbau des 19. Jahrhunderts. In: DiBW 15, 1986, 1, S. 11–16.

TREIBER, Walter: Schloss Hemmingen. Vom festen Haus zum romantischen Schloss. Hemmingen 1995.

40. Ditzingen-Schöckingen, Schloss
GAISBERG-SCHÖCKINGEN, Friedrich Freiherr von: Schöckingen. Ditzingen 1983.

41. Korntal-Münchingen, Schloss
IRTENKAUF, Wolfgang: Heimatbuch Münchingen. Münchingen 1973.

42. Leonberg, Schloss und Pomeranzengarten
DECKER-HAUFF, Hans-Martin: Das Leonberger Schloss als Witwensitz; in: Setzler, W., H. Decker-Hauff, J. Fischer u.a.: Leonberg. Eine alt-württembergische Stadt und ihre Gemeinden im Wandel der Zeit. Stuttgart 1992, S. 121–126.

ELFGANG, Alfons: Leonberg. In: LORENZ/SETZLER 1999, S. 202–209.

IV. AN REMS UND MURR

43. Kernen-Stetten: Yburg
FRITZ/SCHURIG 1994, S. 78–80.

SCHAHL 1983, S. 482–485.

44. Kernen-Stetten: Schloss
DIERLAMM, Theodor: 600 Jahre Schloß Stetten 1387–1987. Rückblick auf ein Jahrtausend vergangener Zeit in Wort und Bild. Kernen 1987.

DERS.: Dreihundert Jahre Sommersaal Schloß Stetten im Remstal. 1692–1992. Barocker Fingerzeig. Was hier zu sehen zu verstehen. Kernen 1992.

45. Weinstadt-Beutelsbach, Burg
FRITZ/SCHURIG 1994, S. 118–119.

WEIN, Gerhard: Die Bauanlage der Burg Beutelsbach. In: Beutelsbach, die Wiege Württembergs, hg. v. Heinz Erich Walter. Dätzingen 1976, S. 54–60.

46. Weinstadt-Schnait, Schloss
KRÄMER, Anja: Das Hauptgebäude des Unteren Schlosses in Schnait – Form und Ausstattung eines Schlößchens im 16. und 17. Jahrhundert. In: Südwestdeutsche Beiträge zur historischen Bauforschung Bd. III, 1996, S. 131–150.

47. Winnenden, Schloss
SCHAHL 1983, S. 1483–1522.

SCHLOSSKIRCHE St. Jakobus in Winnenden. Festschrift und Dokumentation zur Wiedereinweihung 1982, hg. v. d. Ev. Gesamtkirchengemeinde Winnenden. Winnenden 1982.

48. Winnenden-Bürg, Burg
FRITZ/SCHURIG 1994, S. 125–127.

MAURER, Hans Martin: Der Turm von Bürg. Remshalden 1988.

49. Schorndorf, Schloss und Landesfestung
ARNOLD, Susanne: Anlage und Ausbau der Landesfestung Schorndorf, Rems-Murr-

Kreis, im 16. Jahrhundert. In: AABW 1992. Stuttgart 1993, S. 372–374.

RÖSLER, Immanuel: Die Festungspläne Schorndorfs aus dem 17. Jahrhundert. In: Heimatbuch für Schorndorf und Umgebung 1958, S. 33–49.

SCHMIDT, Uwe: Geschichte der Stadt Schorndorf. Stuttgart 2002.

ZEYHER, Reinhold: Neue Funde zur Schorndorfer Stadtbaugeschichte. In: Heimatblätter 10, 1994, S. 64–71.

50. Backnang, Schloss

BRÜCKER, Christian Ludwig u. Klaus LODERER: Backnanger Stadtchronik, hg. v. d. Stadt Backnang. Backnang 1988.

FRITZ, Gerhard: Backnang. In: LORENZ/SETZLER 1999, S. 84–90.

V. IM LANDKREIS ESSLINGEN

51. Esslingen, Burg

LOHRUM, Burghard: Die Esslinger Burgstaffel. Bauforschung als Basis für ein Sanierungskonzept. In: DiBW 37, 2008, Heft 3, S. 134–139.

OTTERSBACH, Christian: Die Esslinger „Burg". Eine reichsstädtische Befestigungsanlage als Sinnbild bürgerlicher Macht. In: Marburger Correspondenzblatt zur Burgenforschung Heft 1, 1997/98. Marburg 1999, S. 13–22.

DERS.: Die Esslinger Burg (Der historische Ort 106). Berlin 2000.

52. Esslingen, Salemer Pfleghof

BERNHARDT, Walter: Esslingen im Früh- und Hochmittelalter. Gedanken zur Geschichte und Topographie. In: Esslinger Studien 23, 1984, S. 7–44.

DERS.: Die Pfalz in Esslingen. In: Staufische Pfalzen, hg. v. d. Gesellschaft f. staufische Geschichte e. V. (Schriften zur staufischen Geschichte u. Kunst Bd. 14). Göppingen 1994, S. 25–47.

FAST, Kirsten u. Joachim J. HALBEKANN (Hg.): Zwischen Himmel und Erde. Klöster und Pfleghöfe in Esslingen. Petersberg 2009.

53. Esslingen, Gelbes Haus

JAEGER, Falk: Das Gelbe Haus – ein gotischer Wohnturm. In: Esslinger Studien 21/1982, S. 31–58.

54. Esslingen, Reichsstädtisches Rathaus

OTTERSBACH, Christian: „Hic domus haec patria est". Esslingens barockes Rathaus – Residenz der Ratsaristokratie und imaginäres Kaiserschloss? In: Esslinger Studien 41, 2002, S. 15–46.

DERS.: Ein Residenzschloss für die Reichsstadt – Esslingens barockes Rathaus. In: Burg und Stadt (Forschungen zu Burgen und Schlössern Bd. 11). München, Berlin 2008, S. 237–248.

55. Esslingen, Palm'sche Palais

OETTLER, Alexandra: Das Obere Palm'sche Palais. Baugeschichte und Stilanalyse. In: Esslinger Studien 29, 1990, S. 103–142.

OTTERSBACH 2000, S. 102–112 u. 128–141.

56. Esslingen-Weil, Landhaus Weil

CICHY, Bodo: Die Rettung des Schlösschens in Esslingen-Weil. In: DiBW 1973, Heft 1, S. 28–37.

WENGER, Michael: Königliche Pavillons. In: GIOVANNI SALUCCI 1994, S. 23–30.

57. Deizisau, Körschburg

GROSS, Uwe: Funde von der Körschburg bei Deizisau, Kreis Esslingen. In: AABW 1998. Stuttgart 1999, S. 277–278.

58. Neuhausen, Schlösser

LORENZ, Sönke, Andreas SCHMAUDER (Hg.): Neuhausen. Geschichte eines katholischen Ortes auf den Fildern. Filderstadt 2003.

WEIHS, Michael: Das Untere Schloss in Neuhausen auf den Fildern, Kreis Esslingen – ursprünglich eine Burg. In: AABW 2002. Stuttgart 2003, S. 234–236.

59. Filderstadt-Bonlanden, Burg

RENZ, Susanne, Nikolaus BACK u. Gert HERZHAUSER: Historischer Rundweg Filderstadt. Filderstadt 1990, S. 91–92.

RADTKE, Armin u. Nikolaus BACK: Anmerkungen zur Entstehung von Burg und Dorf Bonlanden. In: Filderstädter Schriftenreihe zur Heimat- und Landeskunde 1, 1988, S. 51–61.

60. Ostfildern-Scharnhausen, Schloss Karlsruhe:

BENDER, Jochen: Kein Zutritt. Die Geschichte des Scharnhauser Parks vom Schlößle zur Kaserne 1783–1992 (Schriftenreihe des Stadtarchivs Ostfildern Bd. 1). Ostfildern 1993.

61. Köngen, Schloss

FASTNACHT, Kathrin: Köngen. Ein Schloss und seine Herrschaften. Zur Identität von Schloss und Dorf Köngen im 19. und 20. Jahrhundert. Weißenhorn 2007.

SCHLOSS KÖNGEN, hg. v. Landesamt f. Denkmalpflege im Regierungspräsidium Stuttgart (Kulturdenkmale in Baden-Württemberg, Heft 9). Esslingen, Lindenberg 2011.

62. Wernau, Schlösser

LANDKREIS ESSLINGEN 2009, Bd. 2, S. 480–485.

63. Neckartenzlingen, Neckarburg

REIFF, F.: Neckartenzlingen einst und jetzt. Ein Heimatbuch. Neckartenzlingen 1972, S. 56–69.

VI. TÜBINGEN UND DER SCHÖNBUCH

GFRÖRER, Wilhelm (Hg.): Der Kreis Tübingen. Stuttgart, Aalen 1988.

64. Tübingen, Hohentübingen

FROMMER, Heike: Ein politisches Manifest. Das untere Tübinger Schlossportal. In: DiBW 33, 2004, Nr. 1, S. 30–35.

HANNMANN, Eckart: Das Schloß in Tübingen. Sanierung des Süd- und Westflügels. In: DiBW 15, 1986, Nr. 3, S. 93–101.

SCHLOSS HOHENTÜBINGEN – Zweiter Bauabschnitt, hg. v. d. Staatlichen Hochbauverwaltung Baden-Württemberg, Universitätsbauamt Tübingen. Tübingen 1986.

WEISS, Michael: Das Tübinger Schloß. Von der Kriegsfeste zum Kulturbau. Tübingen 1996.

65. Tübingen-Bebenhausen, Jagdschloss Bebenhausen

KÖHLER, Mathias: Bebenhausen. Klosteranlage und Schloß. Heidelberg o. J.

Y, Rainer: Bebenhausen – Jagdschloß der württembergischen Könige. In: Das Zisterzienserkloster Bebenhausen. Beiträge zur Archäologie, Geschichte und Architektur, hg. v. Wilfried Setzler u. Franz Quarthal. Tübingen 1995, S. 242–265.

66. Tübingen-Kilchberg, Schloss

MERKELBACH, Lothar: Burg und Schloß Kilchberg. Baugeschichte – Ursprung – Kunsthistorische Einordnung. Stuttgart 1965.

DERS.: Schloß Kilchberg. In: Gerd Million (Hg.): Kilchberg. Ein Streifzug durch acht Jahrhunderte. Tübingen 1986, S. 153–161.

67. Tübingen-Unterjesingen, Schloss Roseck

LANDKREIS TÜBINGEN 1972, Bd. II, S. 711–713.

68. Kirchentellinsfurt, Jagdschloss Einsiedel

FLECK, Walther-Gerd: Grafeneck und Einsiedel. Zwei Lustschlösser des Herzogs Carl Eugen von Württemberg. Stuttgart 1986.

SCHIEK, Sigwald: Der Einsiedel bei Tübingen. Seine Geschichte und seine Bauten. Sigmaringen 1982.

69. Ammerbuch-Entringen, Schloss Hohenentringen

OTTMAR, Johann: Hohenentringen. Adelssitz am Rand des Schönbuchs. Horb 2006.

70. Ammerbuch-Poltringen, Schloss

LANDKREIS TÜBINGEN 1972, Bd. II, S. 591–595.

MAIER, Gerald: Poltringen. In: LORENZ/SETZLER 1999, S. 250–255.

71. Waldenbuch, Jagdschloss

SCHLOSS WALDENBUCH – Museum für Volkskultur in Württemberg. Umbau und Sanierung 1978–1988, hg. v. Finanzministerium Baden-Württemberg. Ludwigsburg 1989.

72. Herrenberg, Schloss

SCHMOLZ, Traugott: Schloß Herrenberg. Rekonstruktion – Funktion – Abbruch (Herrenberger historische Schriften 7). Herrenberg 2003.

VII. ENTLANG DER SCHWÄBISCHEN ALB

73. Gomaringen, Schloss:

KOLB, Günter: Zur Wiedereinweihung von Schloß Gomaringen. In: DiBW 28, 1999, Heft 1, S. 27–33.

SANNWALD, Wolfgang: Burg und Schloß in Gomaringen. Gomaringen 1998.

UHL, Stefan: Eine Bohlentür des 15. Jahrhunderts auf Schloß Gomaringen. In: Fenster und Türen in historischen Wehr- und Wohnbauten, hg. v. Hartmut Hofrichter (Veröffentlichungen der Deutschen Burgenvereinigung e. V., Reihe B: Schriften, Bd. 4). Braubach, Stuttgart 1995, S. 101–114.

DERS.: Ein Fachwerkgebäude des frühen 14. Jahrhunderts auf Schloß Gomaringen. In: DiBW 28, 1999, Heft 1, S. 34–38.

74. Reutlingen, Achalm

BETZ-WISCHNATH, Irmtraud: Die Achalm in Kunst und Literatur. In: Reutlinger Geschichtsblätter NF 47, 2008, S. 9–68.

MAURER, Hans-Martin: Die Achalm und der mittelalterliche Burgenbau. In: Reutlinger Geschichtsblätter NF 6, 1968, S 7–25.

75. Pfullingen, Schloss und Schlössle

BÖHRINGER, Dietmar: Das Schloß. In: Pfullingen einst und jetzt. Pfullingen 1982, S. 139–156.

MOHL, Ulrich: Schloss Pfullingen in Vergangenheit und Gegenwart. Pfullingen 2003.

SCHOLKMANN, Klaus: Fachwerkbauten des 15. Jahrhunderts (1). Das „Schlößle" in Pfullingen – ein Musterhaus des 15. Jahrhunderts. In: DiBW 10, 1981, 1, S. 9–12.

76. Honau, Schloss Lichtenstein

DITTSCHEID, Hans-Christoph: Erfindung als Erinnerung. Burg Lichtenstein zwischen Hauffs poetischer Fiktion und Heideloffs künstlerischer Konkretisierung. In: Wilhelm Hauff oder Die Virtuosität der Einbildungskraft, hg. v. Ernst Osterkamp, Andrea Polaschegg u. Erhard Schütz. Göttingen 2005, S. 263–298.

HARTIG, Sylvia: Schloß Lichtenstein – ein Eigendenkmal des Grafen Wilhelm von Württemberg. In: DiBW 28, 1999, Heft 2, S. 98–196.

OTTERSBACH, Christian: Befestigte Schlossbauten im Deutschen Bund. Landesherrliche Repräsentation, adeliges Selbstverständnis und die Angst der Monarchen vor der Revolution 1815–1866 (Studien zur internationalen Architektur- und Kunstgeschichte 53). Petersberg 2007, S. 100–120.

VOEGELEN, M.: Schloss Lichtenstein, Württemberg. Stuttgart o. J.

77. Bad Urach, Runder Berg

BERNHARDT, H., K. BÖHMER, Chr. HOLLIGER u. a.: Der Runde Berg bei Urach (Führer zu archäologischen Denkmälern in Baden-Württemberg Bd. 14). Stuttgart 1991.

78. Bad Urach, Hohenurach

MAURER, Hans-Martin: Hohenurach als Beispiel einer württembergischen Landesfestung. Aufbau, Organisation, Standrecht, Bewährung. In: BuS 1975/I, S. 1–9.

79. Bad Urach, Schloss

MERTEN, Klaus: Schloß Urach. München o. J.

QUARTHAL, Franz: Clemens und Amandus. Zur Frühgeschichte von Burg und Stadt Urach. In: Alemannisches Jahrbuch 1977/78. Bühl 1979, S. 17–29.

SCHLOSS URACH. Württembergische Residenz – Jagdschloss – Museen – Ausflüge. Ein Sonderheft von Schlösser Baden-Württemberg. Stuttgart 2000.

80. Neuffen, Hohenneuffen

BÄR, Walter: Der Neuffen. Geschichte und Geschichten um den Hohenneuffen. Neuffen 1995.

LAUER, Gerhard: Der Hohen-Neuffen. Rundgang durch die Ruine. Die Geschichte der Festung. Tübingen o. J.

WERNER, H.: Neuere Untersuchungen über die bauliche Entwicklung des Hohen-Neuffen. In: Der Burgwart 39, 1938, S. 10–16.

81. Neuffen, Adelssitze

SCHMITT 1991, S. 170–176.

82. Bissingen, Burg Teck

GROSS, Uwe: Keramikfunde der Völkerwanderungszeit und des Frühmittelalters von der Teck bei Owen, Kr. Esslingen. In: Archäologisches Korrespondenzblatt 35, 2005, S. 523–527.

GRÜNDER, Irene: Studien zur Geschichte der Herrschaft Teck (Schriften zur südwestdeutschen Landeskunde Bd. 1). Stuttgart 1963.

LASKOWSKI, Rainer: 850 Jahre Burg Teck. Neue Erkenntnisse zum Burgjubiläum. In: BlSAV 108, 2002, Nr. 3, S. 16–18.

WEISS, Rainer: Bauarchäologische Untersuchung auf der Burg Teck. In: AABW 2010. Stuttgart 2011, S. 280–284.

83. Lenningen-Unterlenningen, Sulzburg

SCHMITT 1991, S. 119–128.

84. Lenningen-Oberlenningen, Schlössle

ALDINGER, Walter u. Johannes CRAMER: Schlössle Oberlenningen. Baugeschichte und Sanierung 1983–1992. Lenningen 1992.

GÖTZ, Rolf: Das „Schlössle" in Oberlenningen. Die Geschichte des Adelssitzes und seiner Bewohner, hg. v. Förderkreis Schlössle. ND Lenningen 2007 (1985).

85. Lenningen-Oberlenningen, Wielandsteine

BIZER, Christoph, Rolf GÖTZ u. Wilfried PFEFFERKORN: Wielandstein. Eine Burgruine auf der Schwäbischen Alb. Braubach o. J.

BIZER/GÖTZ 2004, S. 95–114.

86. Lenningen, Diepoldsburg und Rauber

BIZER/GÖTZ 2004, S. 10–67.

87. Kirchheim, Schloss

FLEISCHHAUER, Werner: Die Befestigung der Stadt Kirchheim im 16. Jahrhundert. In: Schwäbische Heimat 2, 1969, S. 139–148.

GÖTZ, Rolf: In Kirchheim stand einst eine Wasserburg. In: Beiträge zur Heimatkunde des Bezirks Kirchheim unter Teck 13, 1971, S. 3–11.

KILIAN, Rainer (Hg.): Kirchheim unter Teck. Marktort, Amtsstadt, Mittelzentrum. Kirchheim u. T. 2006, S. 124, 134, 153–155, 195, 203, 259–265, 278–290 u. 343 f.

Schloss Kirchheim unter Teck. Landesfestung – Witwensitz – Schlossmuseum. Schloss und Stadt in Frauenhand, hg. v. Staatsanzeiger-Verlag in Zusammenarbeit mit den Staatl. Schlössern u. Gärten Baden-Württemberg u. d. Stadt Kirchheim u. T. Stuttgart 2007.

88. Kirchheim, Freihof

Götz, Rolf: Der Freihof in Kirchheim unter Teck. Die Geschichte eines alten Adelssitzes und seiner Bewohner. Kirchheim u. T. 1989.

89. Weilheim, Limburg und Stadtschloss

Bizer/Götz 2004, S. 68–71.

Marstaller, Tilmann: Weilheimer Häuser als Zeugnisse von über 600 Jahren Stadtgeschichte. In: Weilheim. Die Geschichte der Stadt an der Limburg, hg. v. Manfred Waßmer. Weilheim u. T. 2007, S. 617–648.

Scholz, Anke K.: Die Stammburg der Zähringer – neue archäologische Ausgrabungen auf der Limburg bei Weilheim an der Teck. In: AABW 2011. Stuttgart 2012, S. 297–301.

90. Neidlingen, Reußenstein

Bizer/Götz 2004, S. 132–136.

Koch, Konrad: Burgruine Reußenstein. In: Der Burgwart 16, 1916, Nr. 4, S. 77–79.

91. Uhingen, Schloss Filseck

Ziegler, Walter: Schloß Filseck. Weißenhorn 1989.

92. Göppingen, Jagt- und Lustschloss

Fleck 2004, S. 36–42.

93. Göppingen, Storchen

Filseck, Herbert Moser v.: Das Stadthaus der Herren von Liebenstein in Göppingen. In: Hohenstaufen. Veröffentlichungen des Geschichts- und Altertumsvereins Göppingen e. V. Göppingen 1975, S. 81–95.

Kettenmann, Jürgen, Karl-Heinz Ruess: Städtisches Museum Göppingen im „Storchen" (Veröffentlichungen des Stadtarchivs Göppingen, Bd. 21). München, Zürich 1981.

94. Göppingen-Hohenstaufen, Burg Hohenstaufen

Akermann, Manfred: Hohenstaufen. Heidenheim 2004.

Archäologische Zeugnisse vom Hohenstaufen. Die Grabungen von 1935 bis 1938 (Veröffentlichungen des Stadtarchivs Göppingen, Bd. 34, hg. v. Karl-Heinz Rueß). Göppingen 1996.

Maurer, Hans-Martin: Der Hohenstaufen. Geschichte der Stammburg eines Kaiserhauses. Stuttgart, Aalen 1977.

Sandtner, Claudia: Hohenstaufen und das Stauferland. Berlin, München 2011.

Die Staufer, hg. v. d. Gesellschaft f. staufische Geschichte u. Kunst (Schriften zur staufischen Geschichte u. Kunst Bd. 9). Göppingen 2000.

95. Schwäbisch Gmünd, Burg Hohenrechberg

Landgraf, August: Die Arkaden der Ruine Hohenrechberg. In: BuS 1979/I, S. 15–21.

Pfefferkorn, Wilfried: Vorbefestigungen der Burg Rechberg. In: Zwinger und Vorbefestigungen. Tagung vom 10. bis 12. November 2006 auf Schloss Neuenburg bei Freyburg (Unstrut), hg. i. A. der Landesgruppen Sachsen, Sachsen-Anhalt u. Thüringen der Deutschen Burgenvereinigung e. V. v. Heinz Müller u. Reinhard Schmitt. Langenweißbach 2007, S. 165–172.

Ders.: Schießscharten an der Burg Rechberg. In: BuS 2011/I, S. 38–54.

Strobel, Richard: Die Burgruine Hohenrechberg, Stadt Schwäbisch Gmünd. In: BuS 2005/III, S. 162–175.

96. Wäschenbeuren, Wäscherburg

Dautel, Isolde: Schloss Wäscherburg. Begleitheft durch die Dauerausstellung der Staatlichen Schlösser und Gärten Baden-Württemberg. Stuttgart 2002.

Rademacher, Reinhard: Endgültiger Nachweis einer Zwingermauer der Burg Wäscherschloss bei Wäschenbeuren. In: AABW 2011. Stuttgart 2012, S. 301–304.

Zürn, Hartwig: Ausgrabungen auf dem „Burren" bei Wäschenbeuren (Kr. Göppingen). In: Fundberichte aus Schwaben NF 15, 1959, S. 110–115.

97. Salach, Burg Staufeneck

Wacker, Wilhelm: Staufeneck. Ein Blick in die Geschichte. O. O. 1995.

Wiedemann, Eugen: Neues über Staufeneck und Ramsberg. In: Hohenstaufen 9, 1975, S. 56–72.

Online-Quellen:

Zu den Burgen und Schlössern der Staatlichen Schlösser und Gärten Baden-Württemberg:

www.schloesser-magazin.de

Zahlreiche württembergische Burgen sind auch zu finden bei:

www.burgen-web.de

www.burgenwelt.de

ORTS- UND OBJEKTREGISTER

Achalm s. Reutlingen
Altbach 24
Ammerbuch-Entringen, Schloss Hohenentringen 142
Ammerbuch-Poltringen, Schloss 22, **143f.**
Asperg, Hohenasperg 11, 12, 19, 20, 23, 68, **92-94**, 168
Backnang 11, 103
- Schloss 103, **114f.**
Bad Urach
- Hohenurach 12, 19, **162-164**
- Runder Berg 16, 19, **160f.**, 162
- Stadtschloss 17, 18, 19, 25,162, **165f.**
Balingen 12
Beilstein
- Amtshaus 80
- Burg Hohenbeilstein 17, **79f.**
Besigheim 11, 16, 17, 68, **83f.**
- Altes Schloss 84
- Oberer Turm 84
- Steinhaus 84
- Untere Burg 83f.
Bietigheim-Bissingen
- Burg 85
- Schloss (Alte Vogtei) 85f.
Bietigheim-Bissingen, Untermberg, Burg Alt-Sachsenheim 18, **87**
Bissingen/Teck
- Burg Teck 18, 23, 148, **170f.**
Deizisau, Körschburg 124
Diepoldsburg s. Lenningen
Denkendorf 10
Dettingen u. T. 148
Ditzingen, Schloss 99
Ditzingen-Schöckingen, Schloss **99**, 108
Döffingen 12
Esslingen 11, 13, 17, 25, 26, 52, 68, **116**, 124, 150
- Altes Rathaus 21
- Burg 20, **117f.**, 167
- Gelbes Haus 18, **120**
- Palmsche Palais 24, **122**
- Reichsstädtisches Rathaus 121
- Salemer Pfleghof 119
Esslingen-Weil, Königl. Pavillon 25, **123**
Filderstadt-Bonlanden, Burgstall 17, **127**
Filderstadt-Plattenhardt, Burg 17
Filseck s. Uhingen
Freiberg-Beihingen 68
- Altes Schloss 18, **71**, 77, 78, 87
- Neues Schloss 22, **71**
Freiberg-Geisingen 68
- Oberes Schloss 72f.
- Unteres Schloss 72f.
Freiberg-Heutingsheim, Schloss 68, **74**
Göppingen
- Schloss 13, 21, **187f.**, 191
- Storchen 189
Göppingen-Hohenstaufen, Burg 15, 16, 17, 23, 148, 187, **190f.**, 192, 196
Göppingen-Jebenhausen, Schloss Liebenstein 189
Gomaringen, Schloss 17, **150f.**
Grötzingen, Turmburg 18
Großbottwar 68
Hemmingen, Schloss 18, 25, 68, **97f.**
Herrenberg 11, 132
- Schloss 147
- Wohnturm (Stiftsfruchtkasten) 147
Hohenasperg s. Asperg
Hohengehren, Jagdschloss 24
Hohenneuffen s. Neuffen
Hohenrechberg s. Schwäbisch Gmünd
Hohenstaufen s. Göppingen-Hohenstaufen
Hohentwiel 19
Hohenurach s. Bad Urach
Kanzach, Bachritterburg 18
Kernen-Stetten 103
- Schloss Stetten 23, **105f.**

- Yburg 104
Kirchentellinsfurt, Jagdschloss Einsiedel 24, 65, 132, **140f.**
Kirchheim
- Freihof 180
- Landesfestung 12, 19, 20, 93, **178f.**
- Schloss 15, 17, 114, **178f.**
Köngen, Schloss 18, 116, **129**
Korntal-Münchingen, Schloss Münchingen 100
Lenningen, Obere und Untere Diepoldsburg (Rauber) 16, 170, 173, **176f.**
Lenningen-Oberlenningen
- Schlössle 173
- Wielandsteine 16, 148, **174f.**
Lenningen-Unterlenningen, Sulzburg **172**, 173
Leonberg 11
- Schloss 13, 21, **101f.**, 114
Lichtenstein, Schloss Lichtenstein 16, 25, 35, 148, **155-159**
Lorch 10
Ludwigsburg 12, 23, 24, 32, 50, 51, **55f.**
- Emichsburg 25, **60**
- Favorite **61f.**
- Grafenbau 56
- Marstall 56
- Palais Grävenitz 56
- Palais Sternenfels 56
- Schloss 23, 53, 55, 56, **57-60**, 62, 68
- Villa Marienwahl 63
- Zeughaus 56
Ludwigsburg-Eglosheim, Monrepos 24, 28, 50, 53, 56, 62, **64f.**, 132, 141
Ludwigsburg-Hoheneck, Burgruine 66
Ludwigsburg-Oßweil
- Holgenburg 67
- Schloss 67
Marbach, Stadtburg 68, **75f.**
Marburg, Schloss 20
Markgröningen 11
Mössingen 12
Neckartenzlingen, Neckarburg 17, **131**
Neidlingen, Reußenstein 148, **183f.**
Neuffen
- Großes Haus 18, **169**, 189
- Hohenneuffen 12, 19f., 23, 148, 163, **167f.**
- Jägersches Schlösschen 77, **169**
Neuhausen 16, **125f.**
- Oberes Schloss 126
- Unteres Schloss 125f.
Nippenburg s. Schwieberdingen
Oberboihingen, Wasserburg 116
Oberensingen, Schloss 116
Oberstenfeld, Burg Lichtenberg 17, 68, **81f.**
Ostfildern-Scharnhausen, Schloss Karlsruhe 123, **128**
Pfullingen
- Schlössle 127, **154**
- Schloss 13, 21, **154**
Plochingen 116
Rauber s. Lenningen
Remseck-Aldingen, Schloss
Remseck-Hochberg, Schloss 18, 22, 68, **69**, 78, 87
Remseck-Hochdorf, Schloss 18, 22, 68, **70**
Reußenstein s. Neidlingen
Reutlingen 10, 12, 148, 150, 153, 155
- Achalm 9, 10, 148, **152f.**
Sachsenheim-Groß-Sachsenheim
- Schloss 87, **88f.**
- Vogtei 89
Salach, Burg Staufeneck 17, 192, **196**
Schorndorf 11, 12, 103
- Burgschloss **113**, 178
- Landesfestung 19f., 107, 111, **112f.**
- Neues Schloss (Obervogtei) 24, **113**
Schwäbisch-Gmünd 148
Schwäbisch-Gmünd, Rechberg, Hohenrechberg 17, 18, **192f.**, 196
Schwieberdingen, Nippenburg 95f.

Staufeneck s. Salach
Steinheim-Höpfigheim, Schloss 68, **77**, 78
Steinheim-Kleinbottwar, Burg Schaubeck 68, **78**
Stuttgart 10, 11, 24f., **26f.**, 55, 68, 97, 116
- Alte Staatsgalerie
- Altes Schloss 12, 15, 16, 18, 19, 21, 22, 23, 26f., **29-31**, 32, 55, 165, 178
- Fasanenhof 27
- Kanzlei 16, **31**
- Kronprinzenpalais 27
- Lustgarten 21
- Marstall 27
- Neuer Bau 22
- Neues Lusthaus 21, 32, **35**, 159
- Neues Schloss 16, 24, 25, 27, **32-34**, 40, 53
- Prinzenbau 31
- Schlossgarten 27, **34f.**,
- Stiftsfruchtkasten 21
- Stiftskirche 26, 31, 32
- Wilhelmspalais 25, 33, **36**,
Stuttgart-Bad Cannstatt
- Bellevue-Schloss 42
- Rosenstein 25, 28, 35, **40f.**, 42
- Wilhelma 25, 28, 40, **42f.**
Stuttgart-Berg, Villa Berg 25, 28, **37-39**
Stuttgart-Botnang, Schloss Solitude 24, 27, 28, 32, **50f.**, 56
Stuttgart-Feuerbach, Burg Frauenberg 48
Stuttgart-Hofen, Burgruine **45**, 46
Stuttgart-Hohenheim, Schloss 24, 27, 51, **52f.**, 60, 65, 128
Stuttgart-Mühlhausen 46
- Engelburg 45, **46**
- Heidenburg 46
- Palmsches Schloss 46
Stuttgart-Rohr, Burgstall 17, **49**
Stuttgart-Rotenberg, Stammburg u. Grabkapelle 11, 16, 25, 28, 40, 43, **44**, 107, 116, 123
Stuttgart-Stammheim, Schloss 22, **54**
Stuttgart-Weilimdorf, Dischinger Burgen 47
Tachenhausen, Hofgut 116
Teck s. Bissingen
Tübingen 11 25, 47, 55, 116, **132**, 148
- Collegium Illustre 132
- Schloss Hohentübingen 12, 16, 19, 20, 132, **133f.**
Tübingen-Bebenhausen, Jagdschloss 14, 24, 25, 68, 132, **135f.**
Tübingen-Bühl, Schloss 22, **138**
Tübingen-Kilchberg, Schloss 17, 19, **137f.**
Tübingen-Lustnau, Hof des Klosters Bebenhausen 133, 135
Tübingen-Unterjesingen, Schloss Roseck 139
Uhingen, Schloss Filseck 17, **185f.**
Unterboihingen, Schloss 116
Vaihingen, Schloss Kaltenstein 11, 13, 18, 23, **90f.**
Wäschenbeuren
- Burren 15 (Abb. 4), 16, 190, **194**
- Wäscherburg 17, 192, **194f.**
Waiblingen 11, 103
Waldenbuch, Jagdschloss 13, 21, 132, **145f.**
Weilheim 11, 148
- Limburg 16, 148, **181f.**
- Stadtschloss 15, 17, **182**
Weinstadt-Beutelsbach, Burg Kapellenberg **107**, 116
Weinstadt-Schnait
- Altes Schloss 108
- Burg 108
- Neues Schloss 108
Wendlingen 116
Wernau 22, 116, **130**
- Schloss Pfauhausen 130
- Schloss Steinbach 130
Winnenden 11, 103
- Schloss Winnental 23, 103, **109f.**
- Winnenden-Bürg, Burg Altwinnenden 17, 103 **111**
Wirtemberg (Württemberg) s. Stuttgart-Rotenberg